TRAITÉ
DE L'EXPROPRIATION

POUR CAUSE

D'UTILITÉ PUBLIQUE,

SUIVI

DE LA LÉGISLATION COMPLÈTE,

D'UN FORMULAIRE ET DU TARIF DES ACTES EN CETTE MATIÈRE,

TERMINÉ PAR UNE TABLE ANALYTIQUE DES MATIÈRES,

Par MM. DE CAUDAVEINE, Juge,
et THERY, Avocat.

PARIS,

A. GUYOT ET SCRIBE, ÉDITEURS-PROPRIÉTAIRES,

37, rue Neuve-des-Petits-Champs.

TRAITÉ

DE L'EXPROPRIATION

POUR CAUSE

D'UTILITÉ PUBLIQUE.

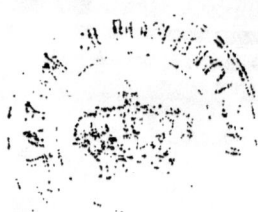

Imprimerie de A. GUYOT,
rue Neuve-des-Petits-Champs, n° 37.

TRAITÉ

DE L'EXPROPRIATION

POUR CAUSE

D'UTILITÉ PUBLIQUE,

SUIVI

DE LA LÉGISLATION COMPLÈTE,

D'UN FORMULAIRE ET DU TARIF DES ACTES EN CETTE MATIÈRE,

TERMINÉ PAR UNE TABLE ANALYTIQUE DES MATIÈRES,

PAR MESSIEURS

DE CAUDAVEINE, Juge, et THERY, Avocat.

PARIS,

.A. GUYOT ET SCRIBE, ÉDITEURS-PROPRIÉTAIRES,

37, rue Neuve-des-Petits-Champs.

1839.

TRAITÉ PRATIQUE

DE LA LÉGISLATION

EN MATIÈRE

D'EXPROPRIATION

POUR

CAUSE D'UTILITÉ PUBLIQUE.

PROLÉGOMÈNES.

De l'objet de l'expropriation pour cause d'utilité publique.

SOMMAIRE.

1. Le principe du droit de propriété doit fléchir devant l'intérêt général.
2. Qualification spéciale de la dépossession pour cause d'utilité publique.
3. Aperçu sur la législation de la matière, à partir de la loi de 1807.
4. Le paiement préalable est aujourd'hui de principe absolu.

1. Il est de principe incontesté que, si le besoin général l'exige, les particuliers peuvent être tenus d'abandonner leurs propriétés privées; en effet, c'est une des conditions de l'existence de toute société, que l'intérêt de quelques-uns ne doit pas faire obstacle à l'intérêt de tous; de là, le droit d'exproprier pour cause d'utilité publique; mais l'exercice de ce droit a besoin d'être réglé par la loi: car si l'État peut vouloir des moyens prompts et faciles d'assurer l'exécution des travaux d'utilité publique, de leur côté, les citoyens auxquels le sacrifice de leur propriété est

imposé demandent, à juste titre, la garantie que l'intérêt général ne pourra jamais devenir un prétexte à des spoliations.

Une indemnité doit être accordée aux propriétaires, en retour des terrains par eux cédés : quelles seront les bases de cette indemnité ? par qui sera-t-elle fixée ? quand et comment sera-t-elle acquittée ? Ici encore, intérêts divergens qu'il appartient à la loi de concilier ; et la meilleure législation sera celle qui offrira aux citoyens toute la sécurité due au droit sacré de la propriété, en même temps qu'elle dégagera les services publics des entraves du mauvais vouloir et des prétentions exagérées de la cupidité.

2. La dépossession qu'un individu doit subir de sa propriété, pour des travaux publics, s'appelle, dans la pratique, *Expropriation pour cause d'utilité publique.*

3. Trois législations principales ont, depuis trente années, successivement régi la matière, et il est à remarquer que chaque changement a eu pour objet d'augmenter les garanties des propriétaires :

Faibles d'abord, sous la législation de 1807, qui, en confiant à un tribunal administratif la fixation du dommage, tendait à faire prévaloir les intérêts de l'administration, elles s'accrurent notablement par l'intervention du pouvoir judiciaire proclamée par la loi de 1810. Alors le débat s'engagea publiquement entre les propriétaires et l'administration, devant des magistrats qui ne tenaient rien de celle-ci, et dont on pouvait attendre une juste et indépendante appréciation. Aujourd'hui, la loi de 1810 a disparu et a fait place à l'essai d'un mode nouveau, l'introduction dans les affaires civiles d'un jury appelé à décider des questions de valeur, comme le jury en matière criminelle décide des questions de fait ; toutefois l'autorité judiciaire a conservé la mission de prononcer la dépossession elle-même.

4. Mais la plus précieuse des garanties est sans contredit la nécessité du paiement de l'indemnité, préalablement à la prise de possession par l'État des immeubles nécessaires aux travaux projetés; principe qui, bien qu'écrit dans l'art. 545 du Code civil, et dans la Charte, art. 9, n'a cependant trouvé son application absolue que dans la loi du 7 juillet 1833. C'est par ces transformations successives que cette partie de notre droit en est venue à un point qu'on peut appeler satisfaisant, encore que la pratique doive, sans doute, faire reconnaître des améliorations possibles.

TITRE Ier.

Des caractères de l'expropriation pour cause d'utilité publique.

CHAPITRE PREMIER.

De ce qu'on doit entendre par expropriation.

SOMMAIRE.

5. Définition de l'expropriation pour cause d'utilité publique considérée en général.
6. Restriction.
7. Distinction entre le dommage à perpétuité et le dommage temporaire.
8. Conséquence de cette distinction. — Cas où il faut appliquer la loi de 1833.
9. Suite du n° précédent. — Établissement de servitudes.
10. L'expropriation ne s'applique qu'aux immeubles.
11. L'abandon forcé d'objets mobiliers n'est pas régi par les mêmes principes.
12. Les droits incorporels ne sont pas susceptibles d'expropriation.
13. Il en est de même des industries.
14. Toutefois les objets mobiliers, les droits incorporels et les industries peuvent être expropriés comme accessoires d'un fonds.

5. Toutes les fois qu'un individu souffre un dommage quelconque dans sa chose, qu'il perd l'un des attributs,

l'un des accessoires de sa propriété, on peut dire, dans le sens le plus étendu du mot, qu'il est exproprié ; et si ce dommage, si cette perte ont pour occasion l'intérêt général, qu'il est exproprié pour cause d'utilité publique.

6. Cependant, si on allait jusqu'à vouloir appliquer la loi fondamentale de l'expropriation pour cause d'utilité publique à tous les cas qui peuvent rentrer dans la généralité de cette définition, on serait conduit à commettre, dans la pratique, de nombreuses et graves erreurs.

7. Il n'y a, à proprement parler, et dans le sens légal du mot, *expropriation pour cause d'utilité publique,* que toutes les fois qu'il se rencontre perte de tout ou partie des droits, attributs ou accessoires de la propriété, causée *à perpétuité* à un particulier par des travaux entrepris par l'État ou en son nom ; toutes les fois, au contraire, qu'il y a simplement dommage ou perte *variable, temporaire,* de tout ou partie des mêmes droits, attributs et accessoires, il n'y a pas expropriation proprement dite. Cette distinction, que nous n'hésitons pas à admettre comme la base et le guide dans la solution de toutes les difficultés que peut soulever l'application des diverses lois relatives à l'expropriation prise dans son sens absolu, a été consacrée par un arrêt de la Cour royale d'Angers du 28 janvier 1835 [1].

8. La conséquence de cette distinction est qu'il faudra déposséder dans les formes et aux conditions de la loi du 7 juillet 1833, alors que, par l'exécution des travaux, l'État devra causer une perte perpétuelle ; tandis qu'au contraire, s'il ne doit résulter des travaux qu'un dommage variable, temporaire, ou une dégradation, il n'y a pas lieu à *expropriation :* les propriétaires, dans ces derniers cas,

---

[1] Sirey, t. 35, 2ᵉ partie, page 279.

trouvent leur garantie, non dans la loi de 1833, mais
dans les dispositions de lois spéciales, et, à leur défaut,
dans le droit commun, qui leur ouvre une action devant
les tribunaux pour obtenir réparation.

9. Nous venons de dire que la loi du 7 juillet 1833
doit être appliquée dans tous les cas où il y a perte perpétuelle de tout ou partie des droits, accessoires et attributs de la propriété : telle est en effet la règle générale;
mais elle souffre quelques exceptions résultant de lois
spéciales.

Dans un chapitre placé à la fin de cet ouvrage, nous
faisons connaître ces diverses lois, et examinons en même
temps certaines autres dispositions législatives qui régissent des dommages temporaires ou des dégradations ;
néanmoins, pour éclaircir notre théorie, nous allons offrir
quelques exemples de leur application.

Ainsi, des travaux ayant pour objet la construction
d'une place de guerre, exigent, comme ceux ayant pour
objet la construction de routes, de canaux, de digues, etc.,
l'abandon du sol, et entraînent pour les propriétaires
une perte perpétuelle; toutefois, une loi spéciale régissant
ce cas particulier, ce sont les formes qu'elle indique qui
devront être suivies, et non celles de la loi générale.

Si, sans exiger l'abandon d'aucune partie du sol,
l'établissement de travaux projetés doit avoir pour conséquence de grever un terrain d'une servitude, il y a certainement dans ce cas perte perpétuelle d'une partie des
droits et attributs de la propriété, et par suite, selon
nous, *expropriation proprement dite*. Dès lors, il faut
déposséder dans les formes de la loi du 7 juillet 1833.
Mais s'agit-il, par exemple, d'un chemin de halage ou
d'un marche-pied le long des rivières navigables et flottables, qui constituent aussi des servitudes, il en serait au-

trement, la loi du 22 janvier 1808 réglant ce genre de dépossession. Il faut en dire autant de la défense de construire dans la zone militaire des places de guerre, écrite dans les lois des 10 juillet 1791 et 17 juillet 1819.

Les exemples cités conduisent à remarquer que les servitudes créées comme mesures *d'administration générale* et par des lois de police, s'établissent par la force même de ces lois, et ne puisent que dans leurs dispositions les règles qui les concernent ; tandis qu'au contraire, quand les servitudes résultent de lois qui n'ont pas dans leur objet *un caractère d'universalité,* elles rentrent dans la règle, et sont soumises pour leur établissement à l'application de la loi du 7 juillet 1833. Cette doctrine paraît être celle du Conseil-d'État, d'après un arrêt rapporté par M. Macarel, page 233, dont voici le texte : « Considérant « qu'il s'agit dans l'espèce d'un service foncier imposé à « perpétuité sur un fonds inférieur, par suite de travaux « publics ; que cette question ne rentre dans aucun des « cas prévus par les lois des 28 pluviose an 8 et 16 sep-« tembre 1807 ; que par conséquent le réglement des in-« demnités dues, à raison de ladite servitude, ne peut « être fait que par les tribunaux, etc. »

Il faut remarquer, relativement au renvoi devant les tribunaux, que cet arrêt a été rendu sous l'empire de la loi de 1810.

D'un autre côté, si l'administration veut occuper un terrain pour y déposer des matériaux destinés à une construction d'utilité publique, si elle veut faire des extractions d'un terrain voisin du lieu où les travaux s'exécutent, voilà des pertes pour les propriétaires, mais pertes temporaires, variables, qui par conséquent ne peuvent être régies en aucun cas par les dispositions de la loi du

7 juillet 1833, mais bien par des lois particulières, et à défaut par le droit commun.

Enfin si, par suite de l'abaissement d'une rue, l'accès d'une maison est modifié, c'est là seulement une dégradation, un changement apporté à la manière de jouir, et le propriétaire, s'il en éprouve un dommage, n'a d'autre droit que de s'adresser aux tribunaux pour demander une indemnité.

En voilà assez pour pouvoir discerner sûrement les cas qui donneront lieu à l'application de la loi du 7 juillet 1833, objet principal de notre travail. En un mot, il faut rechercher s'il y a perte de tout ou partie de la propriété, et non simple dommage ou dégradation; et si cette perte doit être perpétuelle. Dans tous les cas où ces deux circonstances se rencontrent, sans qu'aucune loi spéciale y soit applicable, les dispositions de la loi générale doivent être suivies.

10. Nous avons dit qu'il y a expropriation proprement dite, lorsque le propriétaire éprouve une perte totale ou partielle des droits, attributs ou accessoires de sa propriété, ce qui indique que l'expropriation ne peut avoir lieu que d'un *immeuble* ou des accessoires d'un *immeuble*; en effet c'est à cette nature de propriété seulement que s'applique la loi de l'expropriation, et non aux choses purement mobilières.

11. Non pas que dans certains cas le gouvernement ne puisse se trouver forcé d'exiger des citoyens l'abandon de denrées ou d'objets mobiliers, sortes de demandes connues sous le nom de réquisitions; mais on conçoit que la nécessité seule les commande et les autorise, et qu'elles ne peuvent être soumises aux formes lentes et protectrices, de l'expropriation; c'est au reste ce qu'enseignent tous les auteurs qui ont écrit sur la matière (M. Delalleau,

Traité de l'expropriation, page 8 ; Proudhon, tome Ier, page 478, et autres).

12. On ne pourrait davantage exproprier des droits incorporels ; ainsi l'a décidé la Cour de cassation par arrêt du 2 mars 1826 [1], au sujet d'une propriété littéraire : « Attendu, dit la Cour dans cet arrêt, qu'aucune dispo- « sition légale n'autorise l'expropriation d'un auteur pour « cause d'utilité publique. »

13. Il en est de même des industries : ce principe se trouve consacré par arrêt du Conseil-d'État du 26 août 1835 [2], décidant que la loi du 7 juillet 1833 n'a pour objet que l'expropriation *foncière*, en matière de travaux publics, et qu'ainsi elle n'est pas applicable aux demandes en indemnité pour *cessation d'établissement* d'industrie prohibée par une loi. Il s'agissait, dans l'espèce, d'un conflit élevé par le préfet de la Seine à l'occasion de la demande en indemnité introduite contre l'État devant les tribunaux ordinaires par les propriétaires de fabriques de tabacs factices supprimées par la loi du 12 février 1835.

14. Mais, s'il est vrai de dire que la propriété mobilière, les droits mobiliers, les industries ne peuvent pas être la *matière principale* d'une expropriation, il faut cependant reconnaître que si, comme conséquence d'une expropria- tion *foncière*, des particuliers se trouvent dépossédés d'une industrie, d'un droit mobilier et même d'un objet mobilier, le tort qu'ils en éprouvent donnera naissance à une indemnité réglée en même temps et dans les mêmes formes que l'indemnité du fonds. C'est ce qui résulte de la loi de 1833 elle-même, qui s'occupe des droits des simples locataires d'immeubles, et de celle de 1831 sur les travaux

[1] Sirey, 26, 1re p., 364.
[2] Sirey, 35, 2e p., 542.

militaires en cas d'urgence, qui prescrit d'indemniser pour
frais de déménagement, pertes de récoltes, détérioration
d'objets mobiliers, indemnités dont le réglement définitif
se fait aujourd'hui dans les formes de la loi de 1833.

CHAPITRE II.

Ce qu'on doit entendre par les mots Utilité publique.

SOMMAIRE.

15. L'intérêt privé ne peut jamais être une cause d'expropriation.
16. Définition de l'utilité publique.
17. L'utilité publique ne comprend pas seulement la création d'établissemens nouveaux.
18. Les terrains qui, sans être absolument nécessaires à la confection des travaux, en faciliteraient l'exécution, peuvent-ils être expropriés ?
19. L'administration est juge de la question d'utilité publique.
20. Transition.

15. Il résulte suffisamment de ce que nous avons dit
jusqu'ici que la dépossession qualifiée *expropriation* ne
peut être ordonnée que pour l'utilité publique. Ainsi jamais un particulier, quelque immense que soit son intérêt,
ne peut en contraindre un autre à l'abandon d'une portion, quelque minime qu'elle soit, d'une propriété. Nous ne
nous occupons pas ici, on le conçoit, des rapports de voisinage réglé par le droit commun et des servitudes réciproques qu'il a créées.

16. Des travaux à exécuter sont réputés d'utilité publique lorsqu'ils doivent tourner à l'avantage de la société
considérée en général, ou des individus formant l'une des
fractions constitutives de cette même société: le département, l'arrondissement, enfin la commune.

Ainsi l'ouverture de toutes voies de communication,
depuis la route royale jusqu'à la rue de la bourgade, constitue des travaux d'utilité publique.

17. Ce n'est pas seulement la création de nouvelles routes, de nouveaux édifices, qu'il faut considérer comme travaux d'utilité publique, mais encore l'amélioration, la rectification de travaux achevés.

18. Le droit d'exproprier est toujours une atteinte au droit de propriété; il est donc exorbitant et semble devoir se restreindre à ce qui est rigoureusement nécessaire pour l'exécution des travaux qui nécessitent d'y recourir. M. Delalleau cependant, dans son traité, recule les limites que nous assignons à l'utilité publique, et pense qu'il est des cas où l'on devrait autoriser l'expropriation des terrains inutiles quant aux travaux eux-mêmes, mais dont la possession peut en faciliter l'exécution; il cite pour exemple l'ouverture d'une rue dans une ville, et enseigne qu'on pourrait autoriser l'expropriation non-seulement des terrains nécessaires à la rue, mais de ceux nécessaires pour y construire des maisons de chaque côté. La commune, dit-il, pourrait n'être pas assez riche pour supporter les frais d'un semblable travail, et comment trouvera-t-elle des entrepreneurs s'il n'y a que des dépenses à faire et nul bénéfice à attendre? Mais accordez à ceux-ci les terrains nécessaires pour bâtir les maisons qui doivent borner la rue, et ils se présenteront dans l'espérance de trouver dans la plus-value de ces terrains le remboursement de leurs avances et la réalisation de bénéfices; de cette manière des travaux reconnus utiles recevront leur exécution. Ce moyen sans doute serait fort commode, mais il nous paraît fort peu légal. Le droit d'expropriation a été, selon nous, créé au profit de l'État pour lever les obstacles, invincibles sans lui, que les propriétaires de terrains sur lesquels devraient s'établir une route, un monument, pourraient apporter en en refusant à tout prix la cession à l'administration, mais non pour fournir les fonds néces-

saires à l'exécution, ou une expectative de bénéfices qui en
tienne lieu. Nous ne connaissons que deux moyens pé-
cuniaires d'exécuter des travaux publics : l'impôt, qui fait
peser la charge sur tous, et le péage, qui ne fait payer à
chacun que sa quote-part d'usage réel de la chose. Il est
des travaux, et c'est le plus grand nombre peut-être, qui ne
sont pas susceptibles de l'établissement d'un droit de péage;
pour ceux-ci, il faudra que les caisses publiques fournissent les deniers, sinon l'exécution en sera ajournée; mais
nous n'admettrons jamais qu'on puisse fausser le but de
l'expropriation au point d'en faire un moyen de contribution forcée contre un certain nombre de propriétaires;
et c'est à cela qu'aboutit en définitive l'opinion que nous
combattons.

19. C'est l'administration qui est juge de l'utilité des
travaux; c'est elle qui détermine l'étendue de terrain qu'ils
doivent embrasser.

20. Après avoir vu quelle est l'idée générale qu'il faut
attacher au mot expropriation et l'acception spéciale à
donner à ce mot quand il s'agit de faire application de la
loi du 7 juillet 1833 et des formes qu'elle a établies, après
avoir aussi reconnu ce qu'il faut entendre par *utilité publique*, utilité qui seule peut donner lieu à l'exercice du
droit d'exproprier, nous pouvons aborder l'examen des
dispositions de cette loi du 7 juillet 1833; nous ne pensons pas devoir, dans cet examen, conserver l'ordre adopté
par le législateur : voulant surtout offrir des idées pratiques, il nous a paru préférable de présenter chacun des
principes, chacune des formes, chacun des actes à faire,
selon la place que lui assigne la marche de la procédure à
suivre pour arriver à la prise de possession par voie d'expropriation d'une propriété nécessaire à des travaux d'utilité publique.

TITRE II.

Des formalités préliminaires de l'expropriation.

CHAPITRE PREMIER.

De la constatation et de la déclaration de l'utilité publique.

SOMMAIRE.

21. La constatation de l'utilité publique est une opération administrative.

21. L'utilité publique étant, nous l'avons dit, la première condition pour qu'un citoyen puisse être contraint à céder sa propriété, la loi a dû établir le mode de constater cette utilité et de consacrer le résultat de cette opération par une déclaration qui dût le faire accepter par tous. Cette mission est confiée à l'administration; à elle en effet incombe le devoir de recueillir le vœu des populations, de rechercher les besoins nouveaux que fait naître chaque jour la création d'industries nouvelles, de reconnaître les sources de richesses que renferme notre sol pour les féconder, de s'associer aux nobles efforts du génie pour lui prêter le secours puissant de la fortune publique, dont elle a reçu le dépôt.

SECTION Iʳᵉ. — *Des enquêtes préliminaires.*

SOMMAIRE.

22. Formes tracées pour les enquêtes par les réglemens d'administration publique.
23. Règles particulières au cas où la ligne des travaux n'excède pas les limites d'un arrondissement.
24. Règles spéciales aux cas de travaux d'un intérêt purement communal.
25. Le classement des routes départementales doit être précédé de l'enquête.
26. Les propriétaires doivent souffrir les études faites sur leur terrain par les ingénieurs dûment autorisés.

27. S'il y a dommage, la réparation en est fixée par le conseil de préfecture.
28. Il en est autrement si le dommage est causé par les agens d'une entreprise particulière.

22. Chaque fois que l'administration jugera utile de faire dans telle ou telle localité des travaux de nature à exiger l'abandon de terrains, elle doit commencer, aux termes de l'article 3 de la loi du 7 juillet, par en constater l'utilité, et cela à l'aide d'une enquête administrative. Une ordonnance royale, en date du 18 février 1834, règle les formes de cette enquête; elles consistent :

1° Dans l'établissement d'un avant-projet indiquant le tracé général de la ligne des travaux, les dispositions principales des ouvrages les plus importans et l'appréciation sommaire des dépenses; et, s'il s'agit d'un chemin de fer, d'un canal ou de la canalisation d'une rivière, l'avant-projet est accompagné d'un nivellement en longueur et d'un certain nombre de profils transversaux, et en certains cas de l'indication des eaux qui doivent alimenter le canal : un mémoire descriptif indique le but et les avantages de l'entreprise et le tarif des droits de péage, si les travaux doivent devenir la matière d'une concession (ordonnance du 18 février 1834, art. 2 et 3).

2° Dans le dépôt de ces pièces au chef-lieu de chacun des départemens et arrondissemens que la ligne des travaux devra traverser, pour y rester exposées pendant un mois au moins et quatre mois au plus; dans l'ouverture aux mêmes lieux et pendant le même temps, de registres destinés à recevoir les observations auxquelles pourra donner lieu l'entreprise projetée. L'objet de l'enquête et la durée de l'ouverture des registres, fixée dans chaque cas particulier par l'autorité supérieure, sont annoncés par des affiches (même ordonnance, art. 5). Toutefois, lorsque la ligne des travaux devra s'étendre sur le territoire de plus de deux départemens, les pièces ne seront déposées qu'aux chefs-lieux de département, les registres continuant à être ouverts tant dans les arrondissemens que dans les départemens (ordonnance du 15 février 1835, art. 1ᵉʳ).

3° Dans la formation par le préfet, au chef-lieu de chacun des départemens à traverser, et *dès l'ouverture de l'enquête*, d'une commission de neuf membres au moins et de treize au plus, appelée à se réunir aussitôt après l'expiration du délai indiqué ci-dessus, à l'effet d'examiner les déclarations consignées aux registres d'enquête, entendre les ingénieurs du département, consulter toutes personnes qu'elle croira convenir, et enfin donner son avis tant sur l'utilité des travaux que sur toutes autres questions qui lui seraient posées. Les pièces de l'avant-projet doivent, encore que l'ordonnance du 13 février ne le prescrive pas, être soumises à la commission; il nous paraît constant que si toutes celles exigées par les articles 2 et 3 ne lui étaient pas fournies, elle pourrait surseoir pour en donner avis au préfet, et, au cas où il n'en serait pas tenu compte, refuser de s'associer à des opérations qu'elle devrait supposer entachées d'irrégularité. Un délai d'un mois lui est accordé pour ses diverses opérations, dont elle dresse procès-verbal (art. 4 et 6 de l'ordonnance du 18 février 1834) qu'elle transmet sans délai au préfet avec les registres et autres pièces (art. 7, même ordonnance). Nous ferons observer, quant à la formation de la commission, qu'en cas d'empêchement d'un ou de plusieurs membres, le préfet complète par des nominations nouvelles le nombre qu'il a jugé nécessaire à l'importance des travaux, lors même que les opérations seraient commencées; aussi ne pensons-nous pas qu'il y ait lieu d'examiner si, nonobstant le silence de la loi à cet égard, il y a un chiffre de membres présens au-dessous duquel la commission ne pourrait délibérer.

L'avis se forme à la majorité, ce qui n'empêche pas qu'on doive relater dans le procès-verbal l'opinion de la minorité et les motifs sur lesquels elle se fonde; car il s'agit ici d'un avis, et non d'une décision. De même, si aucune des opinions n'avait réuni la majorité, toutes devraient être énoncées.

Lorsque des villes ayant chambre de commerce ou chambre consultative des arts et manufactures sont intéressées aux travaux, ces chambres doivent être appelées à donner leur opinion par procès-verbaux remis aux préfets avant l'expiration du délai pour la clôture des opérations de la commission (art. 8, même ordonnance).

Le procès-verbal de la commission est transmis par le préfet, avec son avis, à l'administration supérieure, dans la quinzaine de la clôture des opérations (art. 7, même ordonnance); il doit, sans aucun doute, y joindre les procès-verbaux des délibérations des chambres de commerce, s'il y en a.

23. Si la ligne des travaux n'excède pas les limites de l'arrondissement dans lequel ils sont situés, le délai de dépôt des pièces et d'ouverture des registres est réduit à vingt jours au moins et un mois et demi au plus; la commission d'enquête se réunit au chef-lieu d'arrondissement; le nombre des membres variera de cinq à sept (art. 10, même ordonnance).

24. Les formalités prescrites par l'ordonnance du 18 février 1834 ayant paru trop étendues quand il s'agit de travaux proposés par un conseil municipal dans l'intérêt exclusif de sa commune, une ordonnance du 23 août 1835 y a apporté les modifications suivantes :

L'avant-projet et les pièces doivent être déposés à la

mairie pendant quinze jours; à l'expiration de ce délai, un commissaire désigné par le préfet reçoit pendant trois jours consécutifs les déclarations des habitans, et les consigne sur un registre; ce registre est ensuite transmis par lui au maire, avec son avis motivé. En se servant du mot *consécutif*, la loi indique assez qu'il n'y a pas lieu d'interrompre l'opération lorsque dans les trois jours se rencontre un dimanche ou une fête légale.

Les délais ne courent qu'à dater d'avertissemens donnés par publication et affiches : ils peuvent être prolongés par le préfet (art. 3 de l'ordonnance ci-dessus).

Si des habitans ou le commissaire émettent une opinion contraire au projet, le conseil municipal est appelé à délibérer, et son avis motivé, joint aux pièces, est transmis avec elles par le maire au sous-préfet, par celui-ci au préfet, avec son avis, et enfin par le préfet au ministre, toujours en accompagnant l'envoi d'un avis motivé.

Ces dérogations n'empêchent pas qu'il faille, dans les cas prescrits, consulter les chambres de commerce (art. 4 et 5 de la même ordonnance).

25. Une enquête dans les formes voulues par l'ordonnance du 18 février 1834 doit précéder le vote du conseil général du département lorsqu'il s'agit de classer au nombre des routes départementales une route qui n'en faisait pas partie (loi du 20 mars 1835).

26. L'avant-projet dont parlent les ordonnances que nous venons d'analyser ne peut se faire sans des études sur le terrain; les propriétaires sont obligés de les souffrir toutes les fois qu'il se présente pour cet objet des agens de l'administration munis de pouvoirs émanés de leurs supérieurs et de l'autorité administrative compétente : chaque propriétaire a cependant le droit d'exiger d'eux la justification de leur mission. Nous pensons que, pour

éviter toute entrave, il serait convenable que les ingénieurs chargés de ces travaux préparatoires fissent annoncer les opérations auxquelles ils vont se livrer dans les
communes qu'ils doivent parcourir.

Toute opposition par voie de fait aux opérations des
ingénieurs dûment autorisés par le préfet du département
entraînerait l'application des peines portées en l'art. 438
du Code pénal.

Ces opinions sont consacrées par arrêt de la Cour de
cassation du 4 mars 1825 [1].

27. Si les propriétaires sont tenus de souffrir ces travaux, il faut dire, d'un autre côté, qu'en cas de dommage
pour eux, ils ont droit à une réparation : c'est aussi ce que
décide l'arrêt cité plus haut. La fixation de ce dommage
n'est pas de la compétence des tribunaux ordinaires, et
les réclamations à cet égard doivent être appréciées par
l'administration. Telle est, d'après Macarel, p. 259, la
jurisprudence du Conseil-d'État; telle est aussi celle de la
Cour royale de Lyon [2].

28. Si, dans l'intérêt d'une entreprise particulière, des
individus se présentaient pour faire des études sur un terrain, ils ne participeraient aux droits des agens de l'administration qu'autant qu'ils seraient munis d'une autorisation de l'administration supérieure, et le réglement
des dommages qu'ils pourraient causer appartiendrait aux
tribunaux du droit commun.

---

[1] Sirey, 26, 1, 36; Dall., 1825, 1, 257.
[2] Dall., 1833, 2, 197.

SECTION II. — *De la loi ou de l'ordonnance déclarative de l'utilité publique.*

SOMMAIRE.

29. L'enquête terminée, l'administration supérieure, éclairée par les documens qu'elle a recueillis sur la véritable utilité des travaux projetés et sur la meilleure direction à leur donner, prépare l'acte qui, déclarant l'utilité publique, autorise l'exécution des travaux pour lesquels l'expropriation devra être requise; nous disons *prépare l'acte*, car l'acte lui-même doit, selon les cas, émaner de la puissance législative ou de l'autorité royale seule. Voici comment s'exprime à cet égard l'article 3 de la loi du 7 juillet 1833 : « Tous grands travaux publics, routes « royales, canaux, chemins de fer, canalisation de riviè-« res, bassins et docks [1], entrepris par l'État ou par des « compagnies particulières, avec ou sans péage, avec ou

---

[1] *Dock*, mot anglais signifiant bassin, retraite pour les vaisseaux.

« sans subside du Trésor, avec ou sans aliénation du do-
« maine public, ne pourront être exécutés qu'en vertu
« d'une loi qui ne pourra être rendue qu'après une en-
« quête administrative.

« Une ordonnance royale suffira pour autoriser l'exé-
« cution des routes, des canaux et chemins de fer d'em-
« branchement de moins de vingt mille mètres de lon-
« gueur, des ponts et de tous autres travaux de moindre
« importance.

« Cette ordonnance devra également être précédée
« d'une enquête. »

3o. Cet article n'est qu'énonciatif, et non limitatif.
Son objet est de déterminer d'une manière générale le
moyen d'apprécier quels sont les travaux qui doivent être
autorisés par une loi et ceux pour lesquels une ordonnance suffit. Il a semblé en effet que les travaux d'une
grande importance devaient être autorisés d'une manière
plus solennelle; aussi les exemples fournis par la loi elle-
même ne doivent-ils être considérés que comme des guides
offerts pour diriger dans la pratique. Nous pensons que
l'application de cet article 3 ne peut soulever de réclamations judiciaires; faite par le ministre, sous sa responsabilité, elle échappe au contrôle des tribunaux. C'est en
vue de l'intérêt général du pays que ces catégories ont été
créées, et non pour protéger les intérêts privés; d'où suit
que les tribunaux, chargés de veiller spécialement à ce
que les intérêts privés ne reçoivent aucune atteinte, ne
peuvent être saisis de la question de savoir à laquelle des
deux classes appartiennent les travaux qui nécessitent
l'expropriation. Nous aurons à revenir sur ce point quand
nous examinerons le rôle que les tribunaux ont à jouer
dans l'ensemble des opérations de l'expropriation.

3r. Si une ordonnance intervenait pour autoriser des

travaux dans un cas où, aux termes de l'art. 3, il faudrait une loi, le recours au Conseil-d'État pour faire réformer cette ordonnance serait-il ouvert? Pas davantage : le Conseil-d'État en effet ne statue que sur l'application des ordonnances réglementaires faite par voie de décision sur chaque espèce, et non sur la validité de ces mêmes ordonnances; il est juge des affaires contentieuses, et ne peut par conséquent connaître des ordonnances prises en matière de pure administration.

Ces principes sont ceux admis par M. Cormenin dans les prolégomènes de ses *Questions de droit administratif.*

Toutefois, nous dirons à cette occasion, que, les ordonnances d'autorisation de travaux intervenant toujours, *le Conseil-d'État entendu*, ce corps administratif exerce sur cette matière une influence qui contribue à garantir la saine application de la loi.

32. Nonobstant le texte précis de l'art. 3, il est des travaux d'utilité publique qui peuvent être autorisés par un simple arrêté du préfet : ce sont les travaux d'ouverture et de redressement des chemins vicinaux (*voir* l'art. 16, § 1er, de la loi du 21 mai 1836). Avant la promulgation de cette loi, il y avait doute si ce pouvoir, conféré aux préfets par la loi de 1824 sur la même matière, pouvait subsister en présence de l'article 3 de la loi du 7 juillet 1833 : c'est maintenant une question législativement tranchée.

33. Remarquons, dans le premier paragraphe de l'article 3, ces mots : *avec ou sans péage, avec ou sans subside, avec ou sans aliénation du domaine public*, et concluons-en que ces circonstances du péage, de la contribution du Trésor à la dépense, de l'aliénation du domaine public, n'ont aucune influence sur la nécessité que les travaux soient autorisés par une loi ou une ordonnance, néces-

sité qui résulte uniquement de leur plus ou moins d'importance. Mais de ce que ces mots ne se trouvent pas repris dans
le deuxième paragraphe, faut-il en induire que les travaux
de nature à être autorisés par ordonnance cessent d'être
tels lorsqu'ils entraînent établissement d'un péage, allocation d'un subside, aliénation d'une partie du domaine
public : nous ne le pensons pas. L'ordonnance royale suffit
pour déclarer *d'utilité publique* et autoriser, dans tous les
cas, l'exécution des travaux qui rentrent dans la catégorie
du deuxième paragraphe de l'article 3; seulement, la loi
du 7 juillet ayant laissé entiers les deux principes de notre
droit public : *Que toute aliénation du domaine de l'État,*
que toute dépense à la charge du Trésor, doivent être
décrétées par une loi, il faut dire que toutes les fois que
des travaux rentrant, par leur nature, dans le cas d'une
autorisation par ordonnance, entraîneront aliénation du
domaine ou emploi de deniers publics, une loi devra intervenir pour autoriser, soit l'aliénation du domaine, soit
l'allocation des fonds. Sans doute il arrivera souvent que
la même loi autorisera accessoirement aussi les travaux ;
mais si elle ne le faisait, une ordonnance royale pourrait
légalement être rendue à cet effet, en vertu de la loi du 7
juillet. Il en serait de même de travaux à exécuter avec les
fonds généraux mis chaque année, lors du vote du budget,
à la disposition du ministre de l'intérieur; une ordonnance, si la nature des travaux le permettait, serait alors
suffisante ; l'emploi des fonds rentrant dans les termes de
l'allocation générale, il ne saurait y avoir besoin d'une
allocation spéciale.

Quant au droit de péage, le commissaire du Roi à la
Chambre des députés a soutenu que ce n'était pas un impôt, mais plutôt l'équivalent d'un service rendu; il a établi de plus que le gouvernement avait été autorisé, par la

loi du 14 floréal an 10, à créer des péages pour la construction ou la réparation des ponts ; que cette faculté, étendue depuis aux écluses et autres ouvrages d'art, était chaque année renouvelée dans la loi des finances ; qu'il y avait donc, au profit de l'administration, délégation légale pour établir des péages par ordonnance ; et, par ces motifs, il a fait rejeter un amendement tendant à soumettre à la nécessité d'une autorisation en forme de loi tous les travaux, quels qu'ils soient, qui devraient entraîner l'établissement d'un droit de péage. Il en résulte qu'il n'y a pas à examiner s'il y a péage ou non, pour savoir si des travaux peuvent être autorisés par ordonnance ; il suffit qu'ils rentrent dans la disposition du deuxième paragraphe de l'article 3 de la loi du 7 juillet 1833.

34. L'article 2 parle de la loi ou de l'ordonnance qui *autorise les travaux ;* il s'ensuit qu'il n'est pas toujours nécessaire qu'elle exprime formellement qu'*il y a utilité publique :* l'autorisation légale le suppose.

Une simple allocation au budget de fonds destinés à des travaux déterminés, devrait être considérée comme impliquant autorisation de ces travaux.

35. Le paragraphe 1er de cet article range les routes royales, au nombre des grands travaux publics ; cette spécification exclut les routes départementales, quelle que soit du reste leur longueur, et les place dans la catégorie des travaux pour lesquels l'ordonnance suffit : le motif en est qu'elles ne peuvent être construites qu'après délibération du conseil général du département.

36. Les routes, canaux, chemins de fer, ayant moins de vingt mille mètres de longueur, font aussi partie de la seconde catégorie, mais à condition, dit la loi, qu'ils soient d'embranchement : si donc, quoique ayant moins de vingt mille mètres, ils n'étaient pas d'embranchement, il fau-

drait les soumettre à l'approbation législative. Par routes, nous entendons routes royales : nous nous sommes expliqués relativement aux autres dans le numéro précédent.

Les ponts, quelles que soient leurs dimensions, peuvent être autorisés par ordonnance royale; c'est la conséquence des termes du deuxième paragraphe de notre article.

37. La loi ou l'ordonnance qui, déclarant l'utilité publique de travaux, en autorise l'exécution, autorise implicitement l'expropriation de tout ce qui est nécessaire pour leur complet achèvement. Il ne faut cependant appliquer ce principe qu'aux expropriations qu'on peut regarder comme prévues par l'acte déclarant l'utilité publique, en se reportant au projet qu'il concernait : si, les travaux achevés et livrés à leur destination, des imperfections s'y font reconnaître; si l'on veut y faire des changemens qui peuvent entraîner de nouvelles dépossessions, ce n'est plus, dans ce cas, un complément de travaux qu'on peut supposer prévu, et, par cela seul, implicitement autorisé par la loi ou l'ordonnance primitivement intervenue, mais bien des travaux nouveaux auxquels il faut appliquer toutes les formes prescrites et pour lesquels il faut obtenir une autorisation nouvelle.

L'absence d'autorisation peut motiver de la part des tribunaux un refus de prononcer l'expropriation.

Cette question s'est présentée devant le tribunal de Vouziers, au sujet d'un redressement du canal des Ardennes, ouvert en vertu de la loi du 5 août 1821; redressement dont le projet n'avait été conçu qu'après l'entier achèvement du canal, dans la partie qu'il s'agissait de redresser, et le tribunal, « considérant qu'il s'agissait d'un travail « indépendant du canal autorisé par la loi de 1821, puis- « qu'il était achevé; qu'il n'était nullement justifié de « l'accomplissement à son égard des formalités prescrites

« par la loi, » sursit à statuer jusqu'après justification.
Le préfet des Ardennes se pourvut contre ce jugement qui
fut confirmé par la Cour de cassation (arrêt du 8 avril
1835)[1].

M. Delalleau en rapportant cet arrêt, dans son Traité,
lui reproche de consacrer un empiétement sur le domaine
de l'autorité administrative: nous ne partageons pas cette
opinion, et il nous semble que les tribunaux auxquels
une loi est présentée peuvent examiner si la loi s'applique ou non aux travaux pour lesquels l'expropriation est
sollicitée.

CHAPITRE II.

De la détermination des terrains soumis à l'expro-
priation.

SOMMAIRE.

38. Transition.

38. L'utilité publique une fois constatée et déclarée
légalement, il s'agit d'en venir à l'application matérielle,
à la désignation des terrains à comprendre dans la ligne
des travaux; ici la loi a voulu assurer aux propriétaires la
garantie que cette opération se ferait de la manière la plus
utile pour l'intérêt général, mais en respectant autant que
possible les intérêts privés: pour cela elle a prescrit qu'une
première désignation mît les intéressés à même de faire
valoir leurs observations, que des individus indépendans
fussent appelés à les apprécier, et qu'une désignation définitive n'intervînt qu'après l'accomplissement de ces formalités, dont nous allons exposer les règles.

---

[1] Sirey, 35, 1, 300; Dall., 1835, 1, 216.

SECTION Ire. — *De la désignation provisoire et de la levée des plans.*

SOMMAIRE.

39. Peut-être se rencontrera-t-il souvent que la loi ou l'ordonnance qui autorisera l'exécution des travaux reconnus d'utilité publique, contiendra la désignation des localités qu'ils devront embrasser, mais cela n'est pas de nécessité, et la loi ou l'ordonnance peuvent se contenter d'autoriser les travaux d'une manière générale; il en sera surtout ainsi pour les routes et les canaux qui, devant parcourir une grande étendue de territoire, pourraient rendre embarrassante pour l'administration centrale la désignation de toutes les communes, de toutes les localités à parcourir: dans ce cas c'est au préfet à faire cette désignation par un arrêté pris avant toutes autres formalités; ainsi le veut le troisième paragraphe de l'article 2.

Cette désignation, soit par la loi ou l'ordonnance, soit par l'arrêté du préfet, est une formalité substantielle dont l'omission peut entraîner la nullité des opérations subséquentes. Ainsi jugé, Cour de cassation, 6 janvier 1836 [1].

---

[1] Sirey, 36, 1, 5; Dall., 1836, 1, 49.

40. L'article 2 dit qu'il faut désigner les localités ou territoires.

Nous regardons le sens du mot *localités* comme plus restreint que celui du mot *territoires*: par territoire on entend généralement toute la surface comprise dans la circonscription d'une commune, et par localité les hameaux ou parties de communes connues sous un nom spécial, on doit penser qu'en plaçant le mot *localités* avant celui *territoires* le législateur a voulu que le préfet, dans son arrêté, spécialisât autant que possible la ligne des travaux.

41. Après cet arrêté, et pour en faire l'application, les ingénieurs ou autres gens de l'art, dit l'article 4, chargés de l'exécution des travaux, lèvent, pour la partie qui s'étend sur chaque commune, le plan parcellaire des terrains ou édifices dont la cession leur paraît nécessaire; ils indiquent dans ce plan les noms des propriétaires de chaque parcelle, tels qu'ils sont inscrits sur la matrice des rôles pour les contributions directes.

Il résulte de la combinaison du paragraphe 3 de l'art. 2 avec cet art. 4 que c'est l'administration qui, comme nous l'avons déjà dit, n° 19, détermine la direction à donner aux travaux, que c'est elle qui fixe les limites et l'étendue des expropriations qu'elle requiert.

42. Mais on s'est demandé si les plans parcellaires prescrits par cet article doivent être la reproduction exacte et sans modification aucune du plan général qui a servi de base à l'enquête prescrite par l'article 3, et dont nous nous sommes déjà occupés? Nous ne pensons pas que l'administration puisse être liée par les avant-projets; ils peuvent être modifiés soit par la loi ou l'ordonnance, soit par l'arrêté du préfet, lorsqu'une étude approfondie du terrain que peuvent faire les ingénieurs en démontre la nécessité; mais il nous semble que les agens de l'adminis-

tration ne peuvent, dans la levée des plans parcellaires, s'écarter des désignations de localités ou territoires contenues dans la loi, l'ordonnance ou l'arrêté préfectoral.

43. Lorsque, avant cette période des formalités de l'expropriation, les travaux ont déjà été concédés à un ou à plusieurs individus, ce sont les agens des concessionnaires qui doivent faire cette levée de plans parcellaires, sauf vérification et approbation de l'ingénieur du Gouvernement chargé de la surveillance des travaux; c'est à cela que s'applique ces mots de l'article 4 : *ou autres gens de l'art.*

44. Le plan parcellaire doit mentionner d'une manière exacte l'étendue des terrains et édifices dont l'expropriation sera plus tard poursuivie. Il n'est pas nécessaire de faire des recherches pour connaître les propriétaires de ces parcelles; l'administration a accompli son devoir en inscrivant le nom qu'elle trouve sur la matrice des rôles des contributions directes. Si cependant il était à la connaissance de ceux qui lèvent les plans que la propriété a changé de mains, encore qu'elle figure sur les registres sous le nom du précédent propriétaire, il conviendrait qu'on inscrivît le nom du propriétaire actuel; ce serait remplir le vœu de la loi.

45. Il faut appliquer à la levée des plans parcellaires ce que nous avons dit dans les n°s 26 et 28, relativement à la nécessité de souffrir les travaux des ingénieurs chargés de la formation des avant-projets, à la preuve de leur mission et aux conséquences de toute opposition par voie de fait à son accomplissement. Quant au dommage qui pourrait être causé, il semble qu'il y aurait lieu de s'écarter de la règle posée dans le n° 27, et qu'il conviendrait, lorsque le terrain est ensuite exproprié, de faire entrer ce dommage dans les élémens de la fixation de l'in-

demnité générale. Nous devons reconnaître toutefois que, si l'administration revendiquait son droit à la fixation administrative de cette indemnité, elle ne pourrait être contrainte à accepter la fixation du jury. Il en serait de même pour les concessionnaires.

SECTION II. — *Des enquêtes spéciales.*

SOMMAIRE.

46. Les plans dont nous avons parlé dans la section précédente sont déposés, en exécution d'un arrêté du préfet, à la mairie de la commune où les propriétés sont situées, afin que chacun puisse en prendre connaissance (article 5).

Cette mesure serait peu efficace pour connaître les observations des intéressés, si un avertissement ne leur était donné de prendre connaissance du plan déposé : cet avertissement ne doit pas être individuel; l'article 6 exige seulement qu'il soit donné *collectivement* aux parties intéressées, mais, d'un autre côté, il commande l'emploi de trois moyens différens de publicité, savoir : la publication à son de trompe ou de caisse dans la commune, l'affiche à la porte principale de l'église du lieu, ainsi qu'à celle de la maison commune; enfin l'insertion dans l'un des journaux des chefs-lieux d'arrondissement et de département.

47. S'il n'y avait pas d'église dans la commune, il faudrait que l'affiche fût placée à la porte principale de celle qui comprend cette commune dans sa circonscription ecclésiastique. De même, s'il n'y avait pas de journal publié au chef-lieu de l'arrondissement, il conviendrait de faire insérer l'annonce dans un des journaux de la ville la plus voisine. Si nous y voyons une convenance, nous n'y voyons pas cependant d'obligation absolue.

48. C'est l'un des journaux publiés au chef-lieu de l'arrondissement dont la commune fait partie, qu'il faut employer pour faire parvenir à la connaissance du public le dépôt prescrit par l'article 5.

49. Les plans parcellaires doivent, aux termes de l'article 5, rester déposés pendant au moins huit jours; c'est là un délai franc dans lequel il ne faut faire entrer ni le jour où il commence ni le jour où il finit. On ne doit pas perdre de vue que l'article 5 dit : *pendant huit jours au moins*. Le dépôt pourrait donc se prolonger au-delà de ce terme dans le cas où le préfet l'aurait ainsi décidé dans son arrêté. Le délai commence à dater de l'avertissement dont il est parlé plus haut, et il faut remarquer que la loi ne regarde l'avertissement comme donné qu'après l'accomplissement des trois modes de publications prescrits par elle; ce n'est donc que lorsqu'il y a eu affiches, publications et insertions dans les journaux, et à partir du jour de l'emploi du dernier de ces modes, dans l'ordre suivi par le maire chargé de l'exécution de cette partie de la loi, que les huit jours commencent à courir.

50. Le maire certifie ces publications et affiches, aux termes de l'article 7; cet article ne s'explique pas sur la justification de l'insertion dans les journaux; mais on peut suivre à cet égard la règle tracée par l'article 683 du Code de procédure civile, qui consiste à joindre aux pièces un exemplaire du numéro du journal dans lequel s'est faite l'annonce prescrite, exemplaire revêtu de la signature de l'imprimeur, légalisée par le maire.

51. Le certificat constatant les publications et affiches peut être placé en tête du procès-verbal que le maire doit tenir ouvert pendant toute la durée du dépôt du plan, à l'effet d'y consigner les déclarations, réclamations et observations qui lui seront faites verbalement (art. 7). Il doit

requérir les personnes par qui elles lui sont adressées d'y
apposer leur signature; il constate l'accomplissement de
cette formalité, et mentionne, s'il y a lieu, l'empêchement
ou le refus de celles qui ne pourraient ou ne voudraient
le faire.

52. Le procès-verbal peut encore avoir un autre objet,
c'est d'y consigner la déclaration d'élection de domicile
que les parties intéressées peuvent faire dans la commune
pour toutes les significations auxquelles donnera lieu la
suite des opérations. Il est de l'intérêt des citoyens contre
qui l'expropriation pourrait être poursuivie de faire cette
élection, s'ils veulent être certains de recevoir toujours à
temps les avertissemens qui peuvent les concerner, et nous
croyons que le maire devra officieusement, s'ils se présentent pour faire des observations, leur signaler l'utilité
pour eux de ne point négliger d'user de cette faculté, que
nous trouverons écrite dans l'article 15, et les engager à
en consigner la déclaration dans son procès-verbal.

53. Si des observations ou réclamations écrites sont
transmises au maire, elles doivent être par celui-ci annexées à son procès-verbal et adressées au sous-préfet de
l'arrondissement avec ledit procès-verbal, clos à l'expiration du délai de huitaine ou du délai plus long qui pourrait avoir été fixé. L'article 7 ne parle ni de cette clôture
ni de cette transmission, parce que cela a été reconnu
trop simple pour être dit. Le plan et autres pièces, s'il y
en a, doivent également être transmis à la sous-préfecture
et y rester déposés pendant la durée des opérations de la
commission dont nous allons nous occuper.

54. Lorsque le délai du dépôt à la mairie est expiré, et
que le procès-verbal du maire, avec les pièces qui peuvent
y être jointes, est parvenu à la sous-préfecture de l'arrondissement, une commission se réunit, sous la présidence

du sous-préfet, au chef-lieu de la sous-préfecture; elle est composée de quatre membres pris dans le conseil général du département ou dans le conseil d'arrondissement, du maire de la commune où les biens sont situés et de l'un des ingénieurs chargés de l'exécution des travaux, tous désignés par le préfet, à l'exception du maire, que sa seule qualité appelle à en faire partie.

Cette commission n'est autre chose qu'un conseil placé entre le préfet et les intérêts privés pour assurer un jugement plus équitable, éclairé qu'il sera par les lumières d'hommes indépendans et ayant une parfaite connaissance des localités; elle contre-balancera utilement l'influence que pourrait exercer l'auteur du tracé, trop disposé peut-être à combattre ceux qui critiqueraient son travail : c'est ainsi que l'ont envisagée les orateurs qui soutinrent cette création nouvelle, et dont l'opinion finit par prévaloir; telle aussi nous la fait apparaître la mission qui lui est confiée. Recevoir les observations des propriétaires, les appeler auprès d'elle si elle le juge convenable, recueillir les moyens respectifs et donner son avis, telles sont, aux termes de l'article 9, les opérations auxquelles elle est appelée à se livrer; ces opérations doivent être terminées dans le délai d'un mois.

55. Les travaux comprenant souvent dans leur parcours plusieurs communes, il s'est rencontré dans ce cas quelques difficultés sur la composition de la commission dont nous nous occupons. Dans une expropriation de ce genre, il fut créé une commission unique, à laquelle on adjoignit les maires de toutes les communes traversées par la ligne des travaux; cette manière d'opérer, dénoncée à la Cour suprême, fut par elle déclarée contraire à la loi [1] :

[1] Sirey, 36, 1, 5.

et, en effet, au lieu d'une commission de six membres, on en formait une dont le nombre des membres pouvait être indéfini; mais à cette occasion la Cour de cassation déclara qu'il fallait former une commission distincte par chaque commune. Cette manière d'opérer nous paraîtrait également peu en harmonie avec l'économie de la loi; il nous semble qu'en renvoyant, par l'article 8, à *une commission* siégeant au chef-lieu d'arrondissement, le législateur a eu pour but que cette commission s'occupât de tout le parcours de la ligne des travaux dans l'arrondissement. Ainsi une commission unique devrait être nommée pour toutes les communes d'un même arrondissement; seulement elle s'occuperait successivement de chaque commune et appellerait à prendre part à ses opérations les maires de chacune de ces communes, à mesure qu'elles feraient l'objet de ses délibérations, avec mention au procès-verbal de ces mutations successives. De cette manière disparaîtrait l'impossibilité où l'on pourrait se trouver d'avoir assez de membres des conseils de département et d'arrondissement pour former des commissions où n'entrassent pas plusieurs fois les mêmes membres, la nécessité de ne faire siéger que successivement ces différentes commissions, qui toutes doivent être présidées par le sous-préfet, et l'obligation enfin de tenir autant de procès-verbaux qu'il y aurait de commissions. Au reste, ce que nous proposons n'est, en résultat, autre chose que ce que demandait la Cour de cassation; le nom seul est différent; mais cette différence a cette conséquence importante, qu'en se rendant au vœu de la Cour suprême il faut, pour suivre la lettre de l'article 11, autant d'arrêtés de *tracés définitifs* qu'il y a de communes, puisque cet article fait de chaque procès-verbal la base d'un arrêté, et, par suite, autant de jugemens d'expropriation qu'il y a d'arrêtés (articles 13 et 14); ce qui mul-

3

tiplierait le travail et amènerait des longueurs contraires
à l'esprit de la loi.

56. La commission doit être présidée par le sous-préfet ; mais l'absence d'un fonctionnaire de ce titre dans les
arrondissemens dont le chef-lieu est en même temps celui
du département rend nécessaire son remplacement par le
secrétaire général ou un conseiller de préfecture délégué à
cet effet par le préfet. Nous ne croyons pas que cette présidence puisse appartenir au préfet personnellement, et ce à
raison de l'espèce de contrôle que la commission exerce sur
le tracé primitif qui déjà a été adopté par le préfet, comme
représentant de l'administration.

57. Il est d'usage qu'un maire puisse se faire remplacer
par son adjoint quand il est appelé en sa qualité à prendre part à une opération quelconque ; il n'y a nul inconvénient qu'il en soit de même à l'égard des fonctions qui
lui sont attribuées par l'article 8 de la loi du 7 juillet ; il
pourrait déléguer un adjoint pour siéger dans le sein de
la commission que crée cet article.

58. Le même article 8 dit : *et de l'un des ingénieurs
chargés de l'exécution des travaux.* Il est introduit dans
cette commission à titre de défenseur du projet et pour
fournir les réponses et renseignemens qu'appelleraient les
objections qui seraient présentées ; mais on lit dans l'article 4 : *ingénieurs ou autres gens de l'art chargés, etc.*
Si donc c'étaient des gens de l'art qui n'eussent pas le
titre d'ingénieurs des ponts-et-chaussées ou des mines,
qui fussent chargés de l'exécution des travaux, ne pourraient-ils faire partie de la commission? Nous ne pensons
pas qu'il faille rien induire contre leur admission du silence
gardé à leur égard par l'article 8, qui s'est occupé de ce
qui arrivera le plus souvent ; et si le préfet jugeait un savant non ingénieur plus capable que tout autre d'éclairer

les délibérations, il devrait faire porter un choix sur ıu
pourvu qu'il fût chargé de l'exécution des travaux.

59. Le dernier § de l'article 8 prononce l'exclusion
des propriétaires qui doivent être expropriés : on conçoit en effet qu'ils ne peuvent être juges et parties. Ce que
la loi dit du propriétaire, il y a toute raison, selon nous,
de le dire de l'usufruitier, et même des maris, lorsque
l'expropriation devrait atteindre les biens de leur femme.
Il n'y a pas d'autres exclusions que celles-là ; les père, fils,
frère et alliés au même degré, les tuteurs et administrateurs, peuvent faire partie de la commission.

60. Nous avons dit plus haut comment il arrivait que
des biens changeassent de maîtres, les noms restant
les mêmes sur les registres-matricules des contributions ;
or, si des cas de ce genre se présentaient, ce serait sur
le propriétaire réel, et non sur le propriétaire inscrit,
que devrait porter l'exclusion : c'est en effet du premier
qu'on pourrait craindre quelque partialité dans sa propre
cause.

61. Indiquons dès à présent, sauf à y revenir plus tard,
que si le préfet s'écartait, dans la composition de la commission, des prescriptions de la loi, il y aurait une véritable violation des formes, de nature à être appréciée
par les tribunaux.

62. La commission une fois assemblée, les propriétaires
peuvent venir lui présenter des observations, et sans doute
aussi les usufruitiers, usagers, fermiers, locataires, et tous
autres qu'intéresserait directement l'expropriation : il
n'y aurait non plus lieu à repousser les dires d'un tiers
qui, même sans mandat légal, se présenterait au nom d'un
intéressé. Mais comment les propriétaires et autres use-
ront-ils du droit qui découle du § 1er de l'article 9? Il
leur sera difficile de connaître le jour où la commission

3.

devra s'assembler; et, d'un autre côté, elle ne restera pas
en permanence. L'administration pourrait aider l'exécution de la loi, en insérant dans les publications prescrites
par l'article 6, ou dans des publications postérieures, l'indication du jour et du lieu où, pour la première fois, la
commission s'assemblera, et de quelques jours d'audience
pendant le mois que doivent durer les opérations. Cet
avertissement aurait encore l'avantage de faire connaître
le local des réunions, qui, n'étant point déterminé par la
loi, resterait ignoré sans cela.

63. Remarquons que les observations que la commission doit accueillir de la part de ceux qui se présentent devant elle, aussi bien que de ceux qu'elle aurait fait appeler
en vertu du pouvoir qui lui est conféré, ne peuvent porter sur l'utilité des travaux, question tranchée par la loi
ou l'ordonnance, mais sur le tracé et son application à
telle ou telle propriété.

64. L'article 11 ne laisse aucun doute que la mission
d'examiner les dires et réclamations qu'a provoqués le dépôt
à la mairie des plans parcellaires, de recueillir de nouvelles
observations, de s'éclairer, en appelant les intéressés et les
interrogeant pour ensuite exprimer un avis, entraîne pour
la commission le droit de proposer des changemens au
tracé qui fait l'objet de son examen; c'est aussi ce qui a
été reconnu lors de la discussion à la Chambre des députés. Mais ce droit fait naître dans son application une
autre difficulté : dans le cas où la commission voudrait
proposer des changemens dont le résultat serait de déver-
ser les travaux sur des propriétés autres que celles désignées au plan primitif, devra-t-elle en prévenir les propriétaires et les appeler à fournir leurs contredits?

On comprend toute l'importance de la question, tout
son intérêt pour les propriétaires, et une solution dans un

sens favorable pour eux paraît résulter du paragraphe
final de l'article 2, portant : *Cette application* (de l'expropriation) *ne peut être faite à aucune propriété particulière
qu'après que les parties intéressées ont été mises en état
d'y fournir leurs contredits, selon les règles exprimées au
titre II.*

Les propriétaires dont les noms figuraient au plan parcellaire sont les seuls qui, se voyant menacés de dépossession, ont dû fournir leurs observations ; changer ensuite le
tracé, porter les travaux sur d'autres terrains, sans appeler
ceux qui deviennent intéressés par suite de ce changement,
ne serait-ce pas exproprier ceux-ci à leur insu, sans
qu'ils aient pu défendre leur propriété ? ne serait-ce pas
une violation manifeste du principe général écrit en l'article 2 ?

Aussi, conséquent avec lui-même, le projet présenté à
la Chambre des députés faisait une obligation à la commission d'appeler et d'entendre les propriétaires des terrains sur lesquels les travaux devaient être déversés par suite
des réclamations, et cette garantie était d'autant plus précieuse que, comme nous le verrons plus tard, les propriétaires sont intéressés à prendre des mesures pour connaître promptement les différentes phases de la procédure,
et qu'ils seraient dans l'impossibilité de le faire s'ils
pouvaient être laissés dans l'ignorance de l'expropriation
qui les atteint.

Cette disposition du projet, combattue par M. Teste, a
disparu ; mais il ne faut pas se méprendre sur les conséquences de ce retranchement : voici en quels termes cet
orateur expliquait la rédaction qu'il proposait :

« Si l'on imposait à la commission l'obligation d'en-
« tendre les réclamations des propriétaires qui n'auraient
« pas été entendus, vous mettriez les tribunaux dans la

« nécessité de prononcer sur une foule de questions de
« forme, comme celle de domicile réel et d'autres de ce
« genre, qui entraîneraient d'interminables procès; en
« imposant à la commission l'obligation d'examiner les
« réclamations des propriétaires sur lesquels est déversée
« l'expropriation, c'est établir que l'omission de cet exa-
« men renverserait la procédure tout entière. Mon amen-
« dement n'exclut pas, tant s'en faut, les propriétaires
« dont il s'agit : la commission aura le pouvoir de les ap-
« peler, et sans doute elle le fera, car ils sont l'objet de sa
« sollicitude toute naturelle; mais je ne voudrais pas que
« *l'obligation fût écrite dans la loi*, parce que cela pré-
« sente des difficultés, à raison de l'incertitude du domi-
« cile; puis parce que son omission menacerait de ruine
« toute la procédure antérieure. »

Ainsi l'obligation subsiste, les commissions administratives devront, en cas de modifications à proposer par elles
au tracé primitif et après avoir fait dresser le plan de ces
modifications, appeler les propriétaires dont les terrains
se trouveront compris dans la nouvelle ligne des travaux;
seulement l'omission de cette obligation, son application
peu exacte, quant au domicile des appelés, n'invalidera
pas la procédure : c'est ce dernier résultat seul qu'on a
voulu atteindre, en n'inscrivant pas dans l'article 9 la
conséquence du principe posé en l'article 2.

Au surplus c'est par l'obligation morale d'appeler les
propriétaires sur lesquels seraient déversés les nouveaux
travaux, que l'on peut expliquer cette disposition du troisième paragraphe de l'article 9: *elle* (la commission) *reçoit
leurs moyens respectifs;* ce qui suppose nécessairement
des intérêts opposés mis en présence, et semblable chose
ne peut se rencontrer sur une même ligne de travaux.

Dans le cas de modifications à apporter à la ligne des

travaux, la commission devra comprendre, dans l'appel qu'elle adressera aux propriétaires, tant ceux qui habitent hors de l'arrondissement que ceux qui y ont leur domicile.

65. La forme de ces appels est laissée à la discrétion de la commission; mais jamais un propriétaire ne pourra se plaindre de n'avoir pas été régulièrement averti, puisqu'il aurait pu ne pas l'être du tout.

Ajoutons cependant qu'en cas d'omission de cette obligation sans sanction, le préjudice qu'en éprouveraient les propriétaires serait jusqu'à un certain point réparé par le dépôt pendant huit jours, au secrétariat général de la préfecture, du travail de la commission et des pièces qui lui ont servi d'élémens, ordonné par l'article 10, avec faculté pour tous intéressés d'en prendre communication, et par suite de présenter au préfet leurs observations.

Pour plus d'efficacité de ce dépôt, il conviendrait, encore bien que la loi ne le prescrive pas formellement, que le préfet fît annoncer, par voie d'affiches ou d'insertions dans les journaux, l'époque de l'accomplissement de cette formalité.

66. La commission, pour former son avis, doit aussi consulter les documens recueillis avant sa réunion; ainsi le procès-verbal du maire, les observations écrites reçues par le magistrat municipal devront être mis sous ses yeux.

L'article 9 n'indique pas de quelle manière se constitue l'avis à émettre; c'est sans aucun doute, à la majorité: cependant, ainsi que nous l'avons dit plus haut, comme il ne s'agit que d'un avis et non d'une décision, l'opinion de la minorité devrait également être relatée, avec ses motifs, dans le procès-verbal. Il pourrait aussi arriver que la commission se fractionnât en plusieurs avis dont aucun ne réunirait la majorité; dans ce cas, le procès-verbal devrait contenir l'exposé des motifs qui déterminent chacune des opinions qui y sont insérées.

67. La loi, en créant la commission et en la composant de six membres, n'a pas prescrit qu'il en fallût un certain nombre présens pour délibérer; il n'est pas possible de suppléer à son silence, et il faut reconnaître que, quel que soit le nombre des délibérans, ce serait un avis de la commission : les formes seraient sauves, il n'y aurait pas d'irrégularité.

Dans le cas présent, les membres de la commission ne pourraient être remplacés, une fois les opérations commencées; il est en effet indispensable qu'une même pensée préside à l'examen de toute la ligne sur laquelle doit porter la délibération. Il ne faut pas que, la majorité venant à changer par la survenance de nouveaux membres, les points arrêtés puissent être remis en question.

68. La commission doit dresser procès-verbal de ses opérations, c'est-à-dire mentionner les pièces par elle examinées, les individus par elle entendus et leurs dires respectifs, soit qu'ils se soient présentés d'eux-mêmes, soit qu'ils aient été appelés; elle termine par exprimer son avis. Ce procès-verbal, ouvert le jour de la réunion de la commission, est clos à l'expiration du mois depuis le commencement des opérations : ce délai est de rigueur, il ne peut être plus étendu; mais, lors même que les opérations seraient terminées, la commission ne pourrait clore son procès-verbal et se séparer avant que le mois fût écoulé. Les intéressés, sachant qu'ils ont ce délai pour présenter leurs observations, peuvent en effet attendre, pour user de cette faculté, la dernière limite du temps accordé (article 9).

69. Le procès-verbal, clos et arrêté, est immédiatement

transmis par le sous-préfet au préfet. Si, le mois expiré, les opérations n'étaient pas terminées, si l'avis de la commission n'était pas encore formé, le sous-préfet n'en devrait pas moins adresser dans les trois jours le procès-verbal dans l'état où il se trouverait, avec les documens recueillis. Ce procès-verbal, dans ce cas, serait clos par lui seul, avec mention du motif qui a empêché la commission de le mettre à fin (article 9).

C'est ainsi que nous entendons ces mots du texte : *son procès-verbal,* encore bien que grammaticalement leur position dans la phrase doive les faire rapporter au sous-préfet, parce que, de l'ensemble de l'article 9 et de la discussion qui a précédé son adoption, il nous paraît résulter qu'il s'agit du procès-verbal de la commission.

« Il peut paraître singulier qu'on se passe ainsi d'un
« avis reconnu utile, mais il ne fallait pas, a dit M. Mar-
« tin (du Nord) dans son rapport à la Chambre des dépu-
« tés, qu'il pût dépendre de la commission de paralyser
« ou de suspendre indéfiniment l'exécution des entre-
« prises les plus utiles. Il serait rigoureusement possible
« que la majorité des membres de la commission, oppo-
« sée à l'exécution du travail projeté, ou refusât de se
« réunir, ou ne voulût pas délibérer, ou saisît le moindre
« prétexte pour s'ajourner indéfiniment. Il nous a semblé
« qu'il devait y avoir un moyen légal de déjouer ces pe-
« tites manœuvres et de vaincre ce mauvais vouloir. Nous
« vous proposons de déclarer que, dans le délai par nous
« indiqué, le sous - préfet enverra au préfet le procès-
« verbal constatant le refus de la commission avec tous
« les documens qui auront été recueillis. » En citant ce passage du discours de M. Martin, nous devons dire que nous ne partageons pas cette opinion, que, la moitié plus un des membres de la commission refusant soit de se réu-

nir, soit de délibérer, cela empêcherait les autres membres
de se livrer aux opérations et de prendre un avis qui serait celui de la commission. On se rappelle en effet que
nous avons, dans le n° 67, émis la pensée qu'il n'y avait
pas de nombre en-dessous duquel cette commission ne
pourrait légalement délibérer; et, quant au refus de la
part de tous les membres, il n'est pas à craindre, puisque
parmi eux il s'en trouve que la nature de leurs fonctions
principales obligera toujours à se présenter (les ingénieurs, le sous-préfet et le maire).

70. Le procès-verbal et les pièces transmises sont, à
leur réception, déposés au secrétariat général de la préfecture, pour y rester pendant huitaine à dater du jour du
dépôt : ce dépôt pendant le temps prescrit est constaté
par certificat du secrétaire général.

Son objet est de fournir aux intéressés le moyen de
connaître le travail de la commission, les conclusions par
elle prises, et d'adresser au préfet de nouvelles observations, s'ils le jugent convenable. L'omission de la formalité de ce dépôt entacherait de nullité la procédure; toutefois la Cour de cassation a décidé[1] que celui qui aurait
pris communication de ces pièces et aurait ensuite adressé
au préfet des réclamations, ne serait pas recevable à proposer devant la Cour la nullité de la procédure, sur le fondement que le dépôt n'aurait pas subsisté pendant huit jours,
comme le veut l'article 10 : vis-à-vis de lui, dit l'arrêt, le
but de la loi a été rempli; il ne peut se plaindre d'un défaut
de forme qui ne lui nuit pas. Est-ce bien avec raison que la
Cour de cassation a décidé que celui qui, en prenant connaissance des pièces déposées et en fournissant des observa-

[1] Sirey, 36, 1, 5.

tions, aurait usé de la faculté que la loi lui accordait à
cet égard, avait entièrement épuisé son droit? nous avons
peine à le croire; car l'intéressé pourrait répondre que, si
le dépôt eût eu la durée prescrite, il aurait pu ajouter de
nouvelles observations à ses observations premières.

71. La loi n'a pas prescrit de rendre public, par la
voie d'annonces ou affiches, le dépôt au secrétariat général des pièces, documens et avis recueillis sur le tracé des
travaux; mais qui veut la fin veut les moyens. Si donc,
comme on n'en peut douter, le but de cette formalité est
de fournir aux intéressés l'occasion de connaître tous les
élémens qui vont servir de base au tracé définitif et de
fournir leurs derniers contredits, il est dans son esprit, et
les préfets n'y manqueront pas, de donner de la publicité
à l'accomplissement de cette formalité, qui sans cela pas-
serait inaperçue et resterait sans fruit.

72. Il ne paraît pas qu'on doive exiger de ceux qui demandent communication des pièces la justification qu'ils
sont intéressés; le seul fait de la réclamer indique l'intérêt et doit suffire pour qu'elle soit donnée. Cette communication s'opère sans déplacement et sans frais.

73. Lorsqu'il s'agit d'une expropriation demandée par
une commune et dans un intérêt purement communal,
c'est-à-dire pour travaux à exécuter dans l'intérêt de cette
seule commune, et ne devant s'étendre sur le territoire
d'aucune autre, l'article 12 dispose qu'il n'y a lieu de recourir à l'avis de la commission, et déclare en conséquence
les articles 8 et 9 inapplicables. Dans ce cas, la commission est remplacée par le conseil municipal de la commune
que les travaux concernent, lequel, après la clôture du
procès-verbal tenu par le maire en exécution de l'art. 7,
est appelé à donner son avis sur le tracé des travaux et
les critiques dont il a été l'objet; copie de sa délibération

est transmise par le maire, avec le procès-verbal susdit et les pièces qui peuvent y être jointes, au sous-préfet, et par ce magistrat au préfet, avec ses observations.

Nul doute que le conseil municipal puisse, comme la commission, consulter ceux qu'elle jugerait convenable d'entendre; c'est à lui également que devraient s'adresser les citoyens qui, postérieurement à la clôture du procès-verbal du maire, auraient des observations à soumettre.

74. Dans le même cas de travaux d'intérêt purement communal, l'article 12 déclare inapplicables les dispositions de l'article 10; il n'y a donc pas lieu par le préfet à déposer pendant huit jours au secrétariat général et à donner en communication aux intéressés le procès-verbal du maire, l'avis du conseil municipal et les documens recueillis, qui lui sont transmis ainsi que nous l'avons vu plus haut.

SECTION III. — *De la désignation définitive des terrains nécessaires à l'exécution des travaux.*

SOMMAIRE.

75. Toutes les formalités que nous venons de parcourir étant accomplies, le législateur a espéré que l'exposition des plans parcellaires, les critiques dont ils ont pu être l'objet, l'examen mûri de la commission, ont dû procurer de suffisantes lumières : que dès lors il était possible de déterminer définitivement le tracé que devra suivre la ligne des travaux, et par suite les propriétés dont la cession devra être demandée, et, en cas de refus, obtenue par la voie de l'expropriation.

76. C'est le préfet qui, en sa qualité de premier magistrat du département, dépositaire d'une partie de l'autorité administrative, a été appelé, dans le silence de la loi ou de l'ordonnance d'autorisation, à faire la désignation provisoire, ou plutôt, comme nous l'avons vu plus haut, à donner, par un arrêté, un caractère légal à la désignation résultant des opérations des ingénieurs chargés de l'exécution des travaux. C'est encore le préfet, et en la même qualité, qui cette fois a reçu la mission de faire, dans un nouvel arrêté motivé, la désignation définitive des propriétés dont la cession est nécessaire. Tel est le prescrit de l'article 11, ainsi conçu : « Sur le vu du procès-verbal « et des documens y annexés, le préfet détermine, par un « arrêté motivé, les propriétés qui doivent être cédées, et « indique l'époque à laquelle il sera nécessaire d'en pren- « dre possession. Toutefois, dans le cas où il résulterait

« de l'avis de la commission qu'il y aurait lieu de modifier
« le tracé des travaux ordonnés, le préfet surseoira jus-
« qu'à ce qu'il ait été prononcé par l'administration supé-
« rieure.

« La décision de l'administration supérieure sera défi-
« nitive et sans recours au Conseil-d'État. »

77. Le préfet, dans cet arrêté, ne juge pas les questions du tracé; nous croyons qu'il ne fait qu'enregistrer
les résultats du travail tel qu'il a été effectué par les gens
de l'art. Il s'agit là en effet de questions de science qu'il
faut laisser aux hommes spéciaux appelés à faire l'application sur le terrain des projets qu'ils ont élaborés; aussi,
toutes les fois que l'avis de la commission qui a examiné
les réclamations des intéressés a été qu'il y aurait lieu de
modifier le tracé des travaux ordonnés, toutes les fois
qu'il y a désaccord entre elle et les auteurs du projet, c'est
l'administration supérieure qui tranche la difficulté, c'est
elle qui prononce entre les ingénieurs et les réclamans
dont les observations ont paru à la commission dignes
d'être accueillies : « Le préfet, dans ce cas, *surseoira*, »
dit l'article 11.

78. Il résulte de cette expression, *surseoira*, que ce n'est
pas l'administration supérieure qui, dans ce cas, détermine les propriétés à céder; que sa décision porte seulement sur le tracé, et ne peut remplacer l'arrêté du préfet;
ainsi, lorsque le ministre se sera prononcé, cet arrêté
devra intervenir, pour désigner, en se conformant à ce
qui aura été prescrit, les terrains auxquels l'expropriation
pourra être applicable.

79. Il faut que l'avis de la commission contienne le
vœu d'une modification, pour qu'il y ait lieu au sursis dont
nous parlons au numéro précédent; hors ce cas, le préfet
prend son arrêté en conformité des plans qui ont fait

l'objet des formalités du titre II de la loi du 7 juillet 1833 : il nous paraît indubitable que le préfet ne pourrait s'en écarter. Dans le cas où la commission se serait fractionnée en plusieurs avis, y aurait-il lieu au sursis? Supposons, par exemple, que des sept membres qui la composent deux aient émis l'avis qu'il convient de substituer à la direction de la ligne du projet telle autre ligne; que deux autres membres se soient prononcés pour une troisième ligne, tandis que les trois derniers adopteraient le travail de l'administration : dans cette espèce, aucune des opinions ne réunit la majorité en sa faveur; mais comme, en combinant ces avis, il en résulte qu'il existe une majorité d'accord sur la convenance d'une *modification quelconque* au tracé, et qui se trouve divisée seulement sur la direction nouvelle à donner à la ligne des travaux, il est vrai de dire que l'avis de la commission est *qu'il y aurait lieu de modifier le tracé des travaux ordonnés;* et par conséquent il en doit être référé à l'administration supérieure.

80. Quand il s'agit de travaux d'intérêt purement communal, il n'y a pas lieu, nous l'avons vu, n° 73, de réunir de commission, les fonctions que celle-ci est appelée à exercer, en vertu des articles 8 et 9, sont transférées au conseil municipal de la commune que les travaux intéressent uniquement. Le conseil municipal peut, dans sa délibération, émettre aussi l'avis que des changemens devraient être apportés au tracé; mais cette divergence d'opinions entre les représentans de la commune et les auteurs du projet n'aurait pas pour résultat d'entraîner le recours à l'autorité supérieure pour obtenir une solution. Le préfet, dans ce cas, prononce *en conseil de préfecture* et sauf l'approbation de l'administration supérieure (article 12, § 3).

Ainsi deux différences sont à noter entre les modifications proposées par une commission et celles venant d'un conseil municipal : l'une consiste en ce qu'au premier cas le préfet doit surseoir, et au second prononcer, mais le conseil de préfecture entendu; l'autre, en ce qu'au premier cas l'administration supérieure n'intervient que par suite du sursis, tandis qu'au second son approbation est toujours nécessaire.

81. De ces mots de l'article 12, § 3, *le préfet prononcera comme il est dit en l'article précédent*, il faut, selon nous, conclure qu'au cas spécial qu'ils concernent, le préfet est juge de la question du tracé, et qu'il détermine les propriétés à céder, soit d'après le plan des auteurs du projet, soit d'après celui du conseil municipal, selon qu'il adopte l'un ou l'autre; ce doit être en raison de cette qualité éventuelle de juge qui lui est attribuée, que le législateur lui a imposé l'obligation de prendre l'avis du conseil de préfecture. Nous disons *prendre l'avis*, parce qu'on se tromperait si l'on attribuait au conseil de préfecture une juridiction quelconque au cas qui nous occupe; il ne fait ici l'office que d'un comité consultatif, émettant une opinion qui peut être suivie ou rejetée par le fonctionnaire auquel appartient la décision : on n'a jamais attaché d'autre sens à l'expression, *le préfet en conseil de préfecture.*

82. La décision que le préfet prendra ne sera pas définitive; il doit la soumettre à l'approbation de l'administration supérieure, *qui peut la modifier à son tour.* La conséquence d'une telle modification par l'administration supérieure entraînerait pour le préfet l'obligation de prendre un nouvel arrêté pour désigner les propriétés comprises dans le tracé qui aurait obtenu l'assentiment du ministre.

83. Par *administration supérieure* on entend le ministre au département duquel les travaux ressortissent. Il

faut aussi comprendre dans cette désignation les directeurs généraux, en ce qui concerne les travaux dépendant de leur administration, quand ils agissent en vertu de délégation et sous la responsabilité ministérielle.

84. Le préfet, dans le cas de travaux d'intérêt communal, l'administration supérieure, dans le cas de travaux plus étendus, décident du tracé définitif de la ligne que ces travaux doivent parcourir. Il peut arriver que les modifications proposées, étant reconnues utiles, soient accueillies et la ligne transportée sur des propriétés qui n'ont été l'objet d'aucune formalité préalable : l'arrêté qui décidera que leur cession est nécessaire devra-t-il être précédé de l'accomplissement de ces formalités? Cette question s'est déjà présentée lors de l'examen de la commission, et si alors on a suivi la marche que nous tracions, si l'on a fait dresser un plan de la nouvelle ligne pour connaître les propriétés sur lesquelles les travaux seraient déversés, si l'on a fait appeler au sein de la commission les propriétaires ainsi menacés d'expropriation, enfin s'ils ont été à même de fournir leurs contredits, nul doute que l'on puisse regarder les formalités comme accomplies, quel que soit celui des deux projets que l'autorité compétente adopte; et si l'on objectait que tout ce que prescrivent les art. 5, 6, 7, n'a pas été fait, la réponse serait que le principal objet de la loi a été de rendre les opérations promptes, et que son esprit se refuse à ce que le moindre changement entraîne l'obligation de recommencer toutes les opérations. L'objet de ces formalités est de fournir aux propriétaires l'occasion de faire leurs observations; ils seraient sans qualité pour se plaindre alors que, par suite de l'appel de la commission, ils auraient été mis à même d'exposer leurs réclamations.

85. Mais en devrait-il être de même dans le cas où la

commission n'aurait cru devoir prendre aucune mesure pour connaître et avertir ceux que l'expropriation va frapper? Devant les tribunaux on ne manquerait pas sans doute de signaler qu'une solution affirmative de cette question aurait pour conséquence que des propriétaires pourraient être expropriés avant de se douter qu'ils en sont menacés; en effet, dirait-on, la ligne proposée par la commission pourrait être assez écartée de celle du projet pour que les propriétaires qu'elle atteint fussent restés étrangers aux opérations premières, étrangers qu'ils devaient se croire à leurs résultats; et cette ligne une fois adoptée par l'administration supérieure, devenant la base de l'arrêté du préfet, sans qu'aucune formalité doive être accomplie à cet égard, les propriétaires ne connaîtraient leur dépossession que lorsqu'elle serait accomplie. Est-ce bien là, ajouterait-on, l'esprit de la loi du 7 juillet? le paragraphe final de l'article 2 ne repousse-t-il pas semblable solution? *les propriétaires ont-ils pu fournir leurs contredits?* Quelque fortes que soient ces objections, nous inclinons à penser qu'elles ne peuvent prévaloir. En ne faisant pas de l'obligation d'appeler les propriétaires une nécessité légale, la loi a voulu parer aux graves inconvéniens d'une procédure nouvelle, qui pourrait à son tour amener des changemens nouveaux, et entourer ainsi l'exécution des travaux d'un cercle d'obstacles dont il serait difficile de sortir; peut-être y a-t-il à dire aussi que, les formes étant remplies à l'égard de certaines propriétés, les citoyens qu'elles ne concernent pas doivent néanmoins en suivre les détails, dans la prévision d'une possibilité de modifications qui viendraient les atteindre, et qu'à la rigueur ils peuvent s'en prendre à eux-mêmes de n'avoir pas connu la position dans laquelle ils se trouvaient.

86. De tout ce que nous avons dit jusqu'ici il résulte

que le préfet ne peut pas modifier le tracé des ingénieurs, si ce n'est pourtant dans le cas de travaux d'intérêt purement communal, comme on l'a vu au n° 80. Toutefois il ne faut pas entendre cette proposition en ce sens, que l'administration serait toujours obligée d'exécuter les travaux d'après les plans qu'elle aurait une fois livrés au contrôle de l'opinion publique; non sans doute : et si, dans le cours de la procédure administrative, un défaut, un inconvénient du tracé était reconnu, il y aurait absurdité à soutenir que le préfet, que l'administration en général, devrait exécuter le plan défectueux; nous voulons seulement dire que le préfet ne pourrait modifier qu'avec l'assentiment de l'autorité supérieure, et que tout changement opéré de cette sorte aurait en réalité pour effet de substituer un nouveau plan à l'ancien, et de nécessiter à son égard l'accomplissement de toutes les formalités, depuis le dépôt à la mairie des communes jusqu'à l'avis de la commission inclusivement. Il n'y a aucune analogie entre ce cas et celui de changemens proposés par la commission et adoptés par le Gouvernement. Au dernier cas, il y aura toujours appel des propriétaires nouveaux, ou au moins publicité donnée aux travaux de la commission; au premier, au contraire, rien de semblable ne se rencontrera; et, en vertu du principe *Nul ne peut être exproprié qu'il n'ait été mis à même de fournir ses contredits dans les formes prescrites,* les tribunaux devraient refuser l'expropriation, s'il n'était justifié de l'accomplissement nouveau à l'égard des changemens opérés, des formalités déjà accomplies quant au plan primitif.

87. Ce qui précède conduit naturellement à la solution de la question de savoir si le préfet pourrait surseoir et en référer au ministre, alors même que l'avis de la commission serait en tous points en accord parfait avec le tracé

4.

des ingénieurs; sans doute il le pourrait : c'est là une affaire tout administrative, et la connaissance qu'il a des
dires et réclamations des intéressés peut le conduire à regarder une modification comme utile, et par suite à chercher à faire consacrer son opinion par l'autorité supérieure. Mais les conséquences d'un changement seraient,
comme nous le disons plus haut, la nécessité d'un plan
nouveau, qui ne pourrait recevoir d'exécution qu'après
avoir subi toutes les épreuves de la loi; et il faut qu'il en
soit ainsi pour la garantie des propriétaires, exposés sans
cela à voir les formalités s'accomplir relativement à certaines propriétés, et ensuite, sous prétexte de changement,
l'expropriation d'autres terrains être réclamée.

88. L'article 11 prescrit de surseoir lorsque la commission a été d'avis de *modifier le tracé* : le recours au
ministre ne doit donc avoir lieu que pour changemens apportés au tracé; mais quant à toutes autres modifications
au plan, rectifications de contenances, de noms, etc.,
le préfet pourrait les opérer par une décision définitive;
c'est ce qu'exprimait M. Legrand, commissaire du Roi,
en disant : « Le changement d'un tracé peut produire une
« augmentation notable dans la dépense, et il ne faudrait
« pas que le préfet, ordonnateur secondaire, engageât
« sans le consulter le ministre, ordonnateur principal;
« mais s'il ne survenait que des réclamations insignifiantes
« ou qui ne reposeraient que sur des erreurs matérielles,
« pourquoi le préfet ne passerait-il pas outre? » M. Allent expliqua à son tour que le but de la commission
avait été de restreindre aux changemens à faire dans le
tracé l'intervention de l'autorité supérieure, et de conférer
au préfet le droit de prendre, dans tous autres cas, des
arrêtés définitifs.

89. *Sur le vu du procès-verbal et des documens y an-*

nexés, le préfet détermine les propriétés qui doivent être cédées, etc., dit l'article 11; ce magistrat doit donc viser, dans son arrêté, toutes les pièces constatant l'accomplissement des formalités prescrites : ainsi, la loi ou l'ordonnance, les arrêtés par lui rendus, les procès-verbaux de maires, certificats d'affiches et publications, le procès-verbal de la commission, et enfin la décision de l'administration supérieure, si les circonstances l'avaient rendue nécessaire; mais il faut remarquer que le visa de toutes ces pièces, destinées à motiver l'arrêté et à lui servir de fondement, n'a plus l'importance qu'on pouvait y attacher lors de la présentation du projet de loi. En effet, aux termes de l'article 14 de ce projet, cet arrêté devait servir de base au jugement d'expropriation à rendre par le tribunal; c'était de l'examen de cet arrêté seul que devait résulter pour lui la preuve qu'il n'y avait eu aucune infraction aux règles posées par les titres I et II. Aujourd'hui, et par suite des modifications introduites dans l'article 14, les pièces justificatives doivent passer sous les yeux du tribunal, et l'article 11 n'est sans doute resté ce qu'il était d'abord que par la force d'un vote antérieur.

90. L'objet de l'arrêté est de désigner les propriétés dont la cession est nécessaire, et de fournir au tribunal, s'il faut recourir à lui afin d'obtenir cette cession, tous les élémens utiles pour formuler son jugement On doit donc trouver dans l'arrêté la spécification de chaque parcelle de terrain, sa nature, sa contenance exacte et l'indication du nom des propriétaires de chacune d'elles. S'agit-il ici du nom qui figure au plan parcellaire, c'est-à-dire de celui qui est inscrit aux registres-matricules des rôles des contributions directes, sauf, bien entendu, les rectifications qu'auraient fait opérer les intervenans à l'enquête spéciale; ou bien l'administration doit-elle recher-

cher les véritables propriétaires pour les faire figurer nominativement dans l'arrêté dont nous nous occupons? Le
seul motif qui pourrait porter à penser que la question
devrait recevoir sa solution dans le sens de la seconde
hypothèse serait le doute qui naîtrait relativement à la régularité du jugement d'expropriation, dans le cas où l'on
déciderait qu'il suffit de reprendre les noms inscrits aux
registres-matricules des contributions. Le tribunal, en effet, puisant dans l'arrêté du préfet les élémens de sa décision, ne peut rendre son jugement que contre ceux qui lui
sont signalés par l'acte administratif; les choses étant
telles, ne serait-il pas à craindre que le véritable propriétaire, contre qui, en définitive, devra s'exécuter le jugement, vînt y opposer la règle générale, que les décisions
de justice ne peuvent valoir que contre ceux qui y sont
repris? Il est vrai que le jugement reproduira les noms
écrits dans l'arrêté; mais si l'arrêté ne doit contenir légalement que les noms tels qu'ils sont inscrits sur la matrice
des rôles, le jugement, en se bornant à les lui emprunter,
ne saurait en être vicié; il y aurait pour ce cas exception à
la règle générale : or, quant à cet arrêté, il faut reconnaître que la nécessité de mentionner les noms des véritables
propriétaires entraînerait des difficultés et des longueurs
que la loi a voulu épargner à l'administration : c'est ainsi
que, dans l'article 5, elle en a écrit la dispense formelle
en ce qui touche les plans parcellaires; et rien n'indiquant
que le législateur ait voulu restreindre cette dispense au
cas spécial de cet article, on doit, en raison de l'identité
des motifs, admettre que cette disposition régit toute la
procédure d'expropriation, dont la formation de ces plans
est le premier acte. Les propriétaires se mettront à couvert des dommages qu'il pourrait résulter pour eux
d'inexactitudes dans la mention des noms, en les faisant

rectifier sur les registres ou sur le plan lui-même, lors de son exposition.

91. Le préfet doit aussi déclarer l'époque à laquelle il sera nécessaire de prendre possession des terrains. Cette indication a pour objet de mettre les propriétaires à même de prendre leurs mesures pour abandonner leurs propriétés avec le moins de préjudice possible : on conçoit de quelle importance cela peut être pour des établissemens industriels qui se trouveraient frappés d'expropriation; cependant cette déclaration ne lie pas l'administration de telle sorte qu'elle doive nécessairement prendre possession à l'époque fixée par elle, et quand même le besoin ne s'en ferait pas encore sentir. Mais si, en reculant cette prise de possession, il en résultait un préjudice pour les intéressés, ce préjudice deviendrait l'objet d'une indemnité spéciale à comprendre dans le réglement par le jury, s'il n'a point encore été opéré.

92. Il est toujours sous-entendu, quand on parle de la prise de possession, que le paiement de l'indemnité aura été effectué préalablement; c'est là une condition hors l'accomplissement de laquelle on peut toujours refuser de délaisser son terrain. Les cas d'urgence même n'autoriseraient pas le préfet à demander ni le tribunal à accorder *la cession immédiate d'une propriété, sauf réglement ultérieur* (arrêt de la Cour de cassation du 28 janvier 1834 [1]). Nous rencontrerons plus tard les dispositions à l'aide desquelles le législateur a concilié les exigences de certains cas d'urgence avec le principe de l'indemnité préalable.

93. Il en est de l'arrêté du préfet comme de la décision de l'administration supérieure : l'un et l'autre sont dé-

[1] Sirey, 34, 1, 206; Dalloz, 1834, 1, 48.

finitives et sans recours. Aux tribunaux seuls appartient le droit de s'assurer si les formalités ont été ou non régulièrement accomplies; c'est ce que nous avons vu exprimé dans un passage d'un discours de M. Allent, à la Chambre des pairs, cité plus haut, n° 88. Si cependant le préfet ordonnait des changemens au tracé sans que la commission les eût proposés, le recours au ministre pourrait, d'après M. Duvergier, dans son *Recueil des Lois*, tome 33, page 284, être ouvert aux intéressés. Nous avons exprimé plus haut, n°s 86 et 87, que nous ne pensions pas la chose possible de la part du préfet, et indiqué quelles seraient les conséquences d'un changement de ce genre; aussi croyons-nous que les tribunaux offriraient le moyen le plus sûr et le plus prompt d'obtenir justice de cet abus de pouvoir, par le refus qu'ils feraient de prononcer l'expropriation de terrains à l'égard desquels les formalités de la loi n'auraient point été accomplies. Ainsi deviendrait sans objet un recours au ministre, recours qui, n'étant pas même suspensif, n'offrirait que fort peu d'avantages.

TITRE III.

Des moyens d'obtenir la cession des terrains reconnus nécessaires à l'exécution des travaux.

SOMMAIRE.

94. **Deux moyens existent, l'un volontaire, l'autre forcé.**

94. Au point où nous en sommes arrivés, le tracé est définitivement arrêté; l'administration connaît les détails du projet et ses moyens d'exécution; il ne lui manque plus, pour se mettre à l'œuvre, que d'être en possession des terrains sur lesquels les travaux doivent être assis. Or, s'il est possible que les propriétaires de ces terrains, sa-

chant qu'ils ne peuvent plus échapper à la dépossession, consentent à se dépouiller en faveur de l'administration moyennant un prix amiablement convenu, il peut arriver, au contraire, que le propriétaire, par des motifs que nous n'avons pas à rechercher, s'obstine à conserver son domaine, ou bien encore que son incapacité ou son absence rende toute aliénation volontaire impossible de sa part : c'est alors qu'il a fallu introduire l'action de l'autorité judiciaire pour lever l'obstacle que rencontre l'exécution des travaux. Il y a donc deux moyens pour l'administration d'arriver à la possession réelle des terrains dont elle a besoin : l'un, tout amiable, tout volontaire; l'autre, de contrainte. La loi, dans son article 13, n'autorise l'emploi du second qu'à défaut d'efficacité du premier : on conçoit en effet tout ce qu'il y a à gagner de temps, de démarches, de frais, en traitant amiablement avec les propriétaires. Nous allons parcourir les règles de chacun de ces deux moyens, en commençant par la cession volontaire.

CHAPITRE PREMIER.

De la cession amiable de la part des propriétaires.

SOMMAIRE.

95. Le premier devoir de l'administration est, aussitôt la fixation définitive de la ligne des travaux par l'arrêté

du préfet, de faire auprès des propriétaires repris dans
cet arrêté des démarches pour obtenir d'eux la vente des
terrains nécessaires à l'exécution de ses plans, puisque, si
elle peut y parvenir, l'emploi de tout moyen coercitif devient inutile; aussi l'article 13 commence-t-il par ces
mots : « *A défaut de conventions amiables avec les propriétaires des terrains ou bâtimens dont la cession est
reconnue nécessaire, le préfet*, etc., etc., etc. »

96. Les obstacles les plus ordinaires à ces conventions
seront la difficulté de s'entendre sur le prix et l'incapacité
d'aliéner dont se trouverait frappé le propriétaire du terrain demandé par l'administration.

97. Quant au premier, le réglement du prix de la vente,
l'administration aura, pour y parvenir, à faire des offres,
sauf ensuite à apprécier les prétentions des propriétaires,
que l'on peut penser devoir être toujours un peu élevées;
il lui est pour cela indispensable de connaître elle-même la
valeur de la propriété et des accessoires qui en modifie-
raient l'importance. Quels seront les moyens à employer
pour obtenir cette connaissance? c'est ce qu'il ne nous paraît pas possible de réduire en règles : ils varieront selon
les cas : ce sera une estimation tantôt par experts, tantôt
par des ingénieurs; d'autres fois on consultera les baux,
les actes de vente des propriétés de même nature et voisines, ou on prendra ses renseignemens auprès d'industriels de la localité, selon qu'il s'agira de champs, de prés,
de vignes, d'habitations ou de fabriques, selon que des
indemnités à régler auront pour objet des propriétés foncières, la perte d'industries ou de droits locatifs.

Ne serait-il pas plus avantageux de faire de cette estimation une opération régulière, contradictoire, et qui pût
servir de guide aux offres de l'administration comme aux
prétentions des parties? C'était l'esprit du projet de la loi;

mais les dispositions qu'il renfermait à cet égard ont disparu par suite de la discussion. Selon ce projet, un expert nommé d'office par le tribunal devait estimer les terrains, sous la direction et la surveillance d'un juge-commissaire, et en présence des parties et de leurs experts, si elles jugeaient convenable d'en nommer, et dresser un rapport qui serait notifié aux intéressés. Cette expertise a été repoussée à la Chambre des pairs, par le motif que, l'affaire arrivant ensuite devant le jury accompagnée de ce rapport, il y avait tout lieu de craindre que les jurés l'adoptassent sans examen, et que, heureux d'y trouver le moyen d'échapper à la responsabilité morale de leurs actes, ils s'empressassent de s'y soustraire, en homologuant le travail de l'expert.

Nonobstant cette manifestation de la pensée législative, M. Delaleau, dans son traité, page 148, énumère les formes d'une sorte d'expertise.

Selon lui, il est facile de s'assurer, en lisant attentivement la discussion, que la Chambre des pairs, en repoussant le système du Gouvernement, a eu en vue seulement le rejet du mode d'expertise proposé, reconnaissant du reste la nécessité d'une évaluation préalable, et même contradictoire, des indemnités. A l'appui de cette opinion, il cite encore les paroles du rapporteur à la Chambre des députés, lequel s'exprimait ainsi : « Il est évident que, « toutes les fois que le Gouvernement voudra procéder à « une expropriation, il devra, d'après la loi, faire des of- « fres qui devront être, selon moi, l'évaluation de la chose « qu'il doit exproprier. Cette évaluation n'est et ne sera « jamais juste que moyennant des travaux préliminaires, « auxquels, dans l'exécution, sont constamment appelés « les propriétaires. »

Cette appréciation, d'après le jurisconsulte cité plus

haut, se ferait par un estimateur nommé par le préfet, agissant dans l'intérêt du Gouvernement, mais dont l'opération serait rendue contradictoire par l'invitation adressée aux intéressés d'y assister, de vérifier avec l'estimateur tous les points susceptibles d'amener contestation et de lui fournir leurs dires et observations, que celui-ci recueillerait en son procès-verbal et leur ferait signer.

Nous n'avons rien à critiquer dans ce mode de procéder que pourrait adopter l'administration; mais nous ne saurions conseiller aux propriétaires de concourir à une expertise, leur présence prêtant à cette opération un caractère d'acte contradictoire de nature, selon nous, à compromettre leurs intérêts. Nous concevrions en effet, dans l'économie de la loi, l'expertise faite sous l'autorité des tribunaux : là il n'y aurait pas à supposer plus de faveur pour l'administration que pour les particuliers, tous deux ayant la faculté de se faire accompagner de leurs experts, et le délégué du tribunal devant tenir entre leurs prétentions opposées une balance impartiale; mais, dans le mode qu'indique M. Delaleau, l'appréciateur est l'homme de l'administration : chargé de travailler dans l'intérêt de l'administration, quelle garantie offre-t-il aux propriétaires pour qu'ils aillent assister à ses opérations et y fournir, ignorans qu'ils sont de ce qui pourrait leur préjudicier, des observations et contredits, y formuler des prétentions ou reconnaître des faits opposés à leurs intérêts, dont plus tard on ferait usage contre eux, et, dans tous les cas, contribuer par leurs signatures à donner plus de poids à ce travail, s'il vient à être produit devant le jury. Le débat ne serait égal qu'autant que les propriétaires se feraient eux-mêmes assister d'un homme de l'art; et dès lors où serait pour eux l'avantage? ne peuvent-ils pas toujours apprendre ainsi à leurs frais quelle est la valeur de leur propriété, sans aller se compromettre avec un agent de l'administration, dont la mission devra être nécessairement d'obtenir d'eux la meilleure composition possible? Ce danger nous paraîtrait grand, surtout lorsqu'une concession mettra aux lieu et place de l'État des entrepreneurs dont le but est de faire des bénéfices, et peu scrupuleux quelquefois sur les moyens de se les assurer.

98. Le second obstacle se rencontre, avons-nous dit, dans le cas où une incapacité d'aliéner frappe le propriétaire du terrain compris dans la ligne des travaux; ainsi les biens d'un mineur, d'un interdit, d'un failli, les propriétés soumises au régime dotal, dépendant d'une succession bénéficiaire ou d'un majorat, celles grevées de substitution, les biens des communes, départemens, hospices, bureaux de bienfaisance et autres établissemens publics, ne peuvent devenir l'objet de conventions amiables qu'en suivant les règles tracées par le droit commun, pour les autorisations préalables nécessaires à la validité de l'aliénation, et certaines précautions pour le remploi à prescrire par les tribunaux. Il n'en est pas de même, nous le verrons plus tard, des offres qui suivent l'expropriation prononcée par jugement; les articles 25 et 26 tracent des règles particulières d'acceptation, mais le législateur a pris soin d'indiquer qu'il s'agissait des offres faites *en exécution de l'article* 23, et a exclu, par cela même, celles qui ne sont que la conséquence des dispositions de l'art. 13. Il n'existait pas non plus la même raison de décider dans les deux cas; en effet, lorsque interviennent les offres après jugement, la dépossession est consommée irrévocablement par le jugement qui exproprie; il ne s'agit plus que de la fixation du prix, et par suite on a dû se montrer moins rigoureux sur l'accomplissement des formes

ordinaires. Au point où nous en sommes, au contraire, l'expropriation, bien que présumable, pourrait cependant n'être pas prononcée par le tribunal; il s'agit de consentir l'aliénation elle-même, et dès lors il n'y avait pas de raison de s'écarter, dans ce dernier cas, des règles protectrices des intérêts des incapables.

99. Lorsqu'il intervient des conventions amiables, il doit en être dressé contrat entre les intéressés et l'administration; ces contrats, aux termes de l'article 56, peuvent être passés, ainsi que les quittances et tous autres actes relatifs à l'acquisition des terrains, *dans la forme des actes administratifs*. Les observations auxquelles peut donner lieu cet article 56 trouveront leur place dans la suite de cet ouvrage, de même que ce qui concerne l'article 58, en vertu duquel *tous contrats, quittances et autres actes faits en exécution de la loi du 7 juillet, sont dispensés du timbre et enregistrés gratis*.

100. Une décision ministérielle, en date du 21 mars 1835, mentionnée dans une circulaire de la régie, rapportée par Sirey dans son recueil[1], prescrit l'admission au visa pour timbre et à l'enregistrement gratis des contrats d'acquisitions d'immeubles pour des travaux d'utilité publique, lorsqu'ils relatent la loi ou l'ordonnance royale qui a autorisé ces travaux et la poursuite en expropriation des propriétaires des immeubles.

101. Tout particulier faisant l'acquisition d'un immeuble peut le trouver grevé d'hypothèques conventionnelles, judiciaires ou légales, dont il ne l'affranchira qu'en suivant les règles tracées par le droit commun; de même il demeure, *jusqu'à la prescription atteinte*, soumis aux actions dont l'objet serait de le forcer à délaisser cet immeu-

---

[1] Sirey, 35, 2, 413.

ble : mais les formalités de la purge, les éventualités de revendication, et autres actions réelles, n'ont pas paru au législateur compatibles avec le but de l'expropriation et la marche rapide des travaux d'utilité publique. Des modifications aux dispositions du Code civil ont par suite été introduites dans les articles 17 et 18 de la loi, et rendues, par l'article 19, communes aux jugemens et aux conventions amiables intervenues entre l'administration et les propriétaires. *Voir*, à cet égard, les n° 150 à 160, pour l'explication des dérogations introduites.

102. Les auteurs du Code des municipalités pensent que, si les propriétaires et l'administration, d'accord quant à la cession, ne pouvaient toutefois s'entendre sur le prix, il y aurait lieu de poursuivre directement devant le jury le réglement de l'indemnité, sans devoir faire au préalable prononcer l'expropriation par jugement. M. Delaleau, dans son traité, combat cette proposition; il dit en substance : « Il faut une vente volontaire ou un jugement; il n'y a pas vente, puisqu'il n'y a pas accord sur la chose et sur le prix (1583, Code civil). Il n'y a pas davantage promesse de vente; car celle-ci entraîne également la nécessité du consentement réciproque sur la chose et sur le prix (1589, Code civil). » De quelque manière donc que l'on considère l'accord des parties quant à la cession, il faut dire qu'il ne produit aucun effet légal, et par suite que l'administration ne peut se dispenser de faire prononcer l'expropriation. Nous nous rangeons de l'avis de M. Delaleau, mais toutefois avec cette modification, qu'il pourrait arriver que les propriétaires, reconnaissant la nécessité de céder leurs terrains, mais ne pouvant s'entendre avec l'administration sur la fixation du prix, passassent avec celle-ci contrat amiable, portant vente des terrains au profit de l'État, moyennant un prix

à fixer par un jury composé suivant les formes des articles 29 et suivans; et c'est de cette façon que se réalisera le plus souvent l'hypothèse prévue par les auteurs du Code des municipalités. Dans ce cas, il y aurait une véritable vente, aux termes de l'article 1592 du Code civil, si le jury acceptait la mission qui lui est confiée par les parties, vente qui dispenserait l'administration de faire prononcer l'expropriation. Ce mode pourrait être souvent employé dans des travaux de peu d'importance; et si un accord de ce genre intervenait entre l'administration et *tous* les propriétaires, il pourrait encore dispenser de l'accomplissement des formalités préliminaires à l'expropriation, destinées à protéger la propriété privée, par le défaut d'intérêt, de la part des propriétaires, à se plaindre ensuite de l'inexécution de ces formalités.

CHAPITRE II.

De la cession forcée.

SOMMAIRE.

103. C'est aux tribunaux qu'il appartient de prononcer l'expropriation.

103. Dans le cas de refus de la part des propriétaires de céder volontairement la partie de leurs propriétés nécessaire à l'exécution des travaux, il faut les y contraindre; la loi a réglé pour ce cas les formes à suivre. Ici le pouvoir de l'administration cesse, et c'est aux tribunaux qu'est réservé le droit de prononcer la dépossession de ceux qui n'ont pas voulu ou pu se dépouiller volontairement; c'est ce principe que pose l'article 1er de la loi du 7 juillet, en disant : *L'expropriation pour cause d'utilité publique s'opère par autorité de justice.*

SECTION Ire. — *Contre qui se poursuit l'expropriation.*

SOMMAIRE.

104. Il est utile de ne pas perdre de vue, pour l'application du principe qui vient d'être énoncé, ce que nous avons dit, dans les n°s 5 et suivans, sur le sens à donner à ces mots, *expropriation pour cause d'utilité publique,* sur la restriction qu'il fallait en faire au cas de *perte totale ou partielle causée à perpétuité des droits, attributs et accessoires de la propriété,* laissant en dehors du cercle d'action de la loi du 7 juillet toute autre espèce de pertes ou dommages concernant les mêmes droits, attributs et accessoires, pour ces cas être régis soit par les lois spéciales qui les ont prévus, soit par le droit commun.

105. Mais tous les attributs et droits que comporte la propriété peuvent ne pas reposer sur la même tête : si cette circonstance se rencontre, contre qui doit se poursuivre l'expropriation? Contre le propriétaire, c'est-à-dire celui qui réunit en lui les droits de la propriété, qui a le domaine sur la chose dont d'autres peuvent avoir des démembremens plus ou moins importans, tels qu'un droit d'usufruit, d'usage et d'habitation, la jouissance d'une servitude, les droits résultant du contrat de louage pour les preneurs.

En agissant contre le propriétaire seul, l'État exproprie en même temps tout ce qui constitue la propriété, tant

entre les mains de celui-ci qu'entre les mains de ceux qui
en ont quelque attribut, sans être tenu de procéder nominativement vis-à-vis ceux-ci. Cela résulte de l'article 6, qui
n'oblige à mentionner sur les pièces de l'enquête spéciale
que les noms des propriétaires; de l'article 15, qui ne prescrit la signification du jugement qu'à eux seuls, et surtout
de l'article 21, qui, l'expropriation prononcée, astreint le
propriétaire à faire connaître et à appeler au réglement
de l'indemnité les fermiers, locataires, ceux qui ont des
droits d'usufruit, d'habitation ou d'usage, et ceux qui
peuvent réclamer des servitudes résultant des titres mêmes de propriété ou d'autres actes dans lesquels il aurait
figuré, et ne laisse aux autres intéressés que la faculté
d'intervenir spontanément, à l'effet d'obtenir la réparation du préjudice que leur cause l'anéantissement de leurs
droits.

Cependant, si la propriété était cédée amiablement
avant l'expropriation, l'État, devenu propriétaire par suite
de vente, ne se trouverait saisi que des droits que son vendeur avait lui-même; et s'il existait un usufruit, un droit
d'habitation, un bail authentique, une servitude, il ne
pourrait se prévaloir, contre ceux à qui ils appartiendraient, de son contrat de cession, et il ne parviendrait à
la possession complète de la propriété qu'à l'aide de l'expropriation de ces attributs détachés, poursuivie contre
chacun de ceux qui les réclament. C'est ce que viennent
encore confirmer, à part le principe que nul ne transmet
que ce qu'il a lui-même, les dispositions, spéciales à l'usufruit et au louage, des articles 621 et 1743 du Code civil,
portant, le premier, que *la vente de la chose sujette à
usufruit ne fait aucun changement dans le droit de
l'usufruitier, qui continue de jouir de son usufruit s'il
n'y a pas formellement renoncé;* le deuxième : *si le bail-*

leur vend la chose louée, l'acquéreur ne peut expulser le fermier ou le locataire qui a un bail authentique ou dont la date est certaine, à moins qu'il ne se soit réservé ce droit par le contrat de bail.

Ainsi, sur la question de savoir contre qui l'expropriation doit être poursuivie, résumons-nous en disant : c'est contre le propriétaire, et cette poursuite vaut contre tous autres intéressés; mais s'il y a eu par lui cession amiable, et qu'il existât des intéressés pouvant réclamer des droits d'usufruit, d'usage, d'habitation, des droits résultant d'un contrat de louage, ou que le fonds fût grevé de servitudes, alors nécessité d'obtenir un jugement qui dépossède les intéressés nominativement.

106. Toutefois cette nécessité d'une expropriation spéciale *pour les servitudes* engendre pour l'État des inconvéniens tels, que ce principe a paru contestable à quelques esprits. On s'est demandé si l'administration qui aurait commencé ses travaux devrait se trouver arrêtée par un individu qui se prétendrait propriétaire d'un droit de passage, de vue, etc., et forcée de suspendre son entreprise jusqu'après l'expropriation prononcée; le désir d'arriver à une solution négative a fait émettre cette opinion, que la perte de droits de ce genre ne portait pas, à proprement parler, sur la propriété, mais constituait seulement un tort ou dommage à réparer par une indemnité. Ce système pourrait s'étayer d'un arrêt du Conseil-d'État rendu en 1825 [1], qui, à l'occasion de la suppression d'une rue, a décidé que cette suppression ne pourrait être opérée qu'après qu'il aurait été statué dans les formes prescrites par la loi, sur l'indemnité à laquelle le réclamant prétendait avoir droit.

---

[1] Macarel, p. 520.

Malgré l'autorité invoquée à l'appui de cette interprétation, les servitudes, selon nous, doivent jouir de la
même faveur que le droit résultant d'un bail ou d'une
constitution d'usufruit; car si ceux-ci ne peuvent être
éteints par la vente du fonds sur lequel ils s'exercent, la
servitude, de son côté, ne peut, aux termes de l'art. 701
du Code civil, souffrir atteinte par le fait du propriétaire
du fonds servant ; le Conseil-d'État lui-même l'a reconnu par un arrêt rendu en 1821 [1], à l'occasion d'un
droit de passage devenu impossible par suite de la reconstruction d'une fontaine sur un nouvel emplacement, en
ordonnant le rétablissement de la fontaine en l'ancien emplacement, à moins que la commune ne fît déclarer, s'il y
avait lieu et dans les formes voulues par la loi, l'utilité
du nouveau projet.

107. Remarquons cependant qu'en pareil cas il ne sera
pas toujours nécessaire de recourir à la voie de l'expropriation, si rigoureuse pour l'État, à qui elle occasionne
une perte de temps, l'article 701 du Code civil disposant,
dans son paragraphe final, que, *si l'assignation primitive*
(de l'endroit où s'exerce la servitude) *empêchait le propriétaire du fonds assujetti d'y faire des réparations avantageuses, il pourrait offrir au propriétaire de l'autre fonds
un endroit aussi commode pour l'exercice de ses droits,
sans que celui-ci pût le refuser.* Or, à moins que les travaux n'entraînent la suppression totale de la servitude, il
sera facile à l'État, en usant du bénéfice de cette disposition, de la transporter ailleurs.

108. Quand, par rapport à la procédure d'expropriation, nous parlons *du propriétaire*, il s'agit de celui dont
le nom est inscrit sur les registres-matricules des rôles des

---

Macarel, t. 2, p. 606.

contributions directes, à moins qu'il n'y ait eu des rectifications opérées par suite des réclamations qui ont pu
être adressées pendant les opérations préliminaires. Si cependant, lors des offres faites pour arriver à l'arrangement amiable avant l'expropriation, celui à qui on s'est
adressé avait déclaré avoir vendu, ce serait contre l'acquéreur par lui indiqué qu'il faudrait suivre, la présomption devant, dans tous les cas, céder à la connaissance de
la réalité. Voir, au reste, ce que nous avons dit sur cette
question, à propos de l'arrêté définitif, n° 90.

SECTION II. — *De la procédure pour arriver au
jugement d'expropriation.*

SOMMAIRE.

109. Hormis le cas de concession, c'est le procureur du Roi qui requiert
l'expropriation ?
110. Quel est le tribunal compétent ? — *Quid* lorsqu'un même terrain s'étend
sur deux arrondissemens.
111. Énumération des pièces à produire au tribunal.
112. Des copies certifiées suffisent.
113. Les pièces doivent être visées pour timbre et enregistrées.
114. Le procureur du Roi, encore qu'il regarde ces pièces comme irrégulières,
ne peut se refuser de requérir.
115. Le délai de trois jours pour la prononciation du jugement n'est que
comminatoire.
116. Le jugement est rendu sur rapport.
117. Il n'est pas nécessaire d'appeler celui contre qui se poursuit l'expropriation ; mais il peut intervenir.
118. L'intervention a lieu suivant les formes du droit commun.

109. *Le préfet,* dit l'article 13, *transmet au procureur du Roi dans le ressort duquel les biens sont situés la
loi ou l'ordonnance qui autorise l'exécution des travaux
et l'arrêté du préfet mentionné en l'article* 11; et l'article 14 ajoute : *dans les trois jours et sur la production
des pièces constatant que les formalités prescrites par*

*l'article II du titre Ier et par le titre II de la présente loi
ont été remplies, le procureur du Roi requiert, etc., etc.*

Comme on le voit, c'est le préfet qui provoque l'expropriation par l'envoi des pièces indiquées par la loi ; il
n'agit pas ici comme magistrat, mais bien à titre de représentant de l'État et comme chargé de soutenir ses intérêts. Par suite, si les travaux avaient été concédés, les
concessionnaires étant, par l'article 63, mis aux lieu et
place de l'État, ce serait à eux qu'il appartiendrait de
provoquer le jugement, au moyen d'une requête adressée
au tribunal *par le ministère d'avoué*, et accompagnée des
pièces nécessaires pour l'éclairer. Nous disons *le ministère
d'avoué*, parce que le procureur du Roi ne saurait être
mis en action par des particuliers ; ce magistrat n'interviendrait dans cette instance que comme ministère public et pour donner des conclusions dans l'intérêt d'une
bonne justice.

Le préfet néanmoins pourrait, dans le cas de concession, agir comme si les travaux devaient être exécutés par
l'administration, et, s'il croyait devoir le faire, le procureur du Roi alors reprendrait le rôle que lui attribue
l'article 14.

110. Le tribunal de première instance appelé à connaître de l'affaire est celui dans le ressort duquel les biens
sont situés ; ce qui conduit à penser que si la ligne des travaux traversait plusieurs arrondissemens, le préfet devrait
prendre autant d'arrêtés qu'il y a d'arrondissemens traversés, afin de n'avoir à adresser à chaque tribunal que
l'arrêté concernant les biens qui se trouvent dans sa
circonscription.

Si une propriété comprise dans la ligne des travaux
s'étendait sur deux arrondissemens, faudrait-il la diviser
en parcelles pour en poursuivre l'expropriation devant les

deux tribunaux, ou ne pourrait-on pas poursuivre l'ex-propriation du tout devant le tribunal de la situation de la plus fort epartie? Nous adoptons cette dernière opinion.

111. En lisant l'art. 14, on s'aperçoit que l'art. 13 fait une énumération incomplète des pièces qui doivent être produites; il ne parle que de la loi ou l'ordonnance et de l'arrêté de fixation définitive, tandis que l'article 14 parle de la production des pièces constatant l'accomplissement *des formalités de l'article 2, titre Ier, et du titre II.* Nous avons, dans le n° 89, déjà indiqué le motif de cette différence, qui tient à la pensée que l'arrêté, mentionnant toutes les pièces probantes de l'exécution de la loi, servirait seul de base au jugement, tandis qu'on a voulu ensuite que le tribunal vît les pièces elles-mêmes.

Pour compléter l'énumération de l'article 13, nous dirons qu'il résulte de l'ensemble des dispositions jusqu'ici parcourues que les pièces à fournir sont, outre la loi et l'ordonnance, l'arrêté qui désigne les localités ou territoires (si la loi ou l'ordonnance ne contient cette désignation), le plan parcellaire où figurent les propriétés dont la cession est demandée, un certificat des publications et affiches, et un exemplaire des journaux où a été faite l'annonce du dépôt, le procès-verbal constatant le dépôt à la mairie du plan parcellaire et contenant les déclarations de ceux qui ont comparu, le procès-verbal de la commission administrative spéciale ou celui du sous-préfet, si elle n'a pu ou voulu le terminer, le certificat du dépôt pendant huitaine au secrétariat général de la préfecture, la décision de l'administration supérieure, s'il a été nécessaire d'y recourir, et enfin l'arrêté définitif du préfet, pris en exécution de l'article 11.

S'il s'agit d'une expropriation dans l'intérêt d'une seule commune, le procès-verbal de la commission et le certifi-

cat du dépôt de ce procès-verbal à la préfecture doivent
être remplacés par la délibération du conseil municipal;
de plus, l'arrêté du préfet doit nécessairement être accompagné de l'approbation du ministre (art. 12 de la loi).

112. Il n'est point indispensable d'adresser au procureur du Roi les pièces en original; il suffit de copies certifiées conformes par le préfet.

113. Il faut considérer toutes ces pièces comme
produites en justice; nous verrons qu'elles doivent être
visées dans le jugement à rendre par le tribunal. Il y a
par conséquent nécessité qu'elles soient timbrées et enregistrées; mais elles jouissent de la faveur attachée par
l'article 58 aux actes concernant l'expropriation, et sont
visées pour timbre et enregistrées *gratis*.

114. Le procureur du Roi, au reçu de ces pièces, dresse
et transmet au tribunal un réquisitoire écrit, par lequel il
conclut à l'expropriation des terrains compris dans l'arrêté du préfet. Le vœu de la loi est que cette transmission
soit faite et que le jugement intervienne dans les trois
jours de la réception des pièces.

On se demande, en lisant cet article, si le procureur du
Roi pourrait, examen fait des pièces, refuser de requérir,
au cas où les formalités ne lui paraîtraient pas avoir été
régulièrement accomplies; il est facile de reconnaître qu'il
n'en saurait être ainsi; ce magistrat en effet est le représentant légal de l'État près les tribunaux, c'est par lui seul
que l'État agit; mais si, à ce titre, il ne peut refuser de
requérir quand il en reçoit la mission du préfet, il ne faut
pas en induire que son rôle, dans cette circonstance, soit
complétement passif, et qu'il doive obéir uniquement à
l'impulsion préfectorale: son mandat une fois accompli, il
reprend auprès du tribunal son caractère principal et ordinaire d'organe de la loi, de protecteur de sa saine appli-

cation, et il est de son devoir de signaler toutes irrégularités par lui remarquées, et de conclure, s'il y a lieu, au rejet de la demande en expropriation.

Il n'est pas besoin de dire que, s'il s'agissait d'omission, il en donnerait officieusement avis à l'administration, pour lui éviter les retards qu'entraînerait le rejet de la requête ; mais, encore une fois, il ne pourrait se dispenser de la présenter si le préfet persistait.

115. Il est à observer qu'en fixant à trois jours le délai en dedans lequel le réquisitoire doit être présenté et le jugement prononcé, la loi n'a attaché aucune nullité, aucune déchéance à une procédure plus lente : elle a indiqué seulement par là sa volonté que les opérations fussent rapides.

116. Le tribunal devant à son tour prendre connaissance du dossier, vérifier, comme nous le verrons plus tard, les pièces constatant l'accomplissement de chacune des formalités qui rentrent dans le domaine de son examen, l'un des juges est habituellement commis par le président, sur le vu du réquisitoire, pour faire une vérification préparatoire et donner son rapport à jour indiqué; cette marche n'est pas commandée par la loi, mais elle paraît présenter l'avantage d'assurer un contrôle plus complet et une solution plus prompte.

117. Il n'est pas nécessaire d'*appeler* devant le tribunal le propriétaire contre lequel on poursuit l'expropriation, pour rendre contradictoire entre lui et l'administration le jugement à intervenir; la loi s'en étant reposée, pour un examen attentif et scrupuleux des formalités, sur la sollicitude des magistrats; toutefois le propriétaire et les autres intéressés pouvant croire qu'il y a utilité pour eux d'éclairer le tribunal sur l'exactitude de l'accomplissement des formalités de l'instruction administrative,

ils ont *un droit d'intervention* et doivent, s'ils le requièrent, être admis à présenter leurs observations à l'audience.

C'est une question sur laquelle il existe plusieurs arrêts
de cassation, tous dans le sens que nous venons d'indiquer;
nous consignerons ici les motifs de celui du 6 janvier
1836[1], qui résume parfaitement la pensée de la Cour
touchant la nature toute spéciale des attributions des
tribunaux en cette matière :

« Attendu qu'en matière d'expropriation pour utilité
« publique, la procédure, toute spéciale et exceptionnelle,
« ne devient judiciairement contradictoire qu'au moment
« de la signification du jugement provoqué par la réqui-
« sition du procureur du Roi, sur l'envoi fait, par le pré-
« fet, à ce magistrat, de toute l'instruction administrative
« tendant à constater et déclarer l'utilité publique ; que
« sans interdire au propriétaire menacé d'expropriation
« la faculté d'éclairer le tribunal sur l'affaire qui lui est
« ainsi déférée, la loi n'a imposé ni au préfet, ni au pro-
« cureur du Roi le devoir d'appeler ce propriétaire de-
« vant le tribunal; qu'elle a pourvu dans l'intérêt de ce
« propriétaire, et suivant la mesure qu'elle a jugé conve-
« nable, à ce que réclamait le droit naturel de la défense,
« par le recours en cassation qu'elle lui a réservé dans les
« trois cas d'incompétence, d'excès de pouvoir et de vices
« de forme dans le jugement. »

118. Quant au mode d'exercice de ce droit d'intervention consacré au profit des propriétaires, et nous ajoutons
de *tous autres intéressés,* car il y a mêmes raisons de le
leur accorder, il nous semble qu'on peut le puiser, par
analogie, dans les dispositions du Code de procédure qui
règlent les formes de l'intervention en matière civile;

---

[1] Sirey, 36, 1, p. 5. *Voir* aussi t. 34, 1, p. 711; et t. 35, 1, p. 172.

ainsi l'intervenant devra signifier, par le ministère d'un avoué, une requête à effet d'être admis à présenter ses observations contre le réquisitoire du procureur du Roi tendant à faire prononcer l'expropriation d'une propriété qui lui appartient, ou sur laquelle il exerce des droits quelconques et qu'il est menacé de perdre.

La requête d'intervention devra contenir les moyens et conclusions, et copie en sera délivrée au procureur du Roi, qui, nous l'avons déjà vu, remplit dans l'instance le rôle de demandeur pour l'État.

Ces moyens et conclusions pourront ensuite être développés à l'audience.

Il ne paraît pas que cette intervention doive engendrer de frais contre le propriétaire qui succomberait, mais en aucun cas l'intervenant ne pourrait non plus réclamer la condamnation de l'administration dont la demande serait rejetée, aux frais de son intervention; la loi spéciale ayant entendu, par l'examen dont elle impose l'obligation au tribunal, pourvoir complétement à la conservation de ses droits, il suit de là que le propriétaire ne pourrait soutenir avec raison que son intérêt réclamait nécessairement qu'il intervînt; la faculté de s'assurer, si bon lui semble, que l'autorité judiciaire remplira exactement la mission qui lui est confiée, n'est en quelque sorte qu'un hommage rendu à la qualité de propriétaire; il n'a donc aucun titre pour réclamer le remboursement des frais occasionnés par l'exercice qu'il en a fait.

SECTION III. — *De l'examen que doit faire le tribunal de la procédure administrative.*

SOMMAIRE.

119. Quelles sont les formalités administratives dont le tribunal peut rechercher le régulier accomplissement ? — Discussion.

119. Ce fut une question longuement débattue que celle de la part d'action qu'il fallait, dans l'expropriation, donner aux tribunaux dont on s'accordait à réclamer le concours comme garantie des intérêts privés. Les uns, craignant que l'administration ne se laissât aller à négliger les formes, voulaient soumettre tous ses actes au contrôle judiciaire; d'autres, redoutant de s'égarer dans la délimitation, quelquefois si difficile, des pouvoirs judiciaire et administratif, réduisaient les tribunaux à un rôle purement passif; leur intervention n'était plus, dans ce système, qu'un embarras à la prompte exécution des travaux au lieu d'être une garantie pour les citoyens. C'est à chercher un moyen terme entre ces deux extrêmes, que l'on s'est attaché; et pour connaître ce qui aujourd'hui rentre dans les attributions des tribunaux, il faut parcourir les différentes phases de la discussion.

Dans le projet de la loi, l'article 14 était ainsi rédigé :
« Dans les trois jours, le procureur du Roi requiert et
« le tribunal, s'il ne reconnaît aucune infraction des rè-
« gles posées par les titres I et II de la présente loi, pro-
« nonce l'expropriation pour cause d'utilité publique des
« terrains et bâtimens désignés dans l'arrêté du préfet. »
En se reportant aux dispositions des titres I et II, on devait naturellement conclure qu'il appartenait aux tribunaux de vérifier tous les actes de l'administration à commencer par les enquêtes préalables à la déclaration d'utilité publique, jusqu'à l'arrêté final du préfet; qu'ainsi ils pouvaient, entre autres choses, examiner, dans le cas de la production d'une ordonnance, si, aux termes du premier

paragraphe de l'article 3, une loi n'aurait pas dû intervenir : telle n'était point cependant la pensée des rédacteurs.
du projet, et, dans l'exposé des motifs, le ministre du
commerce et des travaux publics expliquait ainsi le texte de
cet article : « Le tribunal, s'il reconnaît que toutes les for-
« malités ont été remplies, prononce l'expropriation des
« terrains dont l'occupation est nécessaire; remarquez
« bien qu'il ne s'agit plus de juger au fond la question
« d'utilité publique de l'entreprise, ni celle du choix de la
« ligne des travaux; il est évident que de pareilles ques-
« tions ne peuvent être attribuées aux tribunaux et ap-
« partiennent essentiellement au domaine de l'adminis-
« tration, qui, au point où nous en sommes arrivés, les a
« déjà résolues. Le *devoir du tribunal* consiste unique-
« ment à vérifier quelques formes, à reconnaître *s'il existe*
« *une ordonnance royale* qui autorise les travaux, si le
« plan a été déposé pendant le délai voulu, si le maire a
« certifié le dépôt de ce plan, s'il a reçu les réclamations
« des habitans, si la commission investie de l'examen de
« ces réclamations s'est assemblée, enfin si, après toutes
« ces formalités accomplies, le préfet a pris un arrêté
« pour déterminer l'emplacement définitif des ouvrages.
« La simplicité de cette vérification explique et justifie
« suffisamment la procédure expéditive que nous avons
« cru devoir adopter et que la loi du 22 frimaire an 7 a
« déjà sanctionnée en matière d'enregistrement. »
La Chambre des députés modifia cette disposition, et
l'article 14, dans le projet de loi portée à la Chambre des
pairs, était ainsi rédigé :
« Dans les trois jours, et sur le vu desdites pièces, le
« procureur du Roi requiert et le tribunal prononce l'ex-
« propriation, etc., etc. » On avait, comme on le voit, supprimé ce membre de phrase, « s'il ne reconnaît aucune

« infraction des règles posées par les titres I et II de la
« présente loi, » et par là réduit l'opération du tribunal à
un simple entérinement de l'arrêté définitif du préfet. C'était
aller beaucoup trop loin : autant eût vallu s'abstenir tout-
à-fait de faire intervenir le pouvoir judiciaire, qui n'était
plus qu'un rouage inutile, propre seulement à entraver la
marche des travaux. On peut expliquer le retranchement
de ce membre de phrase par la préoccupation de quelques
orateurs relativement à la possibilité d'empiétement sur
le domaine du pouvoir administratif, préoccupation que
pouvait autoriser la généralité des termes de l'article du
projet qui embrassait toutes les règles des titres I et II, et
dont on retrouve l'empreinte dans ces paroles d'un orateur : « D'après l'article 3, tous les grands travaux, avec
« ou sans péage, avec ou sans concessions de l'État, ne
« peuvent être exécutés qu'en vertu d'une loi, qui ne sera
« rendue qu'après une enquête administrative ; une or-
« donnance royale au contraire doit suffire pour autoriser
« un pont, une route de 20,000 mètres de longueur, etc.
« Ainsi vous exigez pour certains cas une loi et pour cer-
« tains cas une ordonnance. Le tribunal aurait à exami-
« ner si, dans tel cas donné, il n'aurait pas fallu une loi,
« au lieu d'une ordonnance. Si le tribunal jugeait qu'au
« lieu d'une ordonnance il fallait une loi, il infirmerait
« l'ordonnance royale, qui ne peut être infirmée qu'en
« Conseil-d'État. »

A la Chambre des pairs la discussion se renouvela, les
prérogatives du pouvoir judiciaire furent défendues par
MM. Molé et Portalis : « Il est impossible, disait ce der-
« nier, que le tribunal, reconnaissant le non-accomplisse-
« ment des formalités, passe outre, qu'il ne sache pas ce
« qu'il fait, qu'il ne voie rien. Si l'on veut que ce soit la
« responsabilité du ministre qui soit la garantie, il faut

« laisser la décision à son bon plaisir ; mais si l'on veut
« avoir recours à l'autorité judiciaire, il faut que son au-
« torité soit réelle et que ce ne soit pas une apparence de
« décision, il faut que le tribunal puisse s'assurer si toutes
« les formalités ont été remplies ; en un mot, il ne peut
« pas juger sans connaître tout ce qui peut l'éclairer. »

A ces observations les partisans de l'opinion contraire
répondaient que, donner aux tribunaux le droit d'apprécier les actes et d'examiner si les formalités prescrites
avaient été remplies, ce serait non-seulement leur permettre
d'empiéter sur le domaine de l'autorité administrative,
mais même les autoriser à réformer l'arrêté du préfet que
l'article 11 a déclaré définitif, et contre lequel on n'a
pas même voulu admettre le recours devant le Conseil-
d'État.

M. Tripier, pour résumer la pensée de ceux qui voulaient donner au tribunal une véritable juridiction, proposa
d'ajouter à l'article, *si les formalités prescrites par la
présente loi ont été accomplies* : cette rédaction ne faisait
au fond que reproduire l'article du projet primitif, son
sens présentait autant d'étendue ; aussi l'amendement fut
combattu par le ministre de l'intérieur, qui reproduisit en
ces termes les idées de l'exposé des motifs : « La déclaration
« de l'utilité publique et la désignation des terrains qui
« doivent être expropriés sont exclusivement du domaine
« de l'autorité administrative ; vous ne pouvez donner
« aux tribunaux de juridiction sur ce point, à moins de
« rendre la confection des travaux impossible. Que peut-
« on désirer que les tribunaux exigent pour la garantie
« des citoyens ? c'est qu'avant que l'administration ait
« désigné d'une manière définitive quels sont les terrains
« qui doivent être expropriés, toutes les formalités pres-
« crites pour que l'administration ne désigne pas témé-

« rairement ces terrains, pour qu'elle ne soit pas induite
« en erreur sur ce qu'il convient de faire, que toutes ces
« formalités aient été remplies ; dans l'économie de l'amen-
« dement de la commission, on présente au tribunal la
« loi ou l'ordonnance qui a déclaré l'utilité publique et
« ordonné les travaux, le procès-verbal constatant que
« l'enquête locale a eu lieu, l'avis de la commission,
« l'arrêté définitif du préfet qui a désigné les terrains qui
« doivent être expropriés. Le tribunal, sur le vu de ces
« pièces, s'assure, à moins que les pièces ne soient arguées
« de faux, qu'en effet l'enquête a eu lieu, qu'en effet la
« commission a donné son avis, que l'autorité supérieure,
« après avoir eu connaissance de cette enquête et de cet
« avis, a déclaré que, pour que l'utilité publique fût rem-
« plie, il fallait nécessairement exproprier telle portion
« déterminée de terrain.

« Si l'on veut aller plus loin, si le tribunal peut déclarer
« que l'administration a eu tort, malgré tel ou tel pro-
« priétaire, de déclarer que le terrain de ce propriétaire
« serait exproprié et que l'administration supérieure au-
« rait dû déférer à l'avis de la commission, en supposant
« que la commission aurait été de l'avis du propriétaire,
« je dis qu'il y a empiètement de l'autorité judiciaire sur
« l'autorité administrative, et que c'est laisser aux tribu-
« naux la déclaration de l'utilité publique. »

C'est à la suite de cette discussion, et pour tracer clairement les attributions des tribunaux, que fut proposée
et adoptée la rédaction actuelle de l'article 14, *sur la
production des pièces constatant que les formalités prescrites par l'article 2 du titre Ier et par le titre II de la
présente loi ont été remplies, le tribunal prononce, etc.*

120. Au moyen de cette disposition et de la discussion
que nous venons de reproduire, il est facile de déterminer

les limites de l'examen auquel le tribunal doit se livrer ;
il vérifiera les pièces qui lui sont présentées, s'assurera
si elles constatent l'accomplissement des formalités indiquées par notre article ;

Et, spécialement, il recherchera : 1° la loi ou l'ordonnance qui autorise les travaux, verra si elle est régulière
en sa forme extérieure, mais sans pouvoir exiger la preuve
qu'elle a été précédée de l'enquête administrative, pas
plus que s'enquérir, lorsqu'une ordonnance est produite,
si le cas auquel elle s'applique est bien de ceux qui
comportent ce mode d'autorisation, l'application de l'article 3 lui étant étrangère ; 2° l'arrêté qui, au cas où la loi
ou l'ordonnance ne mentionnerait pas les localités ou
territoires, a dû faire cette désignation ; 3° le plan parcellaire et l'indication des noms des propriétaires ; 4° si le
dépôt de ce plan a été annoncé par publications, affiches
et insertions dans les journaux, conformément à l'art. 6 ;
5° si le dépôt a été effectué à la mairie pendant huit
jours, et si le maire a tenu procès-verbal des déclarations
qui ont pu lui être faites. Le tribunal doit vérifier, en
sixième lieu, si le conseil municipal a donné son avis,
lorsqu'il s'agit de travaux d'un intérêt purement communal, et à l'égard de tous autres, s'il a été formé une commission conformément à l'art. 8, si cette commission a
donné son avis, et, dans le cas où il n'apparaîtrait pas, si le
sous-préfet en a constaté l'absence ; de plus il aura à voir
si l'avis de cette commission a été déposé pendant huitaine
au secrétariat de la préfecture. Lorsque l'avis de la commission indiquera l'utilité de modifications, le tribunal s'assurera de l'existence d'une décision de l'administration supérieure ; enfin il recherchera l'arrêté du préfet portant désignation définitive des terrains à exproprier et sa conformité aux dispositions de l'art. 11, en observant, s'il s'agit de

6

travaux communaux, que cet arrêté a dû être pris en conseil de préfecture et revêtu de l'approbation de l'administration supérieure.

121. Dans les cas où la décision de l'autorité supérieure doit être produite, le tribunal peut-il examiner si le préfet s'y est conformé dans l'arrêté qu'il a pris ? non sans doute : il y aurait là empiétement sur le domaine administratif, et refuser l'expropriation par le motif que le préfet n'aurait pas suivi cette décision, ce serait réformer l'arrêté : le pouvoir du tribunal ne peut aller aussi loin; il n'est juge que des formes, et non des actes eux-mêmes.

122. Les formalités préliminaires à l'expropriation n'ayant été établies que pour mettre les intéressés à même de fournir leurs contredits, si le tribunal, en vérifiant les pièces destinées à en constater l'accomplissement, remarquait quelque irrégularité légère, il semble qu'elle ne devrait pas entraîner nécessairement le rejet de la demande, mais qu'il y aurait lieu d'examiner si elle est substantielle et de nature à faire penser que le but de la loi a pu ne pas être atteint; et s'il était constant pour le juge que tous ont dû connaître l'entreprise projetée, que tous ont été à même de faire leurs réclamations, il devrait prononcer l'expropriation sans s'arrêter à cette irrégularité.

Nous trouvons cette doctrine consacrée par l'arrêt de la Cour de cassation que nous avons cité au n° 70, en le critiquant sous un point de vue, mais dont nous acceptons le principe qui ressort de la confirmation d'un jugement prononçant l'expropriation, encore qu'il ne résultât pas des pièces produites qu'une des formalités (le dépôt au secrétariat général de la préfecture de l'avis de la commission) eût été régulièrement accomplie; c'est au reste une appréciation dans laquelle les tribunaux devront se montrer scrupuleux.

123. Le tribunal doit chercher la preuve des faits qu'il est appelé à vérifier dans les pièces fournies ; elles font foi pour lui lorsqu'elles sont régulières, et, à moins d'inscription de faux de la part d'intervenans, il ne doit admettre aucune preuve, ni la production d'aucun document, contre ce qu'elles constatent : telle fut l'idée reproduite par tous les orateurs dans le cours de la discussion.

SECTION IV. — *Du jugement.*

SOMMAIRE.

124. La vérification qui fait l'objet de la section précédente, opérée, si aucune omission, aucune irrégularité de nature à vicier radicalement la procédure n'apparaît, le tribunal ne peut, sans commettre un excès de pouvoir, refuser, sous aucun prétexte, de prononcer l'expropriation des terrains compris dans l'arrêté définitif du préfet qui les désigne. Si au contraire l'accomplissement d'une ou plusieurs formalités n'est pas établie clairement, le tribunal déclare qu'il n'y a lieu de prononcer l'expropriation, en s'abstenant de toute disposition qui tendrait à la réforme directe de l'un des actes administratifs qui lui sont soumis, afin de ne pas sortir de la limite de ses attributions.

125. Le jugement doit, à peine de nullité, porter avec lui la preuve que toutes les formalités ont été accomplies,

par le visa ou l'énonciation des pièces qui le constatent. Il ne suffirait pas que le tribunal déclarât d'une manière générale que ces formalités ont été observées; c'est ainsi que la Cour de cassation l'a décidé, le 1ᵉʳ juillet 1833 [1], par suite d'un jugement du tribunal de Lyon ainsi conçu :

« Attendu que toutes les formalités voulues par la loi « ont été remplies; vu les articles, etc., le tribunal pro- « nonce, etc. »

On lit dans les motifs de la Cour de cassation :

« Attendu que ce jugement, tout en énonçant que les « formalités prescrites par la loi ont été accomplies, ne « contient aucun visa, ni aucune désignation des pièces « qui ont dû être produites, seul moyen pour le tribunal « de constater l'exécution de la loi, et, pour la Cour, de « reconnaître, en cas de pourvoi, si le jugement qui lui « est dénoncé n'est pas vicié d'incompétence ou d'excès « de pouvoir, la Cour casse, etc. »

126. Pour la complète régularité, le tribunal doit viser séparément chacune des pièces produites, en énonçant le caractère particulier de chacune d'elles; cependant ce visa énonciatif n'est exigé par aucune disposition législative, et il n'y aurait pas nullité du jugement qui ne contiendrait qu'un visa numératif des pièces produites, en ajoutant qu'elles constatent que les formalités voulues par la loi ont été remplies.

Cette question fut soumise à la Cour suprême et reçut la solution que nous indiquons ci-dessus, à l'occasion d'un jugement du tribunal du Puy, dans lequel on lisait : « Vu « les pièces, *au nombre de neuf*, transmises par le préfet « de la Loire au ministère public, et constatant que les « formalités exigées par la loi ont été remplies; » et la

[1] Sirey, t. 34, 1, p. 623.

Cour a maintenu ce jugement par un arrêt ainsi conçu :
« Attendu que s'il eût été à désirer sans doute que le tri-
« bunal, au lieu de viser collectivement et en masse les
« différentes pièces qui lui étaient produites, eût particu-
« lièrement énoncé le caractère de chacune, cette énon-
« ciation détaillée n'est exigée par aucune disposition
« législative; que si la loi a voulu donner une garantie à
« la propriété privée en disposant, par son article 2, que
« les tribunaux ne peuvent prononcer l'expropriation
« qu'autant que l'utilité en a été constatée et déclarée
« dans les formes qu'elle prescrit, elle a voulu, en même
« temps, par son article 14, donner à l'intérêt général la
« garantie que, toutes les fois que cette condition aura été
« remplie, l'expropriation sera inévitablement prononcée;
« que c'est pour atteindre ce double but, qu'en autori-
« sant, par son article 20, le recours en cassation, elle a,
« par le même article, statué que les pièces seraient
« adressées, dans la quinzaine de l'émission du pourvoi,
« à la chambre civile de la Cour; d'où il suit que la Cour
« a la mission et les moyens légaux d'apprécier, sur le vu
« des pièces mêmes, la conformité à la loi de la décision
« émanée du tribunal devant lequel a dû être portée la
« demande à fin d'expropriation (arrêt du 11 mai 1835) [1].

127. La Cour de cassation décide en même temps,
comme on le voit, qu'elle-même vérifie l'accomplissement
des formalités; qu'elle n'a pas à s'en tenir, quant à ce, aux
énonciations du jugement, et qu'elle doit s'assurer si les
tribunaux, en déclarant que telle pièce constate suffisamment l'exécution de la loi, ont fait de cette loi une saine
application.

Cette faculté lui fut contestée; mais elle maintint sa

---

[1] Sirey, t. 35, 1, p. 949; Dalloz, année 1835, 1re partie, p. 307.

jurisprudence par le motif « que tout jugement qui pro-
« noncerait une expropriation sans que ces formes eus-
« sent été accomplies, *dégénérerait nécessairement en un*
« *excès de pouvoir.* » Arrêt du 6 janvier 1836 [1] (voir
cette question développée au n° 166).

128. Le jugement doit désigner les noms *des proprié-*
taires qu'il exproprie, la nature, la contenance et la situation des terrains auxquels s'applique l'expropriation; il
ne pourrait se contenter de dire: *prononce l'expropriation*
des terrains désignés en l'arrêté du préfet de ..... en date
du ... portant fixation de la ligne définitive des travaux.
C'est la conséquence de la notification prescrite par l'article 15 d'un extrait du jugement, extrait qui doit contenir les noms des propriétaires, les motifs et le dispositif
du jugement; c'est aussi l'une des conditions substan-
tielles de toute décision judiciaire, d'énoncer contre
quelles parties elle est rendue et quel est l'objet sur lequel
elle statue.

Le tribunal de première instance de Lille avait rendu,
le 6 mars 1835, un jugement dont le dispositif était ainsi
conçu : « Prononce l'expropriation des terrains dont il
« s'agit, indiqués dans l'arrêté préfectoral du 17 février
dernier. »

Déféré à la Cour de cassation, ce jugement a été annulé par application des principes ci-dessus, attendu, dit
l'arrêt, « que le jugement n'énonce les noms d'aucuns des
« propriétaires qu'il soumet à l'expropriation; que cepen-
« dant des diligences ont été faites contre les demandeurs
« en cassation, en vertu de ce jugement dépourvu à leur
« égard de sa qualité la plus substantielle et la plus né-
« cessaire à sa validité. » Cet arrêt est du 18 juillet 1836,

---

[1] Sirey, t. 36, 1, p. 5; Dalloz, année 1836, 1re partie, p. 49.

et Dalloz le rapporte dans son recueil, 1re part., p. 85, année 1836.

129. Le jugement doit encore énoncer l'époque à laquelle l'administration compte prendre possession de l'immeuble exproprié; il ne peut, quant à cette indication, que suivre celle contenue en l'arrêté du préfet; c'est une conséquence du principe que l'autorité judiciaire ne doit pas s'immiscer dans les actes administratifs et par suite réformer un arrêté préfectoral. Le tribunal n'a point à prononcer d'envoi en possession; cette mission est réservée au magistrat directeur du jury et seulement après le réglement de l'indemnité. Un jugement de Montbrison, qui, vu l'urgence, avait ordonné que l'administration prendrait immédiatement possession des terrains expropriés, sauf indemnité ultérieure, fut annulé comme entaché d'excès de pouvoir [1]. Si cependant le tribunal avait prononcé l'envoi en possession de l'administration à la charge du paiement préalable de l'indemnité à fixer amiablement ou par le jury, il ne faudrait pas y voir un abus de pouvoir entraînant nullité de la décision (arrêt de cassation du 18 mai 1835) [2], mais une erreur de rédaction qui au fond ne viole en rien les prescriptions de la loi et ne peut porter préjudice aux parties.

130. Enfin, aux termes du 2e § de l'article 14, le jugement commet l'un des membres du tribunal pour remplir les fonctions attribuées par le titre 4, chapitre 2, au magistrat directeur du jury chargé de fixer l'indemnité.

Observons que si, en général, le jugement doit commettre l'un des membres du tribunal qui rend la décision,

---

[1] Sirey, t. 34, 1, p. 206.
[2] Sirey, t. 35, 1, p. 949; Dalloz, année 1835, 1re partie, p. 307.

il n'en est cependant pas toujours ainsi : dans les cas ordinaires, le jugement émane du tribunal de l'arrondissement de la situation des biens, les jurés sont choisis parmi
les personnes inscrites sur la liste générale du jury en matière criminelle, ayant leur domicile réel dans ce même
arrondissement; tous ceux qui doivent concourir à l'opération appartiennent donc à l'arrondissement; mais si le
jugement rendu par le tribunal vient à être annulé par la
Cour de cassation, celle-ci renvoie l'affaire au tribunal
d'un arrondissement voisin pour être par lui statué sur
l'expropriation, et seulement sur ce point. Quant aux opérations subséquentes, et notamment la fixation de l'indemnité, elles continuent à rester dans les attributions du jury
de l'arrondissement de la situation; il semble dès lors être
dans l'esprit de la loi de commettre, non l'un des membres du tribunal ayant prononcé par suite du renvoi, ce
qui entraînerait pour ce magistrat la nécessité d'aller
opérer dans un arrondissement où il n'a pas juridiction,
mais l'un des membres du tribunal dont la décision a
été annulée; c'est là une délégation à laquelle les tribunaux ont recours toutes les fois que leur jugement ordonne une opération à faire en dehors de leur juridiction, comme une enquête, un interrogatoire sur faits et
articles, etc., etc.

La loi n'a pas dit, parce que cela est de droit, que si le
magistrat commis se trouvait empêché avant d'avoir pu
accomplir la mission qui lui est confiée, le tribunal, sur le
réquisitoire du procureur du Roi, devrait pourvoir à son
remplacement.

131. Une condition de validité commune à *tous* les jugemens des tribunaux, c'est d'être prononcés publiquement; elle régit par conséquent ceux rendus en matière
d'expropriation. Un arrêt de la Cour de cassation, du 6

janvier 1836 [1], a décidé qu'il avait été satisfait à cette obligation générale dans un jugement énonçant que le rapport a été fait publiquement à l'audience... et se terminant par ces mots : *fait et prononcé à l'audience publique de la chambre du conseil.*

Les pièces qui ont servi de base au jugement sont déposées au greffe et y restent annexées à la minute.

SECTION V. — *Des effets du jugement d'expropriation.*

§ Ier. — Des effets du jugement d'expropriation à l'égard des propriétaires.

SOMMAIRE.

132. Le propriétaire est dessaisi par le jugement. — Conséquences légales de ce dessaisissement.

133. La transmission de la propriété est irrévocable.

134. Le droit à l'indemnité représentative de l'immeuble est un droit mobilier.

135. Le jugement n'entraîne pas la mise en possession de l'État.

136. Le jugement dépossède l'usufruitier et tous autres aussi bien que le propriétaire lui-même.

137. Le jugement produit le même effet à l'égard des fermiers et locataires.

132. Le jugement d'expropriation une fois prononcé, le propriétaire est dessaisi de son terrain; la propriété en est transférée à l'État, et le droit du propriétaire dépossédé est converti en un droit à une indemnité pécuniaire, à régler conformément aux dispositions du titre IV. Les conséquences de ce transport de la propriété entre les mains de l'État sont faciles à déduire ; ainsi, la chose vînt-elle à périr avant le réglement de l'indemnité, elle périrait pour l'État, qui n'en devrait pas moins payer l'indemnité, comme si l'immeuble existait encore en son entier. Le jugement d'expropriation remplace, dans ce

---

[1] Sirey, t. 36, 1, p. 12 ; Dalloz, année 1836, 1re partie, p. 49.

cas, le contrat de vente qui aurait pu intervenir entre les parties et l'administration ; réciproquement, le propriétaire dessaisi ne peut plus aliéner sa propriété ; une aliénation de sa part ne serait véritablement que la cession de la créance qu'il a contre l'État. Il ne pourrait grever cette propriété d'aucune charge, consentir des hypothèques, autoriser l'établissement de servitúdes, etc. ; il ne pourrait pas davantage apporter de modifications qui en changeraient la nature.

Toute hypothèque judiciaire acquise après le jugement d'expropriation ne produirait pas plus d'effet que l'hypothèque conventionnelle.

133. La transmission de la propriété est irrévocable et définitive ; aussi oblige-t-elle l'État comme le propriétaire lui-même, et si celui-ci ne peut plus refuser d'abandonner le terrain exproprié, l'État ne saurait, de son côté, forcer le propriétaire à en recevoir la rétrocession, encore que ce terrain soit devenu inutile à la chose publique par suite de l'abandon du projet des travaux.

134. De ce que le droit du propriétaire est converti en un droit à une indemnité, il s'ensuit que ce droit nouveau est mobilier ; ainsi la cession serait passible du droit de cession de créance et tomberait dans la communauté, en cas de mariage sous le régime des articles 1399 et suivans du Code civil ; en cas de legs de biens meubles et de legs d'immeubles, il appartiendrait au légataire des meubles ; enfin, et sans chercher les nombreuses hypothèses qui peuvent se présenter, on évitera toute difficulté dans leur solution, en ne perdant pas de vue qu'il y a transmission de la propriété au profit de l'État, et que le propriétaire n'a plus qu'un droit, celui d'être *indemnisé*.

135. Mais si la propriété est transmise par le seul effet du jugement, il n'en est pas de même de la possession ;

pour l'obtenir, l'État est soumis à une condition, c'est *le paiement de l'indemnité.* Jusque-là le propriétaire continue à détenir son immeuble comme garantie, **comme
gage de l'accomplissement de cette condition;** sa jouis-
'sance ne cesse pas; il perçoit les revenus, recueille les
fruits, et ne peut en rien être troublé par l'administration.
Nous verrons plus loin que le propriétaire ne peut toutefois être obligé de rester dans cet état précaire, et nous
indiquerons les moyens qui lui ont été réservés pour en
sortir.

136. Quand nous disons que les droits du propriétaire
sont transférés à l'État, il est bien entendu que, si les
droits constitutifs de la propriété n'étaient qu'incomplé-
tement possédés par lui, le jugement dépouillerait également ceux à qui une partie en appartiendrait, sauf l'indemnité qu'ils pourraient réclamer.

Nous avons déjà signalé, sous les n°ˢ 105 et 106, cet
effet du jugement d'expropriation. C'est une nécessité du
but de cette procédure spéciale; il faut que l'État ait la
libre disposition de l'immeuble exproprié, afin de l'appliquer aux travaux d'utilité publique. Ainsi les usufruitiers, ceux qui ont des droits d'usage et d'habitation,
ceux qui jouissent de servitudes dont l'immeuble serait
grevé, voient, comme le propriétaire lui-même, leurs
droits se convertir en une action à fin d'indemnité.

137. La même nécessité a fait attacher un autre effet
au jugement, c'est d'annihiler, pour les transformer également en un droit à une indemnité, les démembremens
de la propriété concédés par le propriétaire; ainsi les fermiers, les locataires sont dépouillés du bénéfice des contrats portant concession, à leur profit, du droit de jouir
de l'immeuble soumis à l'expropriation, sauf par l'État
paiement d'une indemnité, comme il est dit plus haut.

En un mot, tout droit qui pourrait faire obstacle à la libre disposition par l'État de la propriété expropriée est anéanti par l'effet du jugement, et converti en un droit à une indemnité au profit des détenteurs.

§ II. — Des effets du jugement à l'égard des tiers.

SOMMAIRE.

138. Nous venons d'examiner les effets du jugement d'expropriation à l'égard de tous ceux qui exercent des droits actifs sur l'immeuble exproprié; mais il peut exister, à l'égard du même immeuble, des droits qui, ne s'exerçant pas actuellement, sont susceptibles de devenir l'objet d'une action dont le résultat serait de le faire passer des mains du possesseur dans celles de tiers réclamans: telles sont les actions en résolution, en revendication, en pétition d'hérédité, et généralement toutes les actions réelles. Cette éventualité devait appeler l'attention du législateur : si en effet les besoins des travaux d'utilité publique demandent, pour l'administration, la disposition libre, absolue et irrévocable d'un immeuble, il ne faut pas que l'exercice de ces sortes d'actions puisse faire sortir cet immeuble des mains de l'État, et nécessiter de sa part une expropriation nouvelle contre le propriétaire

nouvellement reconnu tel. Pour prévenir ces résultats
incompatibles avec le but que se proposait la loi, il eût
rigoureusement suffi d'y insérer une disposition par laquelle les actions réelles qui auraient pu être intentées
contre l'État, en sa qualité de détenteur, se seraient trou-
vées converties en un droit à une indemnité, sans qu'il
pût y avoir lieu d'exiger le délaissement de la propriété
en vertu du droit commun : l'État n'eût plus couru que le
danger de payer deux fois, sauf son recours contre le
propriétaire exproprié, véritable vendeur forcé ; mais
on a été plus loin, on a voulu lui épargner même cette
chance d'un second paiement, et l'article 18 dispose que
« *les actions en résolution, en revendication, et toutes
autres actions réelles, ne pourront arrêter l'expropriation ni en empêcher l'effet. Le droit des réclamans sera
transporté sur le prix, et l'immeuble en demeurera affranchi.* »
En lisant cet article, on est tenté de reprocher à l'État
de s'être fait une position bien favorable et d'avoir presque anéanti les droits des réclamans; mais la loi trouve sa
justification dans ces circonstances, que l'acquisition est
forcée, que l'administration ne peut pas choisir les terrains, s'assurer de la solidité des titres de son vendeur,
comme le ferait un acquéreur ordinaire; qu'il lui faut subir les nécessités des travaux, et exproprier là où les travaux seront le plus convenablement exécutés. L'intérêt
du Trésor, qui est aussi l'intérêt public, eût été compromis
par la possibilité de rencontrer des possessions douteuses
et usurpées, et d'avoir à en supporter toutes les conséquences. Des termes de notre article il résulte deux choses :
la première, que les actions réelles exercées au moment
de l'expropriation *ne peuvent l'arrêter,* c'est-à-dire que,
au lieu d'en attendre la solution judiciaire, après un délai

plus ou moins long, on marchera droit à l'expropriation comme à la chose essentielle, laissant le débat s'établir sur le prix qui représente l'immeuble, pour ce prix être attribué à qui de droit; la seconde, que ces mêmes actions, survenant après l'expropriation, ne *peuvent en empêcher l'effet*, ou, en d'autres termes, anéantir le transport de tous les droits de la propriété résultant, au profit de l'État, du jugement d'expropriation : c'est encore le prix qui deviendra le terme de l'action des réclamans, l'immeuble lui-même en est déclaré affranchi. Remarquons qu'en ce second cas, si la réclamation est tardive, si le prix a été payé, l'action réelle, l'action sur la chose, n'a plus, par l'effet de son transport sur le prix, que la valeur d'une action personnelle dont le sort dépend de la solvabilité de l'exproprié contre qui sera dirigée la demande en restitution.

139. En déclarant que le droit est transporté sur le prix, l'article 18 indique assez qu'il n'est pas éteint; l'État seul est mis en dehors de toute action qu'il pourrait engendrer, mais il s'exerce contre les détenteurs du prix qui, par une fiction légale, représente l'immeuble. Ceux qui ont intenté des actions réelles ou qui en auraient à exercer, devront se faire connaître au magistrat directeur du jury, qui pourra, pour la conservation de leurs droits, ordonner la consignation du prix que fixera le jury : de plus ils feront sagement de former, entre les mains du préfet, opposition au paiement de ce prix pour le cas de conventions amiables sur la hauteur de l'indemnité, conventions qui rendraient inutile l'intervention du jury.

140. Pour garantir complétement les intérêts de l'État, il ne suffisait pas d'attribuer au *jugement d'expropriation* les conséquences que nous venons d'indiquer, car l'administration n'est pas toujours obligée de recourir à l'expro-

priation par jugement; c'est même un moyen qu'elle ne doit employer qu'à défaut de pouvoir traiter amiablement des terrains qui lui sont nécessaires; aussi l'article 19 attache-t-il les effets de l'article 18 aux contrats amiables passés entre l'administration et les propriétaires : *Les règles posées en l'article 18 sont applicables, en cas de conventions amiables, aux contrats passés entre l'administration et le propriétaire :* ainsi tout ce que nous disons ci-dessus recevrait application alors que l'État serait devenu propriétaire d'un immeuble par la cession volontaire qui lui en aurait été faite. On ne peut se dissimuler combien cette disposition met en péril les droits de ceux qui auraient à exercer des actions réelles sur cet immeuble, car, dans notre opinion, la publicité n'existant pas, rien ne les avertirait de leur position : on trouvera au surplus, dans le n° suivant, la discussion de cette question de publicité.

141. Lorsque le transport des actions réelles sur le prix est la conséquence d'un jugement, ce jugement rendu publiquement acquiert une grande notoriété par suite de la transcription, des publications, affiches et insertions dans des journaux, prescrites par les articles 15 et 16; ceux à qui ces actions appartiennent, instruits par la publicité, ont pu mettre à couvert les droits qu'ils exercent ou qu'ils ont à exercer, soit par des oppositions entre les mains de l'administration, soit en se faisant connaître au magistrat directeur du jury; mais, au cas de vente amiable, la transcription, encore est-elle facultative et aussi inconnue que le contrat lui-même, indique seule aux ayans-droit qu'ils ont des diligences à faire pour ne pas voir leurs intérêts compromis : or, s'il n'y a pas d'hypothèques inscrites au moment de la vente, s'il n'en survient pas dans la quinzaine de la transcription, l'État, comme nous le verrons,

assuré qu'il n'y a plus aucun obstacle qui puisse lui être opposé, se libérera; et, le prix une fois payé, l'action devient, ainsi que nous l'avons dit, une véritable action personnelle contre celui qui a touché ce prix, action qui peut être vaine s'il est insolvable. Il est donc possible que le véritable propriétaire d'un immeuble s'en trouve dépouillé sans qu'il puisse prévenir ce fâcheux résultat : c'est ce qui détermine M. Delalleau à se demander s'il ne faut pas décider que le bénéfice de l'article 19 ne pourrait être invoqué par l'administration qu'à la condition par elle de donner aux contrats amiables la publicité que les articles 15 et 16 prescrivent pour les jugemens.

Nous voudrions pouvoir admettre cette interprétation; nous désirons que les préfets en agissent, dans le cas de contrats, comme lorsqu'il y aura eu jugement, et ils n'y manqueront pas s'ils réfléchissent aux graves conséquences du systême contraire, aux injustices qu'occasionnerait le défaut de publicité; mais il ne nous paraît pas possible que les tribunaux, si la question s'agitait devant eux, condamnent l'État, devenu propriétaire par conventions amiables, et ayant acquitté son prix entre les mains du propriétaire apparent, à délaisser cet immeuble ou à en payer une seconde fois la valeur à celui qui, postérieurement, ferait évanouir les droits du vendeur et consacrer sa propriété; une semblable décision ne saurait se justifier par le motif que l'article 19 et la déchéance qu'il crée ne peuvent être opposés qu'autant que le contrat a reçu toute publicité par les moyens énoncés dans les articles 15 et 16 : rien n'oblige l'État à accomplir ces formalités, que des considérations d'équité qui échappent aux tribunaux appelés à appliquer la loi, sans pouvoir suppléer à ce qu'elle aurait d'incomplet.

142. Le droit des réclamans est transporté sur le prix :

ce prix aura été fixé soit amiablement entre l'administration et les possesseurs de l'immeuble au cas de conventions, soit par l'acceptation des offres que l'administration, après le jugement d'expropriation, doit faire aux propriétaires expropriés, ainsi que nous le verrons, soit enfin
par le jury s'il y a eu refus de ces offres. Dans les deux
premiers cas, le *propriétaire réel* qui, ayant laissé
usurper la possession de l'immeuble, est dans la nécessité
de faire reconnaître son droit par les tribunaux, devra-t-il
se contenter du prix fixé par le contrat, ou par l'acceptation des offres, ou pourra-t-il demander le réglement par
le jury? il faut reconnaître que le propriétaire, dont le
droit sera équivoque, se montrera plus empressé de traiter avec l'administration dans l'espérance de toucher le
prix de la vente avant qu'aucune diligence ait été faite
par celui dont il peut craindre l'action; qu'ainsi il y aurait, pour le réclamant, un intérêt immense dans cette faculté de faire apprécier par le jury la valeur de l'immeuble
litigieux, appréciation qui pourrait amener une augmentation de prix; mais ce droit ne se trouve pas écrit dans la
loi : en effet l'article 18 affranchit l'immeuble de toutes
les actions réelles, par suite de toutes les conséquences de
ces actions et dès lors aussi bien des demandes en sup-
plément de prix que de celles tendant à faire payer ce
prix une seconde fois. D'un autre côté, l'on concevrait difficilement que la simple prétention de celui qui exerce
une action en résolution, en revendication, pût détruire le
contrat passé avec le possesseur regardé à ce titre comme
propriétaire. Il nous semble plus conforme aux principes
de la matière que le demandeur en résiliation ou en revendication fasse, s'il vient à triompher, prononcer sa
réintégration dans *son droit* à la propriété, et, à défaut de
pouvoir rentrer en possession de l'immeuble, ordonner le

7

paiement de sa valeur, qui, dans ce cas, pourrait être arbitrée par le tribunal, et élevée, s'il y avait lieu, au-dessus du prix de la cession faite à l'État; de plus, si l'on reconnaissait à ce propriétaire réel le droit d'exiger le ré-glement par jury, il faudrait reconnaître également que ce droit durerait autant que l'action elle-même; et, comme une action réelle subsiste pendant 10, 20 ou 30 ans, il en résulterait que l'exercice de ce droit pourrait être ré-clamé long-temps après l'expropriation consommée, con-séquence à laquelle l'État ne saurait être soumis.

SECTION VI. — *Des formalités pour parvenir à l'exécution du jugement d'expropriation.*

§ Ier. — De la publication et de la signification.

SOMMAIRE.

143. Mode des publications et significations.
144. De ce moment les opérations s'engagent contradictoirement.
145. Le mode de signification ci-dessus est commun à tous les actes de la procédure.
146. Utilité, pour les propriétaires, de faire élection de domicile.
147. Le propriétaire même domicilié dans l'arrondissement doit encore faire une élection de domicile.
148. Par qui se font les significations? — Hors le cas d'élection de domicile, il faut laisser une copie au maire et une autre au fermier, locataire, etc.
149. De la signification au cas où il y a plusieurs copropriétaires.

143. *Le jugement,* dit l'article 15, *est publié et affiché par extraits dans la commune de la situation des biens, de la manière indiquée en l'article 6; il est en outre inséré dans l'un des journaux de l'arrondissement, et dans l'un de ceux au chef-lieu du département;* ainsi il faut que la publication se fasse à son de trompe ou de caisse, que les affiches soient apposées à la porte principale de l'église et à celle de la maison commune.

Cet extrait, ajoute l'article 15, *contenant les noms des*

*propriétaires, les motifs et le dispositif du jugement, leur
est notifié au domicile qu'ils auront élu dans l'arrondissement par une déclaration faite à la mairie de la commune où les biens sont situés, et, dans le cas où cette elec-
tion de domicile n'aurait pas eu lieu, la notification de
l'extrait sera faite en double copie au maire et au fermier,
locataire ou régisseur de la propriété.*

144. C'est ici que commence l'intervention directe des
intéressés dans la procédure d'expropriation : jusque-là
tout a été fait collectivement, en général, par voies d'affiches et de publications; les intéressés ont pu profiter de
ces avis pour faire ce que leurs droits réclamaient, mais ils
n'étaient pas spécialement, directement, appelés ; à partir
de ce moment au contraire toutes les opérations sont nécessairement contradictoires entre l'administration et ceux
que l'expropriation a dépouillés, sinon de la jouissance,
au moins du droit de propriété.

145. Remarquons que le mode de notifications introduit pour le jugement d'expropriation par la loi du
7 juillet 1833, est aussi celui qui régit toutes les significations prescrites par cette loi (article 15) : ainsi dans
aucun cas l'administration ne sera tenue de faire ces significations hors de l'arrondissement : il suffira qu'elles aient
lieu par doubles copies au maire, au fermier, locataire ou
régisseur, s'il n'y a pas élection de domicile.

146. Les propriétaires comprendront facilement combien il est important pour eux de faire cette élection de
domicile; en effet, tout est prompt et rapide dans la procédure d'expropriation : ainsi la notification du jugement
fait courir le délai du pourvoi, et ce délai n'est que de
trois jours, la même notification fait courir également le
délai de huitaine pendant lequel les fermiers, locataires et
autres intéressés, repris en l'article 21, doivent être dé-

7.

noncés au magistrat-directeur, et l'omission de cette formalité par les propriétaires les rendrait responsables des
indemnités auxquelles ces intéressés auraient eu droit : ils
ont donc de puissans motifs de ne pas négliger le moyen
de connaître les différentes notifications qui leur seraient
faites.

147. L'élection de domicile doit avoir lieu dans l'une
des communes de l'arrondissement, mais si le propriétaire
avait son domicile réel dans cet arrondissement devrait-il
recourir à la déclaration dont parle l'article 15, pour forcer l'administration à faire toutes les notifications à ce
domicile? il semble que l'article 15 ne dispose que pour le
cas de propriétaires domiciliés hors de l'arrondissement,
et qu'il n'y a nulle raison, lorsque le domicile est dans
l'arrondissement, de dispenser l'État des règles du droit
commun; cependant, d'un autre côté, on peut penser que
le but de l'article a été non-seulement d'économiser du
temps et de lever les entraves qu'aurait apportées à la rapidité des opérations la nécessité de faire faire des notifications dans des lieux très-éloignés du siége des travaux,
mais encore d'éviter les difficultés de la recherche des domiciles des propriétaires, et les nullités de procédure
qu'entraînerait toute erreur à cet égard : dans ce systême
et pour que jamais la question du domicile ne pût invalider
une procédure, le législateur aurait voulu que l'administration ne dût pas nécessairement signifier au domicile
réel, quel qu'il fût, à moins qu'une déclaration du propriétaire ne lui donnât l'assurance qu'elle signifie là valablement; et hors ce cas que la notification se fît au locataire,
fermier ou régisseur, qu'il est toujours facile de trouver.
Cette interprétation est celle à laquelle nous nous arrêtons :
aussi pensons-nous qu'il serait prudent de la part de *tous*
les propriétaires d'élire domicile ; c'est une démarche

simple, qui peut se faire soit en personne auprès du maire
qui en dresse acte, soit par exploit signifié au même magistrat.

148. Nous compléterons ce que nous avons à dire sur
la forme des notifications, en indiquant qu'elles se font à
la diligence du préfet tant par huissier que par tout agent
de l'administration dont les procès-verbaux font foi en
justice : telle est la disposition de l'article 57; ainsi un
garde champêtre dans les communes rurales peut notifier
l'extrait du jugement d'expropriation. Il faut laisser une
copie au maire et une au fermier, locataire ou gardien, à
moins que la notification se fasse au domicile élu, auquel cas une seule copie laissée à ce domicile suffit.

149. Lorsque plusieurs copropriétaires se rencontrent
pour un même terrain, faut-il faire une notification à
chacun d'eux? Nous distinguerons à cet égard entre le cas
où ils auraient fait élection de domicile, et celui où ils s'en
seraient abstenus : au premier cas il faut une notification
au domicile que chacun d'eux a élu; au second, il suffit
d'une copie laissée au fermier ou locataire : la loi n'en
exige pas davantage.

§ II. — De la transcription et de ses conséquences quant
aux hypothèques.

SOMMAIRE.

150. Le jugement d'expropriation est un acte translatif de propriété immobilière. L'immeuble peut être grevé d'hypothèques ou frappé de priviléges, dont le caractère, d'après e droit commun, est de suivre le bien qu'ils affectent en quelque main qu'il passe et de ne disparaître que par l'accomplissement des formalités de la purge telles qu'elles sont réglées par les Codes civil et de procédure.

La première de ces formalités est la transcription : l'article 16 de la loi du 7 juillet 1833 l'applique au jugement d'expropriation : « *Le jugement sera immédiatement transcrit au bureau des hypothèques de l'arrondissement, conformément à l'article* 2181 *du Code civil.*

Cette transcription s'opère à la requête et au nom du préfet comme représentant de l'État, ou à celle des concessionnaires si l'expropriation avait été poursuivie par eux.

151. Dans le droit commun, l'effet de cette transcription est d'annihiler les hypothèques et priviléges non inscrits soit avant, soit dans la quinzaine qui la suit, sauf les exceptions en faveur de certains priviléges soumis à des règles particulières, et les hypothèques légales, qui se conservent sans inscription. Quant aux hypothèques et

priviléges inscrits, ou non inscrits s'ils en sont dispensés, et quant aux hypothèques légales, il faut après la transcription accomplir à leur égard des formalités diverses pour en dégrever l'immeuble : ce n'est qu'à cette condition que le nouveau propriétaire acquiert le droit de ne pouvoir être troublé dans sa possession.

Mue constamment par le besoin d'accélérer la prise de possession des terrains nécessaires aux travaux d'utilité publique, la loi du 7 juillet n'a pas cru devoir astreindre l'administration à l'accomplissement de ces formalités, elle les a simplifiées par les dérogations consignées en l'article 17 :

Premièrement, elle a étendu à toutes hypothèques, à tous priviléges quelconques, les effets de la transcription, en soumettant à la nécessité de l'inscription même les hypothèques et priviléges qui, aux termes du droit commun, se conservent sans l'accomplissement de cette formalité : *dans la quinzaine de la transcription, les priviléges et les hypothèques légales, judiciaires ou conventionnelles, antérieurs au jugement, seront inscrits;* à défaut de quoi, l'immeuble est et demeure affranchi, et l'État, n'ayant plus à craindre aucunes poursuites, peut payer aux vendeurs le prix de la cession, comme si l'immeuble était parfaitement libre;

En second lieu et pour le cas où des priviléges et hypothèques se trouveraient inscrits au moment de la transcription, ou l'auraient été pendant la quinzaine suivante, la loi spéciale de l'expropriation, tout en conservant la nécessité d'une purge pour les faire disparaître, en a modifié les formes. Celles qu'elle a introduites consistent simplement dans la dénonciation aux créanciers inscrits des sommes qu'offre l'administration au propriétaire à titre d'indemnité (art. 23). Si celui-ci ne l'accepte pas, le réglement à faire dans ce cas par le jury fixera le prix pour lui *comme pour les créanciers,* qui feront valoir leurs droits sur ce prix représentatif de l'immeuble et consigné par l'administration à cet effet. Si le propriétaire, au contraire, accepte les offres de l'administration, le prix peut être considéré comme amiablement fixé entre le vendeur et l'acquéreur; or, il est de principe, qu'un créancier hypothécaire ne peut être contraint de se contenter du prix réglé entre le propriétaire de l'immeuble qui lui sert de gage, et l'acquéreur de cet immeuble; et c'est de ce principe que découle, dans les cas ordinaires, le droit écrit pour tout créancier dans l'article 2185 du Code civil, de requérir la mise aux enchères publiques de l'immeuble vendu; mais l'incompatibilité de ce droit avec la transmission irrévocable dont l'État a besoin pour l'exécution des travaux, dans les cas d'expropriation, l'a fait remplacer par celui de requérir le réglement de l'indemnité par le jury; c'est aussi l'article 17 qui contient cette disposition : *les créanciers inscrits n'auront, dans aucun cas, la faculté de surenchérir , mais ils pourront exiger que l'indemnité soit réglée conformément au titre IV.*

Tout ce que nous venons de dire relativement à la purge et aux droits des créanciers inscrits s'applique également, aux termes de l'article 22 de la loi du 7 juillet 1833, aux inscriptions prises à la charge de l'usufruitier d'un terrain exproprié.

152. Le créancier sera mis en demeure d'exercer la faculté qui lui est accordée par l'article 17, au moyen de la notification de l'acception, par le propriétaire, des offres de l'administration. Un délai de quinzaine lui est accordé pour manifester son intention. Son silence est considéré comme une adhésion au parti adopté par le propriétaire, et il est passé outre aux opérations. (Art. 28.)

Faute par l'administration de remplir les formalités de
dénonciation des offres et de notification de l'acception
aux créanciers inscrits, formalités qui constituent, pour
la matière, le mode de purger les priviléges et hypothèques,
l'État se trouverait soumis aux conséquences des articles
2167 et 2168 du Code civil, et il ne pourrait échapper à
l'action en paiement qu'intenteraient contre lui des créanciers inscrits, qu'en remplissant, dans les délais de l'article 2183 du même Code, les formalités spéciales de la
purge : en un mot, l'État doit purger comme tout tiers
détenteur; seulement le mode n'est pas le même.

153. Ces modifications au régime hypothécaire introduites par l'article 17 sont notables; mais le préjudice
qu'elles pourraient occasionner est moins à redouter, par
suite de la publicité qui doit environner le jugement d'expropriation, publicité qui résulte non-seulement de la
transcription, mais encore de la publication, de l'affixion
dans les communes et de l'insertion dans les journaux,
d'un extrait de ce jugement. Nous ne regardons pas cependant cette publicité comme une condition des effets attachés, par l'article 17, à la transcription, et nous ne pensons pas par exemple que celui qui aurait omis de faire
inscrire, dans le délai assigné, une hypothèque légale,
puisse s'appuyer de l'omission des publications, etc., prescrites par l'article 15, pour soutenir que son droit hypothécaire n'est pas encore éteint; la déchéance, dans ce
cas, est la conséquence de la seule transcription; l'art. 17
ne renferme, au reste, comme nous l'avons expliqué,
qu'une extension, à tous priviléges et hypothèques, des
effets que, dans le droit commun, la transcription produit
à l'égard de quelques-uns.

154. Cette transcription et les notifications qu'il est
indispensable de faire aux créanciers inscrits, pour com-

pléter la purge spéciale en matière d'expropriation, ne sont pas sans coûter à l'État quelques frais, qui, s'il s'agit d'un immeuble d'une valeur très-minime, en accroissent sensiblement le prix; aussi une ordonnance du 3o août 183o autorise-t-elle les communes (au cas bien entendu où elles croiraient pouvoir le faire sans danger) à payer, sans l'accomplissement de ces formalités, le prix des acquisitions pour cause d'utilité publique, lorsqu'il n'excède pas 100 francs; mais alors elles restent soumises comme tous acquéreurs aux poursuites des créanciers hypothécaires, et obligées, s'il en survient, de payer une seconde fois, ce qui les déterminera sans doute à user bien rarement de cette faculté.

155. Aux termes de l'article 17, le *précédent vendeur*, créancier privilégié de son prix, est tenu de faire inscrire son privilége dans la quinzaine de la transcription du jugement, faute de quoi il est déchu de tout recours sur le prix de la cession faite à l'État; mais pour lui une ressource existe encore tant que l'administration ne s'est pas libérée entre les mains soit de son acquéreur soit des créanciers de ce dernier; tout vendeur, en effet, a deux droits de nature différente : l'un consiste dans le privilége sur l'immeuble pour sûreté du paiement; l'autre, au cas de non-paiement, en une action tendant à faire rentrer l'immeuble lui-même en sa possession par la résolution du contrat. Il peut exercer à son choix l'une ou l'autre de ces deux actions, et si la première échappe à sa diligence, il recourra à la seconde; mais ce droit de résolution est une action réelle dont l'effet est réglé par l'article 18 (voir nos 138 et 139), action par conséquent transportée sur le prix, et qui n'a de valeur certaine qu'exercée avant la libération de l'État.

Cette position toute spéciale du vendeur, encore créancier de son prix, pourrait présenter cette singularité que, déchu, faute d'inscription, du droit de se faire attribuer par privilége, et jusqu'à concurrence du prix de la vente par lui consentie à l'exproprié, l'indemnité fixée soit amiablement soit par le jury, il obtiendrait par l'action résolutoire ce prix tout entier, qu'il soit ou non supérieur à sa créance; cependant il en doit nécessairement être ainsi, puisque ce prix représente l'immeuble, et que l'action a pour objet de le faire rentrer en sa possession comme s'il n'en était jamais sorti.

Si le fait se présentait, et que l'indemnité fût supérieure à la créance, l'exproprié ou ses créanciers chercheraient à se garantir de ce préjudice en payant à ce vendeur ce qui lui est dû.

156. L'État, lorsqu'il a suivi les formes spéciales qui lui sont tracées pour la purge, trouvant, nous le supposons, l'immeuble grevé d'hypothèques, consigne l'indemnité pour être remise à qui de droit. Dans les principes du droit commun, lorsqu'une propriété vient à être aliénée, le prix, en cas de purge des hypothèques dont elle est grevée, se partage entre les créanciers hypothécaires dans l'ordre de leurs inscriptions et sans distinction des créances exigibles, à terme, où dont le remboursement ne peut jamais être demandé. C'est un préjudice sans doute pour le débiteur que la perte des termes qu'il pouvait avoir obtenus de ses créanciers; mais il était libre de ne pas vendre et d'empêcher, en conservant le gage, l'exigibilité immédiate des créances à terme non échues. Dans le cas d'expropriation, au contraire, cette aliénation est forcée, et cependant les mêmes principes devant être appliqués, améneront les mêmes résultats. Pour prévenir ce préjudice ne serait-ce pas le cas d'admettre que le débiteur pourrait offrir la translation, sur un autre immeuble, des hypothè-

ques grevant l'immeuble dont il est exproprié, et qu'en cas de refus de la part des créanciers, les tribunaux devaient les y contraindre, si les garanties qui leur sont offertes présentaient la même solidité que celle dont les prive l'expropriation? Rien n'est plus équitable que cette faculté et l'on s'étonne d'autant plus de ne pas la trouver écrite dans la loi, qu'elle était consacrée par l'article 28 de celle du 8 mars 1810, qui régissait l'expropriation, et a été reproduite dans celle du 30 mars 1831 (art. 11), qui régit encore aujourd'hui un cas spécial d'expropriation; aussi on ne peut douter que, soumise aux tribunaux, cette difficulté serait résolue en faveur des propriétaires, et contre les créanciers dépourvus de motifs d'opposition légitime, alors qu'un gage valable leur est offert en échange du gage forcément annihilé.

157. De même que le propriétaire peut être tenu de payer des créances non encore exigibles, de même les créanciers ne pourraient refuser de se partager le prix de la vente dans l'ordre de leurs inscriptions, parce qu'ils auraient stipulé, par exemple, qu'ils ne pourraient être remboursés avant telle époque; pour eux aussi il y a force majeure et ils en doivent subir les conséquences. Ils pourraient cependant éviter un remboursement en consentant à laisser toucher, par les propriétaires, les fonds consignés, pour se contenter soit des sûretés qui leur resteraient soit de la simple position de chirographaires.

158. S'il arrivait qu'un immeuble hypothéqué ne fût que faiblement diminué par l'effet de l'expropriation, comment se réglerait les droits respectifs du propriétaire et du créancier? Celui-ci pourra-t-il réclamer le remboursement de sa créance intégrale? Il faudrait, selon nous, suivre la règle tracée par l'article 2131 du Code civil, pour le cas où l'immeuble a subi des dégradations. Si la dépréciation

n'est pas telle, que le gage soit insuffisant, le créancier
n'aura rien à prétendre; il ne pourra même empêcher le
propriétaire de toucher le prix de la parcelle expropriée :
dans le cas contraire, le créancier, en faisant déclarer l'insuffisance, réclamera ou le remboursement ou un supplé-
ment d'hypothèque; et si ce dernier moyen de le désintéresser était choisi par le propriétaire, le créancier ne pourrait le refuser, d'après ce que nous disions plus haut.

159.. La faveur dont on a voulu environner les travaux d'utilité publique, l'accélération à donner aux opérations de l'expropriation, sont les motifs des effets exceptionnels accordés, dans ce cas, à la transcription du
jugement; les mêmes motifs demandaient que les dérogations au droit commun contenues dans l'article 17 fussent étendues aux conventions amiables qui pourraient
intervenir entre les propriétaires et l'administration; c'est
ce que nous trouvons dans l'article 19, dont nous avons
déjà parlé à l'occasion des actions réelles : ainsi, la transcription du contrat portant cession par un propriétaire
d'un terrain nécessaire à la confection de travaux *reconnus légalement d'utilité publique,* oblige les créanciers,
quels qu'ils soient, à prendre inscription dans la quinzaine
pour la conservation de leurs hypothèques, faute de quoi
l'immeuble en est déchargé; de même, pour faire disparaître
les hypothèques de toute nature inscrites sur le terrain
acheté par l'administration, il suffit de notifier le contrat;
enfin, dans le cas de cession amiable, comme dans celui
de jugement, le droit de surenchérir fait place à la faculté
d'exiger la fixation de la valeur de l'immeuble par le jury.
(N° 151.)

160. Dans le cas de jugement d'expropriation, le
créancier est mis en demeure d'exercer cette faculté par la
notification qui, aux termes des articles 23 et 28, lui est

faite des sommes offertes pour indemnité et de l'acceptation du propriétaire si elle intervient. Quand il y a contrat amiable, quelle marche doit-on suivre? La loi est de-
meurée muette sur ce point; mais l'analogie indique qu'il
suffit de se conformer à la marche tracée par l'article 28
pour le cas d'acceptation des offres par le propriétaire, le
prix étant ici fixé et accepté par le contrat. L'administration signifiera donc ce contrat aux créanciers hypothécaires, et ceux-ci, dans la quinzaine de cette notification, dé-
clareront qu'ils ne veulent se contenter de la somme convenue, et alors il sera procédé au réglement des indemnités en la forme tracée par la loi. Si, au contraire, ils
laissent écouler ce délai sans manifester leur intention, le
prix demeurera irrévocablement fixé à la somme portée en
l'acte de vente et la consignation pourra en être opérée.

161. Cette marche est la seule régulière, mais il arrivera peut-être que, pour éviter les frais de significations,
l'administration se contentera d'opérer la consignation, et
que, ne courant d'autre risque que d'avoir à payer le sup-
plément du prix si le jury allouait une indemnité supérieure au prix porté au contrat, elle se dispensera de signifier son titre à des créanciers qui, le plus souvent,
n'useront pas de la faculté qui leur est donnée. L'administration pourra suivre cette marche, seulement elle s'expo-
serait par là à l'action hypothécaire des créanciers; en
effet, l'hypothèque suit le bien en quelques mains qu'il
passe; il le suit donc entre les mains de l'État, qui ne peut
dégrever l'immeuble qu'à l'aide de la purge; car nous ne
pensons pas que l'article 17 ait modifié les dispositions de
l'article 2182 du Code civil, portant : *La simple transcription ne purge pas les priviléges et hypothèques établis sur l'immeuble;* seulement les formalités ont été simplifiées; d'où il suit que l'État doit à sa transcription

ajouter la purge telle qu'elle lui est tracée s'il veut se soustraire aux poursuites; jusque-là il reste soumis à l'action en paiement de tous les intérêts et capitaux exigibles. Si donc les créanciers voulaient forcer l'administration à remplir à leur égard les formalités que prescrit la loi de 1833, ils n'auraient qu'à intenter contre elle l'action que leur donnent les articles 2168 et 2169 du Code civil, et celle-ci n'échapperait à leurs poursuites qu'en recourant aux formes ci-dessus indiquées, dont l'accomplissement ouvrirait pour le créancier le droit de demander le réglement par jury comme s'ouvre, dans le droit commun, la faculté de surenchérir par suite des formalités de la purge.

Nous ne voyons même pas que l'administration, dans ce cas, puisse échapper aux dispositions de l'article 2183 du Code civil, qui prescrivent l'accomplissement des formalités de la purge dans le mois au plus tard de la première sommation qui est faite par le créancier hypothécaire de payer l'intégralité de sa créance.

Toutefois, cette voie ne devant aboutir qu'à forcer l'administration à accomplir les formalités de la purge pour arriver ensuite au réglement par jury, les créanciers devront préalablement, pour éviter le circuit, la mettre en demeure par sommation de faire les diligences nécessaires pour parvenir à ce réglement.

162. Nous n'avons pas à revenir sur la question de publicité que nous avons examinée plus haut (n° 153); il nous suffit de dire que la transcription est une mesure de publicité qui doit être accomplie à l'égard du contrat amiable comme à l'égard du jugement, si l'on veut faire courir le délai de l'inscription; mais quant à l'application aux contrats, des formes de publicité tracées par l'article 15 pour le jugement, nous ne pensons pas qu'elle puisse

être exigée. Si, en effet, l'absence de toute publication du jugement ne nous a pas semblé de nature à empêcher les conséquences de la transcription, à plus forte raison en est-il de même à l'égard des conventions amiables que la loi n'a, dans aucun cas, prescrit de rendre publiques; toutefois, nous regardons cette mesure comme utile, comme propre à mettre les intéressés à même de se garantir des effets rigoureux de la transcription, et, à ce titre, nous ne pouvons mieux faire que de la réclamer de la sollicitude de l'administration pour les citoyens.

SECTION VII. — *Des voies de recours contre le jugement d'expropriation.*

SOMMAIRE.

163. Le recours en cassation est la seule voie ouverte contre le jugement d'expropriation.
164. A qui appartient le droit de se pourvoir.
165. Des diverses causes de cassation.
166. Le jugement qui prononcerait l'expropriation sans que les formalités prescrites aient été accomplies serait susceptible de cassation pour excès de pouvoir.
167. Délai du recours en cassation.
168. L'administration peut toujours se pourvoir jusqu'à exécution de sa part.
169. Le délai du pourvoi est-il *franc?* — Y a-t-il lieu à augmentation à raison des distances?
170. Suite du n° précédent.
171. Conséquences de la brièveté du délai du pourvoi.
172. Tous les jours autres que ceux des termes sont continus et considérés comme utiles.
173. Le pourvoi peut être formé avant la notification du jugement.
174. Comment se forme le pourvoi.
175. Il n'est pas nécessaire que l'exposé des moyens de cassation accompagne la déclaration de pourvoi.
176. Le mémoire présenté au nom de l'administration peut être signé par une autre personne que le préfet.
177. Y a-t-il lieu de consigner une amende? — Quel en est le taux? — Quand faut-il en représenter la quittance?

178. Il faut autant de consignations qu'il y a de parties ayant un intérêt distinct.

179. Il n'y a pas dispense de la consignation en faveur des communes.

180. Le demandeur en cassation qui succombe est tenu de dommages-intérêts envers le défendeur.

181. Des pièces à adresser à la Cour de cassation.

182. Mode de l'envoi des pièces.

183. De la notification du pourvoi.

184. La notification doit contenir assignation. — Du délai pour comparaître.

185. Les intéressés peuvent intervenir devant la Cour.

186. La chambre civile est saisie directement.

187. Le pourvoi en cassation est-il suspensif?

188. Du renvoi après cassation.

189. Le tribunal saisi en vertu du renvoi doit désigner, pour diriger le jury, l'un des membres du tribunal de la situation des biens.

190. Le pourvoi, dans l'intérêt de la loi, peut avoir lieu à l'égard des jugemens d'expropriation.

163. L'article 20 de la loi du 7 juillet 1833 s'exprime en ces termes : *Le jugement ne pourra être attaqué que par la voie de recours en cassation, et seulement pour incompétence, excès de pouvoir ou vice de forme du jugement.*

Il n'y a donc qu'une seule voie ouverte contre le jugement qui prononce l'expropriation, c'est le recours en cassation. L'opposition, l'appel, la tierce-opposition, la requête civile, sont des voies interdites dans ce cas; tous ceux auxquels ce jugement préjudicie, quels qu'ils soient, n'ont qu'un moyen de le faire réformer, c'est de le déférer à la Cour suprême.

164. Ce pourvoi peut être formé, soit par le préfet, au nom de l'État, soit par la partie; et, comme il n'y a pas de partie proprement dite dans les jugemens d'expropriation, puisqu'il n'y a nécessité d'y appeler ni le propriétaire ni aucun autre intéressé, nous reconnaîtrons que le droit de se pourvoir contre le jugement appartient à tous ceux à qui il préjudicie, de même

8

que nous avons accordé le droit d'intervention devant les premiers juges à toute personne pouvant justifier d'un intérêt à s'opposer à la transmission à l'État de la propriété dont l'expropriation était demandée : ainsi le propriétaire, l'usufruitier, les fermiers et locataires, etc., sont en droit de soumettre à la cour tout jugement qui leur paraît préjudicier à leurs intérêts, et il n'est pas nécessaire pour cela qu'ils soient intervenus dans l'instance devant le tribunal.

165. L'article 20 énumère les cas de cassation sur lesquels doit s'étayer le pourvoi. Ce sont *l'incompétence*, *l'excès de pouvoir ou le vice de forme du jugement*. Cet article est limitatif; il exclut toute autre violation, soit de la loi spéciale, soit des lois générales. C'est ce dont ne permettent pas de douter ces mots : *et seulement pour* incompétence, etc.

166. En lisant cette énumération des causes de cassation, on pourrait se demander si, le tribunal prononçant ou refusant l'*expropriation*, sur le fondement que les formalités prescrites par la loi ont été ou n'ont pas été exactement accomplies, lorsque cependant cette déclaration serait le fruit d'une erreur, d'une fausse interprétation ou d'un examen superficiel, son jugement donnerait ouverture à cassation, et dans lequel des trois cas de cassation on pourrait le faire entrer.

La question ne laisse pas que de présenter quelque incertitude. En effet, dans cette hypothèse, nous supposons le tribunal compétent, son jugement parfaitement régulier en la forme : reste l'excès de pouvoir. Or, l'erreur ou la fausse interprétation ne semblent pas de nature à constituer un excès de pouvoir; car le tribunal doit examiner, aux termes de l'article 14, les pièces produites; il peut, par suite, en apprécier le contenu, et sa déclaration,

qu'elles constatent ou ne constatent pas l'accomplisse-
ment des formes, n'est que le résultat de cet examen ap-
préciatif; mais, admettre ce système, ce serait enlever à
la cour suprême ce dont, eu égard à la suppression du
second degré de juridiction, il importait le plus qu'elle
s'occupât, et l'on ne peut croire que la loi ait voulu rendre définitive et sans contrôle l'appréciation, par les tribunaux, des actes constatant l'exécution de la loi en matière d'expropriation. Aussi tenons-nous pour parfaitement
conforme à l'esprit de l'article 20, encore qu'il donne
aux termes de cet article une certaine élasticité, l'arrêt
de la Cour de cassation du 6 janvier 1836 [1], déjà cité,
qui, « attendu que, suivant l'article 2 de la loi du 7 juil-
« let 1833, les tribunaux ne peuvent prononcer l'expro-
« priation pour utilité publique qu'autant que cette uti-
« lité a été déclarée dans les formes que cette loi prescrit;
« d'où il suit que tout jugement qui prononcerait une ex-
« propriation sans que ces formes eussent été accomplies,
« dégénérerait nécessairement en excès de pouvoir, » ad-
mit un pourvoi fondé sur l'inexécution des formalités de
l'enquête administrative préalable à l'arrêté du préfet.
Dans un autre arrêt du 11 mai 1835 [2], déjà cité également, la Cour, en conséquence du même principe, disait
que, de l'obligation écrite dans l'article 20 d'envoyer les
pièces à la chambre civile, il suivait qu'elle avait la mission et les moyens légaux d'apprécier, sur le vu des pièces mêmes, la conformité à la loi de la décision émanée
du tribunal devant lequel a dû être portée la demande en
expropriation.

167. Le deuxième paragraphe de l'article 20 indique le

---

[1] Sirey, t. 36, 1, p. 5; Dalloz, année 1836, 1, p. 49.
[2] Dalloz, 1835, 1, p. 308.

délai dans lequel doit être fait le pourvoi ; il doit avoir lieu *dans les trois jours de la notification du jugement.*

Cette notification se compose de deux élémens : premièrement, la *notification proprement dite,* par copie d'un extrait du jugement laissée au domicile élu par celui qu'il intéresse, et, à défaut, par double copie au maire et au fermier, locataire ou régisseur ; et, secondement, *la publicité* donnée par voie de publication, affiches et insertions dans les journaux. Or, la notification n'est complète et le délai ne commence à courir qu'alors que ces différentes formalités ont été accomplies. La seule notification au domicile ne fait pas courir ce délai ; ainsi l'a jugé la Cour de cassation, par arrêt du 1er juillet 1834 [1], fondé sur les motifs suivans :

« Attendu qu'aux termes de l'article 15 de la loi du « 7 juillet 1833, le jugement doit être affiché, publié et « inséré dans un des journaux de l'arrondissement et du « chef-lieu du département, et que la notification n'est « complète qu'autant que ces formalités ont été remplies ; « qu'il n'est pas justifié qu'elles l'aient été dans l'espèce ; « d'où suit que le délai du pourvoi, qui ne commence à « courir que de la notification complète, n'était point ex- « piré lors du pourvoi de la demanderesse. »

168. L'administration ne reçoit pas de notification du jugement ; il s'ensuit que par rapport à elle le délai pour former le pourvoi reste ouvert indéfiniment, à moins d'exécution de sa part, ce qui se présentera rarement, les décisions contre lesquelles elle aura à se pourvoir contenant le plus souvent refus d'expropriation. Il pourrait cependant se rencontrer des cas où, encore bien que l'expropriation fût prononcée, elle aurait intérêt à user de

[1] Sirey, t. 34, 1, p. 623.

son droit de pourvoi : par exemple, si le tribunal avait changé l'époque de prise de possession, modifié des contenances, etc., alors elle devrait former son recours avant tout acte d'exécution.

La signification du jugement faite à la requête de l'administration aux intéressés doit être considérée, vis-à-vis de ces derniers, comme un acte d'exécution qui éteindrait son droit de recours, mais seulement à l'égard de ceux qui auraient reçu cette signification, et sans qu'il y ait pour elle déchéance du droit de déférer à la Cour suprême le jugement en ce qui peut concerner d'autres individus compris dans son dispositif.

169. Faut-il appliquer au délai de trois jours, pour former le pourvoi, les dispositions de l'article 1033 du Code de procédure civile, portant : *le jour de la signification ni celui de l'échéance ne sont jamais comptés pour le délai général fixé pour les ajournemens, les citations, sommations et autres actes faits à personne ou domicile. Ce délai sera augmenté d'un jour à raison de trois myriamètres de distance, et quand il y aura lieu à voyage ou envoi et retour, l'augmentation sera du double.*

C'est une question qui se reproduira toutes les fois qu'il s'agira d'un délai, et qui offre d'autant plus d'importance qu'en général tous les délais sont courts et les significations faites au domicile élu ou dans la commune de la situation des biens, tandis que les intéressés peuvent habiter des lieux plus éloignés; il n'est donc pas hors de propos de la traiter d'une manière générale.

Observons d'abord que l'article 1033 contient deux dispositions distinctes, l'une relative au délai en lui-même, l'autre ajoutant à ce délai, lorsqu'il se rencontre une certaine distance à parcourir entre le lieu où l'acte se signifie et celui où l'assigné doit se rendre ou adresser un autre acte.

La Cour de cassation, appelée à se prononcer sur l'application de la première des deux dispositions de l'article 1033 à un cas spécial d'expropriation, a décidé qu'elle était applicable, quant à ce cas, « attendu, dit la « Cour, que les principes généraux de la procédure sur la « computation des délais doivent être appliqués aux dé- « lais fixés par des lois spéciales, toutes les fois que ces « lois ne contiennent pas des dispositions contraires; « qu'ainsi l'art. 42 de la loi du 7 juillet 1833, etc., etc. [1]. »

La conséquence à déduire de cet arrêt, c'est que l'article 1033 s'appliquera aux matières d'expropriation comme il s'applique aux matières civiles. Mais les commentateurs du Code de procédure soumettent les règles de cet article à des distinctions qui en restreignent l'application.

Voici comment s'exprime à cet égard M. Carré, au n° 3410 de son ouvrage sur la procédure civile : « *Le délai indiqué par la loi pour signifier des ajournemens, citations, sommations ou autres actes faits à personne ou domicile, est-il franc, comme celui pour obtempérer à ces actes ?* »

« Il nous avait semblé résulter des termes de l'ar- « ticle 1033 que le Code de procédure avait distingué, « dans ses dispositions concernant les délais, les actes « pour lesquels il voulait accorder à la partie un *délai* « *utile* de tel nombre de jours pour y obtempérer, de ceux « pour lesquels il fixait à la partie qui doit faire ces actes « un nombre *péremptoire* de jours pour y procéder.

« C'est d'après cette distinction faite par la Cour de « Turin (arrêt du 14 mai 1806) que l'on a décidé que « les délais suivans n'étaient pas francs : 1° délai de hui-

[1] Sirey, t. 36, 1, p. 12.

« taine pour la notification d'une demande en validité de
« saisie-arrêt, 2° de quinzaine pour l'appel des incidens de
« saisie immobilière, 3° de quarante jours pour la notifi-
« cation d'une surenchère.

« Mais comment concilier la règle générale que l'on
« suppose et d'où l'on fait dériver ces décisions avec les
« arrêts qui ont décidé que, dans le délai d'appel fixé par
« l'article 443, le jour de l'échéance n'était pas compris,
« *attendu que l'appel est un acte qui doit être signifié à*
« *personne ou à domicile, et qu'aucune loi positive ne*
« *l'excepte de la règle générale ?*

« Nulle difficulté à cet égard : tous les délais dont nous
« venons de parler sont fixés par un nombre de jours
« dans l'inclusion desquels l'acte doit être notifié ; partout
« on trouve le mot *dans* ; ainsi, pour la demande en vali-
« dité la loi dit : *dans* la huitaine, etc., tandis que l'ar-
« ticle 443 est conçu comme suit : *le délai pour interjeter*
« *appel sera de trois mois à courir du........*

« Le mot *dans* exclut donc le dernier jour du délai,
« tandis qu'on se trouve sous l'application de la règle
« générale toutes les fois que la loi se sert de termes qui
« ne comportent pas cette exclusion.

« De ces observations il résulte que toute signification
« à faire à personne ou domicile dans un délai déterminé
« en termes généraux, comme dans l'article 443, suppose
« la franchise.

« Concluons donc, dit M. Carré en terminant, que le
« délai pour signifier un acte à personne ou domicile est
« franc, à moins que la loi n'ait fait exception en se ser-
« vant du mot *dans* (*intra*), comme le délai pour compa-
« raître ou agir en conformité de cet acte; *et il ajoute :*
« mais que l'augmentation *à raison des distances* n'est
« accordée que dans ce dernier cas. »

M. Berriat-Saint-Prix (dans son Cours de Procédure, page 149, note 10) limite aussi la franchise du délai aux actes en suite desquels l'ajourné ou l'interpellé doit faire quelque chose, en citant, sans l'expliquer toutefois, la contrariété des arrêts relatifs au délai général d'appel.

D'après lui, le délai de distance s'applique aux actes qu'on réclame de la partie assignée et non à la personne qui agit.

D'après les autorités ci-dessus, nous dirons en résumé que pour tous les actes en suite desquels l'ajourné ou l'interpellé devra faire quelque chose, le délai qu'ils contiennent sera toujours franc, et qu'on n'y comprendra ni le jour de la signification de l'acte ni celui de l'échéance, mais que pour tous délais pour faire tel ou tel acte, il faut examiner les termes dont se sert la loi. Si elle s'exprime d'une manière générale, qu'elle dise par exemple : *le délai sera de huit jours.* Ce délai est également franc; si au contraire elle a manifesté son intention de circonscrire dans un certain nombre de jours la faculté 'de faire tel ou tel acte, comme si elle prescrit l'accomplissement de formalités *dans les huit jours*, alors le délai doit être limité au nombre de jours par elle fixé.

Il est entendu que cette distinction ne s'applique qu'à la question de savoir si le jour de l'échéance doit être ou non compté; quant au jour de la signification, il ne saurait l'être dans aucun cas.

Faisons application de cette doctrine au délai du pourvoi accordé par l'article 20 : il s'agit d'un délai pour faire un acte, ce délai n'est donc pas franc de plein droit, il faut examiner les termes de la loi qui l'établit; or, elle se sert précisément de cette expression *dans*, qui indique l'inclusion dans un certain nombre jours, de la faculté de se pourvoir; par conséquent, ce n'est point ici un délai franc; il est limité à l'expiration du troisième jour à partir de celui de la signification et sans le compter; mais s'il s'agit du pourvoi prévu par l'article 42, conséquens encore avec les principes que nous avons posés précédemment, nous dirons, comme la Cour de cassation, *le délai est franc*, et cela parce que ce dernier article, différent du premier, dit d'une manière générale : *le délai sera de quinze jours.*

170. Pour ce qui concerne l'augmentation à raison des distances, la distinction des auteurs est la même; seulement, comme on a pu le voir par les deux passages extraits des ouvrages de MM. Carré et Berriat-Saint-Prix, il faut dire, sans tenir compte des termes employés par la loi, que cette augmentation n'est appliquée qu'aux délais pour obtempérer à un acte. M. Carré examine la même question sous le n° 1554, et donne une solution semblable; il cite à l'appui de son opinion un arrêt de la Cour de cassation rapporté dans le recueil de Sirey, tome 9, page 406, et basé sur ce que l'article 1033 n'impose la nécessité d'une addition de délai proportionnel aux distances que dans le cas de *comparutions* sur les ajournemens et autres actes qui doivent être faits à personne ou domicile.

Il suit de là que le délai de trois jours pour former le pourvoi en cassation contre le jugement qui prononce l'expropriation, ne sera jamais susceptible d'augmentation à raison des distances.

171. Sans doute l'auteur de l'amendement qui fit restreindre à un délai aussi court celui de quinze jours primitivement assigné, n'a pas songé aux conséquences qu'entraînerait la brièveté de ce délai, privé qu'il est de l'augmentation à raison des distances. Il peut en résulter une impossibilité matérielle de former le pourvoi contre un jugement d'expropriation; ainsi, lorsque le jugement

rendu par le tribunal de l'arrondissement est cassé, la
Cour de cassation renvoie au tribunal d'un arrondissement voisin ; la décision que rendra ce tribunal sera notifiée, et ce sera le cas le plus favorable, au domicile élu ;
mais le pourvoi doit être formé au greffe du tribunal qui
a rendu cette décision, et trois jours suffiront à peine pour
franchir l'espace qui pourrait séparer, dans ce cas spécial,
le lieu de la notification, du siége du tribunal ; il n'en faudrait pas moins cependant appliquer les principes que
nous avons établis dans le numéro précédent ; à la rigueur
les propriétaires peuvent se trouver sur les lieux ou y
constituer un mandataire pour pourvoir à ce que leurs
intérêts exigeraient.

172. Les auteurs enseignent que la règle de l'ordonnance de 1667, titre III, article 7, d'après laquelle tous les
jours autres que ceux des termes, sont continus et considérés comme utiles, doit actuellement encore s'appliquer
aux délais, et que par conséquent les jours de fête et de
vacation comptent dans le délai. (Berriat-St-Prix, tome I,
page 150, et Carré, n° 3416.) Mais, quant au jour du
terme, il doit toujours être utile ; s'il se trouve être un jour
férié, il faut ajouter un jour ; si le lendemain était aussi
non utile, le délai n'expirerait que le surlendemain. Il ne
peut exister le moindre doute que cette règle doive recevoir application au délai du pourvoi, et généralement à
tous les délais établis par la présente loi.

173. Il n'est pas nécessaire pour former le pourvoi d'attendre que le jugement d'expropriation ait été notifié : dès
qu'il est rendu le recours peut être exercé ; voir l'arrêt en
ce sens du 6 janvier 1836 [1], déjà cité.

174. Le pourvoi doit se faire par déclaration au greffe

[1] Sirey, t. 36, 1, p. 5.

du tribunal qui l'a rendu. Il est reçu comme en **matière** de droit commun ; seulement ce n'est point sur le registre ordinaire timbré qu'il doit être porté, mais bien sur un registre particulier visé pour timbre gratis.

Si le pourvoi est formé par fondé de pouvoirs, la procuration doit rester annexée à la minute.

175. La loi, par dérogation à la règle générale, n'exige pas que la déclaration de pourvoi soit accompagnée de l'exposé des moyens de cassation ; il suffit que plus tard la partie qui a formé ce recours adresse à la Cour, et avant qu'elle ait prononcé, l'énoncé des causes qui lui paraissent vicier le jugement attaqué. (Arrêt du 1er juillet 1834 [1].) Nous avons dit qu'il suffisait que l'envoi fût antérieur au prononcé de l'arrêt ; c'est qu'en effet jusqu'à cette époque la partie qui se pourvoit est recevable à fournir la justification de la demande en cassation ; le délai de quinzaine en dedans duquel les pièces doivent être adressées à la Cour, n'emporte pas déchéance contre celui qui l'aurait laissé expirer sans faire cet envoi.

Il ne faudrait pas davantage penser que le défaut de production des moyens pût entraîner la nullité du pourvoi lui-même, encore bien qu'il eût été régulièrement formé ; la partie adverse aurait seulement le droit de s'en prévaloir pour obtenir arrêt, et la Cour n'en examinerait pas moins toute la procédure pour connaître si le jugement n'est entaché d'aucun des vices qui peuvent amener son annulation. Cette doctrine a été consacrée par arrêt du 11 janvier 1836 [2].

176. Par le même arrêt il a été décidé que, lors d'un pourvoi formé par le préfet dans l'intérêt de l'État, le mé-

[1] Sirey, t. 34, 1, p. 623.
[2] Sirey, t. 36, 1, p. 12 ; Dalloz, année 1836, 1, p. 51.

moire contenant les moyens de cassation pouvait être signé par toute autre personne que le préfet, sans qu'il en
résultat une fin de non-recevoir contre le pourvoi régulièrement formé. Dans l'espèce, le mémoire *à l'appui de
pourvoi en cassation formé par le préfet* était signé par le
directeur général des ponts-et-chaussées.

177. Aux termes de l'article 17 de la loi du 2 germinal
an IV, la requête en cassation en matière civile ne sera
pas reçue au greffe de la Cour, et les juges (de cassation)
ne pourront y avoir égard, à moins que la quittance de
consignation d'amende n'y soit jointe; en sont seuls dispensés les agens de l'administration pour les pourvois
dans l'intérêt de l'État, et les indigens.

Cette amende est fixée par l'article 419 du Code d'instruction criminelle pour les parties civiles qui se pour-
voient contre des arrêts en matière criminelle, correctionnelle ou de police, à la somme de 150 francs.

Le pourvoi en cassation contre les jugemens d'expropriation entraîne la nécessité de la consignation de cette
amende, que, par analogie, on fixe à 150 francs. Pour
l'opérer la somme sera versée dans la caisse d'un receveur de l'enregistrement, dont la quittance est admise
comme justification suffisante du versement. Dans les
matières ordinaires, il faut que cette quittance accompagne la requête présentée; mais, quand il s'agit d'expropriation, les formes différentes tracées par la loi pour la
formation du pourvoi, formes qui présentent quelque analogie avec celles du pourvoi en matière criminelle, et la
promptitude avec laquelle le réclamant est forcé d'agir,
autorisent à croire que la Cour appliquerait la doctrine
consignée dans un arrêt du 6 fructidor an VIII, que la
quittance peut être produite tant que les choses sont entières, c'est-à-dire, jusqu'au jour de sa décision.

Mais le défaut de consignation au moment du prononcé de l'arrêt élève une fin de non-recevoir insurmontable, contre laquelle le demandeur en cassation ne peut se faire restituer qu'en prouvant, par la date de la quittance, qu'il avait fait la consignation en temps utile; hors ce cas et fût-il encore dans les délais pour renouveler son pourvoi, il ne serait pas admis à le soutenir : la déclaration de *non-recevabilité* est définitive. Le demandeur, en formant son recours, même avant le délai fatal, a dû se mettre en règle. (Arrêt du 11 frimaire an IX [1].)

178. Il faut autant de consignations qu'il y a de parties ayant un intérêt distinct et séparé ; d'où suit que, si les propriétaires de plusieurs parcelles de terrain dont l'expropriation serait prononcée par un seul et même jugement, voulaient se pourvoir en cassation, chacun d'eux devrait opérer sa consignation et joindre sa quittance aux pièces.

179. Nous avons dit que les agens de l'administration et les indigens étaient dispensés de cette consignation.

Il a été jugé qu'un maire qui, dans l'intérêt de la commune qu'il administre, se pourvoit en cassation, ne pouvait participer à la dispense accordée aux agens de l'administration.

180. Le demandeur en cassation qui succombe encourt la perte de l'amende consignée; en règle générale, il est en outre tenu de payer au défendeur une indemnité de 150 francs ; cette règle s'applique également en matière d'expropriation pour cause d'utilité publique. Nous remarquerons toutefois que cette réparation ne serait due qu'autant que l'arrêt de cassation serait rendu contradictoirement.

---

[1] Sirey, t. 7, 2, p. 814.

En cas de désistement, on n'échapperait pas à la condamnation à l'indemnité s'il n'intervenait que postérieurement à la notification du pourvoi.

181. Les pièces doivent être envoyées à la chambre civile de la Cour de cassation, dans la quinzaine de la formation du pourvoi; elles se composent de toutes celles
qui ont servi de base au jugement attaqué, auxquelles on
joint une expédition, tant de ce jugement, que de la déclaration de pourvoi, et le mémoire justificatif qui a pu
être déposé. Nous pensons à l'égard de cette dernière
pièce qu'il faut appliquer, par analogie, l'article 422 du
Code d'instruction criminelle : ainsi le demandeur peut,
jusqu'à l'envoi des pièces, faire le dépôt du mémoire contenant les moyens sur lesquels son pourvoi se fonde, au
greffe du tribunal, et reconnaissance lui en est donnée;
de cette manière ce mémoire parvient à la Cour sans qu'il
soit besoin de recourir au ministère d'un avocat; mais si
le délai était expiré, celui qui veut faire casser le jugement ne serait reçu à présenter ses observations à l'appui
de sa demande que par l'intermédiaire de l'un des avocats
qui seuls ont le droit de postuler en la Cour. (Code d'instruction criminelle, article 424.)

182. Dans les matières criminelles, les pièces sont adressées par le procureur du Roi du siége au ministre de la
justice, qui les transmet à la Cour de cassation. (Code
d'instruction criminelle, article 423.)

La même forme doit-elle être suivie en matière d'expropriation? Rien dans la loi du 7 juillet 1833 n'impose au
procureur du Roi la mission de faire cet envoi; nous pensons cependant que c'est la seule marche qui puisse garantir aux parties la transmission exacte ordonnée par la loi.
Mais il faut remarquer que l'envoi se fait directement à
la chambre civile. (Article 20 de la loi du 7 juillet 1833.)

183. Le pourvoi doit être notifié dans la huitaine de sa formation, soit par la partie au préfet, soit par celui-ci *à la partie* et au domicile indiqué par l'article 15 de la loi du 7 juillet.

Ces mots *à la partie* supposent une intervention de la part d'intéressés dans l'instance d'expropriation ; hors de là le jugement rendu sur requête n'a d'autre partie que l'administration qui requiert ; ce n'est donc que dans le cas d'intervention qu'il y a lieu de faire cette notification.

184. La notification a pour objet de mettre la partie adverse à même de soutenir, si elle le juge convenable, la décision contre laquelle on se pourvoit ; elle doit donc contenir assignation à comparaître. Cette formalité, toutefois, ne nous paraît pas exigée à peine de nullité du pourvoi ; seulement si elle n'était pas accomplie dans les délais, la partie non ajournée pourrait attaquer, par voie d'opposition, l'arrêt rendu en son absence par la Cour de cassation.

De cette notification dépend la possibilité d'appliquer au défendeur la disposition du § final de l'article 20, ainsi conçu : « *L'arrêt, s'il est rendu par défaut à l'expiration de ce délai, ne sera pas susceptible d'opposition :* en effet, comment repousser le défaillant qui justifierait n'avoir pas été assigné ou ne l'avoir pas été à temps ? la loi n'a puni si rigoureusement son silence que dans la supposition, fondée sur la notification par elle prescrite, que ce silence était volontaire et causé par l'absence de moyens de défense.

Ce dernier paragraphe de l'article 20 semble exiger une autre condition pour que l'arrêt ne soit pas susceptible d'opposition : c'est qu'il ait été prononcé *après un certain délai*, délai qu'on pourrait croire devoir être d'un mois à partir de la réception ; d'un autre côté, le paragraphe précédent veut qu'il soit statué par la Cour dans le mois de la réception : elle ne peut cependant statuer *dans le mois* et *le mois expiré*. Il faut, pour concilier ces deux textes, croire que le troisième paragraphe ne fait qu'indiquer le vœu d'une solution prompte, mais que, toutes les fois qu'il y aura eu notification du pourvoi, la Cour devra, pour attacher à sa décision l'effet d'arrêt définitif et sans recours, ne la prononcer que le mois expiré. On ne concevrait pas, en effet, qu'il fût possible de rendre vaine la notification du pourvoi par un jugement tellement hâté que toute défense serait tardive ; les parties doivent avoir, puisqu'on les appelle, un délai pour comparaître ; ce délai est d'un mois à compter du jour de la réception des pièces au greffe de la Cour suprême (article 20 de la loi du 7 juillet) ; il faut qu'elles en jouissent pleinement.

185. Tout individu qui aurait pu intervenir devant les premiers juges peut également intervenir devant la Cour de cassation ; c'est là une garantie des intérêts privés qui rentre dans l'esprit de la loi ; d'autant plus que le jugement peut avoir été rendu à l'insu des intéressés, qui souvent n'en auront connaissance que par la publicité qui lui est donnée. Cette intervention ne saurait entraver la marche de l'affaire ni en retarder la solution ; elle doit donc être faite avant les plaidoiries des parties en cause.

186. L'intermédiaire de la chambre des requêtes est supprimé, et le pourvoi est porté directement à la chambre civile ; on retrouve là l'idée dominante du législateur, qui tend constamment à prévenir tout retard et à dispenser de toute forme dont l'utilité n'est pas clairement démontrée.

187. Le pourvoi en cassation est-il suspensif ? En matière civile le pourvoi n'est jamais suspensif ; ainsi le prescrit l'article 16 de la loi du 27 novembre 1790. Il s'agit

ici d'une matière purement civile; il faut donc appliquer
cette règle générale et reconnaître que, nonobstant l'existence d'un pourvoi, l'administration pourrait poursuivre
les opérations de l'expropriation; toutefois, il est présumable que la crainte de faire des actes inutiles, si le pourvoi venait à triompher, engagera le plus souvent l'administration à attendre le résultat du recours ; au reste, quelque parti qu'elle prenne, les choses, en cas de cassation du
jugement, sont remises en l'état où elles étaient auparavant; tout acte d'exécution se trouve annulé, et spécialement toute la procédure entamée pour arriver au réglement par jury serait mise au néant, sans pouvoir aucunement servir ensuite d'un nouveau jugement d'expropriation.

188. Lorsque la Cour casse le jugement attaqué, elle
renvoie, pour la connaissance de l'affaire, au tribunal d'un
arrondissement voisin. Ce tribunal reçoit l'affaire dans
l'état où elle se trouve et procède à un nouvel examen des
pièces; mais remarquons que si le jugement premier a été
annulé pour avoir considéré comme accomplies des formalités qui, aux yeux de la Cour de cassation, ne l'étaient
pas, l'administration aurait lieu de craindre ou que le tribunal saisi par suite d'un renvoi, adoptant l'opinion de la
Cour suprême, ne refusât l'expropriation, ou que dans le
cas contraire son jugement ne devînt l'objet d'un pourvoi
dont le résultat ne serait guère douteux; aussi le parti
qu'elle prendra sera sans doute de renoncer au jugement,
de recommencer une procédure toute nouvelle conforme
aux doctrines émises par la juridiction régulatrice, et de
solliciter, lorsqu'elle sera terminée, un jugement du tribunal qui le premier avait été appelé à connaître de l'affaire; ce tribunal peut, sans aucun doute, en être saisi,
puisqu'une nouvelle procédure en fait une affaire nouvelle.

9

Si, au contraire, le motif de cassation reposait sur un vice du jugement et non de la procédure administrative qui le précède, c'est au tribunal auquel l'affaire a été renvoyée qu'il faudrait s'adresser pour faire prononcer l'expropriation.

189. Nous avons déjà indiqué, au n° 130, que le tribunal saisi par suite d'un renvoi de la Cour de cassation devait désigner, pour remplir les fonctions de magistrat directeur du jury, non l'un de ses membres, mais bien l'un des juges du tribunal dont le jugement a été cassé, ce tribunal étant celui de la situation des biens. Cette opinion, ainsi que nous l'avons dit, est basée sur ce que, les jurés devant toujours être pris dans la localité, il est indispensable que le magistrat chargé de les diriger soit lui-même de la localité; et, d'ailleurs, ses attributions comme directeur du jury étant d'une nature toute différente de celles conférées aux tribunaux dans les matières d'expropriation, rien dans sa nomination, eût-il même pris part à la décision annulée, ne choque les principes qui régissent les renvois.

La Cour de cassation a adopté ce système, par arrêt du 11 mai 1835 [1].

190. Aux termes de la loi organique de la Cour de cassation du 27 novembre 1790, article 25, et dont les dispositions sont reproduites par l'article 88 de la loi du 27 ventose an VIII, « *si le commissaire du Roi auprès de la Cour apprend qu'il ait été rendu un jugement en dernier ressort, directement contraire aux lois ou aux formes de procéder, et contre lequel cependant aucune des parties n'aurait réclamé dans le délai fixé, après ce délai expiré il en donnera connaissance au tribunal de cassation, et s'il est prou-*

_____

[1] Sirey, t. 35, 1, p. 949; Dalloz, 1835, 1, p. 307.

vé que les formes ou les lois ont été violées, le jugement se-
ra cassé, sans que les parties puissent s'en prévaloir pour
éluder les dispositions de ce jugement, lequel vaudra
transaction pour elles. C'est là un pouvoir conservateur
qui embrasse toutes les lois, et qui pourrait s'exercer à
l'égard des jugemens rendus en exécution de la loi du 7
juillet 1833.

TITRE IV.

Du réglement de l'indemnité à payer pour les terrains expropriés.

SOMMAIRE.

191. Le paiement doit être préalable à la prise de possession.

191. Aux termes de l'article 9 de la Charte, l'État peut
exiger le sacrifice d'une propriété pour cause d'utilité publique légalement constatée, mais à charge d'une indemnité
préalable. Le Code civil renferme une disposition semblable dans son article 545 : « *Nul ne peut être contraint*
de céder sa propriété si ce n'est pour cause d'utilité pu-
blique, et moyennant une juste et préalable indemnité. »
Enfin, l'article 53 de la loi du 7 juillet 1833 consacre de
nouveau ce principe, en déclarant que les indemnités seront payées *préalablement* à la prise de possession.

Le jugement d'expropriation obtenu, il devient nécessaire, puisque le paiement mettra seul l'administration en
droit de prendre possession des terrains, de régler avec les
propriétaires et autres ayans-droits l'indemnité à laquelle ils
peuvent prétendre, et ce, soit par voie amiable, soit, à défaut, par l'intervention d'une autorité appelée à décider le
différend entre l'administration et les réclamans.

CHAPITRE PREMIER.

Des mesures préparatoires.

SOMMAIRE.

192. Jusqu'ici l'administration n'a connu que le propriétaire et ceux qui ont pu intervenir dans l'instance en
expropriation; bien d'autres cependant peuvent avoir des
droits à une indemnité distincte, où sont intéressés à concourir à la fixation d'indemnités sur lesquelles ils ont un
droit à exercer, et qui indirectement doivent leur profiter; il est indispensable qu'ils soient tous connus de l'administration, que tous puissent venir discuter avec elle
leurs droits, et qu'une fois ce réglement achevé, une forclusion, à l'égard de ceux qui n'ont pas paru à temps,
mette l'administration à l'abri de toute demande, de toute
poursuite de nature à apporter quelque entrave à ses travaux; mais comme il n'était pas possible à l'administration de découvrir tous ceux qui peuvent avoir des droits
quelconques sur l'immeuble exproprié, la loi a imposé à
celui qui est censé les connaître l'obligation de les lui dénoncer.

Tel est l'esprit et l'objet du premier paragraphe de
l'article 21, ainsi conçu : *Dans la huitaine qui suit la
notification prescrite par l'article 15, le propriétaire est
tenu d'appeler et de faire connaître au magistrat directeur du jury les fermiers, locataires, ceux qui ont des
droits d'usufruit, d'habitation ou d'usage, tels qu'ils sont
réglés par le Code civil, et ceux qui peuvent réclamer des
servitudes résultant des titres mêmes de propriété ou
d'autres actes dans lesquels il serait intervenu, sinon
il restera seul chargé envers eux des indemnités que ces
derniers pourront réclamer.*

193. Cette obligation de faire connaître tous ceux qui

ont des droits sur l'immeuble ne pourrait-elle pas être, en certains cas, à la charge de l'usufruitier? L'article 21 ne doit pas le faire supposer, puisqu'il impose au proprié- taire l'obligation de faire connaître l'usufruitier lui-même; mais l'article 22 dit ensuite *que les dispositions de* la loi qui concernent les propriétaires et leurs créanciers *sont applicables à l'usufruitier et à ses créanciers*, et ne doit- on pas conclure de cet article que l'obligation imposée au propriétaire de dénoncer les ayans-droit est commune à l'usufruitier? Il peut arriver, en effet, que le nu-proprié- taire soit dans l'impossibilité d'indiquer au magistrat di- recteur du jury tous les individus que mentionne l'art 21 : il ne jouit pas; s'il existe un bail de la propriété, il n'émanc pas de lui, mais de l'usufruitier; il peut donc l'ignorer. Ces considérations nous portent à penser que, dans ce cas, ce serait à l'usufruitier à faire cette dénonciation. (Tarif, art. 2, numéro 2.)

Le propriétaire n'est tenu de se conformer aux disposi- tions de l'article 21 qu'après la notification du jugement d'expropriation; l'usufruitier serait dans le même cas; il faudra donc qu'une notification du jugement lui soit faite: c'est ce que prévoit le tarif des frais, article 1er, n° 1; mais quand aura lieu la notification? Cet usufruitier n'est pas nécessairement connu de l'administration, et il sera souvent impossible à celle-ci de remplir la formalité à son égard en même temps qu'à l'égard du propriétaire. Ne pourrait-on pas adopter ce système, que la notification de l'article 15 ne doit d'abord être faite qu'aux propriétaires, à moins que, par suite d'intervention ou de toute autre cause, l'administration ne connaisse l'existence d'un usu- fruitier; que le propriétaire, dans la huitaine, fera con- naître tous ceux que désigne l'article 21, et que, par suite, l'administration notifiera le jugement à l'usufrui-

tier qui lui aurait été dénoncé, notification dont la conséquence serait pour cet usufruitier l'obligation d'indiquer
à son tour, aussi dans un délai de huitaine, ceux des
ayans-droits qui peuvent être à sa connaissance, notamment les fermiers ou locataires.

De cette manière on concilierait cet article 22 avec l'article 15, qui ne prescrit qu'une seule notification, et avec
l'article 21, qui impose au propriétaire l'obligation de
faire connaître l'usufruitier; en même temps disparaîtrait
la difficulté qu'il y aurait à découvrir l'existence des droits
d'usufruit avant la dénonciation à faire par le propriétaire
au magistrat directeur du jury.

194. Tous ceux qui sont intéressés dans l'expropriation et qui, pouvant n'être pas plus connus du propriétaire ou de l'usufruitier que de l'État, n'ont pas été compris dans le premier paragraphe de l'article 21, doivent
se faire connaître d'eux-mêmes au magistrat directeur du
jury. Ils n'ont pour remplir cette formalité, dont l'accomplissement tardif entraînerait pour eux déchéance de tous
droits à une indemnité, que le même délai de huitaine
accordé aux propriétaires, et qui commence à courir de
la notification faite à ceux-ci; aucun avertissement personnel ne leur est donné. *Ils sont,* dit le paragraphe 2 de
notre article, *en demeure de faire valoir leurs droits par
l'avertissement énoncé en l'article 6.*

Aussi faut-il admettre qu'ils ne sont pas obligés d'attendre le prononcé du jugement et la nomination du magistrat directeur du jury pour accomplir la formalité dont
dépend la conservation de leurs droits; ils pourraient, dès
avant le jugement, et en s'adressant directement au préfet, dénoncer la nature de leur prétention sur l'immeuble
menacé d'expropriation.

195. Par intéressés, la loi, dans le deuxième paragra-

phe de l'article 21, entend, selon nous, désigner tous ceux qui ont à exercer un droit *qui peut leur faire obtenir une indemnité en raison de la privation qu'ils en éprouveront* par suite de l'expropriation, et non pas tout individu ayant un intérêt quelconque à ce que l'indemnité soit la plus haute possible. Cette opinion s'appuie du même article, qui, en disant *à défaut de quoi ils seront déchus de tout droit à l'indemnité,* indique qu'il ne s'applique qu'à ceux qui ont droit à une *indemnité.* La même pensée se retrouve dans l'article 23, qui leur fait faire des offres, et dans l'article 24, qui les oblige à déclarer s'ils acceptent ou refusent les offres faites, et dans ce dernier cas, à fixer le montant de leurs prétentions. Ainsi devront se faire connaître en la forme et dans le délai prescrit par l'article 21, les usagers dans les bois et forêts, ceux qui exercent des servitudes sans titres, des droits de pacage, etc. Mais nous n'appliquerons pas l'article 21 à ceux qui peuvent seulement se trouver intéressés indirectement à ce que le chiffre de l'indemnité soit plus ou moins élevé, les créanciers chirographaires, par exemple, à l'avantage desquels doit tourner la somme que l'ayant-droit touchera. Il en sera de même de ceux qui auraient intenté ou qui se proposeraient d'intenter des actions réelles ; ils n'ont pas non plus droit à une indemnité, mais seulement à revendiquer, après l'admission de leur prétention, le prix représentatif de l'immeuble exproprié ; leur reconnaître le droit de faire au magistrat la déclaration prévue par l'article 21, par suite, de recevoir des offres, d'élever des prétentions et de les faire régler par le jury, lorsque tout cela ne reposerait que sur une allégation, ce serait chose aussi contraire à l'esprit qu'à la lettre de la loi. Nous avons déja émis une opinion en harmonie avec celle-ci, en examinant si, lors d'un contrat amiable ou

d'une acceptation des offres après expropriation, celui
qui prétend avoir une action réelle à exercer peut, au
moyen d'une demande de réglement de jury, apporter des
changemens au prix ainsi fixé.

196. Mais en refusant aux intéressés dont parle notre
n° 195 le droit qui n'appartient qu'aux indemnitaires,
nous reconnaîtrons qu'ils pourraient, en raison de leur
intérêt, demander et être admis à présenter leurs observations au jury ; si l'affaire est portée devant lui ceux
qui prétendent des droits réels agiront sagement en faisant connaître leurs réclamations au magistrat directeur,
pour que celui-ci soit informé et informe à son tour
l'administration qu'il y aura obstacle au paiement entre
les mains de l'individu à qui l'indemnité sera nominativement accordée, et que la consignation devra être opérée.

197. Il ne peut s'élever le moindre doute que les intéressés désignés au premier paragraphe de l'article 21
aient aussi le droit de se faire connaître directement par
une signification faite en la forme prescrite pour les intéressés compris dans le paragraphe 2 ; l'obligation de veiller à leurs intérêts, imposée aux propriétaires et aux usufruitiers ne les empêche pas de prendre leurs précautions
contre l'oubli ou la négligence de ceux-ci, et de présenter
directement leurs réclamations.

198. La notification du jugement d'expropriation à
faire par le propriétaire aux locataires, usufruitiers et
intéressés indiqués en l'article 21, avec mise en demeure
de faire valoir leurs droits, la dénonciation de leurs noms
et qualités au magistrat directeur du jury, et l'intervention
directe de ceux qui n'ont pas été appelés, sont des actes
du ministère d'huissier, qui se signifient à personne ou à
domicile. Ceux destinés au magistrat directeur sont visés
par lui.

199. L'article 21 impose encore aux propriétaires une seconde obligation, c'est d'appeler ceux que d'un autre côté il doit faire connaître au magistrat directeur du jury : c'est là une formalité dont on ne saisit pas absolument le motif, puisque l'effet de la dénonciation de ces intéressés est de leur faire faire des offres par l'administration, et qu'ainsi ils se trouvent avertis et mis en demeure d'exercer leurs droits sans qu'il soit nécessaire qu'un autre avertissement leur vienne de la part du propriétaire; mais il faut se rappeler que le projet faisait commencer les opérations par une expertise dirigée par le magistrat, et dans ce systême, l'acte signifié par le propriétaire aux intéressés n'était autre chose qu'une sommation d'être présent à l'expertise; cette formalité a disparu, mais l'article 21 est resté tel qu'il était.

200. A la suite de ces obligations imposées au propriétaire, vient la sanction que la loi y attache: *sinon*, dit-elle, *il restera seul chargé envers eux* (les intéressés) *des indemnités que ces derniers pourront réclamer;* mais quand y aura-t-il lieu d'en faire application au propriétaire?

Selon nous, cette pénalité ne pourrait être appliquée au propriétaire qu'alors qu'il y aurait eu omission de l'accomplissement des deux formalités prescrites, d'une part appeler les intéressés, de l'autre les faire connaître au magistrat directeur du jury, et à la condition encore que de leur non-accomplissement il serait résulté un préjudice pour celui dans l'intérêt de qui les formalités ont été introduites, et qu'il faille l'imputer au seul propriétaire. Il faut voir en effet, dans cet article 21, une forclusion prononcée contre les intéressés et la mission pour le propriétaire de les en garantir, sous peine d'être lui-même responsable envers eux. La loi a voulu que l'État, une fois l'indemnité principale réglée, n'eût plus rien à débattre avec qui que ce soit; mais jusque-là tous ceux qui ont des droits peuvent les faire valoir; l'époque de forclusion est le réglement de l'indemnité par le jury.

Maintenant si l'une des deux formalités a été accomplie, si l'on a appelé les intéressés sans les dénoncer au magistrat, ou si on les a dénoncés sans les appeler, ils ont été mis à même d'éviter la forclusion, ils ont pu faire valoir leurs droits, en un mot ils ont été avertis. La forclusion, si elle vient à les atteindre, ne peut être imputée au propriétaire, mais bien à leur négligence; le propriétaire n'a donc pas à réparer un préjudice qu'il leur a fourni les moyens de prévenir :

En effet, au premier cas, instruits par la notification du propriétaire qu'un jugement faisait passer dans les mains de l'État l'immeuble sur lequel ils ont des droits, qu'un magistrat était désigné pour diriger les opérations relatives au réglement des indemnités, ils ont pu se porter réclamans, et si leur intervention est tardive, le propriétaire n'en est pas la cause; en vain diraient-ils qu'ils attendaient la signification des offres de la part de l'administration, car on leur répondrait avec raison: vous étiez mis en demeure de veiller à vos intérêts, de vous enquérir de ce qui se passait; si vous l'eussiez fait, votre réclamation serait parvenue à temps à ceux chargés de l'apprécier.

Au second cas, l'effet de la dénonciation au magistrat directeur du jury est de forcer l'administration de faire des offres à tous ceux qu'elle apprend, par l'accomplissement de cette formalité, avoir droit à une indemnité quelconque; ces offres sont certainement pour les intéressés un avertissement après lequel, s'ils viennent à perdre leurs droits, ils ne doivent s'en prendre qu'à eux-mêmes; ils n'ont, pour en assurer la conservation, qu'à accepter l'indemnité qui leur est offerte, ou à former une demande plus élevée dont le jury devient juge; un préjudice est impossible pour eux à moins d'une inconcevable incurie.

Il est donc vrai de dire que l'omission d'une des deux formalités prescrites, lorsque l'autre est accomplie, ne peut en aucun cas rendre le propriétaire responsable de la forclusion qui, vis-à-vis de l'État, pourrait atteindre les ayans-droit à des indemnités particulières; la seule omission des deux formalités l'expose à cette responsabilité.

Il y a plus : le propriétaire, n'eût-il fait aucun des actes que lui impose l'article 21, ne se trouverait pas nécessairement exposé à répondre seul des indemnités qui peuvent être dues à ceux dont la loi a, par cet article, voulu garantir les intérêts; dans ce cas il faudrait encore qu'il y ait eu préjudice souffert par eux et que ce préjudice pût être imputé à l'absence de dénonciation.

Voici en quels termes le rapporteur de la loi, M. Martin (du Nord), expliquait l'objet de cette partie de l'art. 21. « Un propriétaire doit connaître et le bail qu'il a consenti « et l'usufruit qui, pendant un temps plus ou moins long, « doit le priver de la jouissance de sa chose, et la servi- « tude à laquelle ses propres titres le soumettent; il est « donc juste de punir celui dont la négligence aurait « privé ceux qui avait des réclamations à former à raison « de l'un des droits que nous venons de signaler; d'ailleurs « s'il en était autrement, le propriétaire toucherait la « valeur de son bien comme s'il en avait la jouissance « libre et dégagée de toute charge, et il lui serait permis « de s'enrichir à l'aide d'une réticence coupable ou d'une « inexcusable incurie : la loi ne peut sciemment tolérer de « semblables résultats.

« Supposez que le locataire ne se présente pas, et que « néanmoins, au moment de l'expropriation, les récoltes

« soient sur pied, de qu'elle manière le jury fixera-t-il
« l'indemnité? Le jury la fixera non-seulement en raison
« du fonds, mais encore en raison des récoltes sur pied:
« alors une partie de cette indemnité sera due en raison
« des droits du locataire; maintenant si l'on ne donne pas
« au locataire le droit de venir réclamer dans l'indemnité
« totale une certaine portion représentative de cette in-
« demnité qui lui appartient, il arrivera, par suite de
« cette disposition, que le propriétaire viendra s'enrichir
« aux dépens d'autrui, et ne sera pas obligé d'indemniser
« le locataire qui aura souffert tout le préjudice; il paraît
« juste de dire, puisque le propriétaire est averti par la
« notification de l'article 15, et doit mettre le locataire et
« l'usufruitier à même de se présenter et de stipuler leurs
« droits, que, si le propriétaire ne le fait pas, ils pourront
« à toute époque exercer les droits qui leur seront réservés
« sans retarder pour cela la prise de possession. »

Ainsi, jusqu'au réglement de l'indemnité, le locataire
et tous autres intéressés peuvent se présenter directement
pour réclamer l'indemnité, sans que l'administration puisse
les repousser; et s'ils le font, encore bien qu'ils n'y aient
été appelés ni par la notification de la part du propriétaire, ni par les offres de l'administration, comme ils tou-
cheront l'indemnité qui leur revient et qu'ils n'auront à
souffrir aucun préjudice, comme le propriétaire ne se sera
pas enrichi à leurs dépens, il ne devra pas être puni d'une
négligence ou d'une incurie qui ne leur a pas préjudicié;
mais si, faute d'avoir été mis en demeure d'une manière
quelconque, ils ne se sont pas présentés, si leurs droits
n'ont pas été stipulés et que le réglement de l'indemnité
soit consommé, alors ils auront un recours contre le propriétaire, recours qu'ils pourront exercer sans être tenus
de justifier qu'il a profité de leur silence et obtenu une in-

demnité supérieure à celle à laquelle il avait droit : la loi
dit d'une manière générale: *il demeurera chargé seul des
indemnités qui pourront être réclamées.*

201. Nous venons de voir en quel cas le propriétaire
est responsable de la forclusion prononcée contre tout
ayant-droit qui, avant le réglement par jury de l'indemnité principale, n'a pas fait ses réclamations; cette forclusion n'est acquise à l'État qu'à la condition de remplir
vis-à-vis de ces intéressés les formalités que la loi indique;
ainsi la dénonciation a pour but de faire connaître à l'administration ceux à qui elle doit faire des offres, et si, nonobstant cette dénonciation, les offres n'étaient point notifiées, le droit de ces intéressés resterait ouvert.

Mais si, comme nous le prévoyons plus haut, la dénonciation n'avait point eu lieu, l'administration serait dispen-
sée de faire des offres, à moins toutefois qu'elle ne sût l'existence d'un ou plusieurs intéressés, indépendamment de la
connaissance que devait lui en donner le propriétaire, par
exemple, si elle avait fait notifier au fermier ou locataire
l'extrait du jugement d'expropriation; dans ce cas, le propriétaire ne lui eût-il pas fait connaître ce fermier ou locataire, l'administration ne pourrait s'en prévaloir pour
ne point notifier d'offres; elle le connaissait : l'obligation
de la notification résulte suffisamment de cette circonstance.

Nous résumant sur l'application de la clause pénale insérée en l'article 21, nous croyons qu'il faut l'entendre en
ce sens, qu'à défaut d'avertissement de la part du propriétaire, les intéressés ont toujours, et jusqu'au réglement
de l'indemnité, le droit de réclamer auprès de l'administration ce qui peut leur être dû à raison du tort que leur
fait éprouver l'expropriation, sans que celle-ci puisse argumenter de l'absence de dénonciation à elle faite, pour

les renvoyer à un recours contre le propriétaire en défaut; mais qu'une fois l'indemnité fixée, la présomption est qu'elle comprend la totalité des droits de la propriété, et que si des indemnités particulières pour quelques démembremens eussent été accordées, l'indemnité principale eût diminué d'autant; dès lors l'administration ne doit rien aux réclamans qui pourraient se présenter; ils n'ont qu'un recours contre le propriétaire pour lui demander la remise de cette partie d'indemnité qu'il a en quelque sorte touchée pour eux; il y aurait néanmoins exception s'il était démontré que l'administration, quoique connaissant l'existence des ayans-droit, qui tardivement se présentent, a omis de leur offrir la réparation du dommage qu'ils éprouvent; dans ce cas elle serait encore tenue envers eux.

202. Le propriétaire est obligé de faire connaître ceux qui ont des droits *d'usage* tels qu'ils sont réglés *par le Code civil*, droits qui ne sont autre chose qu'un usufruit restreint; à leur égard, comme le disait le rapporteur, il est juste que si, par la négligence du propriétaire, ils sont privés de l'exercice de leurs droits en temps utile, celui-ci reste tenu, à quelque époque que ce soit, de leur restituer une portion de l'indemnité qu'il a reçue. Toutefois, il ne faut pas perdre de vue que les distinctions faites dans le numéro précédent recevront ici leur application.

Il est d'autres droits connus aussi sous le nom de droits *d'usage*, tels que ceux de pacage, de pâturage, dans les bois et forêts, à l'égard desquels l'obligation d'appeler et de dénoncer les individus qui les possèdent n'existe pas. « Ces droits d'usage, dit le rapport de la commission, « sont en général d'une assez légère importance, et le « nombre des individus qui les exercent est presque tou- « jours considérable, quand il ne s'étend même pas à tous « les habitans d'une commune. Quels frais n'engendre-

« rait pas l'obligation pour le propriétaire d'appeler in-
« dividuellement chaque usager? Et de quelle utilité pour-
« raient être ces frais, lorsque ces usagers résident ordi-
« nairement dans la commune de la situation des biens
« sur lesquels le droit est assis, que la notoriété la plus
« incontestable les informe de l'événement qui doit le
« convertir en une indemnité, et que, d'ailleurs, la ré-
« clamation isolée de l'un d'eux avertit le juge commis-
« saire de l'existence du droit et des conséquences qu'elle
« peut entraîner? On peut donc déclarer que ceux qui
« jouissent des droits d'usage que nous venons d'indiquer,
« devront faire valoir leurs prétentions directement et
« sans provocation, et qu'à défaut par eux de se présen-
« ter, non-seulement la propriété sera affranchie du droit,
« mais le propriétaire sera à l'abri de toute réclamation
« ultérieure. »

203. Est-il vrai que, dans aucun cas, les usagers dont
il est question au numéro précédent n'auraient rien à réclamer du propriétaire? M. Teste disait à cette occasion à
la Chambre : « En prononçant l'extinction des droits par
« le seul fait de la non-comparution de ceux auxquels ils
« appartiennent, vous ne punissez pas seulement la né-
« gligence, mais vous accordez encore au propriétaire un
« lucre auquel il n'a aucune espèce de droit. En effet, si
« le jury ignore que la propriété est assujétie à de sem-
« blables droits, il l'appréciera comme si elle était libre;
« le propriétaire recevra alors l'indemnité entière, il re-
« cevra non-seulement ce qui lui est dû, mais encore ce
« qui est dû à d'autres. »

La force de ces raisons doit faire admettre que, si la déchéance prononcée en général contre tout intéressé de la
catégorie du paragraphe 2 de l'article 21 qui se présente
tardivement est encourue, et que le silence des intéressés ait

eu pour résultat *évident* de faire allouer au propriétaire une indemnité supérieure à celle à laquelle il eût eu droit dans le cas contraire, comme alors celui-ci aura reçu et l'indemnité qui lui était due et celle qui était due à l'intéressé absent, ce dernier aura une action pour se faire restituer la portion d'indemnité représentative de son droit; si, au contraire, il n'apparaît point clairement que le propriétaire ait cumulé les deux indemnités, alors la déchéance est complète, aussi bien envers le propriétaire qu'envers l'État; il nous paraît équitable d'exiger comme condition essentielle de l'admissibilité de l'action de l'usager contre le propriétaire, que le bénéfice de celui-ci soit incontestable; car l'incertitude, si elle existait, devrait, de toute justice, s'interpréter contre celui qui aurait négligé de faire valoir son droit dans les formes que la loi lui traçait.

204. L'article 22 dit que les dispositions de la loi du 7 juillet 1833 relatives aux propriétaires et à leurs créanciers sont applicables à l'usufruitier et à ses créanciers. Il a déjà été question, en plusieurs circonstances, des conséquences de cet article, et notamment dans le n° 193, où nous avons indiqué qu'il entraînait, pour l'État, la nécessité de faire à l'usufruitier la notification du jugement d'expropriation, et, pour l'usufruitier, l'obligation de signaler au magistrat directeur ceux des intéressés qui doivent être à sa connaissance, ce qui suppose que l'usufruitier est directement connu de l'administration ou qu'il lui a été indiqué par le propriétaire; mais il est possible que l'usufruitier soit inconnu de l'administration, que le nupropriétaire dissimule la restriction de son droit; et si, dans ce cas, l'usufruitier n'exerce sa réclamation qu'après le réglement par le jury, et même le paiement de l'indemnité par l'État, quel sera le sort de cette réclamation? Aux termes

10

de l'article 21, il serait déclaré déchu et renvoyé à se pourvoir auprès du nu-propriétaire, qui a touché l'indemnité, et soumis à toutes les chances de l'insolvabilité de celui-ci; mais c'est précisément cette conséquence de l'article 21 qu'a voulu prévenir M. Decazes, lorsqu'il proposa à la Chambre des pairs l'amendement devenu l'article 22; son but était de garantir l'usufruitier contre la possibilité d'une privation de ses droits, sans avoir participé à la vente de la chose, ou sans qu'il lui ait été fait notification, soit de cette vente, soit du jugement d'expropriation. On soutiendrait donc avec raison, selon nous, que l'article 22 rend inapplicable à l'usufruitier les dispositions de l'article 21, et que cet ayant-droit qui, pour n'avoir pas été averti par le nu-propriétaire, pas plus que par la notification du jugement de la part de l'administration, ne se présenterait qu'à une époque où tout autre serait écarté par la déchéance, pourrait encore être à même de forcer l'État à l'indemniser, sauf recours contre le propriétaire. En d'autres termes, la notification du jugement à l'usufruitier est de rigueur comme celle au propriétaire, et, si l'on peut attendre la dénonciation pour le connaître, l'administration n'en doit pas moins se livrer à des recherches pour s'assurer que la déclaration du propriétaire, qu'il n'en existe pas, est exacte.

Tout ce que nous disons des droits d'usufruit semble devoir s'appliquer aux droits d'usage et d'habitation, qui ne sont que des usufruits partiels.

205. Lorsque l'administration connaît, soit par elle-même, soit par la désignation que lui adresse le propriétaire, soit par l'intervention directe de ceux qui se sont portés réclamans, tous les ayans-droit à une indemnité, la marche que lui trace la loi consiste à notifier à chacun d'eux ses offres en raison de l'évaluation qu'elle fait de la

hauteur des indemnités à laquelle ils peuvent avoir droit; à cet effet le préfet prend un arrêté par lequel il détermine les sommes à offrir à chacun. L'article 23 ne parle pas, il est vrai, de cet arrêté, mais il ne peut y avoir de doute que tel doive être le mode d'exécution de cet article : en effet, on trouve dans le tarif du 18 septembre 1833 (art. 1er, n° 4) une disposition concernant le coût *de la notification de l'arrêté du préfet qui fixe la somme offerte pour indemnité.*

Déjà des offres ont été faites lorsque, avant l'expropriation, on a dû tenter les voies d'acquisition amiable; mais cette fois il s'agit d'offres officielles constatées par acte spécial. Il ne faut pas croire cependant qu'il s'agisse d'offres réelles, à deniers découverts, ainsi que cela s'entend dans la procédure ordinaire; les offres ici prescrites consistent dans la notification de l'arrêté du préfet dont nous parlions plus haut; l'indication que cet arrêté renferme suffit aux intéressés pour les mettre à même de savoir s'ils doivent ou non les accepter, et c'est là l'objet unique de cette formalité.

206. Cette notification, comme toutes celles qui sont ordonnées par la loi du 7 juillet 1833, se fait soit par huissier, soit par tout agent de l'administration dont les procès-verbaux font foi en justice, au domicile élu par les individus qu'elles concernent dans l'arrondissement de la situation des biens, sinon par double copie au maire et au fermier, locataire, gardien ou régisseur. (Art. 15 et 57 de la loi.)

207. L'article 23 ordonne la signification des offres non-seulement au propriétaire et autres intéressés qui doivent toucher des indemnités distinctes, mais encore à certains autres qui, par leur position, sont appelés à profiter de l'indemnité allouée à celui qui possède le droit principal.

En première ligne de cette seconde catégorie, il faut placer les créanciers inscrits, puis, dit le texte, *les autres intéressés qui ont été désignés ou qui sont intervenus en vertu des articles 21 et 22*, comprenant sous cette même désignation ceux qui ont droit à une indemnité distincte les uns des autres, et dont nous parlons au n° 205, et ceux dont nous nous occupons maintenant. Sous ce second point de vue, le mot *intéressé* doit s'entendre de l'usufruitier ou de ceux qui auraient sur l'immeuble un droit d'habitation ou d'usage, tel qu'il est réglé par le Code civil; ce sont les seuls en effet, de ceux dont l'article 21 prescrit la désignation, qui n'aient pas droit à une indemnité distincte. Quant à ceux intervenus spontanément, nous avons indiqué au n° 195 que, des termes mêmes de l'article 21, il fallait conclure qu'ils devaient avoir à réclamer une indemnité particulière; l'obligation de l'administration en ce qui touche la notification d'offres à des individus qui ne doivent pas les recevoir à titre de propriétaires du droit que l'indemnité représente, se borne donc à la faire aux créanciers inscrits et à ceux qui ont des droits d'usufruit, d'usage ou d'habitation.

208. Il est important de ne pas perdre de vue ce double sens attaché au mot *intéressé* par cet article 23, parce que nous verrons le même mot figurer dans les articles 24 et 28, et là sous l'une ou l'autre des deux significations seulement; ainsi l'article 24 dit : *Dans la quinzaine suivante les propriétaires et autres intéressés sont tenus de déclarer leur acceptation, ou s'ils n'acceptent pas les offres qui leur sont faites, d'indiquer le montant de leurs prétentions.* Ici évidemment le mot *intéressés* ne s'applique qu'aux propriétaires des droits dont la privation donne lieu à l'indemnité; eux seuls peuvent en disposer et par conséquent accepter le prix offert ou en réclamer un plus

élevé en retour de la cession à laquelle ils sont contraints. Les créanciers inscrits eux-mêmes ne sont pas repris dans cet article ; il faut donc ne pas comprendre non plus dans le mot *intéressés* ceux dont la position est analogue, ceux qui ne peuvent disposer de la chose, mais seulement mettre obstacle à ce qu'il en soit disposé à leur détriment.

D'un autre côté, l'article 28 dit : *Si, nonobstant l'acceptation du propriétaire, les créanciers inscrits et autres intéressés déclarent, dans la quinzaine de la notification qui leur en est faite, qu'ils ne veulent pas se contenter de la somme convenue ;* ici la loi a certainement entendu par *intéressés*, non plus ceux de l'article 24, qui, eux, ont dû se prononcer dans la quinzaine de la notification, mais ceux qui, comme les créanciers inscrits, tirent leurs droits de cette circonstance, que l'acceptation par le propriétaire des offres de l'administration pourrait leur nuire, lorsque cependant les principes généraux du droit s'y opposent. Ainsi, aux termes de l'article 23, les notifications d'offres devront se faire en même temps *à tous les intéressés*, qu'ils aient droit à une indemnité personnelle ou qu'ils soient seulement appelés à profiter d'une indemnité accordée à autrui, et nous avons dit quels étaient ces derniers ; mais quand il s'agira des conséquences attachées à ces offres, quand il faudra appliquer les articles 24 et 28, nous retrouverons les deux catégories et nous appliquerons l'article 24 à la première, et l'article 28 à la seconde.

209. On se demande, en examinant ce résultat de la combinaison des articles 23, 24 et 28, de quelle utilité peut être cette signification d'offres faite en même temps aux propriétaires, aux intéressés et aux créanciers inscrits, puisque ces derniers, et quelques-uns des individus compris sous la dénomination d'*intéressés*, se trouvent n'avoir

de parti à prendre qu'après une autre notification qui doit intervenir, en cas d'acceptation de la part du propriétaire des droits expropriés.

Sans doute on peut reprocher à la loi de n'être pas ici en harmonie dans ses différentes parties ; il aurait été plus simple de faire d'abord les offres à ceux qui, propriétaires des droits, pouvaient seuls en disposer, et de n'en prescrire la notification aux créanciers inscrits et autres *intéressés* qu'après un parti adopté par les premiers et de manière à le leur faire connaître, quel qu'il soit, acception ou refus. Avertis par cette formalité, ces intéressés auraient, soit à se joindre au propriétaire devant le jury, soit à provoquer la fixation judiciaire de l'indemnité en ne donnant pas leur assentiment à celle amiablement consentie ; mais telle n'est pas la disposition de l'article 28, qui, n'imposant la notification que de l'acceptation, laisserait, en cas de refus, les créanciers inscrits et autres dans l'ignorance de ce qu'il importe à leurs intérêts de connaître, et les exclurait en quelque sorte de la discussion devant le jury ; la notification de l'article 23 leur est donc nécessaire, et l'on ne pourrait s'en dispenser à leur égard, pour ne leur notifier que l acte prescrit par l'article 28.

210. Les indemnités peuvent résulter de causes distinctes telles que les droits de propriétaire, ceux de locataire ou fermier, ceux d'usager, etc. Les offres doivent être divisées de telle manière que chacun puisse facilement reconnaître la portion qui le concerne. Il doit être fixé autant de sommes qu'il y a de chefs d'indemnités différens.

L'indemnité accordée à un même individu peut elle-même être susceptible de division selon les différens objets auxquels elle s'applique ; ainsi le propriétaire pourra devoir être indemnisé à raison de la perte de son fonds d'abord, et peut-être aussi à raison de l'anéantissement d'une industrie s'exerçant sur ce fonds, ou encore de la privation de jouissance, et dans ce cas ces différentes causes d'indemnités devraient être reproduites dans l'offre avec la somme qui est la représentation de chacune d'elles ; elles pourraient, en effet, avoir un sort tout différend, l'une rester propre, et l'autre tomber dans une communauté entre époux ; l'une paraître suffisante à celui à qui elle est offerte, et l'autre insuffisante, et comme devant le jury le débat ne devrait porter que sur cette dernière, et qu'en définitive il faudrait en venir à la décomposition des sommes totales pour fixer la quotité applicable à chacune des causes reposant sur une même tête, il convient de rendre nette la position des parties en opérant la division dans l'acte des offres ; cela est même dans l'intérêt de l'administration qui forcera par là le propriétaire à faire connaître ses prétentions en suivant le même mode, et saura ainsi sur quels points elle peut être en différend avec lui.

211. Que doivent faire les propriétaires, créanciers inscrits et autres intéressés, au reçu de la notification des offres de l'administration ? C'est ici qu'il faut appliquer les distinctions dont nous parlions n° 208, entre ceux qui, propriétaires du droit exproprié, ont à réclamer une indemnité directe, *les indemnitaires*, selon l'expression de l'article 40, et ceux qui ne sont en cause que pour empêcher le propriétaire de disposer à leur préjudice de droits qui leur servent de gages, ou dont ils ont la jouissance, soit totalement, soit partiellement. Aux premiers il faut appliquer les dispositions de l'article 24 de la loi du 7 juillet 1833, aux seconds celles de l'article 28.

Ainsi, dans la quinzaine de la notification, les premiers doivent déclarer leur acceptation ou leur refus, et, dans ce dernier cas, indiquer le montant de leurs prétentions ; les seconds, au contraire, n'ont à manifester en aucune manière leur intention, jusqu'à ce qu'une nouvelle notification vienne faire courir pour eux un délai également de quinzaine, en dedans duquel ils doivent déclarer qu'ils ne veulent pas se contenter de la somme convenue entre le propriétaire et l'administration.

212. Si les individus compris dans notre première catégorie, c'est-à-dire, ceux qui ont droit directement à l'indemnité, gardaient le silence, comment ce silence devrait-il être interprété ? Il nous semble qu'il faudrait le considérer comme un refus qui forcerait à recourir au réglement par le jury, à qui il appartient de fixer un prix dont l'intéressé doit se contenter, toutes les fois qu'une acceptation formelle, expresse, de la part de celui-ci, ne dispense pas de cette formalité. L'article 40 de la loi suppose qu'il en aura été ainsi, en disposant que l'indemnitaire sera condamné aux dépens, quelle que soit l'estimation ultérieure du jury, s'il a omis d'accepter ou d'indiquer sa prétention, conformément à l'article 24.

213. Quant aux individus compris dans la seconde catégorie, l'article 28 lui-même indique que leur silence serait considéré comme une adhésion donnée à l'acceptation faite par le propriétaire ; ils doivent, dit cet article, *déclarer qu'ils ne veulent pas se contenter ;* dans le cas contraire, ils n'ont donc rien à déclarer. C'est une faculté dont on n'est pas supposé vouloir user, à moins de l'exprimer formellement.

Ils ne sont pas d'avantage tenus de fixer le montant de leurs prétentions ; en effet, dans l'article 24 il n'est pas question des créanciers inscrits ; l'article 28 n'impose aucune obligation de ce genre aux créanciers inscrits et *autres intéressés,* et la sanction écrite dans l'article 40,

pour l'omission de cette formalité, n'est décrétée que contre tout *indemnitaire,* c'est-à-dire, tout prétendant à une
indemnité personnelle et directe, et non pas contre celui
qui, comme un usufruitier, n'a droit qu'à la jouissance
d'une indemnité accordée au nu-propriétaire, sans pouvoir
en réclamer de l'État le capital en son nom personnel. Il
y a parité de position entre cet usufruitier et le créancier
inscrit sur l'immeuble exproprié ; ni l'un ni l'autre ne sont
indemnitaires : la sanction ne saurait donc les atteindre ;
d'où suit que l'obligation *de fixer le montant de leurs*
prétentions n'existe pas pour eux. Le rôle des créanciers
inscrits et des intéressés non *indemnitaires,* consiste à
déclarer qu'ils n'acceptent pas le prix convenu; cette déclaration entraîne la fixation par le jury, et les frais de
cette fixation que leur refus rend nécessaires ne tombe-
raient à leur charge qu'autant que les offres faites seraient
adoptées par le jury.

214. Il peut se rencontrer plusieurs copropriétaires
pour une même propriété; tous doivent faire connaître
leur acceptation ou leur refus; mais ils ne sont pas tenus
de s'entendre pour prendre un parti uniforme; les uns
peuvent accepter et les autres refuser; le refus d'un seul
entraîne la fixation de la valeur de l'immeuble dans sa totalité, sans toutefois pouvoir préjudicier à ce qui aurait
été convenu entre l'administration et les acceptans, ainsi
que nous le dirons ci-après au n° 387, en nous occupant
de diverses questions de même nature.

215. L'acceptation ou le refus de l'indemnité offerte
en échange des droits dont les travaux d'utilité publique
ont rendu l'expropriation nécessaire, suppose la libre
disposition de ces droits de la part de ceux que la loi
astreint à en déterminer ainsi la valeur; aussi les obligations imposées par l'article 24 ne pouvaient-elles s'é-

tendre aux individus qui n'ont pas la faculté de disposer de leurs biens, tels que les mineurs, les interdits, les femmes mariées, pas plus qu'au cas où il s'agit de biens appartenant à des départemens, à des communes ou à des établissemens publics; ce n'est pas que ces sortes de propriétés ne soient susceptibles d'aliénation, en accomplissant certaines formalités protectrices écrites dans le droit commun, mais ces formalités diverses sont multipliées et minutieuses, et elles eussent entraîné des longueurs, des incompatibilités même avec l'objet qu'avait en vue la loi de 1833; par suite le législateur a préféré lever complétement à leur égard les obligations de l'article 24.

Ainsi, les maris, tuteurs, administrateurs, ne peuvent par eux-mêmes que refuser ou garder un silence qui équivaut à un refus; dans l'un et l'autre cas, il y aura lieu de faire fixer l'indemnité par le jury; mais ni dans l'un ni dans l'autre cas ce refus formel ou tacite n'entraîne pour eux l'obligation de faire connaître le montant de leurs prétentions : il en est de cela comme de l'acceptation des offres, ce serait toujours fixer le prix d'un immeuble dont ils ne peuvent disposer sans formalités préalables. L'article 40 applique ce principe en exceptant de la condamnation aux frais, prononcée dans tous les cas contre les indemnitaires qui n'ont point obéi à cette injonction de l'article 24, ceux qui administrent les biens d'incapables ou d'établissemens publics. Ils n'auront donc jamais à supporter de frais qu'autant que l'allocation sera égale ou inférieure aux offres faites.

216. Toutefois, en ne faisant pas une obligation de l'acceptation ou du refus, la loi du 7 juillet 1833 a créé, par les articles 25 et 26, une faculté dont les tuteurs et administrateurs peuvent user s'ils le jugent convenable; c'est de se faire autoriser d'après certaines formes plus

simples que celles ordinaires et que nous allons faire connaître; mais, nous le répétons, ce n'est qu'une faculté et non une obligation; n'en pas profiter n'expose à aucune sanction, à aucun préjudice.

217. S'agit-il de biens de mineurs, femmes mariées, interdits, etc.? les tuteurs, maris, etc., peuvent valablement accepter s'ils en obtiennent l'autorisation du tribunal de l'arrondissement de la situation des biens, et cela sur simple mémoire.

La décision du tribunal est rendue en la chambre du conseil, le ministère public entendu. Si le tribunal le jugeait à propos, il pourrait prendre l'avis du conseil de famille; il pourrait également faire visiter les lieux pour s'assurer s'il y a proportion entre la valeur de l'immeuble et les offres faites; mais il n'y a aucune obligation pour lui de recourir à des voies d'instruction; il est établi seul juge de la convenance de l'autorisation qui lui est demandée.

Si, dans l'intérêt d'une transmission prompte et facile des biens dont l'administration a besoin, le tribunal peut lever les obstacles qui s'opposent à une fixation amiable du prix de cession, il doit aussi veiller aux intérêts des incapables dont les propriétés sont expropriées; aussi l'article 25 prescrit-il au tribunal d'ordonner les mesures de conservation et de remploi que chaque cas nécessiterait.

La demande de l'autorisation pour accepter peut se former par simple mémoire, c'est-à-dire, sans aucun frais; aussi le tarif est-il muet à cet égard. Ce mode, introduit par l'article 25 de la loi du 7 juillet 1833, n'est qu'une faculté de s'écarter de la règle générale, qui, pour obtenir une décision d'un tribunal dans les cas analogues, exige la présentation d'une requête par le ministère d'avoué, faculté qui n'empêche pas qu'on puisse, dans le cas présent, employer aussi le ministère d'avoué; les frais auxquels aurait droit cet officier public, en vertu de l'article 798 du tarif en matière civile, entreraient certainement en taxe; car s'il y a faculté de déroger à la règle générale, il n'y a pas obligation de le faire.

218. S'agit-il de biens appartenant à des départemens, à des communes, à des établissemens publics? les offres pourront être valablement acceptées par les préfets, maires, administrateurs, s'ils y sont autorisés par décision des conseils de départemens, municipaux ou d'administration, approuvée par le préfet en conseil de préfecture.

C'est le préfet qui fait les offres, et quand il s'agit de propriétés départementales c'est également le préfet qui se fait autoriser à les accepter et qui approuve la délibération : ce qu'il y a de singulier au premier aspect dans cette manière de procéder disparaît lorsque l'on considère que le préfet offre en sa qualité de représentant de l'État dont il est principalement le mandataire, tandis qu'il accepte comme administrateur du département; le plus souvent, d'ailleurs, il y aura concession, et n'agissant plus que dans cette dernière qualité, il n'aura point à remplir le double rôle que nous venons d'indiquer. Quant à l'approbation à donner à la délibération du corps administratif appelé à statuer sur cette acceptation, elle sera véritablement sans objet au fond lorsqu'il s'agira de biens de département, le préfet qui aura provoqué cette autorisation ne pouvant manquer de l'approuver; mais il n'en sera pas de même dans les autres cas, et le législateur n'a pas cru devoir faire à la généralité de la règle administrative une exception qui n'était pas essentiellement réclamée.

Si le préfet refusait son approbation à la délibération qui autorise à accepter, il y aurait possibilité de faire annuler sa décision par recours devant l'autorité administrative compétente.

219. L'autorisation d'accepter les offres ne peut avoir d'effet qu'autant que l'expropriation aurait été prononcée ; en effet, les articles 25 et 26 ne parlent que de l'acceptation des offres faites en exécution de l'article 23 ; cette observation se trouve au reste déjà consignée au n° 98.

220. Le délai qui n'est, en général, que de quinzaine, comme nous l'avons vu n° 211, est porté à un mois dans les cas prévus par les articles 25 et 26, afin de faciliter l'accomplissement des formes que ces articles imposent. Il suffit de lire ces articles et de se reporter à la théorie que nous avons exposée sous le n° 169, pour voir qu'il s'agit ici de délais stricts, *dans la quinzaine suivante*, dit l'article 24 ; il faut donc compter le jour du terme et n'accorder aucune augmentation pour les distances à parcourir.

221. Il ne saurait s'élever le moindre doute que l'administration, au cas de refus des offres, pourrait élever la somme à laquelle d'abord elle avait estimé la valeur des droits expropriés, et chercher, en se rapprochant des prétentions des propriétaires, à éviter le réglement par jury, et à traiter amiablement ; dans ce cas, elle devrait éviter de donner une forme officielle à ses démarches, afin que, si elle ne réussissait pas, le jury appelé à décider ne pût prendre pour base de sa fixation que les offres faites par acte authentique, et non les sommes plus élevées que, dans l'espoir d'un arrangement, l'administration aurait postérieurement consenti à allouer.

CHAPITRE II.

Du jury spécial chargé de régler les indemnites..

SOMMAIRE.

222. Exposé sur le réglement par jury.

222. Lorsque les tentatives pour fixer amiablement le prix de l'immeuble exproprié ou des droits qui s'exercent sur cet immeuble ont échoué auprès de tous ou de quelques-uns des propriétaires, ou encore lorsque la convention entre le propriétaire et l'État n'a pas reçu l'assentiment de créanciers ou d'intéressés qui ont le droit d'exiger un réglement d'indemnité, il y a lieu à recourir à une autorité pour vider le différend et déterminer les sommes à payer par l'administration avant de pouvoir se mettre en possession des terrains destinés aux travaux d'utilité publique.

C'est ici que la loi de 1833 a introduit la plus notable innovation au système suivi jusque-là, en appelant des citoyens étrangers aux fonctions judiciaires pour faire l'office d'appréciateurs des propriétés. Elle a pensé qu'il s'agissait ici d'une question de valeur pour la solution de laquelle les connaissances du jurisconsulte n'étaient d'aucun secours et que tout homme ayant de la pratique dans la gestion des propriétés foncières ou dans l'exploitation des diverses industries, pouvait aussi bien, sinon mieux, qu'un magistrat, déterminer l'étendue du dommage souffert par la perte d'une propriété et de ses accessoires située dans l'arrondissement qu'il habite.

A l'imitation du mode adopté en matière criminelle, c'est donc à un jury qu'est confiée la mission de déclarer la valeur des immeubles et des autres droits dont l'État, par suite des travaux d'utilité publique, se trouve dans la nécessité de dépouiller ceux qui les possèdent.

SECTION Ire. — *De la formation du jury.*

SOMMAIRE.

223. Pour parvenir à la composition du jury, le conseil général du département, dans sa session annuelle, forme pour chaque arrondissement de sous-préfecture, une liste de trente-six personnes au moins et de soixante-douze au plus, excepté pour le département de la Seine, pour lequel six cents jurés doivent être désignés.

Ces personnes doivent avoir leur domicile réel dans l'arrondissement et figurer, soit sur la liste des électeurs, soit sur la seconde partie de la liste du jury.

224. Toute personne qui a fait le service d'une session, et par là il faut entendre un service actif, un appel à pren-

dre part au réglement d'indemnité non suivi de dispense générale pour toute une session, ne peut être portée sur le tableau dressé pour l'année suivante ; ainsi le prescrit l'article 47. Le conseil général, pour accomplir cette prescription, se fera mettre sous les yeux les renseignemens que le magistrat directeur du jury aura transmis, après chaque session, à l'administration, renseignemens indiquant les noms de tous ceux qui ont pris part aux travaux de chacune des sessions.

225. C'est sur ce tableau que dans l'intervalle d'une session ordinaire du conseil général du département à la cession suivante sont choisis les membres du jury spécial appelé, le cas échéant, à régler les indemnités dues par suite d'expropriation pour cause d'utilité publique.

L'époque du renouvellement arrivé, leurs pouvoirs cessent et la nouvelle liste doit fournir aux choix qui deviendraient nécessaires ; mais si les membres figurant sur l'ancien tableau ne peuvent plus être choisis pour former un jury, il ne s'ensuit pas qu'ils ne puissent et ne doivent même, s'ils étaient en session, vider toutes les affaires dont ils auraient été saisis au moment de leur formation en jury spécial ; c'est ce que consacre en termes formels l'article 45.

226. Le choix à faire pour composer le jury de chaque session est confié à la Cour royale dans les départemens qui sont le siége d'une Cour, et dans les autres au tribunal du chef-lieu judiciaire.

Toutes les fois qu'il y a lieu de procéder au réglement d'indemnités, le préfet, en sa qualité de magistrat chargé de l'accomplissement de toutes les formalités prescrites par la loi, dresse un état des terrains dont la valeur doit être fixée par le jury, en y joignant les noms des propriétaires, fermiers et locataires, des créanciers inscrits s'il y en a, et des intéressés désignés ou intervenus en vertu des articles 21 et 22; il fait parvenir cet état au procureur général près la Cour (ou au procureur du Roi près le Tribunal), avec la liste dressée par le conseil général du département dans sa dernière session et l'arrêté désignant les terrains à exproprier, qu'il a dû prendre en vertu de l'article 11, avec mention de ceux qui sont déjà acquis ou qui, restant à acquérir, ne font cependant point partie des travaux du jury spécial dont la formation est demandée.

L'envoi de toutes ces pièces n'est pas prescrit par la loi, et cependant il est indispensable, pour mettre la Cour à même d'appliquer les exclusions prononcées par l'article 30.

227. La nécessité où se trouve l'administration de dresser, pour l'application de la loi, une sorte de rôle des affaires dont le jury qu'il s'agit de choisir aura à connaître, a pour effet secondaire de saisir ce jury dès sa formation; nous ne pensons pas qu'il soit possible ensuite de lui soumettre des affaires qui n'auraient pas figuré dans l'arrêté par lequel le préfet requiert sa nomination. Cette manière d'entendre la loi offre une garantie d'impartialité qui n'est pas à négliger; il y aurait au contraire de graves inconvéniens à ce qu'on pût introduire les affaires selon qu'on supposerait les membres du jury disposés à apprécier plus ou moins largement, et avec l'espoir d'en obtenir un réglement avantageux pour l'administration ou les concessionnaires au détriment des intéressés; nous croyons donc qu'il est dans l'esprit de la loi que le jury ne puisse connaître que des affaires dont il a été saisi au moment de *sa formation*, et cela sans nous attacher aux termes de l'article 44, dans lequel on lit : *le jury ne connaît que des affaires dont il a été saisi au moment de sa convocation*, convocation qui se fait par le sous-préfet,

11

alors que la désignation est opérée, ce qui pourrait donner à penser que la liste des affaires ne doit être faite qu'après les opérations confiées à la Cour royale. L'exécution textuelle de l'article 44, à part les inconvéniens que nous signalons plus haut, serait encore inconciliable avec l'article 30, qui suppose sous les yeux de la Cour certains renseignemens qu'elle ne peut puiser que dans le tableau des indemnités à régler, dressé avant le choix des jurés.

228. La session n'a point une durée limitée : elle sera plus ou moins longue selon les affaires qui se présentent à décider; mais, dans la distribution de ces affaires que doit faire le préfet en demandant la désignation d'un jury, il convient d'en limiter le nombre de manière à ne faire durer la session que quinze jours : « l'espace de « quinze jours est tout ce qu'on peut exiger d'un jury, » disait M. le ministre de l'intérieur dans la discussion; « après cet espace de temps il faut le remplacer, sous « peine de manquer le but. »

229. Au reçu des diverses pièces dont nous parlons ci-dessus, et qui doivent lui être adressées par le préfet, le procureur général ou le procureur du Roi, selon le cas, requiert, et la Cour ou le Tribunal choisit, sur la liste dressée par le conseil général, les personnes qui doivent former le jury spécial chargé de fixer définitivement le montant de l'indemnité.

Ce choix, qu'il appartienne à la Cour ou au Tribunal, se fait par toutes *les chambres réunies.*

Le jury se compose de seize jurés titulaires et de quatre jurés supplémentaires; tous sont choisis en même temps. Les jurés supplémentaires doivent, autant que possible, être pris dans la localité même où se tiendront les assises. Destinés qu'ils sont à remplacer ceux des titu-

laires que des empêchemens souvent imprévus éloigne-
ront du jury, il est utile qu'ils puissent promptement se
rendre aux appels qui leur seraient adressés.

230. Dans le but d'offrir aux justiciables toutes les garanties d'une décision impartiale, l'article 30 déclare que
l'on ne peut choisir pour faire partie du jury :

1° *Les propriétaires, fermiers, locataires des terrains
et bâtimens désignés dans l'arrêté du préfet, pris en
vertu de l'article 11, et qui restent à acquérir;*

2° *Les créanciers ayant inscription sur lesdits immeubles ;*

3° *Tous autres intéressés désignés ou intervenans en
vertu des articles 21 et 22.*

Ainsi, il y a exclusion non-seulement pour les propriétaires, etc., des terrains à l'égard desquels le jury devra
statuer, mais même de tous ceux dont la dépossession est
définitivement arrêtée, encore qu'ils ne doivent faire l'objet que d'une session subséquente.

Nous disons *définitivement arrêtée*, car il a été reconnu dans la discussion que les propriétaires des terrains
compris dans le plan dont parle l'article 4, encore que
leur dépossession soit imminente, pourraient siéger dans
le jury.

Un amendement à l'article que nous venons de citer
fut proposé à la Chambre des députés; son objet était
d'étendre l'exclusion prononcée contre les propriétaires, etc., aux pères, fils, frères des parties intéressées, en
un mot, à toutes les personnes reprochables, aux termes
de l'article 322 du Code d'instruction criminelle : mais il
fut rejeté par le motif qu'en multipliant ainsi les exclusions, on courrait le risque de ne plus trouver un nombre
de jurés suffisant. « Nous ne craignons pas, disait le rap-
« porteur, le soupçon naturel que peuvent inspirer cer-

« taines personnes intéressées dans l'entreprise. Nous
« avons écarté ces récusations; car il est certain que la
« pudeur publique empêchera toujours un individu in-
« téressé dans l'entreprise de venir se placer sur les bancs
« du jury. »

231. A l'occasion de l'exclusion du propriétaire, M. Duvergier, dans ses annotations à la loi du 7 juillet, dit :
« Si des travaux s'étendent sur plusieurs départemens, il
« me semble que les propriétaires de terrains désignés
« par l'arrêté du préfet d'un département voisin de celui
« de leur domicile, ne pourraient pas être jurés dans ce
« dernier département, bien que dans ce département au-
« cun immeuble à eux appartenant ne fût désigné comme
« devant être exproprié. »

C'est là, selon nous, une erreur; il n'y a pas identité de
motifs pour prononcer l'exclusion dans un cas comme
dans l'autre. Que craignait le législateur? qu'un propriétaire ne cherchât à faire prévaloir des évaluations élevées
dans l'espoir d'en argumenter lorsqu'on s'occuperait de sa
propriété, pour obtenir lui-même un prix avantageux.
Mais les décisions du jury d'un département pourront-elles
influer sur celles du jury d'un département voisin? cela
n'est guère probable; ajoutons à cette considération que
la Cour, n'ayant sous les yeux que les opérations relatives
à l'un des départemens de son ressort, ne pourrait appliquer cette exclusion, et enfin qu'en semblable matière tout
est littéral, et qu'on ne crée pas une incapacité par analogie, cette analogie fût-elle démontrée.

232. L'inobservation des prescriptions de l'article 30
que nous venons de signaler donne-t-elle ouverture à
cassation? M. de Podenas pensait que cette question devait
se résoudre par l'affirmative, lorsqu'il demandait le renvoi des exclusions à un autre article, en se fondant sur

la difficulté, pour la Cour, de les appliquer, et les conséquences fâcheuses qu'entraîneraient toute erreur de sa
part; mais on lui répondait que, tous les intéressés étant
connus, il serait très-facile de mettre leurs noms sous les
yeux de la Cour ou du Tribunal, et qu'ensuite, s'il se
glissait dans le jury quelques-unes des personnes qui sont
désignées comme devant être exclues, ces personnes
n'ayant pas été récusées dès le moment que le jury a été
constitué, il n'y aurait pas lieu de venir se plaindre à
raison de l'incompatibilité. C'est cette dernière doctrine
qui a prévalu; aussi l'article 42, en énumérant les articles
dont la violation entraîne cassation, ne parle que du premier paragraphe de l'article 30, et exclut de cette manière les dispositions subséquentes.

Les exclusions restent donc sans sanction; cela n'est
pas sans quelque gravité, l'introduction dans le jury d'individus qui n'en doivent pas faire partie pouvant être
de nature à causer un véritable préjudice à l'un des intéressés; mais le législateur ne paraît pas s'être arrêté à ces
inconvéniens possibles.

233. L'un des motifs qui paraissaient déterminer l'opinion de ceux qui ne voulaient pas que la décision du jury
fût viciée par la participation à ses délibérations d'une
personne exclue par l'article 30, était la faculté qu'avaient
les parties de la récuser au moment de la formation du
jury; le motif de cette opinion était erroné : cette faculté
n'existe pas, l'exclusion ne pouvant être une cause de récusation motivée indépendante des récusations péremptoires dont nous nous occuperons plus loin.

En effet, aux termes de l'article 32, le magistrat directeur du jury ne statue que sur les causes d'exclusion qui
ne seraient survenues ou n'auraient été connues que postérieurement à la désignation faite par la Cour ou le Tri-

bunal; il n'est donc pas appelé à réformer cette désignation à raison de circonstances existantes au moment où elle a été faite.

De plus, la Chambre des pairs a formellement décidé qu'il n'y aurait pas de récusation motivée. L'article 32, tel qu'il avait été voté par la Chambre des députés, portait : *le directeur du jury prononce sur les récusations des parties;* ce qui, combiné avec l'article 34, qui donne aux parties le droit d'exercer des récusations péremptoires, indiquait bien qu'il y avait deux sortes de récusations : les unes motivées pouvant être l'objet d'une décision du magistrat, les autres absolues, péremptoires, effectuées par la seule volonté du récusant et sans le concours du directeur du jury. Pour rendre la distinction plus précise, la commission de la Chambre des pairs avait proposé de dire : *le directeur du jury prononce sur les récusations motivées;* toutefois le résultat de la discussion fut de faire disparaître non-seulement l'addition, mais encore toute la phrase, et de rendre évident que les récusations mòtivées ne devaient point être admises.

Il suit de là qu'il n'est plus vrai de dire que, *ces personnes n'ayant pas été récusées dès le moment que le jury a été constitué, il n'y aurait pas lieu de venir se plaindre;* et néanmoins l'article 42 continue à soustraire à la vérification de la Cour suprême l'accomplissement d'une disposition utile, qui se trouve ainsi sans sanction. Toutefois, disons qu'il suffira presque toujours d'avertir de sa position le juré frappé d'incapacité pour qu'il se récuse, et qu'ainsi l'irrégularité sera évitée.

234. Il n'est pas douteux qu'il n'y ait aussi des *incompatibilités;* les articles 32 et 33 en supposent l'existence. Le ministre, en motivant l'adjonction des jurés supplémentaires, le supposait également, « .... afin, disait-il, que,

« par l'effet des empêchemens, des exclusions, des *incom-*
« *patibilités*, prévus par la loi, la liste spéciale ne descende
« pas s'il est possible au-dessous du nombre 16 ; » mais
on cherche vainement un article qui énumère les circonstances qui constituent incompatibilité avec les fonctions
de jurés. On doit croire que la loi avait en vue celles
écrites dans l'article 384 du Code d'instruction criminelle;
ce sentiment trouverait un appui dans ces paroles prononcées à la Chambre par le rapporteur : « Toutes les forma-
« lités relatives au jury qui ne sont pas abrogées par la
« présente loi, doivent être appliquées à ce jury spécial. »

Nous reconnaîtrons, en conséquence, incompatibles
avec les fonctions du jury spécial celles de ministre, de
préfet, de sous-préfet, de juge, de procureur général, de
procureur du Roi et de leurs substituts, et enfin celles de
ministre d'un culte quelconque.

Tout ce que nous disons au sujet des exclusions s'applique aussi aux incompatibilités; il n'y a pas ouverture
à cassation pour l'adjonction au jury de personnes remplissant quelques-unes des fonctions rappelées ci-dessus;
elles ne pourraient pas davantage, après leur désignation, être écartées par voie de récusation motivée.

235. Les septuagénaires ne sont pas exclus, mais ils
peuvent être, sur leur réquisition, dispensés de remplir
les fonctions de jurés : comme il est à supposer que souvent ils useront de la dispense qui leur est accordée, il serait peut-être convenable, pour écarter une chance de
voir le nombre des jurés aptes à siéger descendre au-dessous du nombre 16, de ne pas les comprendre dans le
choix, soit du conseil général, soit au moins de la Cour
ou du Tribunal.

236. La liste des seize jurés et des quatre supplémentaires est transmise au préfet, et par lui au sous-préfet. Il

est entendu que, si les opérations doivent avoir lieu dans l'arrondissement qui comprend le chef-lieu de la préfecture, cette seconde transmission n'a pas lieu; c'est le préfet qui convoque les jurés et les parties; mais hors ce cas la convocation est attribuée au sous-préfet.

Cette convocation doit indiquer le lieu et le jour (ajoutons l'heure) de la réunion; on peut se demander qui fixera ces jour, lieu et heure; sera-ce toujours le préfet par un arrêté transmis au sous-préfet en même temps que la liste et auquel celui-ci devra se conformer, ou bien sera-ce le sous-préfet lui-même? Nous inclinons, quand la convocation doit être faite par le sous-préfet, à adopter ce dernier système, qui nous paraît dans l'esprit de la loi; l'article 31 dit en effet : la liste.........*est transmise par le préfet au sous-préfet, qui, après s'être concerté avec le magistrat directeur du jury, convoque, etc.* Or, pourquoi ce concert entre le sous-préfet et le magistrat, si ce n'est pour s'entendre sur le jour et le lieu le plus convenables pour tenir les assises, ce qui suppose que ce jour et ce lieu ne sont pas déjà désignés par arrêté du préfet? C'est donc au sous-préfet qu'il appartient de déterminer les jour, heure et lieu de la réunion des jurés, comme de les leur faire connaître dans la convocation. Il n'est pas indispensable qu'il intervienne un arrêté pour faire cette fixation, et si le préfet ou le sous-préfet en prend un, il ne doit pas être signifié aux jurés, on en trouve la preuve dans l'article 6 du tarif qui fixe le coût de *l'acte portant convocation des jurés et des parties.*

Le lieu de réunion n'est pas nécessairement le chef-lieu de la sous-préfecture, mais bien l'endroit le plus avantageux pour la promptitude des opérations d'estimation : par exemple, la commune même de la situation des biens, si l'on prévoyait la nécessité d'un transport des jurés sur les lieux.

237. Cette convocation doit aussi être adressée aux parties, auxquelles on fait en même temps connaître les noms des jurés. La notification s'opère aux termes de l'article 1ᵉʳ, n° 6, du tarif, en signifiant une expédition de l'arrêt par lequel la Cour royale a formé la liste du jury; il est de rigueur que les parties connaissent à l'avance les personnes par lesquelles elles seront jugées; toute erreur, toute omission à cet égard entraînerait recours en cassation.   ·

238. Pour les jurés, comme pour les parties, la convocation doit précéder de huit jours l'époque de la réunion du jury. Est-ce un délai franc et qu'il faille augmenter en raison des distances? l'affirmative n'est pas douteuse : il s'agit ici d'un véritable ajournement, et par conséquent il y a lieu de faire application de l'article 1033 du Code de procédure civile. Le rapporteur, il est vrai, a dit dans le cours de la discussion, que cet article ne s'appliquait pas aux délais de la loi spéciale que l'on discutait; mais la Cour de cassation a jugé le contraire dans une espèce que nous avons déjà rapportée. (Voir au surplus la théorie présentée sur cette question, n° 169.)

239. La convocation à donner aux parties doit, comme toutes les notifications qu'entraîne l'expropriation, être signifiée dans les formes de l'article 15, c'est-à-dire au domicile élu, et à défaut d'élection de domicile, par double copie au maire, au fermier, locataire, etc. (n° 143).

La convocation adressée aux jurés doit être signifiée à personne, et si l'agent chargé de cette notification ne rencontrait pas l'individu auquel elle s'adresse, il devrait la remettre à son domicile et en laisser une copie au maire ou à l'adjoint du lieu, qui serait tenu de lui en donner connaissance. Cette forme, empruntée à l'article 389 du

Code d'instruction criminelle, qui dispose pour un cas parfaitement analogue, offre toute garantie que le juré sera promptement et sûrement averti des fonctions qui lui sont dévolues.

240. La session du jury peut devoir durer au moins quinze jours; faudra-t-il convoquer toutes les parties pour le même jour, et les forcer à séjourner au lieu de la tenue des assises jusqu'à ce que l'affaire qui amène chacune d'elles ait trouvé son tour? ou bien divisera-t-on les affaires par séances, en n'appelant les intéressés que pour le jour où le jury s'occupera de celle qui les concerne?

Le premier mode a l'inconvénient grave d'imposer à la plupart des parties un déplacement bien long. Frappé du préjudice qu'il leur occasionnerait, M. Delaleau propose de désigner dans l'assignation le jour de l'ouverture de la session et celui où l'affaire qui intéresse l'assigné sera jugée. Mais de cette manière, ou les parties viendront à l'ouverture, ou elles s'en dispenseront pour n'arriver que le jour de la décision : au premier cas, le double déplacement est un inconvénient presque aussi grand que celui qu'on veut éviter; au second, cette double désignation devient parfaitement inutile : aussi croyons-nous préférable de distribuer le travail par séances, selon la durée présumable des affaires, pour n'appeler les parties qu'au jour où il est probable que la leur devra être vidée, sauf à prononcer des remises, si, contrairement aux prévisions du magistrat, les affaires précédentes n'étaient pas encore terminées. Nous ne voyons dans les termes de l'article 31 rien qui s'oppose à l'adoption d'un mode de procéder conforme à ce qui se pratique en matière criminelle.

SECTION II. — *Des fonctions du magistrat directeur du jury.*

SOMMAIRE.

241. Nous avons vu, en parlant du jugement qui prononce l'expropriation, que le Tribunal commettait un de ses membres pour diriger le jury dans les opérations qui lui sont attribuées.

La dénomination de *magistrat directeur* qui lui est donnée par la loi indique assez qu'il n'est pas membre délibérant du jury, mais bien un conseil, un surveillant placé auprès de lui pour l'éclairer au besoin et le guider : ainsi nous le voyons, dans l'article 37, mettre sous les yeux des jurés les pièces et documens du procès, d'où l'on peut conclure qu'il a pu et dû vérifier à l'avance si tous les élémens nécessaires pour les mettre à même de rendre une décision se trouvent au dossier ; c'est encore lui qui dirige les débats et qui prononce la clôture de l'instruction.

Ce magistrat a-t-il le pouvoir discrétionnaire accordé au président des Cours d'assises par le Code d'instruction criminelle ? peut-il citer des témoins, provoquer une expertise ? Il ne semble pas que son pouvoir aille jusque-là ; le jury lui-même ayant la faculté de recourir à toutes voies d'instruction, il était inutile d'en investir le magistrat chargé seulement de le diriger dans l'usage qu'il peut vouloir en faire.

242. Le magistrat directeur du jury a encore d'autres attributions : à lui appartient de prononcer les amendes que, dans certains cas, les jurés peuvent encourir, et s'il y a opposition de la part du juré défaillant condamné, c'est lui qui statue en dernier ressort sur cette opposition.

243. L'ordonnance du magistrat qui condamne un juré défaillant est signifiée à celui-ci par huissier ou tout autre agent apte à ce faire. La loi ne prescrit pas qu'un huissier soit commis par la décision, ainsi que cela est exigé pour les jugemens par défaut prononcés par les tribunaux ordinaires.

Le juré défaillant n'est pas tenu d'attendre la signification de la décision qui le condamne pour y former opposition ; il peut le faire aussitôt qu'il en a connaissance. Mais dans quel délai après la signification l'opposition doit-elle être formée ? Dans le silence de la loi spéciale, il faut, ce nous semble, appliquer la règle du droit commun ; la décision qui condamne à l'amende un juré qui ne se présente pas pour remplir ses fonctions, est un véritable jugement par défaut contre lequel l'opposition est recevable jusqu'à l'exécution. (Art. 158 du Code de procédure civile.)

244. Quant à la forme, régulièrement c'est par un

acte signifié au *magistrat* que l'opposition doit être faite;
mais il n'est pas interdit d'employer un autre mode;
ainsi, le juré pourrait se présenter en personne ou par
un fondé de pouvoirs devant le magistrat, pour lui faire
connaître les motifs de son absence, et le magistrat devrait statuer sur l'excuse qui lui est présentée.

245. Les frais de cet incident, en cas d'admission de
l'excuse, n'en seraient pas moins à la charge de celui qui,
en ne faisant pas connaître les motifs qui l'empêchaient
d'assister à la séance, a donné lieu à une condamnation
réformée postérieurement.

246. L'amende peut être encourue non-seulement
pour absence à l'une des séances, mais encore pour refus
de prendre part à la délibération, ce qui suppose la présence du juré; et si, dans ce cas, la décision qui le condamne avait été rendue avant qu'il se fût retiré, elle
deviendrait contradictoire et par suite ne serait pas susceptible d'opposition : aussi le magistrat devrait-il mentionner cette circonstance dans son ordonnance. Si postérieurement à sa condamnation le juré offrait de siéger,
le juge pourrait, encore bien que strictement la décision
fût acquise au fisc, la déclarer cependant comme non
avenue, pourvu que la rétractation du refus intervînt
avant que les opérations fussent commencées.

247. Si l'opposition est formée pendant la session, le
magistrat directeur du jury qui a prononcé la sentence
statuera sur cette opposition : l'article 32 le dit; il ne
le dirait pas, que la règle générale conduirait à la même
solution. Mais si la session est terminée, le magistrat
n'est-il pas dépouillé de sa qualité et pourrait-il encore
être saisi de la question? M. Duvergier, dans son recueil
des lois, soutient la négative : « Ses attributions, dit-il, ne
« sont que temporaires, et nous voyons que les jurés en

« matière criminelle ne peuvent faire apprécier leurs
« excuses après la clôture de la session, par les magis-
« trats qui ont siégé à la Cour d'assises, par ce motif que,
« la session finie, les fonctions des magistrats cessent ; les
« excuses doivent être portées à la Cour d'assises de la
« session suivante. (Arrêt de cassation, 25 mars 1826,
« Sirey, 26, 1, p. 458.) Ici, et par analogie, il faudrait
« donc porter l'excuse devant le magistrat directeur du
« jury dans une autre session. »

Nous objecterons cependant qu'il n'y a pas analogie
complète : les Cours d'assises ont des retours périodiques ;
il pourra au contraire arriver qu'une session du jury
spécial terminée, un temps considérable s'écoule avant
qu'un autre jury doive être rassemblé. Que deviendrait
dans ce cas la sentence du magistrat ? elle demeurerait
sans effet, faute d'une autorité compétente pour statuer
sur l'opposition ; or, il n'est pas présumable que rien de
semblable soit entré dans la pensée du législateur. Les
fonctions du magistrat sont temporaires, sans doute,
mais ne durent-elles pas tant qu'il y a quelque chose
d'imparfait dans ce qui est relatif aux opérations du
jury qu'il a été chargé de diriger ? Il n'est pas seulement
le président de la session, il a d'autres attributions qui
commencent dès avant l'existence même du jury spécial, comme nous l'avons vu n° 192 ; comment ne pour-
raient-elles se prolonger au-delà, s'il y a nécessité pour
accomplir la mission qui lui est confiée, et dans laquelle
nous trouvons spécialement le pouvoir de statuer sur les
oppositions ? Ces raisons nous paraissent assez solides
pour faire rejeter l'opinion de M. Duvergier, et rendre le
directeur du jury juge des oppositions à quelque époque
qu'elles interviennent.

248. Le pouvoir de statuer sur l'opposition entraîne

l'appréciation des motifs invoqués pour légitimer l'absence; le même droit est aussi donné au magistrat, quand il s'agit d'empêchement proposé par un juré. *Il prononce également*, dit l'article 32, *sur les causes d'empêchement que les jurés proposent.*

Tout, en cette matière, est laissé à l'arbitrage du juge; nous rappellerons seulement que l'on doit considérer comme cause d'empêchement légitime la qualité de pair ou de député pendant la session et les dix jours qui la précèdent ou la suivent : ce sont des fonctions dont nul ne doit être détourné pour en remplir d'autres. Les maladies et les infirmités sont aussi des causes d'empêchement lorsqu'elles sont constatées; pour remplir cette condition, il faut produire des certificats de médecin ou autres gens de l'art; ces certificats ne sont admis qu'autant qu'ils sont affirmés par-devant le juge-de-paix du canton par ceux qui les ont délivrés, lesquels encourraient les peines prononcées par la loi pour le cas où ils attesteraient des faits faux; le juré qui aurait ainsi cherché à se faire exempter serait, comme complice, passible des mêmes peines. Nous puisons ces dernières règles dans les dispositions du droit criminel.

Les septuagénaires sont toujours dispensés dès qu'ils le requièrent.

Les causes d'empêchemens, pouvant surgir à chaque séance, peuvent être proposées chaque jour, et il y est immédiatement statué.

249. Il ne faut pas confondre la proposition de causes d'empêchemens avec le refus de prendre part à une délibération; si le juge la regarde comme mal fondée, il déclare purement et simplement qu'elle est rejetée, sans qu'il soit besoin de prévoir le cas de refus de siéger et de dire, *faute de le faire, condamne*, etc. Il est possible que

le refus de siéger suive le rejet des causes d'empêchement;
mais il faut attendre qu'il s'effectue pour prononcer l'a-
mende encourue dans ce cas.

250. Le magistrat directeur *statue aussi*, dit l'art. 32,
*sur les exclusions ou incompatibilités dont les causes ne
seraient survenues ou n'auraient été connues que postérieurement à la désignation faite en vertu de l'article* 30.

Sans doute il sera facile au magistrat directeur d'admettre que la Cour n'a pas connu les motifs d'exclusion
qu'on peut lui révéler; mais s'il était évident, manifeste,
que la Cour a sciemment passé outre, qu'elle a compris
dans la liste un juré incapable, quoique son incapacité fût
patente, il ne serait pas possible au juge de faire droit à
la réclamation; à cet égard il n'y aurait pas même recours
en cassation.

Quelle que soit la décision du magistrat sur ces divers
points, elle n'est pas non plus susceptible de pourvoi.

251. Nous avons dit qu'il n'y avait pas possibilité de
faire écarter les jurés incapables par la voie de la récusation motivée; mais il faut reconnaître qu'officieusement
les parties ou l'incapable lui-même peuvent avertir le magistrat de l'existence de cette incapacité ou incompatibilité, à l'effet de le mettre à même d'appliquer la loi. La
seule conséquence de la non-admission par le législateur
des récusations motivées, c'est que le magistrat ne devra
avoir que tel égard que de raison aux révélations qui lui
seront faites, et qu'il pourra les rejeter sans qu'il ait à
rendre de décision, ce qui ne se pourrait au cas contraire.

252. Enfin, la décision du jury intervenue, c'est encore
le magistrat qui la rend exécutoire, et envoie l'administration en possession de la propriété, qui statue sur les

dépens auxquels a pu donner lieu le réglement de l'indemnité et qu'il est chargé de taxer.

253. Si le magistrat directeur du jury venait à être
empêché de se livrer à ses fonctions avant leur entier accomplissement, il serait pourvu à son remplacement par
le Tribunal, à la diligence du ministère public, sur la demande de l'administration. Le magistrat nommé pour
remplacer celui qui est empêché prendrait les choses
dans l'état où elles se trouveraient et suivrait les anciens
erremens.

254. Le magistrat est assisté auprès du jury du greffier
du Tribunal, qui doit consigner dans un procès-verbal
les opérations auxquelles le magistrat et le jury se livrent, et mentionner tous les incidens qui peuvent se
présenter. Ce procès-verbal, destiné à constater l'exécution de la loi, surtout dans ce qui est prescrit à peine de
nullité, doit présenter la plus grande exactitude; il tire sa
force de la signature du juge et de celle du greffier qui y
sont apposées; comme tous les actes du ministère des
greffiers, il fait foi jusqu'à inscription de faux, et la
preuve par témoins ne peut être reçue contre ses énonciations [1]; aussi les parties qui remarqueraient dans le
cours de la procédure quelque irrégularité de nature à
donner ouverture à cassation, devraient-elles en demander acte et la faire consigner au procès-verbal, afin d'avoir
un titre à produire qui fît devant la Cour preuve du vice
reproché?

SECTION III. — *De la constitution du jury.*
SOMMAIRE.

255. De la réunion du jury. — Peines contre les jurés défaillans.
256. De la condamnation et de son exécution.

----

[1] Sirey, t. 35, 1, p. 172.

255. Au jour fixé par la convocation, tous les jurés doivent se rendre au lieu qui leur a été désigné. Tout juré qui manque à cette obligation devient passible d'une amende de 100 à 300 francs.

Il en est de même de tout juré qui manque à l'une des séances subséquentes.

Cette peine est également applicable à tout juré qui, quoique présent à la séance, refuse de prendre part à la délibération (art. 32).

Il résulte des termes dont se sert l'article 32, que le juré encourt l'amende autant de fois qu'il manque aux séances ou qu'il refuse de prendre part à une délibération. *Tout individu*, y est-il dit, *qui manque à l'une des séances*, etc......; on est sensé manquer à la séance dès l'instant qu'on n'est pas présent au moment de la composition du jury pour les affaires qui doivent se juger

dans la séance : peu importe qu'on se présente ensuite ;
n'étant pas présent au moment où les opérations ont
commencé, on n'a pu prendre part aux travaux, on
doit subir la peine.

256. Cette peine, nous l'avons dit n° 242, est prononcée d'office par le magistrat directeur : ses ordonnances sont transmises aux agens du fisc, qui doivent les
faire signifier et en poursuivre l'exécution.

257. Le jury une fois assemblé, le greffier fait un premier appel sur la liste dressée par la Cour ou le Tribunal ;
ce premier appel ne doit, selon nous, avoir pour objet que
de s'assurer de la présence des membres, de recevoir leurs
motifs d'empêchemens, et de statuer sur les exclusions
et incompatibilités, quand elles se présentent accompa-
gnées de circonstances qui permettent au magistrat directeur d'en connaître. Chaque séance doit commencer
par cette opération, car il peut chaque fois y avoir des
absens ; tout juré reconnu légitimement empêché, frappé
d'exclusion ou en état d'incompatibilité, est rayé de la
liste par le magistrat directeur, qui le remplace immédiatement par l'un des jurés supplémentaires dans l'ordre
de leur inscription (art. 33).

Le juré appelé à remplacer un juré titulaire ne prend
pas sur la liste les lieu et place de celui-ci : il est inscrit
le dernier à la suite de tous les titulaires.

258. Il peut arriver que les radiations successives,
après avoir fait passer sur la liste la totalité des jurés titulaires, fassent en outre descendre au-dessous de seize
le nombre des personnes aptes à prendre part aux délibérations ; dans ce cas, le nombre étant insuffisant pour
former, après les récusations qui vont jusqu'à quatre, un
jury de douze membres, le magistrat rend une ordonnance qui constate l'insuffisance, et pour la faire dispa-

raître, renvoie la partie poursuivante à se pourvoir auprès du Tribunal de première instance de l'arrondissement (art. 33).

Par suite de ce renvoi, le procureur du Roi, au nom de l'administration, présente une requête aux fins ci-dessus, et le Tribunal choisit, sur la liste dressée par le conseil général du département, en exécution de l'article 29, le nombre de jurés nécessaire pour compléter le nombre seize.

259. Aux termes de la loi, c'est toujours au Tribunal, même dans les lieux où siége la Cour royale, qu'il faut s'adresser pour obtenir cette nomination de jurés complémentaires.

L'article 32 dit, *le Tribunal*, sans répéter, comme dans l'article 30, *toutes chambres réunies;* mais il est à observer que par le *Tribunal* on entend généralement l'ensemble des membres qui le composent, et non l'une des chambres seulement : il convient donc d'appeler tous ses membres à prendre part à cette délibération. Toutes les conditions imposées au choix de la Cour subsistent pour les choix à faire dans le cas présent.

260. L'insuffisance des jurés, qui nécessite ce recours au Tribunal, entravant la marche des opérations, il faut apporter toute la célérité possible à leur remplacement. Un moyen de mettre plus promptement le jury à même de se livrer aux travaux d'appréciation des propriétés expropriées, c'est de choisir parmi les personnes résidant dans le lieu où se tiennent les assises ceux qui doivent être appelés à compléter le jury.

Ces jurés pourront être invités par simple avertissement à se rendre aux séances, sans remplir à leur égard les formalités ni observer les délais prescrits par la loi; il y a lieu d'espérer qu'ils ne manqueront pas de

se rendre à cet appel, qui, s'il a son effet, procurera
un bénéfice de temps important en pareille matière. Si
cependant il demeurait sans résultat, la condamnation
à l'amende ne pourrait valablement intervenir que sur
une convocation en forme, mais sans que l'on soit astreint
à accorder plus de délai qu'il n'en faut strictement pour
se présenter.

261. Des empêchemens connus avant la réunion du
jury faisant prévoir une insuffisance qui devait arrêter
les opérations d'un réglement d'indemnité, l'administration, pour éviter des retards, avait cru pouvoir requérir le
remplacement avant le jour de l'audience; cette marche
était irrégulière; il n'y a insuffisance de jurés qui permette
au Tribunal de faire un choix pour en compléter le
nombre, qu'après la radiation de ceux que l'exclusion,
l'incompatibilité ou un empêchement écartent du jury, et
cette radiation ne peut être prononcée qu'en séance par
décision du magistrat directeur.

Aussi, la prétention de l'administration fut-elle rejetée,
avec raison selon nous, par le Tribunal devant lequel elle
avait été portée.

262. Lorsque le magistrat directeur du jury s'est assuré qu'il y a le nombre de jurés nécessaire pour constituer le jury, alors il fait procéder à l'appel successif des
causes et en même temps à un second appel des seize
membres inscrits sur la liste (art. 34).

La loi ne parle que d'un appel des jurés, celui dont il
est question dans l'article 34 qui accompagne l'appel des
causes et qui a pour objet de fournir le moyen aux parties et à l'administration d'exercer les récusations péremptoires dont il va être question; mais on comprend
facilement que ces récusations ne sont pas possibles avant

que les intéressés sachent par qui ils doivent être jugés, et ils ne le savent véritablement qu'après la radiation de ceux qui sont empêchés, exclus, etc. C'est ce qui nous a fait penser que l'appel des causes et des jurés ne devait avoir lieu qu'alors qu'il existait au moins seize membres aptes à composer le jury et que la décision du magistrat sur les empêchemens, exclusions, etc., était une opération indépendante qui devait précéder toutes les autres ; n'arriverait-il pas, en effet, dans le cas où l'on confondrait ces deux appels, qu'une partie, après avoir épuisé son droit de récusation sur les premiers appelés, verrait, par suite des radiations et des remplacemens, figurer sur la liste, des jurés supplémentaires ou choisis par le Tribunal qu'elle aurait eu plus d'intérêt de récuser si elle eût prévu devoir être jugé par eux ?

263. L'appel de chaque cause se fait successivement, et en même temps on constitue le jury, qui procède immédiatement ; cette cause terminée, il est passé à une autre, et ainsi de suite. Cependant, pour éviter aux jurés le désagrément de devoir assister à toute la séance, alors même qu'ils ne devraient siéger dans aucune des causes, nous ne voyons aucun inconvénient à ce qu'on suive une marche constamment usitée en Cour d'assises, et qui consiste à constituer, au commencement de l'audience, le jury spécial de chacune des affaires qui peuvent être jugées dans le cours de la séance, et de renvoyer tous les jurés qui sont reconnus n'avoir aucune part à prendre aux opérations de la journée ; de cette manière on appelle la première cause inscrite, on constitue le jury qui doit en connaître conformément à l'article 34 ; puis et immédiatement on appelle la seconde, pour laquelle on procède même, puis la troisième, etc.

264. *Lors de l'appel*, dit l'article 34, *l'administration*

*a le droit d'exercer deux récusations péremptoires; la
partie adverse a le même droit.*

*Dans le cas où plusieurs intéressés figurent dans la
même affaire, ils s'entendent pour l'exercice du droit de
récusation, sinon le sort désigne ceux qui doivent en
user.*

C'est un droit qui ne peut être enlevé aux parties ; la
possibilité de l'exercer est d'ordre public. C'est pour cela
qu'il faut toujours pour commencer les opérations seize
jurés présens, sans que l'on puisse se contenter d'un
nombre inférieur, alors même que les parties déclare-
raient renoncer à leur droit de récusation.

265. S'il n'existait dans une même affaire que deux
intéressés, il ne semble pas qu'il y aurait pour eux nécessité de s'entendre ou de recourir à la voie du sort :
chacun d'eux exercerait une récusation ; de même, s'ils
étaient plus de deux, ce n'est pas sur un seul d'entre eux
que devrait se concentrer le droit de récusation : il se par-
tagerait entre deux des intéressés ; le texte dit en effet :
sinon, le sort désigne *ceux qui* doivent en user.

266. Ces récusations sont péremptoires , c'est-à-dire
qu'il suffit d'exprimer la volonté de récuser, sans devoir
décliner aucun motif. Le magistrat, de son côté, ne peut
élever aucune difficulté relativement aux personnes sur
qui s'exerce le droit; il ne peut se dispenser d'accueillir
purement et simplement la récusation opérée.

267. Si le droit de récusation n'est point exercé ou
s'il ne l'est que partiellement, le magistrat directeur du
jury procède à la réduction des jurés au nombre de douze,
en retranchant les derniers inscrits sur la liste. Ce nombre est celui fixé par la loi pour la composition du jury
de jugement, et ne peut être excédé.

268. Des doutes se sont élevés sur l'application de

l'article 34. Il s'est rencontré des magistrats qui ont pensé qu'il ne devait y avoir qu'un seul et même jury pour toutes les affaires d'une session, et que toutes les parties intéressées dans les différentes affaires devaient s'entendre pour exercer entre elles deux récusations seulement, l'administration de son côté également restreinte à ce nombre. La lettre de l'article 34 pouvait peut-être, jusqu'à un certain point, prêter à une semblable interprétation. *Le greffier*, dit cet article, *fait successivement l'appel des causes sur lesquelles le jury doit statuer : lors de l'appel, l'administration a le droit d'exercer deux récusations, la partie adverse a le même droit ;* d'où l'on concluait que les deux récusations portaient sur le jury de toutes les causes appelées en même temps ; mais c'est là une erreur : il faut un jury nouveau pour chacune des affaires, comme cela se pratique en matière criminelle.

La première conséquence du systême que nous combattons serait de forcer toutes les parties à s'entendre, sinon, à recourir à la voie du sort pour exercer deux récusations seulement ; mais, comme les motifs de récusation de chacun sont toujours personnels, il faut que chacun puisse exercer pour son affaire les récusations qui lui sont propres, autrement cette garantie devient illusoire pour l'administration ainsi que pour les particuliers.

Aussi voyons-nous dans la loi l'obligation de s'entendre pour user du droit conféré appliquée seulement *aux intéressés dans la même affaire ;* il ne peut donc exister aucune difficulté sérieuse sur ce point ; chaque affaire doit avoir un jury particulier constitué pour elle dans les formes que nous venons de tracer.

269. L'article 34 ne figure pas au nombre de ceux dont la violation donne ouverture à cassation ; si cepen-

dant le magistrat directeur du jury refusait aux parties l'exercice du droit de récusation, s'il maintenait dans le jury de jugement un membre récusé, il devrait être possible de faire réformer une décision aussi illégalement rendue, et sans doute la Cour de cassation ne manquerait pas de voir dans un semblable fait un *excès de pouvoir* dont elle ferait justice.

270. Il faut, pour que le jury soit constitué et qu'on puisse commencer les opérations, que les jurés présens et aptes à remplir leur mission soient au nombre de douze : l'article 35 en contient une disposition formelle : *Le jury spécial n'est constitué que lorsque les douze jurés sont présens ;* et il ajoute : *Les jurés ne peuvent délibérer valablement qu'au nombre de neuf au moins ;* d'où suit que, s'ils doivent être douze pour former le jury et en commencer les opérations, leur nombre peut se trouver restreint par des circonstances fortuites pendant le cours des débats sans qu'il y ait lieu de les interrompre, pourvu qu'il ne descende pas au-dessous de neuf.

Mais s'il devenait inférieur à ce chiffre, alors toute instruction, toute délibération cesserait; il n'y aurait plus de jury et il faudrait recommencer toute l'affaire après en avoir constitué un nouveau; il ne serait pas possible de rendre au jury devenu incomplet sa capacité de juger par l'adjonction d'un ou plusieurs jurés supplémentaires de manière à élever le nombre de ses membres à neuf au moins.

271. Si cependant une affaire commencée avait été, par suite de remise, renvoyée à une autre séance et qu'à cette séance le nombre des jurés présens fût au-dessous de celui qui est nécessaire pour la validité des délibérations, il serait possible d'éviter le renouvellement du jury en renvoyant l'affaire à un autre jour, pour, pendant

l'intervalle, réassigner les défaillans, ou donner le temps aux empêchemens momentanés de disparaître; mais les jurés présens devraient s'abstenir de toute mesure d'instruction, de tout débat.

SECTION IV. — *Des opérations du jury.*

§ Ier. — De l'instruction.

SOMMAIRE.

272. Nous avons déjà eu occasion de faire connaître la déclaration faite dans la discussion à la Chambre des députés par le rapporteur, *que toutes les formalités relatives au jury en matière criminelle qui ne sont pas abrogées par la loi de* 1833, *doivent être appliquées au jury spécial;* cette déclaration avait pour objet de repousser un amendement dans lequel un député avait introduit

toutes celles des règles du Code d'instruction criminelle,
touchant les opérations du jury en cour d'assises, qui lui
avaient paru applicables au jury d'indemnité; il eût été
convenable peut-être d'adopter cet amendement; on eût
évité par là toute controverse, toute incertitude sur l'application des dispositions de la loi générale, incertitude
que ne peut lever la déclaration que nous venons de
citer, car il suffit de lire ces dispositions pour reconnaître
que plusieurs d'entre elles, encore que non abrogées par
la loi de 1833, ne sont cependant pas applicables, faute
d'analogie entre les matières soumises à la décision de
l'un et de l'autre jury.

Nous considérons cependant cette déclaration du rapporteur de la Chambre des députés comme l'expression
de la pensée législative, et sans lui donner trop d'extension, nous nous en autorisons pour dire qu'il y a lieu
d'appliquer au jury spécial les divers articles du Code
d'instruction criminelle que nous rappellerons chacun en
leurs lieu et place, toutes les fois que nous croirons reconnaître une analogie entre les fonctions d'un jury et celles
de l'autre; il ne peut être douteux, en effet, que le législateur ait voulu, autant que la matière le permettrait, as-
similer le jury d'indemnité au jury criminel.

273. La première opération, lorsque le jury est une
fois constitué, c'est la prestation de serment, dont la formule se trouve réglée par l'article 36 de la loi du 7 juillet;
il n'y a donc pas à appliquer celle qui se trouve dans l'article 312 du Code d'instruction criminelle : mais ce dernier article prescrit au président des assises de lire la
formule, après quoi chacun des jurés appelé individuelle-
ment répond : *je le jure*, à peine de nullité. Ce mode de
prestation de serment doit être employé pour le jury
d'indemnité; ainsi le magistrat lira la formule : «Vous ju-

rez et promettez de remplir vos fonctions avec impartialité?» à quoi chaque juré répond successivement : *Je le jure;* mention de cette prestation individuelle doit être faite sur le procès-verbal, puisque c'est une formalité exigée à peine de nullité.

274. Cette prestation de serment doit précéder toute voie d'instruction quelconque ; ainsi l'a jugé la Cour de cassation dans une espèce où il s'agissait d'une visite des lieux faite par les jurés antérieurement à la prestation du serment [1]. Avant cette décision et le 9 juin 1834 [2], la même Cour avait jugé que la mission donnée à l'un des jurés, à une première séance et avant la prestation du serment, de vérifier les lieux avec un expert, ne constituait pas une violation de l'article 36, attendu, disait-elle « qu'à cette séance les jurés avaient été seulement désignés et non constitués en jury. » Cette distinction nous paraît quelque peu subtile et n'être point de nature à faire fléchir le principe de la nécessité du serment antérieur, principe consacré depuis, comme nous l'avons dit.

275. Le magistrat directeur du jury met sous les yeux des jurés le tableau des offres et des demandes notifiées en exécution des articles 23 et 24 ; les plans parcellaires, les titres et autres documens produits par les parties à l'appui de leurs offres et demandes (art. 37). Il peut, si l'affaire présente quelque complication, accompagner cette production d'un exposé destiné à préparer les jurés aux débats et à l'instruction qui vont s'ouvrir devant eux.

276. La discussion est publique; c'est une véritable audience judiciaire dont la police appartient au magistrat

---

[1] Sirey, t. 35, 1, p. 174.
[2] Sirey, t. 35, 1, p. 37.

directeur, qui fait en cela l'office de président. Tout trouble apporté à l'exercice des fonctions du juge et des jurés, tout manquement grave, seraient réprimés par les dispositions des articles 88 et suivans du Code de procédure civile, 504 et suivans du Code d'instruction criminelle.

277. Les jurés, pour former leur opinion, ont à consulter les pièces qui ont été mises sous leurs yeux par le magistrat; les parties, et l'administration est ici une véritable partie, peuvent présenter sommairement leurs observations à l'appui de leurs prétentions respectives. Le jury achève de s'éclairer, s'il y a lieu, en appelant devant lui toutes les personnes qu'il croira pouvoir lui fournir des renseignemens, en faisant visiter les lieux par des gens de l'art, enfin en se transportant sur les biens expropriés, ou déléguant à cet effet un ou plusieurs de ses membres.

278. Les observations que les parties sont admises à présenter doivent être sommaires; s'il y était donné trop de développemens, le magistrat directeur devrait rappeler qu'on ne doit point abuser des momens des citoyens qui remplissent des fonctions toutes gratuites et que la loi a voulu rendre aussi peu onéreuses que possible. Les expropriés peuvent se faire représenter par des mandataires, mais ceux-ci doivent être munis d'une procuration : nous ne pensons pas qu'il y ait d'exception à cet égard, même en faveur des avocats; quant aux agens de l'administration qui se présenteraient pour défendre les intérêts de celle-ci, ils devraient exciper d'une délégation du préfet, à moins que par leur qualité ils ne doivent être considérés comme ses représentans de droit, par exemple le secrétaire général.

279. Le jury, avons-nous dit avec le texte de l'article 37, peut entendre toutes personnes qu'il croit à même

de l'éclairer; il peut également faire visiter les propriétés par des hommes possédant des connaissances spéciales; le droit en a été reconnu; mais ordonne-t-il dans ce cas une expertise ou une enquête? Non, si par là on veut entendre une expertise et une enquête selon les formes tracées par le Code de procédure. Appliqués de cette sorte, ces moyens d'instruction eussent été une source de longueurs incompatibles avec la marche rapide que la loi a eue en vue d'imprimer aux expropriations. Ainsi le jury ne sera obligé d'observer aucune des formes auxquelles sont assujéties les enquêtes et les expertises ordonnées par les tribunaux ordinaires; les discussions des Chambres ne laissent aucun doute à cet égard, et c'est à dessein qu'on a évité de mettre dans la loi les mots *d'enquête, d'expertise.* La question, soulevée devant la Cour de cassation, a reçu une solution conforme à la doctrine que nous exposons : «Attendu, dit la Cour, que l'intention du législateur « a été d'interdire au jury de prescrire une expertise pro- « prement dite; que d'ailleurs on ne saurait fonder la « cassation sur l'absence d'un rapport particulier de la « part du sieur N. . . . . ., puisque la nécessité d'un tel « rapport n'est prescrite par aucun des articles de la loi. » (Arrêt du 9 juin 1834 [1].) D'où suit qu'un expert désigné pourra ne faire qu'un rapport verbal.

280. Observons, en ce qui touche l'expertise, que les jurés ne doivent pas en faire un moyen d'éluder la responsabilité de leur jugement et l'ordonner dans le but d'y trouver une évaluation toute faite, qu'ils n'auraient qu'à enregistrer dans leur décision; à eux appartient la fixation, ils ne peuvent la transporter à d'autres; aussi l'examen des lieux et l'estimation qu'en donneraient des gens

---

[1] Sirey, t. 35, 1, p. 37.

de l'art ne devraient être considérés que comme simple renseignement.

281. L'expert aura-t-il à prêter serment avant d'accomplir la mission qui lui est confiée? La chose n'est pas indispensable, puisque la loi n'a voulu astreindre le jury à aucune forme dans les mesures qu'il ordonne pour s'éclairer ; cependant, comme le seul but a été de ne pas créer d'entraves à une marche qu'on désirait rendre prompte et facile, il conviendrait, selon nous, d'appliquer les formes ordinaires, lorsqu'elles ne peuvent en rien retarder la décision au fond ; en pareille matière, la régularité est toujours pour les parties une garantie dont il ne faut les priver qu'alors qu'un intérêt plus impérieux le commande.

282. Pour n'être pas assujéties aux formes, les auditions de témoins auxquelles le jury procédera, comme les visites des lieux qu'il ordonnera, n'en seront pas moins, quant au résultat, de véritables enquêtes, de véritables expertises ; ce qui soulève la question de savoir si, pour procéder aux enquêtes, le jury possède les moyens coercitifs accordés aux Tribunaux ordinaires ; peut-il faire assigner des individus à comparaître devant lui pour y déposer? Le témoin assigné et défaillant devra-t-il être condamné à l'amende? A quelle requête sera délivrée l'assignation? Quel délai est laissé à l'assigné pour se présenter.

Dès qu'il a paru utile que le jury pût puiser dans les témoignages de tiers désintéressés dans l'instance, des lumières pour établir sa décision, on ne comprendrait pas qu'il fût dépouillé des moyens coercitifs qui peuvent être nécessaires pour obtenir ces renseignemens ; pouvoir appeler devant soi des témoins, serait une faculté presque vaine, si elle n'était accompagnée du droit de contraindre le témoin à comparaître ; sans doute on se dispensera le plus souvent de délivrer des assignations, de simples in-

vitations suffiront; mais le moyen de vaincre la résistance
des récalcitrans existe, selon nous, pour le jury d'indemnité comme pour toute autre juridiction : il consisterait,
comme devant les Tribunaux, dans des assignations pour
comparaître dans les délais légaux et entraînant condamnation à l'amende par le magistrat directeur contre les
témoins défaillans.

283. A quelle requête les témoins seront-ils cités? Selon
nous, ce sera, sinon précisément à la requête, du moins en
vertu de l'ordonnance du magistrat directeur; c'est le magistrat que la loi a établi pour donner la force légale, la
force d'exécution aux décisions du jury, et c'est une décision que la manifestation de la volonté d'entendre telles
personnes comme témoins. Sous ce rapport, le magistrat
exerce un pouvoir discrétionnaire analogue à celui des
présidens de Cour d'assises. Un député a dit à la tribune :
« Ne perdons pas de vue que le pouvoir discrétionnaire
« que la loi donne aux présidens de Cours d'assises ap-
« partiendra au président du jury : il pourra, en vertu
« de son pouvoir discrétionnaire, appeler toutes les per-
« sonnes qu'il croira convenable d'entendre. »

Ces paroles n'ont éprouvé aucune contradiction; cependant c'était, à notre avis, aller trop loin que de supposer
au magistrat directeur la faculté d'appeler toutes personnes que bon lui semblerait; ce pouvoir doit être entendu en ce sens, qu'il donne le droit de citer les témoins,
mais seulement ceux que le jury aurait désignés.

284. Ce que nous avons dit au n° 281 touchant le serment et les autres formalités du droit commun, s'applique aux témoins; dès qu'il n'y a pas utilité à s'abstenir de
l'accomplissement d'une de ces formalités, il faut l'observer; ainsi on devrait entendre les témoins séparément les
uns des autres, mais il serait inutile de consigner au pro-

cès-verbal les dires de chacun. Nous ne pensons pas non plus que les témoins puissent être reprochés par les parties, puisque nous les considérons comme cités en vertu du pouvoir discrétionnaire, et de plus, l'article 37 dit : *toutes les personnes* (sans exception) *qu'il croira pouvoir l'éclairer*, sauf aux parties à faire connaître les motifs qui peuvent diminuer la confiance due au témoin, et aux jurés à avoir à sa déclaration tel égard que de raison; toutefois il ne faut pas perdre de vue qu'aucune nullité ne peut naître de cette partie de la procédure.

Tout serment à recevoir, toute interpellation à faire, rentre dans les attributions du magistrat, dont le devoir est de diriger les débats, sauf aux jurés à adresser directement les questions qu'ils jugeront convenables, en obtenant la parole à cet effet.

285. Les articles 19, 20, 24 et 25 du tarif du 18 septembre 1833, allouent une indemnité aux personnes appelées pour éclairer le jury et qui la requièrent; faut-il comprendre sous cette dénomination celles qui recevraient du jury la mission de faire une visite des lieux et de se livrer à cet égard à un travail plus ou moins long, et en conséquence ne leur accorder que l'indemnité fixée par les articles ci-dessus ? On ne saurait le croire; il serait en effet impossible au jury de trouver des gens de l'art qui voulussent accepter sa délégation, si une rémunération en rapport avec leurs soins ne leur était allouée; elle sera réglée par le magistrat selon l'équité.

286. Il a été entendu dans la discussion que les jurés devraient obtenir des employés des diverses administrations tous les renseignemens dont ils auraient besoin : ainsi ils pourraient s'adresser aux receveurs de l'enregistrement pour se procurer des copies d'actes, aux directeurs des contributions pour connaître les mutations de

propriétés, les valeurs estimatives servant de bases à l'assiette des impôts, et autres documens.

287. Toutes voies d'instruction seront prescrites en vertu de délibération régulière du jury; il faut que la majorité soit d'avis qu'il est utile d'y recourir; si quelques jurés néanmoins sollicitaient une mesure dont la nécessité fût contestée par la majorité, et que le magistrat la crût de nature à influer sur l'affaire, il devrait, par voie de conseil, et comme chargé d'éclairer le jury, chercher à faire prévaloir l'avis de la minorité.

288. Lorsque les jurés se rendent personnellement sur les lieux, doivent-ils être accompagnés du magistrat directeur? Cela ne paraît pas devoir être; il n'y a là rien à constater, pas de débats à diriger, ni de police d'audience à maintenir; d'un autre côté, le tarif ne prévoit de transport sur les lieux que par rapport aux jurés, et nullement quant au magistrat directeur. Il y a lieu, dans le cas de transport des jurés, de lever l'audience pour la reprendre à leur retour.

289. Lorsque la discussion ne peut être terminée en une séance, elle est continuée à une autre séance, qui doit être indiquée avant la levée de la première, pour valoir d'avertissement aux intéressés de s'y trouver sans assignation nouvelle. Le procès-verbal fait mention de ce renvoi.

§ II. — De la décision du jury.

SOMMAIRE.

290. Le magistrat directeur, en prononçant la clôture des débats, doit-il les résumer et poser les questions à résoudre?

291. Désignation du président du jury.

292. Toute délibération doit avoir lieu sous la présidence de l'un des jurés.

293. Règles à rappeler aux jurés avant la délibération.

294. Le juré qui a manqué à l'une des séances d'instruction ne peut prendre part à la délibération.

295. Les jurés doivent délibérer sans désemparer.

327. *Quid* des frais du remploi?

328. Indépendamment de l'indemnité due à raison du fonds, il en doit être alloué une aux fermiers, locataires, etc. — Faut-il distinguer entre les baux ayant date certaine et ceux qui ne l'ont pas.

329. Des bases de l'indemnité due aux locataires, etc.

330. Si l'expropriation ne portait que sur une faible partie de l'immeuble, y aurait-il lieu à résolution du bail?

331. Dans le cas où le propriétaire aurait requis l'acquisition de l'immeuble entier, la résolution pour la partie non expropriée ne pourrait avoir lieu que du consentement du locataire.

332. De l'indemnité, dans le cas de bail à rente, à locatairie perpétuelle, etc.

333. De l'indemnité en cas d'emphytéose.

334. Si la propriété est grevée d'une rente, quels sont les droits du créancier?

335. Lorsque le bien est grevé d'un usufruit, comment s'exercent les droits respectifs du nu-propriétaire et de l'usufruitier?

336. De la caution à fournir par l'usufruitier.

337. Les difficultés qui diviseraient les deux intéressés doivent être portées devant les Tribunaux.

338. Dispense de caution au profit des père et mère.

339. Les règles tracées pour l'usufruit s'appliquent aux droits d'usage et d'habitation.

340. Le jury règle l'indemnité sans s'arrêter aux difficultés étrangères à sa fixation, élevées de la part de *tiers*.

341. Il en est de même lorsqu'elles viennent de la part de l'État.

342. Les offres et demandes n'imposent pas de limites à la hauteur de l'indemnité à fixer.

343. Rédaction et signature de la décision.

344. Le magistrat directeur ni le greffier ne doivent la signer.

345. Si la déclaration est obscure ou incomplète, le juge peut renvoyer le jury à l'expliquer ou compléter.

290. Lorsque l'instruction est épuisée et que les jurés sont éclairés, le magistrat prononce, dit l'article 38, la clôture de l'instruction.

Le président dans les Cours d'assises prononce aussi la clôture des débats, mais, avant que les jurés se retirent pour délibérer, il fait un résumé de l'affaire et pose les questions auxquelles le jury aura à répondre. Ces dispositions de l'article 336 du Code d'instruction criminelle sont-elles applicables au magistrat directeur du jury? Il peut sans doute y avoir avantage à fixer les idées par un résumé clair et impartial des débats et la reproduction sommaire des moyens respectivement produits; quelques mots sur les devoirs des jurés peuvent aussi être un guide utile pour des hommes quelquefois peu familiers avec ces sortes de fonctions, mais il n'y a rien d'impérativement commandé comme en Cour d'assises; le magistrat directeur fera à cet égard ce qu'il croira le plus convenable, et si l'affaire lui paraît assez nettement exposée, il s'abstiendra de prolonger la séance par un résumé.

Nous en dirons autant de la position des questions, les différens chefs qui appellent une décision, présentés avec ordre et clarté, et formulés en question, auraient sans doute pour résultat d'empêcher le jury de rien omettre; mais il y aura souvent difficulté de réduire en une question précise dont la réponse doive être un simple chiffre les différentes causes qui donnent naissance à des indemnités distinctes, et si le magistrat n'est pas convaincu d'aider à la décision par la position des questions, il devra s'en abstenir. La Cour de cassation, par l'arrêt déjà cité du 9 juin 1834 [1], a jugé que l'article 336 du Code d'instruction criminelle pouvait n'être pas appliqué en matière d'expropriation sans entraîner nullité, et notamment qu'il n'était pas nécessaire que le magistrat directeur posât des questions.

Au reste, quand le magistrat suivra la marche tracée par l'article 336, il devra donner lecture des questions par lui posées, aux parties, qui pourront les critiquer et demander la position de questions additionnelles, et dans tous les cas les jurés pourront les modifier par leurs réponses, s'ils le jugent à propos.

[1] Sirey, t. 35, 1, p. 37.

291. Après la clôture des débats ou le résumé terminé, s'il en est fait un, les jurés se retirent immédiatement dans leur Chambre *pour délibérer, sans désemparer, sous la présidence de l'un d'eux, qu'ils désignent à l'instant même* (art. 38).

La désignation du *président du jury* se fait par les jurés eux-mêmes; mais à quel moment? est-ce à l'instant de la clôture et avant de se retirer, ou en entrant dans leur salle et avant toute discussion? Les termes de la loi fourniraient difficilement la solution de cette question. M. Delaleau pense que le président sera nommé en entrant dans la salle des délibérations; il ne lui paraît pas convenable de forcer les jurés à délibérer publiquement sur ce choix; son opinion peut s'appuyer, il faut l'avouer, d'une décision de la Cour suprême, consignée en l'arrêt ci-dessus, du 9 juin 1834 ; cependant nous inclinons à adopter le système contraire, qui seul laisse un moyen de constater l'accomplissement d'une formalité dont l'omission donnerait ouverture à cassation (art. 42). Le greffier, en effet, ne suivant pas les jurés dans la salle de leurs délibérations, ne peut tenir procès-verbal de ce qui s'y serait passé.

Il ne faut pas non plus oublier que le président, en cas de partage, a voix prépondérante; or sa nomination, connue des parties avant toute manifestation d'opinion, devient une garantie que l'une des opinions n'a pas cherché à le faire choisir pour se créer un moyen éventuel de prévaloir sur l'autre.

L'inconvenance de forcer les jurés à délibérer en présence du public n'est pas une objection sérieuse : ils pourraient manifester leur choix par le moyen du scrutin secret.

292. Si le jury avait à délibérer sur quelque mesure préparatoire avant de délibérer au fond, il devrait nom-

mer un président, qui continuerait ensuite à en remplir les fonctions lorsque le jury s'occuperait de la fixation de l'indemnité. (Arrêt de cassation du 19 janvier 1835 [1].)

Si le juré désigné pour exercer les fonctions de président venait à en être empêché, il devrait être remplacé.

293. Dans le jury criminel, le président du jury, avant d'ouvrir la délibération, lit à ses collègues une instruction consignée en l'article 342 du Code d'instruction criminelle; elle ne nous paraît avoir aucune analogie avec l'objet des délibérations du jury d'indemnité ; peut-être pourrait-on y substituer quelques règles puisées dans les articles 48 et 52 de la loi du 7 juillet 1833, rappeler, par exemple, que les jurés ne doivent pas compte des moyens par lesquels ils se sont convaincus, qu'ils sont juges de la sincérité des titres et de l'effet des actes produits qui seraient de nature à modifier l'évaluation de l'indemnité (art. 48); que si, de circonstances dont l'appréciation leur est abandonnée, ils acquéraient la conviction qu'il a été fait des améliorations dans la vue d'obtenir une indemnité plus élevée, ils ne devraient allouer aucune indemnité à raison de ces améliorations.

294. Tout juré qui a manqué à l'une des séances consacrées à l'instruction, ne peut prendre part au jugement de l'affaire. C'est un principe de droit commun qui reçoit son application en toutes circonstances.

295. Aux termes de l'article 38, les jurés doivent délibérer *sans désemparer;* pour connaître la valeur de ces mots *sans désemparer,* il suffit de se reporter à l'article 343 du Code d'instruction criminelle, qui renferme une disposition identique avec celle qui nous occupe, quand il dit qu'*aucun juré ne peut sortir de la chambre avant que*

---

[1] Dalloz, 1835, 1re part., p. 113.

la délibération ne soit formée, que *personne ne peut y entrer sans autorisation du président.* C'est en ce sens aussi que nous appliquerons l'article 38 de la loi du 7 juillet 1833 : ainsi les jurés ne pourraient sortir pour une descente de lieux que le premier résultat de la discussion leur ferait croire nécessaire; pour que cela pût être, il faudrait qu'avant d'entrer en délibération, ils déclarassent qu'ils ne se proposent point l'examen du fond ; hors ce cas, l'obligation de ne pas désemparer s'y oppose, et d'ailleurs l'instruction a été close par le magistrat ; mais d'un autre côté, nous ne faisons pas le moindre doute que les jurés, s'ils étaient arrêtés par quelque difficulté, ne puissent appeler au milieu d'eux le magistrat directeur pour les éclairer : cela se pratique également en Cour d'assises.

296. La décision du jury fixe le montant de l'indemnité ; elle est prise à la majorité des voix, et, en cas de partage, la voix du président est prépondérante (art. 38).

Les voix seront recueillies par le président, suivant l'ordre de la liste : il donne sa voix, le dernier. Les votes sont énoncés à haute voix comme cela avait lieu pour le jury criminel avant la loi du 9 septembre 1835, qui ne nous paraît pas applicable ; le mode qu'elle prescrit ne ferait que prolonger les opérations sans utilité, car nous ne saurions comprendre que la possibilité de la révélation des votes pût inspirer à un juré des craintes de nature à altérer l'indépendance de son opinion ; si cependant l'un d'eux réclamait le vote secret, il y aurait convenance pour les autres de s'y soumettre.

297. La décision se forme à la majorité absolue des voix, c'est-à-dire que le chiffre alloué pour indemnité doit été voté par la moitié plus un des membres délibérans ; mais il n'en est pas de cette matière comme de celles soumises au jury criminel, où la réponse se donne par *oui* ou

par *non.* Ici il peut y avoir autant de chiffres que de vo-
tans : comment arrivera-t-on dans ce cas à une majorité
absolue?

Un amendement avait été proposé à cet égard par
M. de Bérigny ; il portait : « S'il se forme plus de deux
« opinions, les jurés faibles en nombre seront tenus de se
« réunir à l'une des deux opinions émises par le plus
« grand nombre. » Cet amendement fut rejeté sans qu'on
s'expliquât pour cela sur la difficulté; aussi n'y a-t-il pas
grand argument à tirer de ce rejet contre le mode lui-
même, qui au reste n'était que l'application à la matière,
de la règle écrite dans l'article 127 du Code de procédure,
lequel article contient en plus cette disposition : *toutefois ils ne seront tenus de s'y réunir qu'après que les
voix auront été recueillies une seconde fois.* Ce mode
de former la majorité pourrait être adopté; cependant il
ne prévoit pas toutes les hypothèses, il est fait pour les
Tribunaux, qui sont presque toujours composés de juges
en nombre impair et qui, dans le cas contraire, peuvent
déclarer partage et appeler d'autres juges pour amener
une solution, tandis que le jury est composé d'un nombre pair d'individus et n'a pas de partage à déclarer ;
qu'arriverait-il donc si les voix se fractionnaient en trois
ou quatre opinions qui compteraient chacune un nombre
égal de voix? quelle serait l'opinion qui devrait se réunir
aux autres, aucune n'étant plus faible en nombre? Le
moyen de lever la difficulté serait de reconnaître que dans
ce cas il faudrait recommencer le scrutin jusqu'à ce qu'on
arrivât à se trouver dans les conditions de l'article 127
du Code de procédure, et l'impossibilité où sont les jurés
de sortir garantit qu'ils finiraient par s'entendre.

En résumé, dans notre pensée, la majorité se formera
à l'aide des moyens indiqués dans l'article 127 du Code

de procédure précité; s'il se forme plusieurs opinions,
celles plus faibles en nombre devront se réunir à l'une
des deux émises par le plus grand nombre, sauf toutefois
le droit pour la minorité de demander un second tour de
scrutin; si au contraire il y a égalité de voix pour chaque
opinion, le scrutin sera recommencé jusqu'à ce qu'on
obtienne un résultat qui permette l'application de la règle
ci-dessus.

M. Delaleau, dans son traité, trouve le système des
Tribunaux ordinaires de nature à traîner les opérations en
longueur et en présente un autre qui lui paraît fondé sur
le même principe; selon lui, il suffirait d'un seul tour de
scrutin, après quoi on rapprocherait tous les chiffres, en
ramenant le plus fort à celui immédiatement plus faible,
ces deux-là à celui qui vient après, et ainsi de suite jusqu'au septième en descendant cette échelle de décroissance, ce qui formerait la moitié plus un des délibérans
voulant accorder au moins la somme allouée par ce septième, car, comme il le dit, qui veut le plus, veut le moins.

Voici l'exemple qu'il donne de l'application de sa
théorie.

Supposons que le 1er juré a alloué 40,000 francs,

le 2e id. 48,000
le 3e id. 35,000
le 4e id. 38,000
le 5e id. 36,000
le 6e id. 50,000
le 7e id. 43,000
le 8e id. 39,000
le 9e id. 37,000
le 10e id. 40,000
le 11e id. 45,000
le 12e id. 42,000

Pour une indemnité de 5o,ooo fr. il n'y a qu'une voix ;
un autre juré a été d'avis d'une indemnité de 48,ooo fr.
Celui qui voulait la porter à 5o,ooo est à plus forte raison
d'avis d'allouer 48,ooo fr.; mais cette évaluation ne réunit que deux voix et n'est pas admise, par la même raison.
On peut dire qu'il y a trois voix pour 45,ooo fr., celles des
2e, 6e et 11e jurés; quatre pour 43,ooo fr., celles des 2e,
6e, 7e et 11e jurés; cinq pour 42,ooo fr., celles des 2e,
6e, 7e, 11e et 12e jurés; enfin, sept voix pour une indemnité de 4o,ooo fr., celles des 1er, 2e, 6e, 7e, 10e, 11e et
12e jurés.

Ce mode a quelque chose de spécieux, mais au fond
ce n'est qu'une opération mécanique dont le résultat peut
être mensonger, car s'il est vrai de dire que celui qui estime une propriété 5o,ooo fr. ou 48,ooo fr., l'estime à
plus forte raison 4o,ooo fr., le fait est qu'à ses yeux
4o,ooo fr. ne représentent pas cette valeur; c'est donc à
tort qu'on le fait concourir à l'allocation de cette somme,
et que, dans l'exemple cité, on présente, comme ayant réuni
la majorité des suffrages, un chiffre qui, en réalité, n'en a
obtenu que deux.

« Mais, dit l'auteur de ce systême, dans un ou plusieurs
tours de scrutin subséquens, chaque juré se rapproche
nécessairement de l'opinion qui s'accordera le plus avec
la sienne, et j'amène ce résultat avec abréviation de temps. »
Les concessions, les rapprochemens entre les opinions diverses sont certainement très-probables; mais c'est en tirer une conséquence fausse que de supposer qu'ils auront
toujours lieu par la décroissance des chiffres les plus élevés.
On verra, sans aucun doute, au moins autant de jurés
portés à élever leur première appréciation, quand il en
existera d'autres plus fortes, qu'on en rencontrera qui soient
disposés à se ranger à l'opinion moins favorable à l'intérêt

privé; en un mot, ce rapprochement n'ayant pas une marche fixe que l'on puisse réduire en règle, il vaut mieux
s'en rapporter au fait réalisé par un second ou troisième
tour de scrutin que de le supposer accompli à l'aide de
présomptions incertaines pour en faire une décision judiciaire.

298. En cas de partage, avons-nous dit, la voix du
président est prépondérante; ce qu'on appelle partage ne
se rencontre véritablement qu'au cas où les voix sont divisées en deux parties égales; hors de là, si par exemple il
y a trois opinions ayant chacune quatre voix, celle qui a
obtenu le suffrage du président n'a pour cela aucune prépondérance.

299. Le jury, dit l'article 39 de la loi du 7 juillet,
prononce des indemnités distinctes en faveur des parties
qui les réclament à *des titres différens*, comme propriétaires, fermiers, locataires, usagers, autres que ceux dont il
est parlé au premier paragraphe de l'article 21, etc.

Chacune de ces indemnités peut elle-même se diviser
en plusieurs chefs; la clarté dans la discussion demande
que le jury s'occupe de régler successivement les diverses
réclamations de chaque indemnitaire.

300. Nous avons déjà cité les articles 48 et 52 comme
règles à observer par le jury dans l'évaluation qui lui est
confiée; plusieurs autres dispositions figuraient au projet
de loi pour indiquer aux jurés les sources où ils devraient
puiser leurs élémens d'appréciation; on leur signalait,
par exemple, les actes de vente et les baux, tant de la
propriété expropriée que des propriétés voisines, les extraits des rôles des contributions, en leur conseillant toutefois de ne tenir aucun compte d'actes qui leur paraîtraient concertés dans le but de faire obtenir une indemnité plus élevée; ces articles ont été supprimés afin

de laisser au jury toute liberté d'action, afin qu'il sache qu'il peut aller puiser partout où bon lui semblera les documens propres à former sa conviction sur la hauteur de l'indemnité à accorder.

301. Quelle est l'étendue du mot indemnité? quel est le préjudice que l'État doit réparer? Voici les principes qu'un député émettait sur cette question : «Constamment, « disait-il, l'administration a contesté l'étendue et la dé- « finition du mot indemnité; elle a soutenu devant les « Tribunaux que l'indemnité qui était due n'était que la « valeur vénale du sol, mais non la dépréciation du sol « restant.

« Je pourrais citer, à l'appui de mes prétentions, des « monumens de la jurisprudence qui attestent que les « prétentions de l'administration ont toujours été telles « que je viens de les signaler, prétentions contre lesquelles « les Tribunaux se sont toujours élevés, parce qu'ils ont « justement et sagement interprété les dispositions de « l'article 545 du Code civil, parce qu'ils ont pensé que « l'indemnité pour être juste devait être complète.

« En effet, le mot indemnité ne veut pas dire seulement « *prix vénal de l'immeuble;* il veut dire aussi le dédom- « magement dû au propriétaire par suite de sa déposses- « sion.

« Eh bien! si le mot *indemnité* exprime aussi la dé- « préciation du sol restant, il faut admettre une rédac- « tion qui puisse être entendue dans ce sens.

« C'est dans ce sens que le mot indemnité a été placé « dans l'article 545 du Code civil, c'est dans ce sens « qu'il se trouve dans l'article 9 de la Charte, c'est aussi « dans ce sens qu'il a été interprété par les Tribunaux.

« Quand je me suis servi des mots *dédommagement,* « *dépréciation,* je n'ai pas entendu parler d'une dépré-

« ciation à cause d'une valeur d'affection ou de conve-
« nance, mais d'une dépréciation réelle. Or cette dépré-
« ciation peut avoir plusieurs causes; ces causes peuvent
« dériver de ce que le propriétaire dépossédé peut se
« trouver privé d'un droit d'irrigation, d'un droit de pas-
« sage, de ce qu'il peut être obligé de construire un pont,
« d'établir un bac, si sa propriété est traversée par un
« canal. Je pourrais citer une foule de cas de cette nature,
« qui tous feraient sentir la nécessité d'une indemnité
« proportionnée à la valeur absolue et relative de la
« chose. »

Cette citation expose d'une manière bien nette ce qu'il
faut entendre par *indemnité;* ce n'est pas la valeur vénale du fonds exproprié, c'est la réparation du dommage
souffert, *soit d'une manière absolue, soit d'une manière
relative,* par ceux qui exercent des droits quelconques sur
cette propriété.

Il résulte de ces principes que la première chose à estimer, c'est le sol, puis les bâtimens qui le couvrent, non
en considérant la valeur de chacun de ces objets pris isolément, le sol comme nu, les bâtimens comme matériaux,
mais en tenant compte, au contraire, de la plus-value
qu'ils se prêtent réciproquement; on ne pourrait forcer le
propriétaire à faire procéder à la démolition et à conserver pour un prix de....., à déduire de son indemnité,
les matériaux à en provenir.

Viennent ensuite les récoltes : à cet égard une indemnité ne peut être réclamée qu'autant que l'époque fixée
pour la prise de possession est antérieure à l'époque de la
récolte; mais si le propriétaire ou le fermier pouvait ré-
colter, il n'y aurait aucune perte éprouvée par lui, aucun
dédommagement par conséquent à lui accorder.

Il pourrait arriver que, le moment indiqué par le

préfet pour la prise de possession devant être antérieur à la maturité des moissons, le propriétaire ou le fermier se fût abstenu de faire des semailles; il n'en aurait pas moins droit à une indemnité pour la perte de jouissance qu'il aurait éprouvée; toutefois l'indemnité ne devra pas représenter dans ce cas la valeur des impenses faites et du produit à en retirer, mais seulement le bénéfice qui pouvait être obtenu de la culture ordinaire du terrain.

302. Beaucoup de terrains sont plantés d'arbres; l'indemnité doit en comprendre la valeur; on ne pourrait forcer le propriétaire à les abattre lui-même et à en tirer tel parti qu'il croirait convenable; c'est la valeur représentative qui doit lui en être allouée, sauf à l'État à les employer de la manière la plus fructueuse possible. Ce propriétaire ne serait pas en effet indemnisé si l'on procédait autrement; la valeur d'un arbre en croissance n'est pas le prix qu'on peut tirer du bois de ce même arbre abattu, il était destiné à rester sur place pour gagner chaque année et arriver ainsi plus tard à une grande valeur; or, c'est l'appréciation de cette valeur d'arbres sur pied qui doit servir de base à l'indemnité à accorder pour leur perte, soit distinctement, soit par plus-value du sol qu'ils couvrent.

Il en est de même des arbres fruitiers, dont la valeur sous le rapport du produit est grande, tandis qu'elle est presque nulle à les considérer comme bois. La loi du 12-19 septembre 1790 contient une disposition fort sage sur leur estimation, et à laquelle les jurés pourraient recourir; elle porte : *L'estimation des arbres fruitiers plantés sur les rues et les chemins publics que les propriétaires riverains voudront racheter, sera faite au capital au denier dix du produit commun annuel desdits arbres, formé sur les quatorze dernières années, déduction faite des deux*

plus fortes et des deux moindres, sauf les déductions
que les experts pourront admettre sur ledit capital, selon
les localités, l'âge et l'état des arbres qu'il s'agira d'es-
timer.

3o3. S'il s'agissait d'un bois, d'une pépinière, des
arbres d'un parc, ce ne serait plus la valeur de chaque
arbre qu'il faudrait apprécier, mais une valeur d'ensemble, soit d'après le produit annuel que chacune de ces
espèces de propriétés peut procurer à celui qui l'exploite,
soit d'après le prix qu'il eût pu en tirer par la vente du
terrain ainsi planté.

Il en est de même d'une vigne, d'un plant d'oliviers :
c'est la valeur vénale du terrain ainsi planté qui doit servir de base à l'évaluation, et non la valeur de chaque ceps
de vigne, de chaque souche d'olivier.

3o4. Les constructions, les plantations et toutes autres
améliorations qui augmentent la valeur du fonds, peuvent
devenir l'occasion de fraudes de la part des propriétaires :
la loi a voulu garantir l'État contre ces spéculations, en
déclarant dans son article 52 que *les constructions, plan-*
tations et améliorations ne donneraient lieu à aucune
indemnité, lorsque, à raison de l'époque où elles auront
été faites ou de toutes autres circonstances dont l'appré-
ciation lui est abandonnée, le jury acquiert la conviction
qu'elles ont été faites dans la vue d'obtenir une indem-
nité plus élevée.

3o5. Nous venons de parcourir les causes d'indemnités
provenant du sol et de ce qui le couvre ; il peut y avoir
aussi cause d'indemnité dans la privation du dessous, qui,
comme le dessus, fait partie de la propriété ; car un terrain exproprié peut renfermer des mines ou carrières dont
la perte cause préjudice au propriétaire ; mais, de ce que
l'on ne doit réparer qu'un préjudice réel, naît la question

de savoir s'il faut qu'une mine ou carrière soit en exploitation, pour en faire un chef d'indemnité; on peut dire que, si la mine ou la carrière n'est pas en exploitation, le propriétaire n'en tire aucun produit, que dès lors il ne perd rien à en être privé. Cette solution se retrouve dans l'article 55 de la loi du 16 septembre 1807, ainsi conçu : *les terrains occupés pour prendre les matériaux nécessaires aux routes et aux constructions publiques pourront être payés aux propriétaires, comme s'ils eussent été pris pour la route même; il n'y aura lieu à faire entrer dans l'estimation la valeur des matériaux à extraire que dans le cas où l'on s'emparerait d'une carrière déjà en exploitation.*

Si cependant, sans exploiter actuellement, le propriétaire s'apprêtait à le faire, ou seulement si l'existence de la carrière était connue de lui, comme en vendant son terrain il eût obtenu un prix plus élevé, en raison de ce produit éventuel, de cette possibilité d'exploitation, évidemment il peut faire entrer cette considération dans sa demande en indemnité, et le jury doit y avoir égard; ce serait donc, selon nous, au cas où il y aurait, *au moment de l'expropriation*, ignorance de l'existence de cette mine ou carrière, qu'il serait vrai de dire qu'il n'y a aucune perte éprouvée et par suite aucun compte à tenir de cette circonstance dans l'évaluation de l'indemnité, sans que le propriétaire pût argumenter d'une découverte postérieure.

306. Il est des droits qui sont accessoires à certaines propriétés, comme le droit de planter sur un chemin vicinal, attribué aux propriétaires des terrains qui longent ce chemin, celui de pêche dans les rivières non navigables ou flottables, qui appartient au riverain; en cas d'expropriation de terrains auxquels cet accessoire est attaché, faut-il le faire entrer dans l'évaluation? Si le terrain en

14

avait plus de valeur, nous ne voyons pas pourquoi le propriétaire n'obtiendrait pas le prix total de son immeuble;
de ce que cette plus-value ne résulterait que d'une concession, de ce qu'il y aurait, en échange, des charges à supporter, il n'en est pas moins possible que, dans le commerce,
ces biens soient vendus plus cher, eu égard à ce droit de
plantis ou de pêche; or, selon nous, un propriétaire ne
doit jamais se trouver dans une position plus défavorable
en abandonnant son terrain à l'État, pour travaux d'utilité publique, que s'il l'exposait en vente dans des circonstances ordinaires; le jury aura donc à apprécier si, compensation faite des charges et des avantages, il existe une
plus-value en faveur de la propriété.

307. L'indemnité doit aussi porter sur la *perte relative* résultant de l'expropriation : il suit de là que s'il
était exercé une industrie quelconque, qui ne pût que difficilement se transporter ailleurs, qui perdît à ce transport des facilités, des avantages attachés à sa situation,
qui nécessitât des constructions coûteuses, qui dût subir
une interruption, en un mot, dont le déplacement fît
éprouver à son propriétaire un préjudice, le jury devrait
prendre en considération ces circonstances dans son appréciation; pareillement il devrait rechercher si la dépossession qu'éprouve le propriétaire n'entraîne pas une
dépréciation, une moins-value pour le terrain qui lui est
laissé, ce qui se rencontrera, par exemple, lorsqu'en
prenant une partie d'un champ, l'autre se trouvera, faute
d'accès, dans la nécessité de prendre passage moyennant
indemnité sur les fonds voisins, ou encore lorsque, par
le déplacement du siége d'une métairie, la culture des
terres qui en dépendent deviendra plus dispendieuse, qu'il
y aura manque d'eau, etc., etc.

308. En résumé, toutes circonstances dommageables

pour l'exproprié qui sont la suite de l'expropriation, forment autant d'élémens de l'indemnité à lui accorder. Cette
doctrine avait été consacrée, sous l'empire de la loi de 1810,
par plusieurs arrêts : ainsi la Cour royale de Bourges a
décidé, le 13 février 1827 [1], qu'un Tribunal était compétent pour accorder une indemnité à raison de la valeur
réelle de la portion d'un terrain exproprié et de la dépréciation ou moins-value de la portion non expropriée résultant du fait de *morcellement*. Un arrêt du Conseil-
d'État, du 24 janvier 1824 [2], a jugé, dans le même sens,
qu'un Tribunal, lorsqu'il détermine la quotité d'indemnité
due à un propriétaire, n'excède pas ses pouvoirs en ayant
égard, 1° à la valeur *réelle* du sol exproprié; 2° à la *dépréciation* du sol restant à cause du morcellement, de la
privation d'irrigation, de la difficulté de communication,
de l'acquisition d'un passage et de l'augmentation des frais
de culture.

La Cour de cassation, sous l'empire de la loi de 1833,
vient de consacrer la même doctrine par arrêt du 11 janvier 1836 [3] : « Attendu, dit cet arrêt, que ces mots de
« l'article 29, *indemnités dues par suite d'expropriation
« pour cause d'utilité publique*, comprennent non-seule-
« ment la valeur intrinsèque du terrain exproprié, mais
« encore celle des avantages qui étaient attachés à sa
« possession, et dont la privation sera la suite de l'expro-
« priation. » Dans l'espèce soumise à la Cour, il s'agissait
de l'expropriation d'un terrain renfermant des fontaines
servant à abreuver les bestiaux d'une commune.

309. Lorsque la dépréciation résulte du morcellement,
il est quelques cas où le propriétaire a le choix ou de ré-

[1] Sirey, t. 27, 2, p. 151; Dalloz, 1827, t. 2, p. 128.
[2] Sirey, t. 27, 2, p. 271.
[3] Sirey, t. 36, 1, p. 12.

14.

clamer une indemnité qui répare le préjudice qu'il souffre, ou de forcer l'État à acheter la portion non expropriée ; c'est lorsqu'il s'agit de l'expropriation d'une partie de maison ou de bâtiment, et, à l'égard des terrains non bâtis, lorsque la portion restante est d'une contenance inférieure à dix ares, qu'elle ne forme plus que le quart de la contenance totale de la parcelle morcelée, et, en outre, que ce propriétaire ne possède aucun terrain immédiatement contigu (article 50 de la loi du 7 juillet).

310. Cette faculté, accordée au propriétaire, d'exiger l'acquisition de toute sa maison lorsqu'on en prend une partie, n'existe qu'autant qu'on exproprie une portion intégrante de la maison ou d'un bâtiment accessoire; si on lui enlevait seulement la cour ou le jardin dépendant de son habitation, ou attenant aux constructions non atteintes, l'article 50 ne s'appliquerait point à ce cas ; cela a été reconnu lors de la discussion de la loi ; il y aurait lieu seulement de tenir compte au propriétaire, en outre de la valeur du terrain, de la dépréciation que peut éprouver sa maison, privée de cour ou de jardin.

311. De même, si l'expropriation portait sur un bâtiment isolé, tel qu'une grange, une écurie, dépendante d'un amas de bâtimens, mais sans être liée avec ceux-ci, sans faire un assemblage tel, que l'on puisse dire que le tout est attaqué par la destruction de cette partie et cesse d'être propre à l'usage auquel il était destiné, dans ce cas, l'État ne pourrait être contraint à acquérir la totalité; il ne devrait prendre que le bâtiment à démolir en tout ou partie, sauf toujours l'indemnité pour la valeur de la construction et les conséquences dommageables que sa perte entraîne pour le reste.

Mais réciproquement, quelque minime que soit la portion d'*un bâtiment* ou d'*une maison* comprise dans les travaux d'utilité publique, l'administration ne peut se dispenser d'acquérir le tout sur la réquisition du proprié-taire.

312. Quant aux propriétés non bâties, il faut, pour l'application de l'article 50, l'existence de deux conditions principales : la première, que la portion de terrain dont l'exproprié est laissé en possession, soit d'une contenance moindre de dix ares, et la seconde, qu'ainsi réduite, cette portion ne forme pas plus du quart de l'importance de la parcelle avant l'expropriation ; si l'une ou l'autre de ces deux conditions manque, le propriétaire ne peut réclamer le bénéfice de cet article ; ainsi un propriétaire possède une parcelle de terrain que nous supposons de douze ares, une expropriation est prononcée, qui lui enlève huit ares : il ne pourra cependant, malgré l'extrême dimi-nution qu'il éprouve, forcer l'administration à lui acheter les 4 ares restant, cette quantité excédant le quart de la contenance totale de sa propriété.

Sans doute c'est là une conséquence bien rigoureuse et peu en harmonie avec l'esprit de la loi ; mais, en pareille matière, il faut placer des limites, et toujours une limite posée entraîne de semblables résultats ; ils étaient au reste prévus par le rapporteur, lorsqu'il disait : « Si l'immeu-« ble avant l'emprise était d'une très-faible contenance, à « quel titre l'expropriation de quelques ares placerait-elle « l'administration dans la nécessité d'acheter le surplus ? « A nos yeux, cette obligation rigoureuse ne peut lui être « imposée que quand la propriété a subi une atteinte no-« table, et puisqu'il faut, en pareille matière, poser des « règles fixes, nous croyons concilier tous les intérêts et « ménager équitablement tous les droits, en décla-« rant, etc., etc. »

Le ministre du commerce émettait la même idée, à la

Chambre des pairs : « Supposons, par exemple, disait-il,
« un champ de douze ares superficiels ; l'établissement
« d'une route exige qu'on en retranche deux : serait-il
« juste que l'État, qui n'a besoin que de deux ares, fût
« obligé d'acquérir les dix ares restans? »

313. L'indemnitaire qui se trouve dans l'un des cas
prévus par l'article 50 doit, s'il veut user de la faculté qui
lui est accordée, en adresser la déclaration formelle au
magistrat directeur du jury dans la quinzaine qui suit les
offres que l'administration lui a fait signifier, c'est-à-dire
dans le même délai qui lui est accordé pour déclarer son
acceptation ou son refus de ces offres.

314. Doit-il, à peine de déchéance, adresser cette réquisition en même temps qu'il signifie sa réponse aux offres,
ou pourrait-il le faire après et nonobstant cette même
réponse? A notre avis, la réponse que l'indemnitaire
signifierait, comme l'article 24 en impose l'obligation,
ne lui ferait pas perdre la faculté d'user du bénéfice à lui
accordé par l'article 50; il s'agit d'un droit distinct pour
l'exercice duquel un délai particulier est donné à cet égard
par la loi, délai qui ne se confond pas avec celui pour
répondre aux offres, encore qu'il commence à partir du
même acte et soit de la même durée; le droit ne peut
donc s'anéantir que par l'échéance du terme.

315. L'exercice de ce droit peut donner naissance à
des difficultés de plus d'une nature. La déclaration a-t-elle
été faite dans le délai prescrit? l'a-t-elle été par personne
capable? Les circonstances sont-elles bien celles auxquelles la loi a attaché la nécessité, pour l'État, d'une
acquisition totale? Dans ces diverses circonstances, par
qui seront décidés ces points de désaccord? Selon nous,
ce serait le cas du renvoi devant les Tribunaux, dont parle
l'article 49. Le jury, en effet, n'est juge que des questions

de chiffres et non des droits contestés par l'administration;
or, entre la contestation sur le droit à une indemnité
pour la portion expropriée et celle relative à la portion
restante que l'on voudrait faire acquérir par l'État, il y a
analogie parfaite; le jury devrait donc s'abstenir d'examiner le fond du droit et faire deux allocations, l'une pour
la portion, l'autre pour le tout, laissant aux Tribunaux à
décider laquelle des deux devrait être acquittée.

316. Remarquons que la réquisition par un propriétaire à l'administration, d'acquérir la totalité d'un immeuble exproprié pour partie, est une véritable aliénation,
et que, par conséquent, elle n'est valablement faite que
par ceux qui peuvent aliéner : ainsi un mari, à l'égard des
propres de sa femme, devrait obtenir le consentement de
celle-ci; un tuteur devrait remplir, pour les biens de son
pupille, les formalités prescrites pour leur aliénation; les
administrateurs, pour des terrains appartenant à des établissemens publics, seraient dans la même obligation.
Cette nécessité de se pourvoir d'autorisations, d'accomplir certaines formes, doit faire accorder aux tuteurs et administrateurs, non pas les délais de l'article 24, mais celui
de l'article 27, c'est-à-dire un mois, au lieu de quinze
jours.

317. S'il s'agissait de biens frappés d'un usufruit, ni le
nu-propriétaire ni l'usufruitier ne pourraient réciproquement se contraindre à user du droit que confère l'article 50; l'un en effet ne jouit qu'à charge de conserver la
substance et ne peut par conséquent changer un immeuble en une indemnité pécuniaire; l'autre ne peut, de quelque manière que ce soit, nuire aux droits de l'usufruitier
et par suite changer, sans son consentement, le mode de
jouissance et substituer les intérêts d'un capital au revenu
d'un immeuble; ainsi les articles 578 et 599 du Code ci-

vil, inapplicables pour la partie de l'immeuble exproprié, parce que c'est là une circonstance de force majeure indépendante de l'usufruitier comme du nu-propriétaire, reprennent toute leur puissance, dès qu'il y a acte de la volonté de l'un ou de l'autre, et forment obstacle à l'exercice, autrement que d'un commun accord, de la faculté écrite en l'article 50.

318. S'il doit arriver fréquemment qu'un immeuble morcelé éprouve une dépréciation, une moins-value dans la partie laissée au propriétaire, il peut arriver au contraire que l'ouverture d'un canal, d'une route, vienne augmenter la valeur des terrains qui les avoisinent; la loi a prévu ce cas, et l'article 51 dispose que *si l'exécution des travaux doit procurer une augmentation de valeur immédiate et spéciale au restant de la propriété, cette augmentation pourra être prise en considération dans l'évaluation de l'indemnité.*

Voici, d'après le *Moniteur* du 13 décembre 1832, page 2137, comment le ministre des travaux publics motivait cette disposition : « Loin qu'il y ait lieu de tenir « compte de l'accroissement de valeur procuré aux fonds « particuliers par l'entreprise des travaux, cet accroisse- « ment doit tourner au profit de l'État et venir en com- « pensation d'une partie de l'indemnité qui tombe à sa « charge. L'indemnité, ainsi que la Cour de cassation l'a « plus d'une fois reconnu, n'a pas pour objet de rendre « plus riche le particulier qui la reçoit; elle est équitable- « ment réglée quand elle assure au propriétaire la répa- « ration entière du tort qu'il peut souffrir; il est donc « juste de balancer et de compenser toutes les causes de « gain et de perte. »

Ce principe, combattu par la commission, qui en proposait le rejet, le fut également dans la Chambre, et, s'il prévalut, ce ne fut qu'à l'aide des explications fournies sur son véritable sens par le commissaire du Roi.

Les adversaires de l'article 51 disaient : « L'article est « injuste, inexécutable; comment en effet pourrait-il se faire « qu'un propriétaire dépossédé d'une partie de son terrain « fût, à raison de la plus-value du surplus, privé de son « indemnité, tandis que d'autres propriétaires, ses voisins, « qui n'auraient point subi d'expropriation, n'en joui- « raient pas moins des mêmes avantages que lui, sans être « obligés à aucun sacrifice, alors surtout que cette plus- « value ne repose souvent que sur les espérances que fait « concevoir à ses auteurs l'entreprise projetée, espérances « qu'il n'est pas rare de voir cruellement démenties; alors « enfin que cette plus-value, en supposant qu'elle existe, « ne serait obtenue qu'après les travaux terminés, dix « années peut-être après le réglement de l'indemnité, « temps pendant lequel le propriétaire serait privé et de « sa chose et du dédommagement qui devrait la rem- « placer?

« Le principe de la plus-value est une injustice, disait- « on encore, s'il n'y a réciprocité. Or, qu'un pont s'écroule « et qu'en le reconstruisant on change sa direction, des « propriétés vont se trouver hors de la voie publique; ad- « mettra-t-on que les propriétaires auraient droit, dans ce « cas, à une indemnité? Non : c'est un cas de force ma- « jeure. Si donc les propriétaires ne peuvent être indem- « nisés lorsque les travaux tournent à leur désavantage, « ils ne doivent point d'indemnité pour ceux qui leur « sont profitables, et d'ailleurs le propriétaire peut ne « point profiter de cette plus-value, s'il n'a pas les moyens « de faire les travaux, les constructions auxquelles est « attachée sa réalisation. »

En présence de ces objections graves, le commissaire

du Roi a expliqué en ces termes la portée qu'il fallait attribuer à l'article. 51 : « Certainement, si les particuliers « ne venaient réclamer que la valeur intrinsèque du ter- « rain nécessaire aux travaux, de notre côté nous pour- « rions renoncer à notre droit de plus-value; mais lors- « que, indépendamment de cette valeur, ils réclament une « foule d'indemnités accessoires, en opposant une foule « de causes de moins-value, comment n'aurions-nous pas « la faculté de faire valoir à notre tour la plus-value? Ce « que nous voulons, c'est que l'indemnité se compose de « *la valeur du terrain* d'abord, puis *de la balance* des in- « convéniens et des avantages que l'opération peut ap- « porter au reste de la propriété; ainsi, nous disons au « jury : Vous devez évaluer les dommages que nous cau- « sons, mais vous devez aussi tenir compte des avantages « que nous pouvons procurer; c'est de cette balance « exacte que résulte la juste indemnité qui est due aux « particuliers.

« Mais, dites-vous, ce n'est pas seulement aux proprié- « taires dont vous prenez le terrain que vous devez de- « mander la plus-value, vous devez la demander aussi « aux voisins dont vous n'entamez pas la propriété et qui « profitent aussi des travaux; Messieurs, la loi qui vous « occupe a pour but d'abolir la loi de 1810 et non celle « de 1807; cette dernière laisse au gouvernement la fa- « culté de réclamer la plus-value aux propriétaires voisins « des travaux.

« Je me résume et je demande, non pas qu'il soit fait « déduction jusqu'à concurrence de la *plus-value*, mais « seulement qu'elle soit prise en considération, et qu'elle « soit balancée avec les *moins-values* que les proprié- « taires pourraient réclamer. »

A la Chambre des pairs, le commissaire du Roi tint un

langage aussi explicite : « Un particulier cède, dit-il, pour
« un travail d'utilité publique, un arpent de terre, par
« exemple; je suppose que la valeur vénale de cet arpent
« soit 2,000 fr.; le particulier doit évidemment recevoir la
« somme entière de 2,000 fr., et je n'admettrai pas pour ma
« part qu'on pût rien en retrancher; mais lorsque, indépen-
« damment de la valeur intrinsèque du sol qu'il abandonne,
« ce particulier vient alléguer des causes accessoires d'in-
« demnité, et réclamer pour ces causes accessoires un
« capital double ou triple (le cas ne s'est présenté et ne se
« présente que trop souvent) de l'indemnité principale,
« comment pourrait-on dénier au gouvernement le droit
« d'opposer, dans l'intérêt du Trésor, les causes de plus-
« value et de balancer ces dernières avec les premières de
« manière à n'avoir en définitive à payer qu'une diffé-
« rence? »

La Chambre des pairs ajouta au mot *plus-value* les
épithètes *immédiate* et *spéciale*. « Si l'on entend par le mot
« *immédiate*, dit le ministre, que la plus-value doit se
« manifester au moment de l'expropriation, l'article est
« inapplicable. Ce n'est pas là ce qu'entend la commission,
« répondit son rapporteur; mais si vous prenez une partie
« du terrain pour percer une rue, la partie du terrain qui
« reste reçoit du percement de la rue une plus-value im-
« médiate; ce que la commission n'a pas voulu, c'est
« qu'au bout de dix ans on pût dire au propriétaire: Voilà
« des travaux faits qui ont procuré une plus-value à vos
« propriétés, vous devez en tenir compte. »

319. Il faut conclure de ces explications que le droit
pour l'État de faire valoir la plus-value que les travaux
peuvent procurer aux terrains laissés à l'exproprié, ne
porte jamais sur la valeur intrinsèque du fonds. Pour
cette partie de l'indemnité, elle doit toujours être payée,

quelle que soit l'augmentation de valeur qui peut résulter de l'entreprise pour la partie restante; mais si à cette cause première d'indemnité viennent s'en joindre d'autres puisées dans la moins-value du terrain laissé au propriétaire, alors naît pour l'administration le droit d'opposer que, s'il y a désavantage d'un côté, il y a avantage d'un autre, et d'en proposer la compensation, pour n'avoir qu'à payer une différence si *le désavantage n'est pas complétement compensé :* de cette manière jamais cette plus-value ne peut amener une condamnation contre le propriétaire à un paiement. Un député avait proposé de le dire dans la loi, mais M. le président a fait observer avec raison que cela était inutile, que l'article n'avait pas pour objet de conférer au jury le droit de condamner le propriétaire à un paiement, mais bien d'évaluer ce qui doit lui être payé, et le rapporteur a ajouté : « On peut bien dispenser l'adminis- « tration de payer dans certains cas, mais on ne peut pas « obliger le propriétaire de payer quelque chose à l'ad- « ministration. »

320. Il faut que la plus-value résultant des travaux soit *immédiate et spéciale,* c'est-à-dire qu'elle soit prévue en même temps que les travaux sont projetés; celle qui, les ouvrages achevés, serait seulement alors reconnue exister, ne donnerait aucun recours contre le propriétaire; on ne pourrait argumenter du fait accompli pour lui dire : « Vous profitez, tenez compte. » Il est nécessaire que le jury pense, dès avant la confection des travaux, que leur résultat certain sera d'accroître la valeur des terrains voisins, pour pouvoir avoir égard à cette circonstance.

Observons enfin que l'article 51 ne dit pas *sera* prise en considération, mais *pourra* être prise; ce n'est donc qu'une faculté pour le jury, et non une obligation.

321. Il est encore une autre source d'indemnités qui

peuvent être dues : ce sont les dommages qui sont, pour un particulier, l'accessoire de sa dépossession, par exemple les travaux à faire pour remettre une maison en état de clôture, un pont à construire pour établir la communication avec une portion de terrain non comprise dans l'expropriation, un contre-mur pour soutenir un sol plus élevé que les travaux, et bien d'autres circonstances de nature à mettre le propriétaire en frais pour la conservation ou l'application à son usage ordinaire de la portion de bâtimens ou terrains qui lui est laissée. C'est ainsi qu'on l'a constamment jugé sous l'empire de la loi de 1810, et aucun motif ne peut faire supposer qu'il n'en doive pas être de même sous l'empire de la loi de 1838; nous citerons à l'appui de notre opinion un arrêt de la Cour de cassation, du 22 février 1827 [1], décidant que l'indemnité pour expropriation à cause d'utilité publique doit porter sur tous les dommages que l'expropriation fait éprouver aux particuliers expropriés; ainsi, dans la fixation de l'indemnité, les jurés peuvent avoir égard, non-seulement à la valeur venale des fonds expropriés, mais encore aux travaux que les particuliers seront obligés de faire sur leurs propriétés, par suite de l'expropriation : tels, par exemple, les frais de construction d'un mur de soutènement. Nous avons déjà cité un arrêt dans le même sens, du 24 janvier 1827 (n° 308); on peut consulter également une ordonnance du 20 novembre 1815 [2].

322. En général, toute circonstance dommageable, toute perte qui est la conséquence directe de l'expropriation, entraîne, pour l'administration, obligation de la réparer, et doit être prise en considération par le jury pour

---

[1] Sirey, t. 27, 1, p. 162; Dalloz, 1827, t. 1, p. 147.
[2] Sirey, t. 18, 2, p. 83.

l'évaluation de la somme qui sera à payer. Mais on ne devrait pas tenir le même compte de pertes qui ne seraient
pas la conséquence immédiate de l'expropriation. Il convient d'appliquer, à cet égard, les principes qui régissent,
en matière civile, les réparations auxquelles des particuliers peuvent être tenus envers d'autres pour tort causé.

323. Les intérêts des sommes allouées sont-ils dus à
l'exproprié, et à partir de quelle époque? Avant de pouvoir entrer en possession, l'administration doit payer ou
consigner, selon les cas, la somme allouée; il ne semble
donc pas que le propriétaire puisse exiger des intérêts,
puisqu'il n'a cessé d'avoir la jouissance de sa chose qu'au
moment où il en a reçu le prix, et qu'il ne peut jouir
tout à la fois de la chose et du prix. Il faut cependant reconnaître que, si cette jouissance lui était laissée postérieurement au jour fixé pour la prise de possession, elle
serait souvent infructueuse; en effet un immeuble frappé
d'expropriation ne peut plus être loué, alors que l'administration peut sans cesse s'en emparer; aussi soutiendrait-
on avec raison, selon nous, que la dépossession est censée
effectuée à dater de cette époque; par suite, soit que le
réglement de l'indemnité ait eu lieu antérieurement, soit
qu'on n'y procède que postérieurement, les intérêts cour-
raient du jour où l'État devait, dans ses prévisions, faire
cesser la jouissance réelle de l'exproprié, à moins qu'il
n'y ait eu, de la part de celui-ci, continuation de jouissance
utile, auquel cas, il conviendrait d'établir une compensation ou totale ou partielle avec ces intérêts.

324. Si, par la nature de la propriété, il y avait eu cessation de jouissance, avant l'époque déterminée pour la
prise de possession, ce serait de cette cessation de jouissance qu'il faudrait faire courir les intérêts, à moins que
le jury n'ait fait entrer le préjudice qui en résulte dans son

évaluation, ainsi que nous le disons au n° 3o1, pour l'absence de culture de terres qui n'auraient pu être moissonnées au jour indiqué dans l'arrêté, auquel cas ces intérêts ne commenceraient à courir que de l'époque à laquelle le jury se serait arrêté dans sa fixation.

3²5. L'article 55 de la loi du 7 juillet 1833 fait courir ces intérêts *de plein droit*, à titre de dédommagement, à l'expiration des six mois depuis la fixation, si à cette époque la somme allouée n'est ni payée ni consignée; il résulte, selon nous, de cette expression, *de plein droit*, que, les six mois expirés depuis le réglement par le jury, il n'y a plus à examiner si la jouissance continuée produit ou non des fruits au propriétaire; la loi suppose que, menacé chaque jour d'être dépouillé, il ne recueille plus aucun avantage de sa propriété, et un dédommagement consistant dans les intérêts du prix lui est acquis, en sorte qu'il percevra en même temps et les fruits et les intérêts, si, malgré l'expropriation imminente, il ne souffre aucun préjudice.

Les intérêts, dans tous les cas, ne sont acquittés qu'avec l'indemnité elle-même.

3²6. L'immeuble dont s'empare l'administration, pour les travaux d'utilité publique, était productif de fruits, soit naturels, soit civils; mais la somme allouée à titre d'indemnité ne peut être immédiatement rendue productive par l'acquisition d'un autre immeuble ou tout autre placement; l'indemnité ne serait donc pas complète, si le jury ne prenait en considération le temps qui peut être nécessaire pour un remploi et n'ajoutait à l'indemnité principale une somme quelconque, équivalente à ses yeux à la privation de jouissance qui pourra suivre le paiement. Pour éviter tout arbitraire, M. Delaleau pense qu'il y aurait lieu *de faire payer* par l'administration les

intérêts de l'indemnité pendant six mois, après la libération de l'État; ces vues sont bonnes sans doute et nous
désirerions les voir consacrées par la loi, mais il nous semble difficile, en l'absence de tout texte à cet égard, de contraindre l'État à ajouter de semblables intérêts à la somme
qu'il est condamné à payer. Nous ne voyons d'autre
moyen légal de prévenir le préjudice signalé que par
l'appréciation qu'en fera le jury, comme nous l'indiquons
ci-dessus.

327. Pour rendre indemne le propriétaire exproprié,
il faut que la somme qui lui est allouée lui fournisse le
moyen d'acquérir un immeuble de même revenu; ainsi il
ne suffirait pas de lui accorder le prix vénal de l'immeuble,
il faut y ajouter les frais de toute nature qu'un acquéreur
a à payer pour son acquisition, et qui, pour ne pas tourner
au profit du vendeur, n'en font pas moins partie du prix
de vente : cela est de toute justice, et, s'il n'en était ainsi,
le propriétaire exproprié qui voudrait employer son indemnité au rachat d'un immeuble ne pourrait en acquérir
qu'un inférieur en valeur, puisqu'il aurait à prélever sur
cette somme les frais du remploi; le jury donc, s'il prend
pour base de son évaluation un contrat d'acquisition, y
joindra tous les frais qui en ont élevé le prix principal;
si ce sont des baux, il ne perdra pas de vue que la somme
que l'on donne généralement, dans le commerce, d'une
propriété d'un revenu de .... s'augmente toujours des
frais : si au contraire il s'arrête au revenu de la propriété,
pour en déterminer le prix, et fait son calcul en partant
de cette donnée, que l'argent placé en telle nature d'immeuble produit tant pour 100, il n'a aucun compte à
tenir des frais, ils sont toujours joints au principal : ainsi,
par exemple, soit une terre d'un revenu de cent fr. dans
une contrée où ce genre de propriété produit deux et

demi pour cent, il sera conduit à accorder une somme
unique de 4,000 fr.

328. *Le jury prononce des indemnités distinctes en
faveur de ceux qui les réclament à des titres différens,*
dit l'article 39 de la loi du 7 juillet, *comme propriétaires,
fermiers, locataires, usagers, etc.*

Déjà l'article 21 avait, en forçant le propriétaire à appeler son locataire au réglement de l'indemnité, fait connaître que, dans le systême de la loi, il est dû une indemnité aux locataires et fermiers.

La première cause de cette indemnité est la perte du
droit de bail que le locataire ou fermier est obligé de subir; cette indemnité est-elle due à tout locataire, quelle
que soit la nature du titre en vertu duquel il jouit de
l'immeuble? on sait que, dans les cas ordinaires, la loi dis-
tingue entre les locataires ou fermiers ayant baux authentiques ou dont la date est certaine et ceux qui jouissent
sans bail ou en vertu d'un acte sous seing privé : les
premiers, en cas de vente de l'immeuble, doivent, à
moins de stipulation contraire dans le bail, être laissés en
jouissance; les seconds, au contraire, peuvent être expulsés
par le propriétaire sans aucun dédommagement. L'État,
dans le cas d'expropriation, pourrait-il invoquer cette disposition de l'article 1750 du Code civil? nous ne le pensons pas. D'abord, les articles 21 et 39 de la loi du 7 juillet ne font aucune distinction, et paraissent appeler tous
les locataires, quels que soient leurs titres; en second lieu,
le locataire expulsé a droit de réclamer contre son bailleur
des dommages-intérêts pour avoir vendu sans stipuler
l'exécution de la convention qu'il avait consentie précédemment à son profit; le propriétaire exproprié, vendeur
forcé, aurait donc à réclamer de l'État une indemnité pou

15

le couvrir de cette action, si l'administration ne prenait le soin de désintéresser le locataire lui-même.

329. En quoi consiste l'indemnité à accorder au locataire pour privation de son droit? On trouve dans le Code civil des bases de dédommagement pour le cas où, en vertu des stipulations du bail, l'acquéreur de l'immeuble peut expulser le locataire ou fermier; le jury pourra les consulter, y puiser quelquefois une règle d'appréciation. Mais il faut observer que l'expropriation est un véritable événement de force majeure; que si l'utilité publique n'exige un sacrifice que moyennant une juste réparation, cette réparation doit être la représentation entière mais stricte du préjudice causé. Il résulte de là qu'il pourra arriver que les indemnités indiquées par les articles 1744 et suivans du Code civil soient trop élevées en raison du tort à réparer. Après cette première indemnité pour la perte de son droit et les dommages qui en sont la conséquence, le fermier ou locataire peut avoir à réclamer des indemnités particulières pour les récoltes sur pied qu'il perd, celles qu'il a manqué à faire, comme nous le disions n° 301, pour engrais qu'il a mis sur les terres expropriées, pour une industrie qui s'exerçait dans les lieux loués; le jury en un mot doit prendre en considération toutes ces circonstances dommageables qui proviennent directement de l'expropriation et à l'égard desquelles on peut consulter les n°ˢ 301 et suivans.

330. Si le droit de bail donne ouverture à une indemnité distincte, c'est qu'il est anéanti comme tous les autres droits s'exerçant sur la propriété expropriée; si cependant l'expropriation n'atteignait qu'une faible partie de l'immeuble, le bail serait-il résolu, ou le fermier aurait-il seulement droit de réclamer contre le propriétaire une diminution proportionnelle dans son loyer? L'article 1722 du Code

civil porte que *si la chose louée est détruite en partie, le preneur peut, suivant les circonstances,* demander une diminution de prix ou la résiliation du bail; il n'a donc pas toujours cette faculté, mais seulement *suivant les circonstances,* circonstances dont les Tribunaux sont juges, ainsi que l'enseignent les auteurs, et qui consistent à apprécier si la partie détruite est telle que le locataire ou fermier n'eût pas loué s'il n'eût dû avoir que la partie qui reste.

Si le bail n'était pas résolu, le fermier ou locataire ne pourrait réclamer aucune indemnité pour la privation partielle du droit qui lui avait été concédé; il la trouve dans la diminution du prix de son loyer; il pourrait cependant éprouver un préjudice par perte de récoltes, interruption momentanée de jouissance, travaux à faire, etc. Alors et sans aucun doute il serait reçu à former de ce chef une demande devant le jury.

331. Il résulte de l'article 1722 du Code civil que le locataire ou fermier a seul le droit de demander la résiliation du bail dans le cas de destruction pour partie de l'immeuble loué; le propriétaire n'a pas l'action réciproque. Si donc celui-ci, usant du bénéfice de l'article 50, exigeait que l'État acquît la totalité d'une maison expropriée en partie, l'État acquéreur devrait, aux termes de l'article 1743, respecter le droit du locataire qui aurait bail authentique ou ayant date certaine, et ne pourrait, pas plus que le propriétaire, demander la résiliation contre ce locataire, s'il voulait continuer à jouir de ce qui n'a pas été exproprié; mais le locataire pourrait-il exiger, dans ce cas, la confection des travaux nécessaires pour mettre la portion non expropriée en état d'être habitée? Observons que, lorsque la destruction est le résultat d'un cas fortuit, le propriétaire n'est tenu à aucune espèce de réparations; c'est au locataire qui

15.

préfère une continuation de jouissance à une résiliation, de faire tout ce que sa convenance demande. Mais lorsque la destruction a pour cause l'utilité publique, il ne saurait en être de même; en effet, le propriétaire, dans ce cas, reçoit une indemnité représentative, non-seulement de la valeur de la portion enlevée, mais des travaux qui seront à faire pour continuer la jouissance de la portion restante. Maintenant, si, sur la réquisition du propriétaire, l'État acquiert l'immeuble en entier, il n'a à payer que la valeur de cet immeuble; il est donc juste qu'il fasse compte au locataire de la portion d'indemnité que le propriétaire eût touchée pour rétablir les lieux en état d'être habités. La seule difficulté possible serait, ce nous semble, de savoir si cette obligation peut être de faire les travaux ou seulement de payer une indemnité.

La Cour royale de Paris, par arrêt du 11 février 1833 [1], a condamné la ville de Paris à construire à ses frais un mur de clôture à une maison expropriée en partie pour l'ouverture d'une rue, en se fondant sur ce que l'État n'est qu'un simple acquéreur.

Cette décision est critiquée par M. Delaleau dans son traité, et nous partageons son avis, que l'État ne pouvait être condamné qu'*à une indemnité*, sauf la faculté de faire les travaux si bon lui semblait; sa position ne doit pas changer par suite d'une acquisition qui, de sa part, n'est pas volontaire. Nous disons de plus que le propriétaire lui-même ne pourrait, en présence de l'article 1722, être condamné à faire les travaux; son obligation à cet égard résultant de ce qu'il a reçu une indemnité pour cet objet, il lui suffirait, s'il ne voulait faire les travaux, d'abandonner au locataire l'indemnité qu'il a reçue pour cette

---

[1] Sirey, t. 33, 2, p. 606.

cause ; ainsi, en admettant même les principes de la Cour royale, la conclusion devrait être autre que celle écrite dans son arrêt.

332. Tout ce qui précède s'applique aux baux ordinaires ; mais il peut s'en présenter qui aient un caractère particulier, tels que ceux à rente, à vie, à longues années, les emphytéoses et autres genres de baux dont l'usage est restreint à certaines localités. Toutes les fois que l'expropriation rencontrera des terrains frappés de l'un de ces droits, la première chose à rechercher, c'est de savoir si, par la nature du contrat, le preneur jouit au même titre que les fermiers ordinaires, sauf la durée de jouissance, ou si la propriété lui est transférée : au premier cas, la durée du bail ne change pas la manière de supputer l'indemnité ; seulement la durée de jouissance dont le locataire est privé exigera une indemnité plus ou moins forte, indemnité qui devra aussi comprendre la valeur des bâtimens, des engrais, s'ils appartiennent au fermier, comme dans le bail à *complant*, qui, le plus souvent, n'emporte pas aliénation du fonds (avis du Conseil-d'État des 2 — 4 thermidor an 8). Au second cas, il faut encore considérer si la propriété est transférée à perpétuité ou à temps : si elle est transférée à perpétuité, soit par la nature du contrat, soit par l'effet des lois des 18 — 29 décembre 1790 et 2 prairial an 2, c'est le preneur qui est véritablement propriétaire, et ce que l'on appelle prix du bail n'est qu'une simple redevance qui, comme la rente foncière, est toujours rachetable, aux termes de l'art. 530 du Code civil, quel que soit du reste le nom qu'on donne au contrat en vertu duquel elle est due, qu'on l'appelle *bail à rente* ou *à locatairie perpétuelle*, *bail à métairie* ou *à colonage perpétuel*, *champart*, *terrage*, *agrier*, etc. (lois des 18 décembre 1790 et 2 prairial an 2, arrêt de

la Cour de cassation du 2 mars 1835) [1]; par conséquent c'est au preneur qu'appartient l'indemnité. Quant au créancier de la rente, nous verrons ultérieurement quels sont les droits qu'il peut exercer. Si le bailleur, en transférant la propriété, s'est réservé un droit de retour pour un temps déterminé, comme dans l'emphytéose à temps, alors le bailleur ne peut prétendre toucher l'indemnité, puisqu'il a, pour la durée du bail, fait abandon de sa propriété; mais le preneur, qui, de son côté, n'a qu'un droit résoluble à l'expiration du bail, ne peut non plus prétendre à l'entière disposition de cette indemnité; en telle sorte que, pour concilier ces deux intérêts rivaux, ce serait, selon nous, le cas d'en agir comme pour l'usufruit et de remettre la somme fixée au preneur, qui continuerait à payer le canon annuel, à la charge de fournir caution du remboursement à la fin de l'emphytéose, remboursement qui remplacera la remise du fonds avec les bâtimens qui y auraient été édifiés et autres améliorations faites pendant la durée de la jouissance. Si le preneur ne pouvait fournir la caution exigée, la somme alors serait placée; le bailleur prélèverait le canon, et l'excédant des intérêts appartiendrait au preneur.

333. Quand sur le fonds donné en emphytéose il a été construit des bâtimens, le preneur doit, s'il n'y a aucune stipulation à cet égard dans son contrat, les abandonner à l'expiration de la jouissance sans aucune indemnité; c'est par application de ce principe que nous avons, dans le numéro précédent, attribué l'indemnité totale au bailleur à la fin de l'emphytéose; mais les contrats de cette nature renferment assez fréquemment ou le droit d'enlever les constructions, ou l'obligation de les laisser au

___
[1] Sirey, t. 35, 1, p. 394.

bailleur moyennant estimation; dans ce cas, l'indemnité sera, ainsi que nous l'avons dit, remise au preneur, qui, après en avoir joui pendant toute la durée du bail emphytéotique, l'abandonnera au bailleur, moins la partie représentative des bâtimens, partie à régler entre les intéressés ou à défaut par les Tribunaux, suivant les bases du contrat : ainsi le preneur avait-il le droit d'enlever les bâtimens, comme il n'eût dû restituer qu'un sol nu, la valeur du sol considéré de cette façon sera la seule portion de l'indemnité à remettre; devait-il au contraire laisser les constructions sur le prix d'estimation, il ne pourra déduire de l'indemnité totale que la valeur estimative de ces mêmes constructions sur le pied à emporter.

334. Nous avons dit que lorsqu'un bien est grevé d'une redevance, le jury n'a pas à s'occuper du créancier de la rente, que l'indemnité à allouer appartient au propriétaire du fonds; quels sont donc les droits du créancier de la rente vis-à-vis de l'exproprié bien entendu? S'il a pris hypothèque, ses droits seront ceux de tout créancier hypothécaire : il se fera rembourser sur le prix de l'immeuble du capital de sa rente, à moins qu'un autre gage ne lui soit offert, auquel cas la rente continuerait à être servie par le débiteur; et d'ailleurs il y aurait lieu d'appliquer par analogie la disposition de l'article 1912 du Code civil, ainsi conçue : *la rente constituée en perpétuel sera exigible, si le débiteur manque à fournir au prêteur les sûretés promises par le contrat.*

Mais si la rente n'était, avant l'expropriation, garantie par aucune inscription hypothécaire et qu'il n'en ait point été pris dans la quinzaine de la transcription, le *créditrentier* ne saurait puiser dans l'aliénation forcée, pas plus que dans la vente volontaire d'un immeuble sur lequel il n'a aucun droit réel, un motif pour exiger le remboursement : en effet, les rentes foncières et autres droits de même nature sont devenus, au moyen de la mobilisation prononcée par la loi du 11 brumaire an 7 d'abord, et par l'article 529 du Code civil depuis, des créances personnelles contre le détenteur du fonds auquel elles étaient précédemment inhérentes [1].

335. Dans le cas d'usufruit, une seule indemnité est fixée par le jury qui en trouve la mesure dans la valeur totale de l'immeuble, comme si le domaine utile et le domaine direct se trouvaient dans la même main, et le nu-propriétaire ainsi que l'usufruitier exercent réciproquement leurs droits sur l'indemnité, au lieu de les exercer sur la chose (art. 39).

Cette disposition est basée sur des principes incontestables : en effet, l'usufruit étant le droit de jouir d'une propriété, la jouissance doit porter sur le capital représentatif de cette propriété, quand elle se trouve convertie en argent ; il eût d'ailleurs fallu, pour diviser l'indemnité, calculer les probabilités d'existence de l'usufruitier, supputer les chances aléatoires, se fonder enfin sur des calculs incertains et le plus souvent hors de la portée des jurés auxquels ce soin eût été confié.

336. Mais, en adoptant le mode le plus conforme aux principes, en transportant le droit d'usufruit sur un capital disponible, on risquait souvent d'aller contre le but de l'institution, puisque l'usufruit est le plus ordinairement établi dans la vue de conserver le fonds, soit au profit d'autrui, soit dans l'intérêt de l'usufruitier lui-même ; aussi, pour empêcher que le capital pût être dissipé, le législateur a prescrit que la somme serait remise à l'usu-

---

[1] Voir les arrêts de cassation sur cette matière, Sirey, t. 29, 1, p. 162 ; *idem*, t. 25, 1, p. 1, et t. 30, 1, 338.

fruitier pour en jouir, mais à la charge de donner caution, et cela d'une manière générale et absolue, qu'il
y ait ou non dispense de caution dans le titre constitutif.
Ce n'est pas sans débats que cette disposition fut admise;
on objectait qu'on dénaturait le mode de jouissance de
l'usufruitier, si par son titre il était dispensé de donner
caution, et que la conséquence serait peut-être d'anéantir
son droit, faute par lui de pouvoir fournir cette garantie.
Une observation puissante devait faire rejeter la première
objection, c'est que, lors de la constitution de l'usufruit
avec dispense de fournir caution, il reposait sur un immeuble dont la nature même offrait, au constituant comme
au nu-propriétaire, toute sécurité; mais lorsque l'expropriation vient convertir cet immeuble en une somme
d'argent, la position respective n'est plus la même; et si,
d'un côté, on peut douter que, dans ce cas, le constituant
eût accordé la dispense de caution, de l'autre, on voit le
nu-propriétaire réclamer à juste titre une garantie contre
la facilité qu'aurait l'usufruitier de dissiper la somme dont
il ne doit que jouir.

Quant à la seconde objection, elle disparaît devant
l'article 602 de Code civil, que M. le commissaire du
Roi, à la Chambre des pairs, a reconnu devoir être appliqué ; voici comment il s'exprimait : « Pour rendre
« ma pensée plus nette et plus précise, si l'immeuble ex-
« proprié vaut cent mille écus, ou bien l'usufruitier tou-
« chera le capital de cent mille écus s'il peut donner cau-
« tion qui garantisse, pour le nu-propriétaire, la remise
« de ce capital à l'extinction de l'usufruitier, ou bien la
« somme de cent mille écus *sera placée*, et l'usufruitier en
« touchera les intérêts. » Ainsi, à défaut par l'usufruitier
de pouvoir fournir caution, la somme allouée sera placée
et les intérêts lui en appartiendront; de cette manière,

il n'est donc jamais à craindre que l'usufruitier perde le bénéfice de son droit.

337. Le placement se fait par le nu-propriétaire et par l'usufruitier, au nom du premier et sous la stipulation des droits du second. Si quelque difficulté s'élevait sur la nature de ce placement, il faudrait s'adresser au Tribunal, qui mettrait en accord les intérêts respectifs.

338. Par un paragraphe final, l'article 39 déclare que les père et mère ayant l'usufruit légal des biens de leurs enfans seront seuls dispensés de fournir caution.

339. S'il existait sur l'immeuble exproprié des droits d'usage et d'habitation tels que les déterminent les articles 625 et suivans du Code civil, il faudrait leur appliquer les règles tracées pour l'usufruit par l'article 39 de la loi du 7 juillet ; ceux à qui ces droits appartiendraient les exerceraient sur l'indemnité dans la proportion de l'importance de leur jouissance à celle de l'immeuble, proportion à faire régler par les Tribunaux, s'ils ne peuvent s'entendre avec le propriétaire. Ils auraient, comme l'usufruitier, à fournir caution, sinon placement serait fait, pour la durée de leur jouissance, de la portion de l'indemnité qui leur eût été remise, et ils en percevraient les intérêts.

340. La qualité de ceux qui réclament l'indemnité peut n'être pas toujours bien établie ; il peut s'élever des contestations à cet égard ; des tiers peuvent intervenir qui se prétendent ayant-droit à partager ou même à toucher l'indemnité aux lieu et place du propriétaire apparent. Toutes ces questions sortent des attributions du jury, et, la nécessité de marcher promptement ne permettant pas qu'un sursis soit prononcé jusques après décision par juges compétens, l'article 39 veut que, toutes les fois qu'il s'élève des difficultés étrangères à la fixation du montant de l'in-

demnité, le jury règle cette indemnité indépendamment des
difficultés, sur lesquelles les parties sont renvoyées à se
pourvoir devant qui de droit.

341. De même, si l'État contestait au détenteur exproprié le droit à une indemnité, ce serait là une question
dont le jury ne saurait être juge; aussi devrait-il, sans s'y
arrêter, fixer l'indemnité comme si elle était due, et le
magistrat directeur en ordonner la consignation jusqu'à
ce que les parties se soient entendues ou que le litige ait
été vidé par la juridiction compétente devant qui les parties sont renvoyées (art. 54). Nous avons déjà cité une
autre circonstance où il faut procéder de cette manière :
c'est celle où il y aurait contestation relativement à l'exercice de la faculté donnée par l'article 50 de requérir l'acquisition totale d'une maison ou de certains champs expropriés pour partie.

342. Encore bien que l'administration ait fait une offre
et l'indemnitaire une demande, le jury n'est pas obligé
de se renfermer entre ces deux extrêmes, et de fixer son
évaluation sans descendre plus bas que les offres ou s'é-
lever au-delà de la demande; la règle des Tribunaux ordinaires ne lui est point imposée; c'est ce qui résulte évidemment des termes de l'article 40 : *Si*, dit cet article,
l'indemnité réglée est INFÉRIEURE OU ÉGALE *à l'offre, etc.;
si elle est* ÉGALE *ou* SUPÉRIEURE *à la demande...*

M. Delaleau, dans son Traité, pense qu'il y a, dans la
partie de l'article 40 que nous venons de citer, une erreur
de rédaction, et que le jury ne pourrait sortir de l'intervalle qui sépare l'offre des prétentions de la partie; à nos
yeux le texte de l'article 40 est si clair, et le mot *inférieur*
est opposé au mot *supérieur* d'une manière si tranchée, que
nous ne pouvons admettre une erreur de rédaction; d'ailleurs, cette omnipotence est bien dans la nature du jury

d'indemnité, qui n'est pas, comme un Tribunal, appelé à
prononcer entre des prétentions opposées et à donner tort
ou raison à l'un ou à l'autre, et quelquefois à tous deux,
mais dont la mission est d'apprécier la valeur des propriétés; on peut dire encore que la question posée à sa
conscience n'est pas celle-ci : *La somme offerte par l'administration en échange de telle propriété est-elle suffisante? ou la somme réclamée par un tel est-elle exagérée?*
mais bien cette autre : *quelle est la valeur de telle propriété?* question qui ne comporte aucune limite dans l'appréciation.

343. Lorsque le jury a statué sur chacune des indemnités distinctes, le résultat en est consigné par écrit, en
prenant soin de mentionner les sommes *en toutes lettres*,
et s'abstenant d'indiquer à quelle majorité ces sommes ont
été votées.

Le président donne ensuite lecture de la décision, la
signe et la fait signer par tous les membres qui y ont concouru; si quelqu'un d'entre eux ne savait ou ne pouvait le
faire, il en serait fait mention; cette opération terminée,
le jury rentre en séance publique et le président remet la
décision au magistrat directeur, ainsi que le prescrit l'article 41.

Dans les cours d'assises et aux termes de l'article 348
du Code d'instruction criminelle, la décision est lue par le
président du jury; quoique cela ne soit pas exigé ici, il
ne serait pas hors de propos d'employer ce mode de faire
connaître aux parties la fixation qui les intéresse.

344. Aux termes de l'article 349 du même Code, la déclaration du jury est signée par le président de la Cour
et par le greffier; celle dont nous nous occupons doit-elle
l'être par le magistrat directeur et par son greffier? Cela
nous paraît complétement inutile, puisque c'est au pied

même de cette déclaration que le juge mettra l'ordonnance d'exéquatur dont il sera parlé bientôt ; l'arrêt de la Cour de cassation du 9 juin 1834, déjà cité (n° 274), a décidé la question dans ce sens.

345. La décision du jury criminel n'est au fond susceptible d'aucun recours, ainsi qu'il résulte de l'article 350 du Code d'instruction; cependant lorsqu'elle est obscure, incomplète, contradictoire, la jurisprudence a admis que la Cour pourrait renvoyer les jurés dans la salle des délibérations pour l'expliquer, la compléter ou la rendre susceptible d'exécution. Les mêmes circonstances peuvent se présenter dans les décisions du jury d'indemnité, et il nous semble que le magistrat directeur devrait aussi avertir le jury du vice de sa déclaration et l'inviter à rentrer en délibération pour y remédier; mais jamais il n'aurait le droit, par analogie avec l'article 352 du Code d'instruction criminelle, de déclarer que les jurés se sont trompés au fond, qu'il est sursis au jugement, et de renvoyer l'affaire à la session suivante. Cette faculté, donnée en faveur des accusés aux juges des Cours d'assises, pourrait devenir matière à abus et servir la partialité en faveur de l'une des parties si on en faisait application aux affaires d'indemnités par suite d'expropriation.

SECTION V. — *De l'ordonnance d'exécution de la décision du jury.*

SOMMAIRE.

346. Objets de l'ordonnance du juge.

347. Le magistrat directeur doit, dans son ordonnance, dire si l'indemnité sera payée ou consignée.

348. Nécessité de la consignation dans le cas d'usufruit, etc.

349. A la charge de qui les dépens doivent-ils être mis?

350. Suite du n° précédent.

351. Règles particulières touchant les maris, tuteurs et administrateurs.

346. Après avoir reçu du président la décision du jury, le magistrat rend aussitôt une ordonnance qui la déclare exécutoire, envoie l'administration en possession de la propriété à l'égard de laquelle les indemnités ont été fixées, statue sur les dépens et les taxe.

347. Le magistrat directeur, en envoyant l'administration en possession de la propriété, ne le fait qu'à la charge par l'État de se conformer aux articles 53 et 54, dont le premier établit la nécessité du paiement de l'indemnité préalablement à toute main-mise sur l'immeuble, sauf l'existence d'obstacles, auquel cas ce paiement est, aux termes du second, remplacé par le dépôt de la somme à la caisse des consignations pour y rester à la disposition de qui de droit.

Sans doute le magistrat pourrait, dans son ordonnance, s'en tenir au texte de l'article 41 et dire : *à la charge par elle de se conformer* aux dispositions des articles 53 et 54; mais il pourrait en résulter des difficultés entre les parties qui exigeraient le paiement et l'administration qui soutiendrait qu'attendu les obstacles, elle n'est tenue qu'à la consignation; aussi croyons-nous que le magistrat fera bien d'ordonner ou le paiement ou la consignation, selon qu'il connaîtra ou non l'existence d'empêchemens; l'art. 49 lui prescrit d'ordonner la consignation au cas spécial de contestation de la part de l'administration sur le droit à l'indemnité même; par analogie, il suivra la même marche s'il se présente quelqu'une des circonstances qui, aux termes de l'article 39, entraînent le renvoi des parties à se pourvoir, par exemple, une action réelle que l'article 18 transporte sur le prix. Si la difficulté ne portait que sur une partie de l'indemnité, le magistrat ordonnerait la consignation de cette partie seulement et le paiement de l'autre : cela ne peut être l'objet d'un doute.

Il en serait de même alors que l'obstacle naîtrait d'une contestation relative à l'exercice du droit de contraindre l'État à l'acquisition de la totalité d'une propriété expropriée pour partie (n° 315).

S'il y a des créanciers inscrits, c'est encore le cas d'ordonner la consignation.

En un mot, toutes les fois que le magistrat directeur reconnaîtra qu'il y a lieu pour l'administration de consigner, aux termes de l'article 54, il préviendra toutes difficultés en mentionnant dans son ordonnance qu'il envoie en possession, à la charge d'effectuer le dépôt de tout ou partie de l'indemnité pour être distribuée ou remise à qui elle appartiendra.

348. S'il y a un droit d'usufruit, la consignation peut également être nécessaire pour garantir tous les intérêts jusqu'à ce que le nu-propriétaire et l'usufruitier se soient entendus, soit sur la caution, soit sur le placement (n° 337); ici c'est comme mesure de conservation qu'elle serait prescrite; il y aurait lieu également de l'étendre au cas où l'immeuble exproprié est dotal ou appartient à un mineur, un interdit, etc., pour la garantie du remploi.

349. Le magistrat directeur statue encore sur les dépens, et les met à la charge de qui de droit; les règles à cet égard sont tracées dans l'article 40 de la loi du 7 juillet.

Si l'indemnité est inférieure ou égale à l'offre faite par

l'administration, les parties qui l'auront refusée seront condamnées à supporter la totalité des dépens.

Réciproquement, si l'indemnité est égale ou supérieure à la demande des parties, c'est l'administration qui est condamnée à payer les frais.

350. Si cependant l'un ou plusieurs des indemnitaires avaient omis de se conformer aux prescriptions de l'article 24 de la même loi, c'est-à-dire, de faire connaître, en refusant les offres, la hauteur de leurs prétentions, ils seraient par ce seul fait passibles des dépens, quelle que soit du reste l'estimation ultérieure du jury. Le législateur n'a pas voulu que les parties pussent se soustraire aux conséquences d'une demande exagérée en s'abstenant de poser le chiffre de l'indemnité qu'elles croient leur être due.

351. Cette pénalité ne pourrait s'appliquer à ceux qui, en qualité de tuteurs, maris, administrateurs, etc., sont dispensés de fixer par une demande la valeur d'immeubles qu'ils n'ont pas la capacité d'aliéner; une condamnation aux dépens n'interviendra contre eux qu'au cas où l'évaluation du jury serait inférieure ou égale aux offres; hors de là, les dépens seront toujours à la charge de l'administration.

352. Nous avons pensé aussi que les intéressés et les créanciers inscrits, qui ont le droit d'exiger le réglement de l'indemnité par jury, lorsqu'il y a accord quant au prix entre l'administration et le propriétaire sur l'indemnité soumise à l'exercice de leurs droits, étaient, aux termes de l'article 28, dispensés de former la demande d'une somme déterminée; la conséquence est que la condamnation aux dépens ne pourrait être prononcée à leur charge que dans le cas où elle le serait contre les personnes reprises dans les articles 25 et 26 de la loi du 7 juillet 1833.

353. Si le jury n'a adopté aucune des prétentions res-

pectivement élevées devant lui, si l'indemnité par lui réglée est tout à la fois supérieure à l'offre et inférieure à la demande, alors les dépens sont compensés pour être supportés par les parties et l'administration dans les proportions des offres et demandes avec la décision du jury. Il ne faut pas perdre de vue ces mots : *dans les proportions;* ce n'est pas d'une simple compensation ni d'un partage par moitié qu'il s'agit, mais bien d'une répartition proportionnelle : ainsi, la différence de l'offre à la demande étant 2,000, si le jury allouait 800 francs en sus de ce qui a été offert, l'indemnitaire obtiendrait 1,200 fr. de moins qu'il n'avait demandé ; la portion de frais à mettre à la charge du propriétaire devait donc être à celle à supporter par l'administration comme 12 est à 8, c'est-à-dire 3/5.

354. Cette répartition des dépens est chose facile quand il n'y a qu'à la régler entre l'administration et un ayant-droit; mais s'il faut en même temps fixer l'indemnité due à un fermier ou locataire, ou toute autre personne réclamant une indemnité distincte, on doit commencer par établir ceux des dépens qui sont occasionnés par le refus du propriétaire, ceux qui peuvent concerner la demande du locataire, et de même pour chacun des indemnitaires, et répartir ensuite chacune de ces portions de dépens entre l'administration et chacun des réclamans suivant les bases posées aux numéros précédens.

355. Les dépens sont taxés par le magistrat directeur; il ne doit comprendre dans l'état à en dresser que les actes faits postérieurement à l'offre de l'administration; les frais des actes antérieurs restent dans tous les cas à la charge de l'État, qu'ils aient été faits à la requête de l'administration ou à celle des propriétaires : ainsi les notifications à faire par le propriétaire, aux termes de l'article

16

21 de la loi du 7 juillet, doivent toujours lui être remboursées; il peut même obtenir, ce nous semble, exécutoire du juge.

On conçoit que ce magistrat ne peut déterminer le total des frais au moment où il rend son ordonnance, il faut pour cela avoir recueilli des documens dont plusieurs doivent être fournis par les parties qui ont fait signifier les actes; il laisse donc le chiffre *en blanc*, pour le remplir lorsqu'il sera à même de le faire. C'est ce qu'autorise le arif du 18 septembre 1833 par ses articles 12 et 14.

L'état des dépens est rédigé par le greffier; celle des parties qui requiert taxe doit à cet effet lui remettre ses pièces dans les trois jours qui suivent la prononciation par le jury.

Le greffier paraphe chaque pièce admise en taxe avant de la remettre à la partie.

L'ordonnance d'exécution du magistrat directeur du jury indique la somme des dépens taxés et la proportion dans laquelle chaque partie devra les supporter.

356. Une ordonnance du 18 septembre 1833, rendue dans la forme des réglemens d'administration publique, en exécution de l'article 41 de la loi du 7 juillet précédent, a réglé le coût à allouer pour tous les actes que peut entraîner une procédure d'expropriation; c'est là que le juge taxateur doit aller puiser les allocations à accorder. Nous n'avons pas à nous occuper ici de ce tarif, dont les différentes dispositions se trouvent réparties sous les formules des actes nécessaires pour parvenir à l'expropriation, et que nous avons placées à la fin de cet ouvrage; nous dirons seulement que l'ordonnance n'a pu indiquer nominativement tous les actes qui pourraient être faits; le juge aurait, s'il en rencontrait qui n'eussent pas été prévus, à en rechercher l'utilité, et s'il les re-

connaissait vraiment nécessaires, il les taxerait par analogie; si, au contraire, ils n'étaient qu'une superfétation,
il les rejetterait. Nous avons fait connaître, au nº 285,
notre opinion sur la taxe à allouer aux experts que le jury
pourrait envoyer sur les lieux, et dont le tarif ne fait aucune mention.

357. Les fonctions de jurés sont essentiellement gratuites; mais si, pour accomplir leur mission, pour s'éclairer sur la véritable valeur d'une propriété, ils sont obligés
à un déplacement quelconque, les frais de transport ne
peuvent être à leur charge, et les articles 18 et 24 du tarif
fixent les indemnités qui leur sont allouées dans ce cas
particulier.

358. Le recouvrement des dépens, lorsqu'ils sont mis
à la charge du propriétaire ou d'un autre intéressé, se fera-
t-il par prélèvement privilégié sur le prix de l'immeuble?
Cette question fut soulevée à la Chambre des députés; la
discussion roulait sur l'analogie qu'il pouvait y avoir entre
l'expropriation pour cause d'utilité publique et l'expropriation forcée poursuivie par des créanciers, cas auquel
les frais faits dans l'intérêt de tous, pour parvenir à la
vente, sont privilégiés et pris par préférence sur le prix
de l'immeuble; mais il fut reconnu que la matière ne présentait en réalité aucune analogie; que si, par exemple,
l'un des créanciers forçait à recourir à l'intervention du
jury, alors que le propriétaire et les autres créanciers
étaient d'accord avec l'administration, il n'était pas possible de faire prélever sur l'indemnité les frais qu'il aurait
occasionnés et auxquels il aurait été condamné; que, réciproquement, un propriétaire ne pourrait diminuer le gage
de ses créanciers par l'exagération de prétentions qui ont
rendu nécessaire le réglement judiciaire. Le rapporteur
résumait la discussion en disant : « La condamnation ne

16.

« sera prononcée que contre ceux qui l'auront encourue
« par l'obligation des poursuites, mais jamais à l'aide d'une
« retenue sur le prix de la propriété. » L'administration ne
pourra donc poursuivre le remboursement que contre le
condamné, sauf toutefois l'effet de la compensation qui
s'opérerait nécessairement entre la somme due pour indemnité et la créance résultant de la condamnation aux
frais toutes les fois qu'il n'existera pas d'intéressés à qui
elle préjudicierait.

359. La décision du jury, revêtue de l'ordonnance
d'exécution du magistrat directeur, doit être notifiée aux
intéressés; le tarif prévoit cette notification, art. 1ᵉʳ, n° 8.

SECTION VI. — *Des moyens de faire réformer les décisions du jury, et des conséquences d'une réformation.*

§ 1ᵉʳ. — Du pourvoi en cassation contre la décision du jury.

SOMMAIRE.

360. La décision prononcée par le jury est, quant au
fond, sans recours, nous l'avons dit n° 345; mais, si elle
est irrégulière en la forme, elle peut être annulée par la

Cour de cassation ; en effet, l'article 42 de la loi du 7 juillet s'exprime ainsi : *La décision du jury ne peut être attaquée que par la voie du recours en cassation et seulement pour violation du premier paragraphe de l'article* 30 *et des articles* 31, 35, 36, 37, 38, 39 *et* 40.

361. Il suffit de se reporter à chacun de ces articles pour voir quelles sont les violations des prescriptions légales donnant ouverture à cassation. Ainsi, le défaut de désignation par la Cour (ou le tribunal), *toutes chambres réunies,* ou le choix de *moins de seize jurés,* entraînerait annulation, aux termes du premier paragraphe de l'article 30.

362. Si l'on avait omis de choisir quatre jurés supplémentaires, y aurait-il lieu à recours ? Le texte de la loi fait de cette disposition le paragraphe 2 de l'article 30 ; ainsi, d'après l'interprétation littérale, il faut dire qu'il n'y aurait pas de recours, et cependant on n'aperçoit guère le motif de cette différence entre les conséquences de la violation du premier paragraphe et celles de la violation du second. S'il y a erreur, les procès-verbaux de la Chambre la feraient peut-être reconnaître; jusque-là, il faut s'en tenir à la lettre.

363. Après les prescriptions du premier paragraphe de l'article 30, viennent les formes concernant la convocation des jurés et des parties : le nombre des jurés nécessaires pour la constitution du jury et la validité de ses décisions, le mode et la publicité de l'instruction, le secret de la délibération, la nécessité de fixations distinctes pour chaque intéressé, l'abstention de la part du jury, sur toutes difficultés qui ne seraient pas relatives au réglement de l'indemnité, les bases de la répartition des dépens, tels sont sommairement les divers points dont la violation entraînerait nullité des opérations du jury.

364. La violation des articles qui ont pour objet de régler la formation du jury (les dispositions du premier paragraphe de l'article 3o exceptés), les exclusions, empêchemens et incompatibilités, le remplacement des jurés manquans, l'assistance du greffier, la tenue du procès-verbal, les récusations des parties, n'est pas, ainsi que nous avons déjà eu occasion de le remarquer, cause de cassation des décisions qui interviennent ensuite.

365. L'article 20 de la loi du 7 juillet 1833, en énumérant les causes de cassation du jugement d'expropriation, ajoute aux vices de forme *l'incompétence* et *l'excès de pouvoir*. L'article 42 n'a point reproduit ces termes; faut-il en conclure que la violation des dispositions reprises dans cet article puisse seule faire annuler les décisions rendues par le jury, tandis que d'autres irrégularités plus graves peut-être pourraient entacher son verdict, sans qu'il fût possible de parvenir à les faire redresser? Ainsi un magistrat directeur pourrait-il impunément envoyer l'État en possession de la propriété estimée, sans lui imposer l'obligation du paiement ou de la consignation préalable? pourrait-il juger le droit de plusieurs prétendans et ordonner incompétemment le paiement à l'un d'eux? faudrait-il exécuter le jugement du jury sur une affaire dont il n'aurait pas été saisi au moment de sa formation? la Cour de cassation, en un mot, devrait-elle respecter tant d'autres faits ayant le même caractère qui pourraient se présenter et qui constituent de véritables excès de pouvoir ou vicient d'incompétence les décisions rendues? Nous ne saurions le croire; l'incompétence et l'abus de pouvoir sont des moyens généraux de cassation d'une importance trop majeure pour qu'il soit entré dans l'esprit du législateur de les interdire dans le cas présent; aussi admettons-nous la distinction proposée

par M. Delaleau entre les moyens généraux de cassation puisés tant dans les principes des compétences que dans ceux relatifs aux limites respectives des diverses juridictions, et les moyens tirés de la violation des dispositions d'une loi spéciale. Ce serait, d'après cet auteur, sur la violation de la loi spéciale que porterait la restriction de l'article 42, restriction qui laisserait entier le pouvoir réformateur de la Cour suprême à l'égard de toute décision entachée d'incompétence ou d'excès de pouvoir.

Il faut remarquer que cette solution de la question, si elle est admise, fournira le moyen de soumettre à la Cour de cassation la violation de certains articles qui ne figurent pas dans l'article 42, mais qui constitueraient un abus de pouvoir : ainsi, par exemple, le maintien dans le jury d'un juré récusé (n° 269).

366. Par ces mots de l'article 42 : *décision du jury*, il faut entendre non-seulement la décision elle-même, mais encore l'ordonnance du magistrat directeur qui la rend exécutoire, statue sur les dépens et envoie en possession. On retrouve en effet l'article 40 qui détermine cette partie des fonctions de ce magistrat au nombre de ceux dont les dispositions doivent être observées à peine de nullité.

367. Le délai pour former le recours est de quinze jours; il commence à courir de celui de la décision. C'est un délai *franc*, qui ne comprend ni le jour de la décision, ni le jour du terme; un arrêt de la Cour de cassation[1] qui le décide ainsi, a déjà été cité par nous (n° 169).

368. Remarquons, quant au point de départ du délai pour former le pourvoi, que l'article 42 de la loi du 7 juillet dit : *à partir du jour de la décision;* l'article 20 au contraire, en limitant le délai pour le pourvoi contre

---

[1] Sirey, t. 36, 1, p. 12.

le jugement d'expropriation, se sert de ces expressions : *à dater de celui de la notification*. Le motif de cette différence est probablement que les intéressés ne sont point appelés au jugement qui prononce l'expropriation, tandis qu'ils le sont devant le jury d'indemnité; la loi les considère comme présens au réglement, et si par leur absence ils ignorent la décision rendue, ils ne doivent l'imputer qu'à eux-mêmes, car ils étaient avertis d'y assister ou de s'y faire représenter. Ainsi l'absence n'empêcherait pas l'application rigoureuse du délai à la partie qui voudrait faire réformer la décision. De ce qui précède il résulte que, encore bien que les parties soient appelées, celles qui ne comparaissent pas n'ont pas le droit de former opposition à la décision rendue par défaut.

369. Le pourvoi est-il suspensif? nous avons résolu cette question négativement, lorsqu'elle s'est présentée par rapport au pourvoi contre le jugement (n° 187). La solution dans le cas actuel est la même, et la décision du jury, comme le jugement d'expropriation, pourrait recevoir son exécution, nonobstant tout pourvoi qui serait formé.

370. La loi des 16 — 19 juillet 1793 porte qu'*il ne sera fait, par la Trésorerie nationale et par les caisses des diverses administrations de la République, aucun paiement en vertu de jugemens qui seront attaqués par la voie de la cassation, dans les termes prescrits par la loi, qu'au préalable ceux au profit desquels lesdits jugemens auraient été rendus n'aient donné bonne et suffisante caution pour la sûreté des sommes à eux adjugées.* Cette disposition devrait-elle s'appliquer aux paiemens à effectuer en vertu des décisions du jury? Il ne nous paraît pas que le cas puisse se présenter d'en faire application; les particuliers ne peuvent pas contraindre l'administration à l'exécution des jugemens d'expropriation; d'un autre côté,

celle-ci ne doit payer l'indemnité qu'autant qu'elle prend possession; si donc l'État est demandeur en cassation, il ne prendra certes pas possession et le pourvoi sera de fait suspensif; au cas contraire, celui où l'une des parties se serait pourvue contre le jugement, l'État sans doute pourrait exécuter la décision, mais, aux termes de l'article 53, il devrait préalablement offrir le paiement de l'indemnité, et l'on ne concevrait pas qu'il pût faire cette offre sous la condition que celui à qui elle est faite ne pourrait l'accepter qu'en fournissant caution; ce ne serait plus là une offre de paiement. L'administration peut aller en avant ou s'arrêter en présence du pourvoi; mais, si elle adopte le premier parti, elle doit commencer par payer la somme allouée par le jury et cette obligation ne souffre aucune restriction. Les mesures conservatoires de la loi de 1793 sont faites pour le cas où le trésor ne peut se dispenser de payer la somme réclamée, où il se trouve dans la position d'un *tiers-débiteur*, et non pour celui où il est le maître de s'abstenir des actes qui entraînent la nécessité du paiement.

371. Le pourvoi, dit enfin l'article 42, est *formé, notifié et jugé*, comme il est dit en l'article 20; il suit de là qu'il doit être formé au greffe du tribunal auquel appartient le juge ayant rempli les fonctions de magistrat directeur, et notifié dans la huitaine soit à la partie, soit au préfet. S'il a lieu dans l'intérêt de l'État, la déclaration en sera faite par le préfet, mais le mémoire à l'appui pourrait être signé par une autre personne, le directeur général des ponts-et-chaussées par exemple, en tant toutefois que les travaux seraient de son ressort, sans qu'il en résultât de fin de non-recevoir contre le pourvoi [1].

---

[1] Sirey, t. 36, 1, p. 12.

Il résulte encore de ce que nous disons au commencement de ce numéro, que les pièces sont adressées dans la
quinzaine, directement à la chambre civile de la Cour de
cassation, qui doit statuer dans le mois suivant, et que
l'arrêt rendu par défaut après l'expiration du mois, depuis
la réception, ne serait pas susceptible d'opposition de la
part des défaillans. Voir au surplus les n°s 174 et suivans,
dont le contenu est entièrement applicable au recours
contre les opérations du jury.

§ II. — Du renvoi après cassation.

SOMMAIRE.

372. En cassant, la Cour renvoie devant un nouveau jury pris dans l'arrondissement des biens.
373. Par qui doit être dirigé le nouveau jury.
374. L'ordonnance d'exécution peut être cassée et la décision du jury subsister.
— Comment doit-il être procédé dans ce cas?
375. Du pourvoi dans l'intérêt de la loi.

372. Lorsque la Cour annule une décision qui lui est
déférée, elle renvoie l'affaire devant un autre jury *choisi
dans le même arrondissement*, et il est à cet effet procédé
conformément à l'article 30 de la loi du 7 juillet 1833
(art. 43 de la même loi), c'est-à-dire que le jury est choisi
par la Cour ou le Tribunal sur la liste dressée par le conseil général; c'est toujours un jury pris dans l'arrondissement de la situation des biens qui doit pourvoir à la fixation de l'indemnité [1]. Mais peut-il se trouver dans ce
nouveau jury des membres de celui dont la décision a été
annulée? L'article 43 du projet portait: *Les membres du
jury qui auront rendu la décision annulée ne pourront
faire partie du nouveau jury;* cette restriction a été repoussée par le motif que son application pourrait parfois

[1] Sirey, t. 35, 1, p. 949; Dalloz, 1835, 1re partie, p. 307.

entraver les opérations, et qu'il serait difficile de trouver des membres nouveaux : ainsi la présence dans le jury de personnes qui ont pris part aux délibérations premières ne vicierait pas les opérations : la Cour de cassation a admis ce principe dans son arrêt du 11 janvier 1835[1]. Cependant il paraît convenable de composer, autant que possible, le jury de membres nouveaux, et nous ne dou‑tons pas que les corps judiciaires chargés de faire le choix ne comprennent que, bien que le pourvoi se fonde sur un vice de forme, il n'intervient que parce que la partie qui y a recours se croit lésée au fond, et qu'il est juste dès lors d'appeler des hommes nouveaux à faire une apprécia‑tion nouvelle.

373. L'article 43, en disposant relativement au renvoi devant un autre jury, ne décide pas par qui sera dirigé ce jury : sera‑ce par le magistrat qui était placé à la tête du précédent ? Le silence de la loi doit s'interpréter en ce sens, que le magistrat reste le même : il est en effet étran‑ger à la décision ; dès lors les principes sur la matière ne s'opposent nullement à ce qu'il soit de nouveau appelé à diriger les opérations d'un autre jury saisi de la même affaire.

Si cependant dans les motifs de la cassation de la pre‑mière décision il s'en trouvait qui provinssent du fait du magistrat directeur, si par exemple il n'avait pas composé le jury d'une manière légale, et qu'il fût ainsi l'auteur du vice qui en a entaché la décision, dans ce dernier cas, il ne serait plus possible, sans froisser toutes les idées reçues sur les rapports entre la Cour suprême et les tribunaux inférieurs, qu'il figurât dans la nouvelle affaire : il de‑vrait être remplacé par le tribunal dont il avait reçu sa

---

[1] Sirey, t. 35, 1, p. 949 ; Dalloz, 1835, 1re part., p. 307.

mission, alors même qu'en prononçant le renvoi, la Cour n'aurait point dit qu'il serait nommé un nouveau magistrat directeur.

374. Nous avons dit, n° 366, que le recours en cassation portait non-seulement sur la décision du jury proprement dite, mais encore sur l'ordonnance d'exécution rendue par le magistrat directeur. Il se présentera donc des cas où la décision sera reconnue régulière, mais où quelque vice de forme signalé dans l'ordonnance du magistrat, quelque disposition de cette même ordonnance entachée d'incompétence ou d'excès de pouvoir, forcera la Cour à en prononcer l'annulation ; cette annulation entraînerait-elle celle de la décision du jury, et les parties seraient-elles privées par là du bénéfice d'un réglement régulièrement opéré? Nous ne le croyons pas. L'ordonnance seule est vicieuse, nous le supposons ; c'est sur la partie viciée seulement que portera la cassation ; par conséquent, la décision du jury subsistera ; la Cour de cassation n'aura pas à renvoyer devant un nouveau jury, mais bien devant un nouveau magistrat, pour donner à la décision qui fixe l'indemnité la force d'exécution qui lui manque. Dans ce cas, le nouveau magistrat directeur sera nommé comme il est dit au numéro précédent; sa mission consistera à déclarer la décision du jury exécutoire, statuer sur les dépens, les taxer et envoyer l'administration en possession de la propriété, aux charges de droit, le tout conformément à l'article 41 de la loi du 7 juillet.

En résumé, la décision du jury entachée d'un vice quelconque étranger au magistrat directeur est-elle cassée? renvoi par suite est prononcé devant un autre jury, qui sera dirigé par le même magistrat :

La même décision est-elle viciée par une erreur provenant du magistrat directeur? son annulation est suivie du renvoi devant un nouveau jury, qui cette fois devra être dirigé par un magistrat nouveau aussi :

Enfin, s'il arrivait que la décision fût régulière, mais l'ordonnance d'exécution irrégulière, la décision serait maintenue, l'ordonnance annulée, et le renvoi prononcé à un nouveau magistrat, pour une ordonnance nouvelle être rendue par lui.

375. Le pourvoi peut être formé dans l'intérêt de la loi, mais sans apporter aucun changement à la position des parties, telle que la décision attaquée l'aurait faite.

CHAPITRE III.

Du paiement des indemnités.

SOMMAIRE.

376. Plusieurs fois déjà nous avons eu occasion de parler du principe qui domine l'expropriation ; c'est que, en fait, la propriété ne peut passer entre les mains de l'État, que le propriétaire ne peut en être dépouillé, qu'autant que l'indemnité fixée, soit amiablement, soit par l'acceptation des offres, soit par le jury spécial, lui *aura été* payée. Le paiement *préalable* est la condition absolue sans laquelle le propriétaire n'est pas tenu d'abandonner l'immeuble destiné aux travaux d'utilité publique.

377. En général, l'administration peut faire le paiement de l'indemnité quand bon lui semble ; elle n'a pour cela qu'à s'abstenir de prendre possession. Néanmoins lorsque la somme offerte a été acceptée par le propriétaire et que, dans les délais accordés aux créanciers inscrits et autres intéressés pour réclamer contre cette acceptation, il n'intervient de la part de ceux-ci aucune notification, la fixation étant désormais irrévocable, le montant de l'indemnité doit être, si le propriétaire l'exige, versé par l'administration à la caisse des consignations, pour être remis ou distribué à qui il appartiendra, selon les règles du droit commun (art. 59 de la loi du 7 juillet 1833).

378. En prescrivant le dépôt à la caisse des consignations, l'article 59 précité suppose que la propriété n'est pas libre, qu'il y a obstacle au paiement ; s'il en était autrement, le propriétaire pourrait-il exiger, après le délai de la transcription, pendant lequel des inscriptions peuvent survenir, le paiement entre ses mains de la somme offerte ? Cela ne paraît pas douteux, c'est la conséquence de l'offre qu'elle soit réalisée dès qu'il n'y a aucun obstacle à cette réalisation.

379. Lorsque, après un réglement par le jury, l'administration veut se mettre en possession, elle doit acquitter les indemnités entre les mains des ayans-droit ; si l'intérêt des particuliers veut que ce paiement précède leur dépossession effective, l'intérêt public ne peut pas avoir à souffrir du mauvais vouloir ou de toute autre cause qui pourrait amener un refus de leur part : aussi l'article 53 de la loi du 7 juillet ajoute : *au cas de refus, la prise de possession aura lieu après offres réelles suivies de consignation*, consignation qui, dans ce cas comme dans plusieurs autres dont nous allons avoir à nous occuper, équivaut à un paiement.

380. Aux termes de l'article 15 de la loi du 7 juillet, les significations prescrites par cette loi sont faites, à défaut de domicile élu, par double copie, dont l'une est laissée au maire et l'autre au fermier, locataire ou régisseur de la propriété. On ne peut douter que ce mode pourrait être valablement employé pour faire les offres réelles qui doivent précéder la consignation ; il y a en cela dérogation au paragraphe 6 de l'article 1258 du Code civil, qui prescrit de les faire, à défaut de convention spéciale, à la personne ou au domicile du créancier. Cette dérogation s'explique par l'obligation imposée à l'État de faire toutes les démarches nécessaires pour parvenir à un paiement amiable, ainsi que nous le disons dans le numéro suivant, obligation par suite de laquelle ces offres ne sont plus qu'une simple formalité.

381. Il ne faut pas perdre de vue que l'article 53 précité dit : *s'ils se refusent* (les indemnitaires) *à les recevoir* ; il s'ensuit que ces offres ne sont qu'une simple formalité à laquelle on ne procède que lorsque le refus est certain, connu de l'administration. L'administration doit donc commencer par entamer, avec les propriétaires et au-

tres auxquels des indemnités ont été allouées, des rapports
directs, leur faire connaître son intention de se libérer en
versant entre leurs mains les sommes auxquelles ils ont
droit; et ce n'est qu'en cas de refus de leur part qu'elle
peut prendre la voie des offres réelles pour parvenir à se
mettre en possession.

382. La prise *de possession aura lieu* après offres, etc.;
il n'est donc pas nécessaire de faire déclarer la validité des
offres pour pouvoir prendre possession ; ce sont là des longueurs, des frais que l'on a voulu épargner à l'administration, qui a besoin de pouvoir marcher avec promptitude,
nous l'avons déjà dit bien des fois.

383. Mais si, la consignation opérée, il n'y a plus aucun
obstacle à ce que l'administration mette la main à l'œuvre
et dispose librement du terrain exproprié sans devoir recourir à la déclaration de validité des offres, sa libération n'est opérée qu'autant qu'elles sont valables; à cet
égard il faut se reporter aux dispositions générales du
Code civil : ainsi, pour que la chose consignée soit au risque du créancier (1257, Code civil), il faut que les offres
aient été faites à la personne qui avait la capacité de recevoir ou pouvoir de recevoir pour elle, qu'elles soient de la
totalité de la somme exigible, des arrérages ou intérêts
dus, des frais liquidés, sauf à parfaire (1258 Code civil).

Faut-il, comme le prescrit ce même article, qu'elles
soient faites par un huissier? Non, car l'article 57 de la loi
de 1833 autorise l'emploi pour les significations et notifications, des agens de l'administration, concurremment
avec les huissiers.

384. Quant à la consignation, nul doute qu'elle doive
s'effectuer dans les formes du droit commun et qu'il faille,
comme le veut l'article 1259, Code civil, une sommation
au créancier d'y être présent, remise effective des espèces

au lieu du dépôt, procès-verbal dressé par l'officier ministériel ou l'agent qui opère le dépôt, et, en cas de non-
comparution de créancier, signification de ce procès-verbal avec sommation de retirer la somme déposée.

385. Il peut se faire que l'ayant-droit soit incapable
de recevoir, que des hypothèques soient inscrites sur l'immeuble, des oppositions faites entre les mains de l'administration sur les sommes allouées ; qu'il y ait contestation
sur le droit des réclamans soit de la part de l'administration, soit de particulier à particulier. Dans toutes ces circonstances, l'administration ne peut se libérer entre les
mains des prétendans-droit ; il faut que les hypothèques
soient rayées, que toutes contestations soient vidées, et que le
véritable ayant-droit soit connu, pour que le paiement
puisse être fait avec sécurité. Mais les travaux, d'une part,
ne pouvaient rester en suspens jusqu'à ce que l'on ait obtenu
cette sécurité ; de l'autre, il était complétement inutile de
remplir la formalité des offres à l'égard de propriétaires
qui eussent volontiers reçu sans doute, mais auxquels on
ne pouvait payer ; aussi, en appliquant, au cas d'obstacles
à la libération, la faculté de faire une consignation qui
équivaut au paiement, l'article 54 de la loi de 1833 dé-
clare-t-il qu'il n'y a pas d'offres réelles à faire : *Il ne sera
pas fait d'offres réelles,* dit cet article, *toutes les fois qu'il
existera des inscriptions sur l'immeuble exproprié ou
d'autres obstacles au versement des deniers entre les
mains des ayans-droit ; dans ce cas il suffira que les
sommes dues par l'administration soient consignées pour
être ultérieurement distribuées ou remises selon les règles
du droit commun.*

386. Lorsqu'il y a accord avec le propriétaire, nous
avons vu qu'un créancier, un usufruitier, pouvaient réclamer
le réglement de l'indemnité par le jury ; la conséquence de

17

cette réclamation peut être une fixation inférieure ou supérieure à la somme convenue amiablement. Quelle est,
dans ces cas, la somme à consigner et celle à payer par
l'administration? Cette question fut soulevée à la tribune:
on supposait le prix convenu pour un immeuble entre
l'administration et le propriétaire, être de 2,000 fr., des
créanciers pour 2,500 fr. réclamant l'intervention du jury,
et celui-ci allouant 3,000 fr.; et l'on disait : il suffira de
consigner la somme nécessaire pour désintéresser les tiers;
le surplus sera remis au propriétaire. Nous ne voyons rien
à critiquer dans cette solution, en tant qu'elle concerne *la
somme à consigner;* mais en ajoutant : *le surplus sera
remis au propriétaire,* on donnait à la question de *la
somme à payer* une solution que nous ne pouvons admettre. Nous ne croyons pas en effet que l'intervention
du jury ait pour résultat de tout remettre en question
vis-à-vis de tous les intéressés, d'anéantir les conventions
légalement intervenues; nous pensons au contraire que les
contrats qui ont fixé le prix de la cession subsistent entre
l'administration et les vendeurs, qu'ils continuent à régler
leurs rapports respectifs; qu'ainsi, au cas où le réglement
par le jury amènerait une allocation supérieure au prix
convenu, l'administration ne serait tenue de cette somme
qu'envers l'usufruitier ou les créanciers, s'ils le sont de
sommes suffisantes pour l'absorber : de cette manière, au
cas d'usufruit, le paiement ne se fait que pour l'usufruitier, et, à sa mort, la différence entre la somme convenue
et celle allouée fait retour à l'État; au cas de créanciers,
c'est à ceux-ci que la somme allouée est payée, mais en
l'acquit du débiteur et avec subrogation contre lui pour
tout ce qui excède la valeur attribuée par le contrat à sa
propriété.

A plus forte raison, si les créanciers n'absorbaient pas

la totalité de l'allocation supérieure à la convention, l'État
n'aurait aucun excédant à remettre au propriétaire; en
faveur de notre opinion, nous pouvons invoquer l'article 2191 du Code civil : au cas, en effet, où, par suite de
la surenchère d'un créancier inscrit, l'acquéreur a payé
au-delà de son prix, cet article lui donne un recours contre son vendeur pour se faire rembourser de la différence.
Le motif de cette disposition, c'est que la loi considère
qu'entre eux le prix était irrévocablement fixé par le contrat et que la mise aux enchères n'a pas anéanti ce contrat. Or, une analogie complète avec la question que nous
examinons doit amener une décision identique.

Si, par impossible, l'allocation par le jury était inférieure à la somme amiablement convenue, il est évident
que les droits des créanciers ne s'en exerceraient pas
moins sur l'intégralité de cette dernière somme.

387. Nous avons soulevé, dans le n° 214, une difficulté
du même genre, à propos de l'acceptation des offres par
quelques-uns des copropriétaires et du refus par les autres, divergence qui nécessiterait l'intervention du jury.
Alors la décision du jury ne pourra être invoquée que
par ceux qui l'auront provoquée ; quant aux autres,
leur acceptation des offres fixe définitivement la somme à
laquelle ils ont droit; l'État en effet doit être considéré
comme cessionnaire de la portion indivise appartenant,
dans l'immeuble exproprié, à ceux qui ont accepté les offres; il leur paiera donc le prix de sa cession et viendra
les représenter et prendre leur part dans le partage qui se
fera ensuite de la somme allouée; il rentrera de cette
manière soit réellement, s'il avait dû consigner, soit ficti-
vement, s'il paie aux propriétaires, dans la différence
entre la somme allouée et la somme acceptée.

388. Les obstacles au paiement, entre les mains des

ayans-droit, sont le plus souvent connus avant la fin des
opérations du jury, et nous avons pensé que le magistrat
directeur devrait faire entrer dans son ordonnance l'obligation de consigner. S'il ne le faisait ou si l'obstacle ne
survenait que postérieurement, ce serait l'article 54 qui
régirait l'accomplissement de cette formalité; mais, à moins
d'urgence, nous pensons que l'administration devrait laisser à l'indemnitaire le temps de lever l'obstacle en rapportant main-levée d'une opposition, en obtenant, à l'aide
d'un autre gage ou par remboursement, la radiation des
hypothèques; en effet, il faut reconnaître que la consignation est une mesure toujours préjudiciable aux intérêts
des propriétaires, et que l'on doit, autant que possible,
éviter. Mais, s'il y a nécessité pour l'administration de
prendre promptement possession de l'immeuble, une simple opposition suffirait pour motiver la consignation.

389. On peut se demander si, dans le cas où il y a
plusieurs oppositions formées entre les mains de l'administration pour des sommes inférieures à l'indemnité allouée, il y a lieu de consigner l'indemnité en totalité ou
seulement jusqu'à concurrence des saisies-arrêts prati-
quées? La consignation doit comprendre la totalité de la
somme accordée par le jury : en effet, jusqu'à ce qu'il y
ait versement des fonds à chaque opposant, ceux qui surviendraient auraient droit de participer à la distribution
des deniers; par là, la somme qu'on avait cru suffisante
d'abord peut cesser de l'être, et l'opposant, au cas où la
totalité de l'indemnité n'aurait pas été consignée, pourrait
élever un recours contre l'État, pour qu'il ait à remettre
aux créanciers ce qui aurait été, postérieurement à l'opposition, payé au propriétaire leur débiteur; car l'opposition, quoique faite pour une somme déterminée, n'embrasse pas moins la totalité de ce que le tiers-détenteur

possède appartenant au débiteur de l'opposant; celui-ci manifeste la volonté d'être payé de ce qui lui est dû sur tout ce qui se trouve entre les mains du tiers, qui ne peut plus se dessaisir d'aucune partie sans courir le risque de réparer personnellement le tort qui pourrait en être la conséquence : l'État tiers-détenteur, dans l'espèce, doit donc tout consigner.

390. La consignation ne doit être opérée qu'à l'égard des sommes sur lesquelles porte l'obstacle : ainsi l'opposition faite à la charge du propriétaire n'empêche par le paiement, aux fermiers ou locataires, des indemnités qu'ils peuvent avoir obtenues.

Si, le bien exproprié étant grevé d'un usufruit, l'opposition frappe sur celui qui n'a que la jouissance, il faut, en principe général, consigner la somme allouée tout entière, l'opposition ne pouvant atteindre que les fruits. Cependant, lorsque l'usufruitier, ayant fourni la caution exigée par l'article 39 de la loi du 7 juillet, et se trouvant par là apte à toucher le capital de l'indemnité et libre d'exercer sa jouissance comme bon lui semble, consentira à abandonner une partie de ce capital pour éteindre la dette qui a motivé l'opposition, il n'y aura pas lieu à consignation et l'administration devra se libérer, entre les mains de l'opposant, jusqu'à concurrence de sa créance et pour le surplus en celles de l'usufruitier.

391. La consignation est toujours une mesure fâcheuse pour ceux qui ont des droits à exercer sur la somme consignée; aussi la loi ne l'autorise-t-elle qu'en cas d'obstacle, et l'obstacle même cesserait si les intéressés s'entendaient pour disposer autrement de leurs droits respectifs et mettre la responsabilité de l'administration à couvert : il n'y aurait plus alors pour celle-ci aucun motif de refuser le paiement à celui même à qui l'indemnité est allouée.

TITRE IV.

CHAPITRE UNIQUE.

Dispositions spéciales touchant les actes auxquels donne lieu l'expropriation.

SECTION Ire. — *De la forme des actes.*

SOMMAIRE.

392. Tous les actes relatifs à l'acquisition des terrains peuvent être passés dans la forme administrative.
393. Le fonctionnaire de l'ordre administratif qui reçoit un acte ne peut y figurer comme partie.
394. Les conditions matérielles de régularité sont les mêmes que pour les actes notariés.
395. De la délivrance des expéditions.
396. Les règles ci-dessus sont applicables au cas de cassation.
397. Les difficultés sur l'exécution de ces contrats sont du ressort des tribunaux civils.

392. Les contrats de vente, quittances et tous autres actes relatifs à l'acquisition des terrains, *peuvent* être passés dans la forme des actes administratifs. C'est une faculté qui laisse à l'administration le choix entre la forme authentique ordinaire, la passation des actes par les notaires, et celle par-devant les magistrats de l'ordre administratif qui ont qualité pour imprimer un caractère d'authenticité aux actes qu'ils reçoivent.

Indépendamment du préfet, nous rangerons au nombre des administrateurs devant qui ces actes peuvent être faits, les sous-préfets, les maires et leurs adjoints ; tous, nous le croyons, pourraient recevoir les contrats de vente et tous autres qui concerneraient l'acquisition des terrains nécessaires aux travaux d'utilité publique, encore que l'ar-

ticle 56 de la loi du 7 juillet semble attribuer cette mission au préfet seul, en disant : *La minute restera déposée
au secrétariat de la préfecture.* Sans contredit les préfets
sont les magistrats qui le plus souvent recevront les actes
de ce genre, et, dans ce cas, la minute restera déposée au
secrétariat de la préfecture, mais nous ne doutons pas que
toutes les fois qu'il s'agira d'une acquisition de terrains
par une commune, pour l'exécution de travaux dans l'intérêt exclusif de la commune, le maire ne puisse recevoir
les contrats de ventes et autres relatifs à cette acquisition,
sauf à faire approuver par le préfet les actes ainsi reçus,
puisqu'il entre dans les *formes administratives* que les
actes des maires soient soumis à cette approbation : la
minute, s'il en a été ainsi, restera déposée au secrétariat
de la mairie pour faire partie des archives de la commune.

393. Lorsque, à l'occasion d'une acquisition, un acte est
reçu par un préfet, un maire ou autre fonctionnaire ayant
qualité, le fonctionnaire qui le reçoit peut-il y figurer en
même temps et comme *instrument et comme partie?* en
d'autres termes, peut-il stipuler personnellement comme représentant la ville ou le département acquéreur et comme
officier public donnant à la stipulation le caractère authentique? Cette question, qui n'en paraît pas une, nous
est suggérée par le contexte d'un contrat de vente dans
lequel un maire, après avoir reçu comme fonctionnaire,
avec la formule *par-devant nous,* etc., la déclaration de
vente, comparaissait devant lui-même et déclarait acheter
au nom de la ville la propriété pour la somme de ..... On
aperçoit de suite ce qu'il y a de vicieux dans ce double
caractère; et les motifs qui font refuser aux notaires le
droit de recevoir des contrats dans lesquels ils stipulent, ont
quelque chose de si rationnel, qu'il faut les appliquer aux

actes administratifs; ainsi le maire, s'il reçoit l'acte, devra faire intervenir, pour accepter au nom de la ville,
l'un de ses adjoints, et le préfet, en semblable occurence,
déléguera à un autre fonctionnaire la mission de stipuler
les intérêts du département ou de l'État.

394. Au reste les actes reçus en la forme administrative sont soumis aux mêmes conditions de régularité que
ceux notariés : ils ne peuvent donc contenir d'interli-
gnes; tout renvoi, toute rature doivent être approuvés des
parties et du fonctionnaire qui reçoit l'acte; les dates, les
sommes sur lesquelles portent les stipulations, doivent
être écrites *en toutes lettres ;* si l'une des parties comparaît par fondé de pouvoirs, la procuration doit rester annexée.

395. Les personnes qui ont besoin soit de la grosse de
ces actes, soit de simples expéditions certifiées conformes,
doivent s'adresser aux dépositaires, qui les délivrent à la
demande des intéressés; il est dû pour cette délivrance un
émolument calculé sur le même taux que les copies de
pièces certifiées par les huissiers (tarif du 18 septembre
1833, art. 6), c'est-à-dire à raison de 30 centimes par
chaque rôle de 28 lignes à la page et 14 à 16 syllabes à
la ligne.

396. La forme autorisée par l'article 56 de la loi du 7
juillet 1833 est applicable aux travaux concédés à des
entrepreneurs, comme à ceux exécutés par l'administration elle-même, seulement les concessionnaires ne pourraient exiger des préfets et autres magistrats qu'ils leur
prêtassent leur ministère : il n'était pas possible, en effet, de mettre les fonctionnaires à la disposition des concessionnaires; leur intervention, s'ils l'accordent, sera
donc toute volontaire.

397. Pour avoir la forme administrative, ces actes n'en

sont pas moins de véritables conventions civiles ; par conséquent, tout ce qui concernerait leur exécution, leur interprétation, devrait être soumis, non aux tribunaux administratifs, mais aux tribunaux civils, qui seuls pourraient en connaître.

SECTION II. — *De la forme des significations et notifications.*

SOMMAIRE.

398. A quelle requête les actes sont-ils signifiés ?

399. A qui les particuliers doivent-ils notifier les actes qui leur sont imposés ?

400. Par qui les significations sont-elles faites ?

401. Que faut-il entendre par ces expressions de l'article 57 : *tout agent de l'administration ?*

402. Cette dénomination ne comprend pas les maires et adjoints.

403. Les articles 6 et 64 du Code de procédure civile sont applicables aux actes dont il s'agit ?

404. Les notifications faites à des fonctionnaires publics doivent être visées par eux.

405. Décision de la Cour de cassation concernant la nécessité de dresser original et copie des notifications.

406. Tous actes quelconques sont compris sous ces termes : *notifications* et *significations.*

398. *Les notifications et significations*, dit l'article 57 de la loi du 7 juillet 1833, *mentionnées dans la présente, sont faites* A LA DILIGENCE *du préfet du département de la situation des biens ;* mais toutes ne sont pas nécessairement faites *à sa requête ;* il faut distinguer entre celles où le préfet agit comme magistrat, par exemple, dans la convocation des jurés et des parties dans l'arrondissement du siége de la préfecture, et celles où il agit seulement comme représentant le département ou l'État. Les premières devront toujours être faites à sa requête ; les secondes le seront également, s'il s'agit de travaux dans l'intérêt de l'État ou du département, exécutés par l'administration ; mais

s'il s'agissait de travaux d'un intérêt purement communal,
ou si une concession avait mis des particuliers aux lieu et
place de l'administration, au premier cas, le maire, qui est
le représentant direct de la commune, et au second, les concessionnaires, pourraient faire faire ces sortes de notifications à leur requête; ainsi la signification des offres après
l'expropriation pourrait être faite à *la requête du maire*
de la commune ou des concessionnaires qui doivent les
acquitter; il en serait de même de la notification d'un
pourvoi. Il est bien entendu que les règles d'administration, les formalités pour la disposition des deniers
publics, demeurent entières et doivent toujours être accomplies.

399. Réciproquement, c'est au préfet que les particuliers doivent adresser les notifications qu'ils ont à faire à
l'administration, à moins qu'il ne s'agisse de la réponse à
un acte qui leur aurait été signifié *à une autre requête*,
auquel cas il y aurait lieu d'en suivre les indications.

400. L'article 57 précité dit dans son second paragraphe : *elles* (les significations) *peuvent être faites tant par*
huissier que par tout agent de l'administration dont les
procès-verbaux font foi en justice : cette disposition s'applique aussi bien aux significations à faire par les particuliers qu'à celles qui leur sont destinées; seulement les citoyens ne pourraient que réclamer de la bonne volonté de
l'administration qu'elle enjoignît à ses agens d'instrumenter, faveur qui s'obtiendra difficilement à cause des exigences du service public.

401. Que faut-il entendre par ces expressions, *tout*
agent de l'administration ?

L'administration n'a point d'agens qui puissent constater toute espèce de faits, en donnant à leurs procès-
verbaux la force qu'on traduit en pratique par ces mots :

« *fait foi en justice* jusqu'à inscription de faux, ou seulement jusqu'à preuve contraire ; » mais elle a des agens attachés aux diverses branches du service administratif et auxquels les lois attribuent qualité pour constater les contraventions aux dispositions légales qui régissent l'administration spéciale à laquelle ils sont attachés : ce sont tous ces agens auxquels l'article 57 de la loi du 7 juillet 1833 a donné le droit de faire les significations qu'entraîne son exécution.

Ainsi on peut employer pour cet objet les agens de la navigation investis par l'article 2 de la loi du 29 floréal an 10, du droit de dresser procès-verbal pour contravention en matière de grande voirie;

Les gendarmes auxquels la même loi et celle du 16 septembre 1811, art. 106 et 112, ont donné un semblable pouvoir, et qui sont appelés encore à constater les délits de chasse, de poste, etc. ;

Les gardes champêtres et forestiers (Code d'instruction criminelle, articles 9 et 16, et Code forestier, articles 176 et 177);

Les employés des douanes, des contributions indirectes (loi du 9 floréal an 7, titre IV, article 1er et 11, et 1er germinal an 13, article 20 et 26.)

Les gardes du génie (loi du 29 mars—8 avril 1806, article 2);

Les portiers-concierges des bâtimens militaires (16 septembre 1811, art. 15);

Les conducteurs des ponts-et-chaussées et cantonniers (décret du 16 décembre 1811, art. 106 et 112; ordonnance du 28 juillet 1820).

402. Les maires et adjoints peuvent aussi dresser des procès-verbaux qui font foi en justice, mais ils ne sont pas considérés comme agens de l'administration ; ce sont des

magistrats, et dès lors on ne peut les comprendre au nombre des personnes désignées par l'article 57 de la loi précitée.

403. Les notifications faites par des agens de l'administration sont, pour le contexte, soumises aux règles posées dans le Code de procédure civile, article 61 et 64 ; s'il s'agit d'une notification à personne ou à domicile, l'agent, au cas où il ne rencontrerait pas celui à qui elle s'adresse, devrait observer les prescriptions de l'article 68 du même Code.

404. Lorsque la signification se fait au maire, pour la partie, ce magistrat doit viser l'original de l'exploit ; c'est une formalité que n'indique ni l'article 15 ni l'article 57 de la loi du 7 juillet 1833, mais il est de règle en procédure que tout exploit signifié à un fonctionnaire quelconque qui le reçoit en sa qualité, soit visé par lui, et le tarif des actes de la procédure d'expropriation contient, dans son article 7, la taxe allouée aux huissiers pour ce visa.

405. Une des formes essentielles des notifications en général, et qu'il faut considérer comme commune à celles qu'entraîne l'expropriation, c'est le dressé d'un original dont copie est délivrée à celui à qui est faite la signification ; quelque élémentaire que cela soit, la Cour de cassation a eu à décider la question dans une espèce où le maire d'une commune s'était contenté d'écrire au bas de l'extrait du jugement qu'il l'avait fait notifier aux parties, et la Cour a jugé que cette mention ne pouvait suppléer à la production de l'original de la notification ; en conséquence, elle a admis un pourvoi formé long-temps après cette signification irrégulière. (Arrêt du 28 janvier 1834 [1].)

406. Les termes généraux de *signification* et *notifica-*

---

[1] Sirey, t. 34, 1, p. 206.

tion de l'article 57 embrassent la généralité des actes ;
ainsi les procès-verbaux d'offres aux parties peuvent aussi
être faits par le ministère d'agens de l'administration.

SECTION III. — *De la dispense des droits d'enregistrement et du timbre.*

SOMMAIRE.

407. Tous les actes sont visés pour timbre et enregistrés *gratis*.
408. Dimension du papier à employer.
409. La dispense du timbre s'étend aux expéditions du jugement.
410. A l'exception du paiement des droits, les actes sont soumis à toutes les dispositions des lois sur l'enregistrement.
411. Les actes reçus dans la forme administrative jouissent du délai accordé pour l'enregistrement de tous actes administratifs.
412. La dispense ne s'étend pas au-delà des actes nécessités par l'expropriation.
413. *Quid* à l'égard du contrat de rachat ?
414. *Quid* à l'égard des procurations ?

407. Toutes significations, tous actes authentiques,
toutes pièces destinées à être produites en justice, doivent, aux termes de la loi du 13 brumaire an 7, être
écrits sur papier timbré, et sont en outre soumis à la formalité de l'enregistrement ; mais cet impôt devenait assez
inutile à appliquer au cas de l'expropriation, et le plus
souvent l'État n'en eût pas profité, puisqu'il eût dû rembourser d'un côté ce qu'il aurait reçu de l'autre, et si parfois les particuliers peuvent avoir à supporter une partie
de ces frais, la faveur qui doit environner la dépossession
pour cause d'intérêt public, militait pour la dispense des
droits dont il s'agit ; ces considérations ont fait insérer
dans la loi du 7 juillet 1833 l'article 58, ainsi conçu : *Les
plans, procès-verbaux, certificats, significations, jugemens, contrats, quittances et autres actes faits en vertu
de la présente loi seront visés pour timbre et enregistrés
gratis, lorsqu'il y aura lieu à la formalité de l'enregis-*

trement. Les actes faits en vertu de la loi sur l'expropriation ne doivent donc engendrer aucuns frais de timbre ni d'enregistrement.

408. Les huissiers ou agens qui auront des actes à signifier pour les matières d'expropriation, devront les dresser sur papier libre qu'ils feront viser pour timbre par les receveurs de l'enregistrement; mais la dimension des papiers qu'ils présenteront au visa devra être égale au moins à celle des feuilles assujéties au timbre de 70 cent. (article 8 du tarif.)

Les greffiers agiront de même; seulement la dimension du papier à employer par eux est celle des feuilles à 1 fr. 25 c. (art. 9 du même tarif.)

409. Les expéditions des jugemens· doivent-elles être délivrées sur papier visé? L'article 58 ne les comprend pas dans son énumération, mais elles sont prévues par la loi, et dès lors doivent jouir de la dispense. Le dernier paragraphe de l'article 15 du tarif lève à cet égard toute incertitude en disant : *Les greffiers seront tenus de la fourniture du papier des expéditions ou extraits qu'ils devront aussi faire viser pour timbre.*

410. Ceux des actes nécessités par l'expropriation et qui sont soumis, aux termes des lois générales, à la formalité de l'enregistrement, ne s'en trouvent pas dispensés par celle de la matière; seulement cet enregistrement s'opère sans frais; il en résulte qu'à l'exception du paiement du droit, toutes les dispositions des lois sur l'enregistrement doivent être suivies, notamment en ce qui concerne les délais, dont l'inobservation par ceux qui ont fait ou reçu ces actes entraînerait condamnation aux amendes prononcées en pareil cas.

Ces délais, fixés par la loi du 22 frimaire an 7, sont de quatre jours pour les actes des huissiers, disposition qui doit évidemment s'appliquer à ceux signifiés par les agens de l'administration; de dix ou quinze jours pour les actes des notaires, selon qu'ils résident ou non dans la commune où est établi le bureau de l'enregistrement, et, d'après la loi du 15 mai 1818, de vingt jours pour les actes administratifs.

411. Faut-il comprendre parmi les actes administratifs les contrats de vente, quittances, etc., qui, aux termes de l'article 56 de la loi de 1833, peuvent être passés *en la forme des actes administratifs?* leur présentation à l'enregistrement doit-elle se faire dans le délai fixé pour ces derniers ou dans celui pour les actes notariés? Nous pensons qu'ils sont actes administratifs seulement quant à la forme et actes civils au fond (n° 397); mais l'enregistrement n'est en soi qu'une formalité : ils doivent donc suivre, quant à ce, le sort des actes administratifs, pour lesquels il existe, comme nous venons de le dire, un délai de vingt jours.

412. Quels que soient les travaux qui donnent lieu à l'expropriation, qu'ils intéressent l'État, les départemens ou les communes, tous les actes qui en sont la conséquence, les contrats amiables comme les jugemens, jouissent du bénéfice de l'article 58; mais cette faveur ne doit pas dégénérer en abus. Aussi, quand il s'agit d'enregistrer des contrats portant vente amiable à une commune, celle-ci doit justifier, pour obtenir l'enregistrement gratis, qu'elle était autorisée à poursuivre l'expropriation de ces terrains [1].

Il en serait de même des acquisitions faites par des concessionnaires; leur nécessité pour l'exécution de l'entreprise devrait être constatée par la désignation des terrains

. Sirey, t. 35, 2, p. 413.

ainsi acquis, dans l'arrêté du préfet qui détermine définitivement la ligne des travaux.

413. Le contrat de rachat des terrains qui n'ont pas
reçu la destination d'utilité publique pour laquelle ils
avaient été expropriés, fait-il partie des actes passés en
vertu de la loi du 7 juillet, et à ce titre jouit-il de l'exemp-
tion du droit de timbre et d'enregistrement? Cela n'est
pas douteux; c'est l'article 60 qui donne au propriétaire
le droit d'exercer ce rachat, et qui exige que contrat soit
passé de cette rétrocession : ce contrat a donc véritablement le caractère d'acte fait en exécution de la loi sur
l'expropriation.

414. La même question, soulevée à l'occasion des procurations que les parties peuvent avoir à donner pour être
représentées dans certaines opérations, recevrait, selon nous,
une solution différente; la loi en effet n'oblige personne à
se faire représenter. Le propriétaire exproprié doit, il est
vrai, dans l'esprit de la loi du 7 juillet, être autant que
possible indemne; si donc il se déplaçait pour assister en
personne aux opérations, il pourrait en répéter la dépense
et la faire comprendre dans les dommages que lui occasionne l'expropriation; si, au lieu de se déplacer, il a donné
une procuration, les frais n'en devraient pas moins lui
être remboursés, il n'y aurait donc aucun préjudice pour
l'État à ce que l'emploi du papier visé et l'enregistrement
gratis de la procuration rendissent ces frais nuls; mais
le texte ne s'applique pas aux procurations, et nous doutons qu'un receveur de l'enregistrement consentît à enregistrer gratis celles qui lui seraient présentées.

Ce que nous disons des procurations, il faut le dire
aussi des actes qui transféreraient l'hypothèque, de l'immeuble exproprié, sur un autre offert par le propriétaire à
son créancier (n° 156); il y aurait là un dommage dont il

serait tenu compte dans le réglement de l'indemnité, mais
certainement la dispense dont s'occupe l'article 58 précité ne saurait être invoquée dans ce cas, car il ne s'agit
pas d'actes relatifs à l'expropriation.

TITRE V.

Dispositions diverses.

CHAPITRE PREMIER.

*Du rachat des terrains non employés pour utilité
publique.*

SOMMAIRE.

415. Si les intérêts généraux du pays permettent d'exiger d'un propriétaire la cession de son terrain toutes les

fois qu'il peut être nécessaire pour des travaux d'utitilé publique, il est juste que, ces travaux venant ensuite à n'être pas exécutés, ou si leur exécution ne dénaturait pas la totalité du terrain exproprié, le propriétaire puisse réclamer de l'État la restitution de son immeuble ou de la partie qui n'a pas été employée; c'est ce qu'a prévu l'article 60 de la loi du 7 juillet 1833 : *Si des terrains acquis pour des travaux d'utilité publique ne reçoivent pas cette destination*, dit cet article, *les anciens propriétaires ou leurs ayans-droit peuvent en demander la remise.*

On peut dire que dans l'expropriation accordée à l'État il y a une condition, c'est que les terrains ainsi concédés seront employés à des travaux d'utilité publique, condition dont le non-accomplissement fournit au propriétaire exproprié le droit de demander la résiliation de l'acte translatif de la propriété.

C'est ce qu'exprimait M. Legrand à la Chambre des pairs : « L'État, disait-il, n'a pas acquis au même titre « qu'un simple particulier ; il n'a pu devenir propriétaire « *qu'à condition*. Les terrains ne lui ont été vendus que « pour une cause d'utilité publique ; si cette cause ne se « réalise pas, il est juste que les propriétaires dépossédés « puissent, s'ils le veulent, recouvrer la jouissance des « immeubles qu'ils ont cédés. »

416. Il faut que les terrains ne reçoivent pas une *destination d'utilité publique* pour que cette condition résolutoire puisse être invoquée, et non pas seulement que les travaux projetés au moment de l'expropriation ne soient pas exécutés; l'administration reste libre, même après l'expropriation consommée, de modifier ses plans et de substituer au projet qui a donné lieu à l'expropriation un projet de toute autre nature : ainsi les terrains recevraient

une destination absolument différente de celle pour laquelle ils avaient été demandés aux propriétaires, mais qui cependant serait encore d'utilité publique, qu'il n'y aurait pas lieu à rétrocession.

417. Dans la discussion des Chambres, le fait qui paraissait dominer la pensée des orateurs, en parlant sur cette partie de la loi, était l'abandon du projet, l'inexécution des travaux; l'un disait : « Les propriétés ne peu- « vent être restituées aux anciens possesseurs que dans le « cas où les travaux d'utilité publique ne seraient pas exé- « cutés. — L'article est fait pour le cas où l'entreprise est « abandonnée, » disait un autre. On ne doit pas se laisser préoccuper de ces expressions au point de croire qu'il faille qu'il y ait inexécution des travaux et que par suite aucune partie de l'immeuble exproprié n'ait été employée, pour que la rétrocession puisse être exigée par les anciens propriétaires; ce serait là une erreur que ne peut autoriser le texte de l'article 60 et surtout le principe sur lequel il est basé; que le terrain soit resté intact ou ait été seulement utilisé en partie, il faut reconnaître qu'au second cas comme au premier, l'objet pour lequel l'expropriation a été prononcée n'est pas atteint; que la condition n'a pas été par conséquent accomplie. Les travaux ne doivent pas être un prétexte à des expropriations plus considérables qu'il n'est besoin, faites dans la vue de revendre ensuite à des prix élevés l'excédant de terrains auxquels les constructions peuvent avoir ajouté une valeur immense; au reste, l'ordonnance royale du 22 mars 1835, régulatrice des formes de cette rétrocession, l'a entendu comme nous l'indiquons : *Les terrains ou* PORTIONS *de terrains acquis pour des travaux d'utilité publique,* dit l'article 1er, *seront remis,* etc. Le droit accordé par l'article 60 est donc général et embrasse les portions demeu-

rées libres après l'exécution des travaux , comme les terrains demeurés entiers.

418. Le droit de reprise embrasse non-seulement les
fonds expropriés , mais aussi ceux cédés amiablement ;
c'est pour indiquer l'étendue à donner à cette faculté, que
la loi dit : les terrains *acquis* pour des travaux d'utilité
publique, etc.; mais il n'appartient qu'à l'administration
de décider si les travaux sont *définitivement* abandonnés
ou si des terrains sont inutiles à leur confection. Le propriétaire ne pourrait donc guères réclamer l'exercice du
droit que dans le cas où l'état manifesterait l'intention de
revendre des terrains ou portions de terrains qui n'auraient
pas reçu la destination pour laquelle ils avaient été acquis ;
rien ne s'opposerait cependant à ce qu'il prît l'initiative
et réclamât la rétrocession de sa chose par une sommation adressée au préfet, sauf à ne pas pousser plus loin sa
demande s'il était allégué que l'exécution des travaux
n'est que suspendue, ou justifié qu'un nouveau projet a
été substitué à l'ancien et que les terrains recevront une
destination d'utilité publique : tout autre motif de refus
serait impuissant à paralyser la réclamation du propriétaire qui devrait faire prononcer la rétrocession par les
tribunaux., et le jugement à intervenir vaudrait dépposses-
sion de l'administration, sauf à faire régler le prix de la
rétrocession dans les formes indiquées par les lois.

Le droit de saisir la juridiction ordinaire existerait
encore pour le propriétaire si, au cas d'abandon du projet
primitif, la substitution à celui-ci d'un autre projet également d'utilité publique ne lui paraissait pas complètement justifiée.

Toutefois, pour repousser l'action du propriétaire, il
suffirait à l'administration de produire un acte établissant
l'existence du nouveau projet, sans que les tribunaux

puissent aucunement entrer dans l'examen de cette pièce.

419. En appliquant, dans l'article 60, la faculté du rachat aux terrains vendus, le législateur n'a sans doute entendu parler que du cas qui se présentera le plus généralement; mais il est bien d'autres droits dont un particulier peut avoir été exproprié et qui réclameraient aussi la faculté de pouvoir renaître lorsque, par suite de l'abandon des travaux ou de non-emploi du terrain, il n'y aura aucun obstacle à ce rétablissement : ainsi l'individu qui a été privé d'une servitude dont le fond exproprié était grevé au profit de son domaine, pourrait demander, soit contre l'État, s'il conserve le fonds autrefois *servant,* soit contre le propriétaire remis en possession, le rétablissement de la servitude dont il n'avait été dépouillé que pour l'utilité publique, que nous supposons ne plus exister. Il y a autant de raison de le lui accorder, qu'au propriétaire la remise du terrain lui-même. Cette réintégration se ferait à la charge de restituer l'indemnité qu'il a reçue en échange de la privation de son droit.

420. L'action en restitution appartient *aux anciens propriétaires ou à leurs ayans-droit.*

En cas de vente de la propriété dont la parcelle expropriée faisait partie, à qui, de l'acquéreur ou de l'ancien propriétaire que l'expropriation a atteint, appartient-il de faire valoir ce droit?

C'est là, selon nous, une question de fait dont les tribunaux seront juges. La partie expropriée avait-elle avec la partie vendue une connexité telle qu'il faille penser qu'en transmettant celle-ci à l'acquéreur, l'ancien propriétaire lui a transmis en même temps l'éventualité du rachat? dans ce cas, c'est à l'acquéreur qu'on attribuera l'exercice de la faculté; au contraire, doit-on supposer que les parties, en contractant, n'ont point fait entrer en considération cette possibilité de rentrer dans la fraction expropriée, alors l'acquéreur ne pourra pas profiter du bénéfice de la loi, qui appartiendra à l'ancien propriétaire seul. Le rachat d'un droit de servitude, celui d'une parcelle de très-faible importance, nóus offriront des exemples qui rentrent dans le premier cas : en effet, l'exercice de ce droit ne peut être utile qu'au propriétaire actuel soit du fonds dominant soit de la portion non expropriée; mais le rachat d'une partie qui peut être raisonnablement possédée d'une manière distincte de celle vendue, devra être exercé par le propriétaire dépouillé par l'expropriation.

421. Les termes de l'article 60 précité ne font nullement obstacle à ce que la faculté que cet article concède s'applique à des terrains expropriés avant la loi de 1833. Deux conditions sont seulement exigées, savoir : que la transmission à l'État ait eu lieu pour cause d'utilité publique, et que la destination primitive ne soit pas remplie.

422. Dans les principes de l'exercice des actions résolutoires le contrat est censé n'avoir jamais existé, et de part et d'autre les choses sont remises dans leur état primitif; ainsi l'immeuble retourne aux mains du vendeur, qui, de son côté, restitue la somme qu'il avait reçue pour prix de vente; il semblerait donc qu'au cas dont nous nous occupons, le propriétaire qui réclame la remise de son terrain devrait restituer l'indemnité qui lui a été payée par l'État; il n'en est cependant pas ainsi, et l'article 60 dit, en son deuxième paragraphe : *Le prix des terrains est fixé à l'amiable, et, s'il n'y a pas accord, par le jury dans les formes ci-dessus prescrites.* Cet article ajoute : *La fixation par le jury ne peut en aucun cas excéder la somme moyennant laquelle l'État est devenu propriétaire desdits terrains.* De là il suit que, si la restitution ne peut jamais excéder la somme reçue, elle peut

quelquefois être inférieure à cette même somme, au cas,
par exemple, où, dans l'intervalle de l'expropriation à la
remise, il y aurait eu diminution de valeur; cette disposition faisait demander par quelques députés que la position fût réciproque, et que l'État profitât de la plus-value
comme une moins-value est à sa charge; cette demande
fournit l'occasion de rétablir les vrais principes. « Un de
« nos collègues a pensé, disait M. le commissaire du Roi,
« que les terrains pouvaient obtenir une plus grande va-
« leur entre les mains du Gouvernement; mais les pro-
« priétés ne peuvent être restituées aux anciens proprié-
« taires que dans le cas où les travaux d'utilité publique
« ne seraient pas exécutés; dès lors, je n'aperçois pas par
« quelle cause leur valeur pourrait s'accroître, et quelle
« plus-value l'État serait en droit de réclamer. Si cette
« plus-value n'est que l'effet du temps ou de causes natu-
« relles, le Gouvernement ne doit pas se l'approprier. »
　　Le rapporteur dit aussi : « L'article est fait pour le cas
« où l'entreprise est abandonnée, et où, par conséquent,
« l'expropriation pour cause d'utilité publique ne doit pas
« avoir son effet. N'est-il pas naturel que le propriétaire
« rentre dans sa propriété aux mêmes conditions pour
« lesquelles il a été forcé de l'abandonner, sans éprouver
« aucun dommage? Il n'y a pas de plus-value au profit de
« l'État. Si la propriété était restée entre les mains du
« propriétaire, n'aurait-elle pas augmenté de valeur? La
« cause d'utilité publique, l'expropriation, est résolue, et
« le propriétaire rentre en possession de sa chose comme
« s'il n'en avait pas été dépossédé; il est évident qu'il y
« aurait injustice à lui faire payer un prix supérieur à celui
« qu'il aurait reçu. »
　　Si une portion seulement de l'immeuble exproprié est
remise, il y a lieu de faire une ventilation de l'indemnité

allouée pour le tout, afin de fixer le prix reçu pour cette parcelle, et le maximum à remettre par le propriétaire.

423. Si l'immeuble rétrocédé par l'État rentre aux mains de l'ancien propriétaire, libre d'une servitude qui le grevait au moment de l'expropriation, celui-ci pourra-t-il être déclaré par le jury débiteur envers l'État d'une somme quelconque, représentative de la libération de la servitude? nous ne saurions le penser; en effet, s'il est vrai de dire que la chose ne se trouve plus dans son état primitif et qu'il y a amélioration, le propriétaire opposera avec raison que, d'après les principes en matière de résolution, il ne peut être tenu de payer ces améliorations, et que, d'ailleurs, il est prêt à souffrir le rétablissement de la servitude; l'État, dans ce cas, n'aurait qu'un droit, celui de faire revivre cette servitude, si le propriétaire du fonds dominant venait à en demander le rachat, ainsi que nous le disons dans le n° 419.

Ce qui précède conduit à cette conséquence que, hors le cas du rachat de la servitude par son ancien possesseur, l'indemnité payée de ce chef serait perdue pour le trésor.

424. L'article 61 de la loi du 7 juillet détermine la manière dont s'opère la revente et les délais de déchéance vis-à-vis de l'État, imposés au propriétaire qui veut user de son droit; de cet article, combiné avec l'ordonnance royale du 23 mars 1835, il résulte que, lorsque des terrains ou portions de terrains n'ont pas reçu ou ne doivent pas recevoir la destination d'utilité publique, ils sont remis à l'administration des domaines pour être rétrocédés.

Un avis est, en conséquence publié, indiquant les terrains que l'administration est dans le cas de revendre. Cette publication doit avoir lieu en la manière indiquée en l'article 6 de la loi de 1833, c'est-à-dire à son de trompe ou de caisse, dans les communes de la situation des biens;

l'avis est encore affiché, dans les mêmes localités, à la principale porte de l'église et à celle de la maison commune, et inséré, en outre, dans l'un des journaux des chefs-lieux du département et de l'arrondissement.

Le maire, pour constater l'accomplissement de ces formalités, doit en délivrer un certificat, comme il est dit en l'article 7 de la même loi.

Les anciens propriétaires qui veulent devenir acquéreurs ont à le déclarer dans les trois mois qui suivent cette publication, *délai de rigueur*. En cas de déclaration de ce genre, il est procédé au réglement du prix amiablement, si faire se peut, si non par le jury : c'est en ce sens qu'il faut entendre cette expression *réglée judiciairement*, contenue en l'article 61 précité.

425. Pour parvenir à ce réglement par le jury, il faut observer les formes prescrites par la loi; mais ici les rôles sont intervertis : l'État, d'acquéreur qu'il était, devient vendeur, et le propriétaire, de vendeur acquéreur. Il est donc raisonnable de penser que c'est à ce dernier à signifier les offres qu'il croit devoir faire à l'administration, et à celle-ci de les accepter ou refuser, et d'indiquer ses prétentions.

S'il n'y a pas acceptation des offres, le préfet réclame la nomination d'un magistrat directeur de la part du tribunal de première instance de la situation des biens, et, en même temps, la nomination d'un jury par la cour royale ou le tribunal, selon les cas; il est ensuite procédé aux opérations comme il est dit dans les articles 31 et suivans jusqu'à l'article 41. Le magistrat directeur statue sur les dépens d'après les bases de l'article 40, et déclare la décision du jury exécutoire; mais il n'a point à prononcer l'envoi en possession à *charge* du paiement préalable dont parle l'article 41; car, aux termes de l'article 61, les propriétaires qui ont déclaré vouloir réacquérir doivent, dans le mois de la fixation du prix par le jury, *passer contrat de rachat*. Cette obligation se conçoit parfaitement ; en effet, il n'y a pas au cas présent, un jugement d'expropriation qui emporte transmission de propriété, et dès lors il faut, pour opérer cette translation des droits dont l'État est en possession, un acte émané du concours des deux parties, un contrat.

426. Le contrat de rétrocession est passé devant le préfet du département ou devant le sous-préfet sur délégation du préfet, en présence et avec le concours d'un préposé de l'administration des domaines et d'un agent du ministère pour le compte duquel l'acquisition des terrains avait été faite (ordonnance du 22 mars 1835, art. 1er, § 2). L'administration n'a pas besoin, pour concourir à cette vente, d'une autorisation : il suffit qu'elle observe les formalités prescrites par l'ordonnance de 1835.

427. Si ce contrat n'était passé dans le mois qui suit la fixation du prix par le jury, et si ce prix lui-même n'était pas, dans le même délai, versé dans la caisse des domaines, il y aurait déchéance pour le propriétaire, du privilége accordé par l'article 60, et les terrains seraient vendus dans la forme tracée pour l'aliénation des biens de l'État, à la diligence de l'administration des domaines (art. 61, § 2, de la loi du 7 juillet 1833, et art. 2 de l'ordonnance du 22 mars 1835).

Ce délai, à peine de déchéance pour la passation du contrat et le paiement du prix, court également au cas de convention amiable sur le prix, comme au cas de réglement par le jury ; il serait bon qu'alors qu'il intervient une convention amiable, l'administration constatât d'une manière authentique le jour où le délai commence à courir ; la déchéance sans cela ne serait jamais encourue.

428. La faculté dont nous venons de nous occuper ne pouvait être applicable aux propriétaires qui ont, en vertu de l'article 50, exigé de l'État l'acquisition de terrains ou bâtimens expropriés pour partie ; ce n'est pas ici une cession pour cause d'utilité publique, et le propriétaire savait parfaitement, en exigeant cette acquisition, que ces terrains resteraient disponibles, puisqu'ils étaient inutiles aux travaux ; il ne peut donc venir ensuite argumenter de cette circonstance pour en réclamer la rétrocession ; ainsi le dispose l'article 62 de la loi du 7 juillet : *Les dispositions des articles 60 et 61 ne sont pas applicables aux terrains qui auront été acquis sur la réquisition du propriétaire, en vertu de l'article 50, et qui resteraient disponibles après l'exécution des travaux.*

429. Toutefois il faut restreindre cette exception au cas qu'elle a en vue, à la rétrocession des terrains que l'État n'eût pas acquis sans la réquisition du propriétaire ; mais si, le terrain exproprié ne recevant pas lui-même, soit en tout, soit en partie, une destination d'utilité publique, l'administration en annonce la vente, le propriétaire pourra exercer le droit de rachat sur cette partie et par suite sur celle dont il a exigé l'acquisition ; il n'a en effet agi ainsi que parce qu'on le dépouillait d'une fraction de son terrain dont la privation rendait l'autre sans utilité pour lui, et le droit de rentrer en possession de la première deviendrait vain à son tour, s'il ne pouvait recouvrer la seconde en même temps ; il y a justice et équité à entendre l'article 62 de cette sorte.

CHAPITRE II.

Du droit de se prévaloir des contributions.

SOMMAIRE.

430. Le propriétaire exproprié continue *pendant une année* à se prévaloir des contributions.
431. Que faut-il entendre par ces expressions : *pendant une année ?*
432. C'est à celui qui jouissait du droit au moment de l'expropriation que les contributions continueront d'être comptées.

430. La loi n'a pas voulu qu'en sus de la privation de sa propriété le particulier exproprié pût encore éprouver, par suite de l'expropriation, la perte de la jouissance des droits politiques ; le remploi en immeuble ne lui eût, en effet, permis de se prévaloir des contributions pour établir le cens électoral qu'après une année de jouissance ; il eût ainsi subi une lacune d'une année dans l'exercice de ses droits. Pour parer à cet inconvénient, l'article 64 de la loi de 1833 dispose que *les contributions de la portion d'immeuble qu'un propriétaire aura cédée, ou dont il aura été exproprié pour cause d'utilité publique, continueront à lui être comptées pendant un an, à partir de la remise de la propriété, pour former son cens électoral.* Remarquons ces mots : *Cédé* ou *exproprié ;* ainsi, de quelque manière qu'ait eu lieu la transmission de la propriété, le droit existe.

431. Il faut observer que les listes électorales ne se revisent qu'une fois chaque année ; la prorogation de jouis-sance des contributions doit donc s'entendre d'une année à partir de l'époque de révision, lors de laquelle, sans cette prorogation, les contributions de l'immeuble vendu à l'État eussent cessé d'être comptées au vendeur ; de cette manière seulement il peut n'y avoir pas de lacune dans la jouis-

sance, puisque, y eût-il remploi, il faudrait attendre non-seulement l'accomplissement de l'année de possession, mais encore l'époque de révision des listes, pour y faire figurer les contributions de l'immeuble acheté en remploi; la pensée du législateur aurait donc été plus nettement exprimée, selon nous, si l'article 64 eût dit : *pendant une année à partir de la révision des listes électorales qui suivra la remise de la propriété.*

Celui qui, en vertu de l'article 50, aurait réclamé l'acquisition de terrains non expropriés, jouirait, à l'égard de ceux-ci, du bénéfice de l'article 64; c'est toujours une suite de l'expropriation.

432. Il est hors de doute que, encore que la loi se serve du mot *propriétaire,* les contributions continueront à être comptées à celui qui en jouissait, au moment de l'expropriation, un usufruitier, un délégataire par exemple.

TITRE VI.

CHAPITRE UNIQUE.

Des concessionnaires.

SOMMAIRE.

433. Les dispositions de la loi de 1833 s'étendent aux concessionnaires.

434. Limites de la subrogation des concessionnaires aux droits de l'État.

435. Des actes qui, même en cas de concession, doivent toujours être faits par l'autorité administrative.

436. L'ingénieur des concessionnaires fait-il partie de la commission d'enquête prescrite par l'article 8.

437. C'est par le ministère d'avoué que les concessionnaires doivent requérir l'expropriation.

438. Tous les actes qui tendent à obtenir la cession des terrains sont faits à la diligence des concessionnaires.

439. C'est aux concessionnaires que doivent être signifiés les pourvois des expropriés.

433. Il est rare que l'État entreprenne les grands travaux d'utilité publique, tels que canaux, ponts, chemins de fer et autres, susceptibles de l'établissement d'un droit de péage ; il les concède ordinairement à un ou plusieurs capitalistes qui se chargent de la construction des travaux à leurs frais, moyennant la jouissance des produits pendant un temps plus ou moins long.

La loi du 7 juillet 1833 ayant eu pour objet de faciliter les travaux d'utilité publique, d'assurer à l'administration la possession prompte, inattaquable des terrains sur lesquels les travaux doivent s'exécuter, ce but n'eût point été atteint si les dispositions de cette loi n'eussent été rendues communes aux concessionnaires. Aussi l'article 63 a-t-il déclaré que *les concessionnaires des travaux publics exerceront tous les droits conférés à l'administration et seront soumis à toutes les obligations qui lui sont imposées par la présente loi.*

434. La subrogation dans les droits et obligations de l'État ne s'étend qu'aux droits et obligations dont il s'agit dans la loi de 1833, et non à ceux que l'administration pourrait puiser dans d'autres dispositions légales ; ainsi les concessionnaires profiteront du bénéfice des articles 16, 17, 18 et 19 sur la purge des hypothèques et l'extinction des actions réelles grevant les immeubles acquis par eux ; d'un autre côté ils seront soumis au paiement préalable ou à la consignation des indemnités ; ils devront, en cas de réquisition à eux faite par un propriétaire d'acquérir la totalité d'un bien exproprié pour partie, se soumettre à cette

demande, si le propriétaire se trouve dans l'un des cas
prévus par l'article 50; ils seront également tenus de
la remise des portions de terrains qui ne recevraient
pas une destination d'utilité publique. Enfin tout ce qui
concerne la forme des actes et des significations, la dispense du droit de timbre et d'enregistrement, peut être
invoqué au profit des concessionnaires; nous remarquerons cependant que s'il s'agissait de passer des contrats en
la forme des actes administratifs ou de faire des significations par agens de l'administration, ils ne pourraient que
solliciter cette faveur de la bienveillance des autorités
compétentes, sans pouvoir rien exiger. Un concessionnaire
ne pourrait pas davantage requérir le procureur du Roi
de le représenter devant un tribunal; s'il veut introduire
une action en justice, il doit le faire par le ministère
d'avoué.

435. Plusieurs fois déjà nous avons eu à signaler des
actes de la procédure d'expropriation qui, faits par l'administration, lorsque celle-ci exécute elle-même les travaux, peuvent l'être par ceux qu'une concession met aux
lieu et place de l'autorité administrative. Tous cependant
ne sont pas de cette espèce, il en est qui doivent toujours
émaner du préfet; nous donnerons comme règle générale,
devant servir à distinguer les actes qui sont de la compétence unique de ce magistrat de ceux qu'un concessionnaire
peut faire, que tout acte dans lequel le préfet agit en
qualité de délégataire d'une partie du pouvoir exécutif,
comme fonctionnaire chargé de veiller à l'intérêt général,
ne doit émaner que de lui : il ne saurait, en effet, appartenir à un concessionnaire d'exercer une partie de la
puissance publique; tout acte, au contraire, dans lequel
le préfet représente l'État pour stipuler ses intérêts
civils, peut être fait par celui dont les intérêts se trou-

vent, par suite d'une concession, substitués à ceux de l'État.

Appliquant sommairement la règle ci-dessus, nous dirons : toutes les formalités du dépôt des plans, de l'annonce de ce dépôt, les procès-verbaux d'enquête, les nominations et convocations de commissions spéciales, sont d'intérêt général et doivent, en toutes circonstances, être faits à la diligence des préfets; l'arrêté définitif qui règle le tracé des travaux et les terrains à exproprier, la demande de désignation du jury par la Cour royale ou le tribunal, la fixation des affaires dont le jury aura à s'occuper, sont encore l'œuvre du magistrat et ne peuvent appartenir aux concessionnaires; mais la requête au tribunal pour prononcer l'expropriation, les tentatives d'acquisition amiable, à défaut la signification des offres, la comparution devant le jury, les pourvois contre les décisions, tout cela ne concerne que les intérêts civils, tout cela se fera à la requête des concessionnaires; nous n'avons pas cru devoir signaler tous les actes qui appartiennent à la première ou à la deuxième catégorie, il sera facile de déterminer, en suivant la règle ci-dessus, le caractère de chacun de ceux qui se présenteront.

436. Lorsqu'il y a concession de travaux d'utilité publique, les concessionnaires employent d'ordinaire un ingénieur particulier pour l'exécution, et l'ingénieur du gouvernement n'exerce qu'une simple surveillance; en pareil cas, quel sera celui des deux qui devra faire partie de la commission chargée, aux termes de l'article 8, de donner son avis sur le tracé projeté? La loi, selon nous, autorise la nomination de l'un ou de l'autre indifféremment, puisqu'elle se sert, dans l'article 4, de la double expression *ingénieurs* ou *gens de l'art*. C'est au préfet à apprécier celui qui peut fournir à la commission le plus

de lumière, pour l'y faire entrer : ainsi, le plan premier a-
t-il été présenté par ceux qui sont ensuite devenus concessionnaires des travaux, il conviendra d'adjoindre à la
commission l'homme qui l'a conçu.

437. Lorsque l'expropriation est requise par l'administration elle-même, la requête est présentée par le procureur du Roi sur l'envoi des pièces par le préfet : mais il
n'est plus tenu d'agir s'il y a des concessionnaires ; ceux-
ci doivent présenter eux-mêmes, par le ministère d'avoué,
requête au tribunal pour faire prononcer l'expropriation ;
toutefois le ministère public figure encore dans l'instance
pour donner ses conclusions.

438. Les publications, l'affixion et l'insertion dans les
journaux, du jugement d'expropriation, ont lieu à la diligence et aux frais des concessionnaires ; en un mot, lorsque l'arrêté du préfet qui désigne définitivement quels
sont les terrains dont la cession est nécessaire pour l'exécution des travaux est intervenu, l'administration laisse
aux concessionnaires le soin de faire toutes les démarches
pour obtenir amiablement ou judiciairement la cession
desdits terrains ; il suit de là que ce sont les concessionnaires qui forment les pourvois, soit contre le jugement
d'expropriation, soit contre les décisions du jury.

439. Si l'un des propriétaires expropriés par un jugement rendu sur la requête d'un concessionnaire veut former un pourvoi contre ce jugement, il doit, dit l'article 20,
signifier son pourvoi au préfet. La loi n'a-t-elle pas, en
s'exprimant ainsi, supposé que le jugement était rendu à
la requête du préfet, perdant de vue qu'il y aurait des circonstances dans lesquelles ce magistrat y serait étranger
et se trouverait remplacé par un concessionnaire auquel
il conviendrait alors de faire cette signification qui contient, nous l'avons dit n 184, assignation à comparaître

devant la Cour de cassation ; et ne faut-il pas décider qu'au cas dont nous nous occupons, le but de la loi ne saurait être rempli qu'en adressant la notification du pourvoi, non au préfet qui n'en a que faire, mais au concessionnaire qui a requis et obtenu le jugement ? L'affirmative ne nous a point paru un seul instant douteuse.

Par les mêmes motifs, nous appliquerons la même doctrine au pourvoi formé contre la décision rendue par le jury contradictoirement entre les indemnitaires et les concessionnaires.

440. Cette substitution des intérêts des concessionnaires aux intérêts civils de l'État, qui rend l'administration indifférente aux stipulations relatives à l'acquisition des terrains, nous détermine à croire que si les offres étaient faites à la requête des concessionnaires, ce serait à eux que devrait être adressée la réponse exigée par l'article 24, ou la réquisition de la part d'un créancier ou d'un autre intéressé de faire procéder, nonobstant l'acceptation des offres par le propriétaire, au réglement de l'indemnité par le jury.

Devant le jury, la récusation, la discussion des moyens, la justification des offres appartiennent également aux concessionnaires.

441. Par concessionnaires, il faut entendre celui ou ceux au profit de qui la loi de concession des travaux a été rendue ; peu importe qu'ils aient ensuite mis le privilége de leur concession dans une société ; ils n'en conservent pas moins le droit de suivre en leur nom personnel les opérations de l'expropriation des terrains nécessaires aux travaux concédés (arrêt de cassation du 6 janvier 1836) [1].

---

[1] Sirey, t. 36, 1, p. 5.

442. Lorsque l'acte de concession impose au concessionnaire une obligation quelconque avant de pouvoir commencer les poursuites, par exemple, la justification de l'existence d'un fonds social, c'est à l'autorité administrative seule qu'il appartient de reconnaître l'accomplissement de cette condition; la déclaration de l'administration sur ce point enlève aux tribunaux tout droit d'examen (même arrêt qu'au numéro précédent).

TITRE VII.

Des exceptions aux dispositions de la loi de 1833, contenues dans la loi elle-même.

CHAPITRE UNIQUE.

Des travaux militaires et de la marine royale.

SOMMAIRE.

443. En cas de travaux militaires et de la marine, l'ordonnance qui détermine les terrains à y employer supplée à toutes les formalités administratives préalables à l'expropriation.

444. Au Roi seul appartient d'ordonner la construction de tous ouvrages qu'il juge nécessaires à la défense du territoire.

445. La désignation par l'ordonnance, de terrains pour cette destination, implique déclaration d'utilité.

446. Les propriétaires ne sont pas appelés au jugement d'expropriation.

447. Du cas où l'ordonnance n'indiquerait pas l'époque de la prise de possession.

448. Quel est le mode de signification du jugement?

449. Les articles 16, 17, 18 et 19 de la loi, relatifs à la transcription, etc., sont applicables aux cas de travaux militaires.

450. Conséquences du défaut de publicité du projet.

451. En cas de travaux de la marine, les préfets maritimes peuvent remplacer les préfets civils.

452. Les servitudes résultant de l'établissement d'une place de guerre donnent-elles droit à une indemnité au profit des propriétaires des terrains compris dans leurs zones?

453. Des travaux militaires en cas d'urgence. — Renvoi à un autre titre.

443. L'article 65 de la loi du 7 juillet 1833 porte :

les formalités prescrites par les titres I et II de la présente loi ne sont applicables ni aux travaux militaires ni aux travaux de la marine royale.

Pour ces travaux, une ordonnance royale détermine les terrains qui sont soumis à l'expropriation.

M. d'Argout, dans son exposé des motifs, disait, à l'occasion de cet article : « Il est possible, il est utile même « d'appeler les observations des habitans d'un pays sur les « emplacemens que doivent occuper les travaux civils ; et « encore, dans un grand nombre de cas, le choix de ces « emplacemens est-il soumis à des règles dont il n'est pas « permis de s'écarter ; mais quand il s'agit d'ouvrages mi- « litaires, le lieu est nécessairement donné à l'avance, « tout est subordonné à une condition inflexible, celle de « la nécessité. »

Tous les orateurs ne partagèrent pas cet avis, que, dans les cas *non urgens*, il n'était ni possible ni convenable d'appeler les habitans d'un pays à faire leurs observations sur l'utilité de travaux militaires ou maritimes projetés, les assemblées législatives, après eux, à sanctionner les vues du Gouvernement, des commissions spéciales, enfin à se prononcer sur le tracé adopté par l'administration ; aussi ces dispositions furent-elles combattues dans les discussions devant les chambres ; mais l'opinion du ministre prévalut, et l'article fut maintenu à quelque modification de rédaction près.

Il en résulte qu'aux cas spécifiés par l'article 65 précité, il n'y a ni enquête administrative préalable, ni arrêté de désignation provisoire des terrains à exproprier, ni enquête spéciale sur le tracé des travaux, ni enfin arrêté préfectoral ; une ordonnance royale détermine les terrains qui sont soumis à l'expropriation, et cette opération est définitive.

444. Quelle que soit l'importance des travaux de ce genre, jamais il ne doit intervenir de loi qui les déclare d'utilité publique et en autorise la confection; au Roi seul appartient d'ordonner la construction de tous les ouvrages qui tiennent à la défense du territoire ou des côtes, lui seul est juge de l'opportunité de la création d'une place de guerre, de l'augmentation ou de la modification de travaux existans.

Ce droit, écrit dans la loi du 17 juillet 1819, fut contesté lors de la discussion de la loi de 1833; il se concevait, disait-on, sous l'empire de la Charte de 1814, qui, par son article 14, conférait au Roi le droit de faire des ordonnances pour la sûreté de l'État; mais il avait disparu en présence de la Charte de 1830, qui n'avait pas reproduit la disposition de celle de 1814. Un député proposa, en conséquence, de dire « qu'en temps de paix, aucune ville ne « pourrait être fortifiée qu'en vertu d'une loi. » Cet amendement fut retiré sur l'observation qu'il y aurait toujours, en pareille matière, intervention indirecte des pouvoirs législatifs par la nécessité d'obtenir d'eux le vote des fonds nécessaires à l'exécution de tous travaux. Toujours est-il qu'en ce qui concerne les particuliers à exproprier, il n'est besoin que d'une ordonnance qui autorise les travaux et détermine les propriétés qui doivent être comprises dans leur circonscription, pour poursuivre l'expropriation devant les tribunaux.

Nous disons devant les tribunaux, c'est qu'en effet, pour être dégagée de certaines formalités, l'expropriation n'en est pas moins prononcée par autorité de justice : seulement les pièces que doit produire l'administration, aux termes de l'article 13, ne sont plus les mêmes; ici c'est l'ordonnance qui les remplace toutes, et sa seule production suffit.

445. Il n'est pas exigé par l'article 65 que l'ordonnance déclare l'utilité publique des travaux et en autorise l'exécution ; il suffit qu'elle détermine, de la manière indiquée en l'article 11 relativement à l'arrêté du préfet dont cette ordonnance remplit l'objet, les terrains sur lesquels doit porter la dépossession, pour que les tribunaux ne puissent refuser de la prononcer.

Ce n'est même pas chose indispensable que l'ordonnance renferme tous les détails de cette désignation, si elle est accompagnée d'un plan qui donne à cet égard tous les renseignemens dont le tribunal a besoin : ainsi l'a jugé la Cour de cassation, par arrêt du 22 décembre 1834 [1].

446. Il n'est pas plus nécessaire dans le cas de travaux maritimes et militaires que dans les autres, d'appeler les parties intéressées au jugement qui prononce l'expropriation ; on ne peut se dissimuler cependant que cette expropriation n'a pas la publicité qui résulte des enquêtes, dépôts et autres formalités prescrites dans les circonstances ordinaires, et qu'il sera difficile aux intéressés d'intervenir pour défendre leurs droits ; la publication de l'ordonnance, avec autorisation pour toute personne d'en prendre connaissance, remédierait à cet inconvénient, qui n'est pas sans gravité ; l'administration adoptera sans doute cette mesure quand elle la croira compatible avec l'objet de l'ordonnance ; mais il n'y a rien de prescrit à cet égard, et l'absence de cette publication ne saurait motiver, de la part du tribunal, un refus de prononcer l'expropriation.

447. L'arrêté préfectoral qui, dans les cas ordinaires, désigne les terrains, doit, aux termes de l'art. 11, contenir l'indication de l'époque présumée de la prise de possession, indication que le jugement reproduit pour servir

---

[1] Sirey, t. 35, 1, p. 172.

de guide aux intéressés ; lorsque semblable mention ne se
trouvera pas dans l'ordonnance royale, le tribunal devra
se renfermer dans les dispositions générales de l'article 53
de la loi du 7 juillet 1833, et prescrire l'abandon des terrains après le paiement de l'indemnité, sauf aux parties
auxquelles cette incertitude aurait pu nuire à en argumenter lors de la fixation de cette indemnité.

448. Le jugement devra, bien entendu, être signifié ;
mais pourra-t-on, pour cette signification, suivre le mode
tracé par l'article 15 de la loi du 7 juillet 1833, qui, à
défaut par les propriétaires d'avoir élu domicile dans l'arrondissement de la situation des biens, autorise la notification du jugement par double copie, laissée l'une au
maire, l'autre au fermier gardien ou régisseur de la propriété. Les raisons de douter seraient que le législateur
ayant, par les formalités de l'article 6 de la loi du 7 juillet,
pris soin d'avertir les parties intéressées, sinon individuel-
lement, au moins collectivement, de l'expropriation qui
les menace, a pu dès lors faire de l'élection de domicile
une obligation dont la sanction réside en l'article 15. Si,
dans ce cas, la notification au fermier ne parvient pas à
l'intéressé, si par suite celui-ci perd quelques droits, il ne
peut l'imputer qu'à lui-même, il a été mis en demeure de
prendre ses mesures pour prévenir tout dommage ; au contraire, lorsqu'il s'agit de poursuites d'expropriation pour
travaux militaires, l'avertissement collectif n'est pas donné,
aucune autre mesure ne vient révéler au propriétaire ce
qui se passe ; est-il possible dès-lors qu'il fasse une élection
de domicile pour des poursuites qu'il ignore, et peut-on
le punir de ce défaut d'élection de domicile en lui adressant la notification du jugement de telle sorte qu'il se
trouve exposé à ne la recevoir que tardivement, relativement à certains droits et obligations? Cela nous paraîtrait

d'une extrême rigueur; aussi avons-nous peine à croire que l'administration, si elle ne justifiait pas que le propriétaire a eu connaissance avant le jugement, de l'expropriation qui devait avoir lieu contre lui, puisse argumenter d'une notification donnée conformément aux dispositions faisant exception [au droit commun (de l'art. 15), pour faire prononcer contre l'intéressé la déchéance de la faculté de se pourvoir en cassation après les trois jours (article 20) ou faire tomber à sa charge les indemnités réclamées par ceux que ce propriétaire devait dénoncer dans la huitaine de cette même notification (article 21, § 1er); elle devrait donc, selon nous, suivre les règles tracées par le droit commun pour les significations.

A propos d'une question autre toutefois que celle qui nous occupe ici, la Cour de cassation dans l'arrêt précité, numéro 445, du 22 décembre 1834, laissait entrevoir une opinion qui a quelque conformité avec le système que nous présentons.

Le demandeur en cassation soutenait qu'il avait fallu, dans une expropriation pour travaux maritimes, l'appeler au jugement d'expropriation, car, disait-il, si dans les cas généraux on peut soutenir que le droit de défense est suffisamment garanti par les enquêtes et autres formalités des titres 1er et 2 de la loi du 7 juillet, il n'en est pas de même dans l'espèce, où ce droit ne peut trouver de sauvegarde que dans la citation devant le tribunal pour voir prononcer l'expropriation; or, voici par quelles considérations la Cour a rejeté ce moyen de cassation : « Attendu qu'il résulte des pièces et de la correspondance « produite, non-seulement que le sieur Senez a *reçu com-* « *munication de l'ordonnance royale et du plan y annexé,* « *mais même qu'il a refusé par écrit le prix qui lui* « *avait été offert* pour l'acquisition de sa propriété; que

« dans ces circonstances, à défaut de conventions amiables,
« le procureur du Roi a pu requérir et le tribunal pro-
« noncer l'expropriation sans qu'il fût nécessaire d'appeler
« le sieur Senez devant le tribunal, formalité qui n'est pas
« exigée par la loi.... »

Sans *ces circonstances de fait*, qu'eût décidé la Cour?
que déciderait-elle surtout si une semblable argumenta-
tion lui était présentée à propos de la déchéance du pourvoi ou de l'application de l'article 21 ? Il ne serait pas
inutile de rapprocher de cet arrêt ceux cités sous le numéro 117 et qui résolvent dans le même sens la question
relative à l'ajournement pour les cas généraux, mais en
se basant uniquement sur le silence de la loi et *la faculté
d'intervenir reconnue au propriétaire.*

Au reste, le point que nous venons de discuter sera
fréquemment sans objet, car l'administration doit toujours
chercher à traiter amiablement de l'acquisition des terrains avant de recourir à l'expropriation, et pour cela elle
se met en rapport direct avec les intéressés qui ne pourraient ensuite invoquer leur ignorance.

449. La suppression des formalités des titres 1ᵉʳ et 2
de la loi du 7 juillet 1833, rendra sans doute plus fré-
quentes les pertes de droits réels, de droit d'hypothèques,
de priviléges, qui pourraient frapper les immeubles expropriés; la loi cependant a entendu appliquer les effets de la
transcription du contrat amiable ou du jugement d'expropriation, aux cas exceptionnels indiqués par l'article 65,
cela n'est point douteux; il en est de même de l'application
des articles 18 et 19 de la même loi. On peut dire que la
publication du jugement dans les formes tracées par l'article 15 et sa transcription, constituent une publicité, et
qu'il est possible à ceux qui ont des droits de ce genre à

exercer sur les immeubles, d'avoir connaissance de l'expropriation, et de mettre ces droits à couvert.

450. Mais les intéressés auxquels s'applique le paragraphe 2 de l'article 21, ne devant être en demeure de faire valoir leurs droits que par l'avertissement énoncé en l'article 6, et cet avertissement faisant partie des formalités dont sont dispensés les travaux militaires, il semble s'ensuivre qu'ils ne seraient pas déchus de tout droit à l'indemnité pour ne s'être pas présentés au magistrat directeur du jury dans la huitaine de la notification, au propriétaire, du jugement d'expropriation; et que leur action resterait ouverte, même après le réglement de l'indemnité, sauf le recours de l'administration contre le propriétaire, si celui-ci avait profité de l'ignorance du jury relativement à l'existence de charges grevant sa propriété. Toutefois l'administration pourrait se garantir de cette responsabilité en donnant à l'expropriation une publicité aussi complète que celle que reçoivent les opérations dans les cas ordinaires; alors il n'y aurait pour les intéressés aucun motif de plainte, leur position étant la même dans l'une et l'autre circonstance.

451. La Cour de cassation a jugé [1] que, si par le mot *préfet*, il faut en général entendre le *préfet civil*, cependant les *préfets maritimes*, dans les ports où il s'en trouve, peuvent faire les démarches pour parvenir à l'acquisition des terrains nécessaires aux travaux de la marine, et, à défaut de conventions amiables, transmettre au procureur du Roi les pièces de l'expropriation afin que celui-ci requière le tribunal de la prononcer. D'ailleurs, comme le dit l'arrêt, l'intervention légale du procureur du roi, magistrat incontestablement civil, suffit, en pareille occurrence,

---

[1] Voir l'arrêt du 22 décembre 1834; Sirey, t. 1, p. 172.

pour fonder la compétence du tribunal et absoudre son jugement de tout reproche d'incompétence et d'abus de pouvoirs.

452. Les exceptions que doit subir la loi de 1833 se bornent à celles que nous venons d'indiquer; pour le surplus il faut recourir au droit commun de la matière.

En traitant du réglement de l'indemnité, nous avons dit que les servitudes qui pouvaient résulter de travaux d'utilité publique donnaient lieu à une indemnité. En est-il de même de celles qui, par l'établissement de place de guerre, et aux termes des lois du 10 juillet 1791 et 17 juillet 1819, grèvent les terrains compris dans leurs zones? Ainsi une indemnité est-elle due pour la dépréciation notable imposée, en pareil cas, à ces propriétés? Il serait de toute justice de répondre affirmativement. Toutes les fois que l'État, dans l'intérêt général, cause à un particulier la perte de quelques-uns des attributs de sa propriété, il doit la réparer : or, une propriété perd certainement l'un de ses attributs quand elle est frappée, par exemple, de la servitude *non œdificandi ;* mais les lois qui ont établi ces servitudes ne parlent pas de réparation, et l'ordonnance du 1.er août — 20 septembre 1821, qui fixe le mode d'exécution de la loi du 17 juillet 1819, sur les servitudes imposées à la propriété pour la défense de l'État, ne reconnaît, dans ses articles 45 et suivans, que trois circonstances donnant lieu à indemnité, savoir : la dépossession, la démolition d'édifices et la privation de jouissance, ce qui semble écarter la réparation du préjudice résultant du simple voisinage.

La jurisprudence paraît avoir jusqu'ici résolu la question en ce sens, sans avoir égard aux principes proclamés par la Charte constitutionnelle, qui, en déclarant que nul ne pourrait être dépouillé de *sa propriété* que moyennant

une juste indemnité, a dû entendre la dépossession partielle, la dépossession d'un des droits inhérens à la propriété, tel que le droit de bâtir, comme celle de la propriété
tout entière. Pour lever toute incertitude, un député
proposa d'insérer, dans la loi du 30 mars 1831, un article additionnel ainsi conçu : « Les propriétés situées dans
« les zones militaires des places déclarées places de guerre
« qui ne sont pas comprises dans le tableau des places
« fortes annexées à la loi du 10 juillet 1791, seront exper-
« tisées, et les propriétaires seront indemnisés en propor-
« tion de la diminution de valeur que fait subir à ces
« propriétés l'obligation des servitudes militaires aux-
« quelles ces villes ou bourgs n'étaient pas assujétis
« avant l'ordonnance qui les déclare places de guerre. »

Cet amendement a été rejeté, et l'on remarque au
nombre des argumens invoqués par le Gouvernement
celui-ci : « qu'il était impossible d'adopter la proposition
« avant d'avoir calculé la dépense qu'entraîneraient les
« indemnités de dépréciation. »

Quant à nous, notre opinion bien arrêtée est qu'une
indemnité est due ; nous croyons que, lors de l'établissement d'une place de guerre, tous ceux dont les terrains se
trouvent compris dans les zones de servitudes doivent se
présenter devant la juridiction appelée à régler les dédom-
magemens, et réclamer leur admission au nombre des indemnitaires ; ils ont pour eux et l'article 545 du Code civil,
et l'article 9 de la Charte, et les principes de l'expropriation pour cause d'utilité publique, tels que nous les posons
au commencement de cet ouvrage ; il nous semble qu'aujourd'hui, où le respect des droits de la propriété a prévalu sur les traditions vieillies du régime de la dictature
impériale, ils sont fondés à espérer de voir les tribunaux
reconnaître leurs droits, et mettre à la charge de l'État la

réparation du dommage qu'il leur cause dans l'intérêt du pays ; ce n'est pas l'importance plus ou moins grande d'une dette, qui peut dispenser de l'acquitter.

453. Nous ne nous occupons pas ici des travaux militaires en cas d'urgence ; on trouvera ce qui les concerne au titre suivant, chapitre II, n° 459 et suiv.

TITRE VIII.

De la loi de 1833 dans ses rapports avec celle de 1810 et avec les lois exceptionnelles sur l'expropriation.

SOMMAIRE.

454. Introduction à ce titre.

454. L'article 67 de la loi du 7 juillet 1833 s'exprime ainsi :

La loi du 8 mars 1818 est abrogée ;

Les dispositions de la présente loi seront appliquées dans tous les cas où les lois se réfèrent à celle du 8 mars 1810.—Ajoutons, « et dans tous les cas où la loi du 8 mars 1810 était appliquée par suite de l'abrogation prononcée par elle des dispositions des lois antérieures qui lui étaient contraires.» Cela ne peut faire de doute : une loi abrogée ne revit pas par l'abrogation de celle qui l'a fait disparaître ; ce qui arrive, c'est que la loi la plus récente est appliquée à tous les cas où l'on suivait les prescriptions de la loi précédente.

Ainsi, le paragraphe 2 de l'article 67 s'étend au cas de dispositions de lois spéciales antérieures qui renvoyaient à des lois également antérieures à celle de 1810 ; depuis la promulgation de cette dernière, ce renvoi s'entendait d'un renvoi à la loi substituée à la première ; aujourd'hui il faut l'entendre d'un renvoi à la loi de 1833, qui a

anéanti celles qui l'ont précédée : c'est la conséquence de
l'application des dispositions de la loi nouvelle, dans tous
les cas où les lois spéciales postérieures à la législation
de 1810 renvoient à celle-ci.

Au contraire, toutes les dispositions des lois antérieures
ou spéciales qui étaient considérées comme laissées en vigueur par la loi du 8 mars 1810, continuent à régir les
matières pour lesquelles elles sont faites; le législateur
en effet n'a voulu que substituer la loi de 1833 à celle de
1810.

Ceci nous conduit à parcourir diverses natures de travaux d'utilité publique, régis par des législations spéciales,
et à examiner celles des dispositions de ces lois particulières
qui sont abrogées et remplacées par la loi de 1833, celles
qui ne sont abrogées qu'en partie et qui reçoivent une application modifiée de la loi générale; ainsi se complétera
ce que nous disons dans notre nº 8, en recherchant les circonstances qui peuvent faire reconnaître les cas où il y a
lieu à expropriation proprement dite.

Nous terminerons par l'examen des lois postérieures à
celle de 1833, et qui y font exception.

CHAPITRE PREMIER.

Des lois spéciales abrogées auxquelles est substituée la loi de 1833.

SECTION UNIQUE. — *Des desséchemens des marais.*

SOMMAIRE.

455. La loi du 16 septembre 1807 traite cette matière.
456. Deux modes sont tracés pour arriver au desséchement des marais.
457. Le second seul entraine dépossession.
458. La dépossession s'opère aujourd'hui dans les formes de la loi de 1833.

455. Les desséchemens des marais sont mis aussi au

nombre des travaux qui intéressent l'utilité publique et pour lesquels les propriétaires peuvent être contraints à l'abandon de leurs propriétés. Une loi du 16 septembre 1807 donne au gouvernement le droit *d'ordonner les desséchemens qu'il jugera utiles ou nécessaires.*

456. Pour y parvenir, la loi de 1807 trace deux modes différens : le premier consiste à faire exécuter le desséchement par l'État ou par des concessionnaires[1].

Ce mode de desséchement n'enlève pas aux propriétaires de marais le terrain qu'ils possèdent pour le transporter à l'État ou aux concessionnaires; la propriété ne change pas de mains; seulement il est fait avant les travaux une estimation de la valeur des marais, une autre lorsque les travaux sont terminés, et la plus-value obtenue se divise entre le concessionnaire et le propriétaire qui doit rembourser au premier la part qui lui revient (art. 7 à 20). Les propriétaires peuvent se libérer du paiement de cette indemnité, en délaissant une portion de leurs fonds (art. 21), si mieux ils n'aiment constituer une rente privilégiée sur toute la plus-value, au moyen de la transcription de l'acte de concession ou de l'ordonnance qui prescrit le desséchement au compte de l'État. Cette rente est calculée sur le pied de 4 pour cent sans retenue, remboursable par portions, qui ne peuvent être moindres d'un dixième, et moyennant 25 *capitaux* (art. 22 et 23).

457. Il n'y a, dans ces dispositions de la loi de 1807,

---

[1] Si tous les propriétaires se réunissent pour opérer des desséchemens, ils sont toujours préférés à tous autres (art. 3); à défaut par eux de se réunir ou de se soumettre au plan adopté et aux délais fixés par le Gouvernement, la concession a lieu en faveur de celui des concurrens qui offre les conditions les plus avantageuses; à conditions égales, la préférence est accordée à l'offre de ceux qui présenteraient la qualité de propriétaire d'une partie des marais à dessécher (art. 4).

rien qui ait les caractères de l'expropriation; elles sont donc étrangères à la loi de 1833; mais l'article 24 dit, et c'est le second mode dont nous parlions plus haut : *Dans le cas où le desséchement d'un marais ne pourrait être opéré par les moyens ci-dessus organisés, et où, soit par les obstacles de la nature, soit par des oppositions persévérantes des propriétaires, on ne pourrait parvenir au desséchement, le propriétaire ou les propriétaires pourront être contraints à délaisser leur propriété sur estimation faite dans les formes déjà prescrites,* c'est-à-dire conformément aux articles 7 et suivans.

Cette estimation est soumise à une commission qui l'apprécie et l'homologue, et la cession est ensuite ordonnée par réglement d'administration publique.

458. On voit combien ces formes diffèrent de celles établies depuis, soit par la loi de 1810, soit par celle de 1833. Faut-il, nonobstant les principes nouveaux, les appliquer encore à la matière spéciale qui nous occupe ? nous ne le pensons pas : l'article 27 de la loi du 8 mars 1810 porte : *Les dispositions de la loi du 16 septembre 1807 et de toutes les autres lois qui se trouveraient contraires aux présentes sont rapportées*, et, nous l'avons déjà dit, l'article 1er de la loi de 1810 veut que l'expropriation soit prononcée par les tribunaux, et l'article 16 que l'estimation des dommages soit faite par eux; ces dispositions étant totalement opposées à l'article 24 de la loi de 1807, qui fait prononcer l'expropriation par réglement administratif, après avoir attribué la fixation de l'indemnité au jugement et à l'homologation d'une commission spéciale, cet article doit être compris au nombre de ceux qu'a abrogé l'article 27 précité; dès lors, depuis la promulgation de la loi de 1810, il a fallu suivre les formes qu'elle trace; tel est l'avis de Toullier, tome 3, n° 286. De cette doctrine

que nous adoptons, il résulte que la loi de 1810 ayant été abrogée par celle de 1833, ce sont aujourd'hui les formes de cette dernière qui devront être employées pour parvenir à l'expropriation.

Ainsi les travaux seront déclarés d'utilité publique et autorisés par ordonnance royale; ils ne figurent pas au nombre de ceux pour lesquels l'article 3 de la loi du 7 juillet exige une loi; mais l'ordonnance devra être précédée d'une enquête administrative et suivie de l'accomplissement des formalités du titre 2 de la même loi; après quoi commencera l'action des tribunaux, aux termes des articles 13 et 14, et l'indemnité, si elle ne peut être réglée par convention amiable, sera fixée par le jury.

Cette solution doit recevoir son application, qu'il y ait travaux exécutés par l'État à son compte ou concession accordée à des propriétaires ou autres.

CHAPITRE II.

Des lois spéciales abrogées en partie.

SECTION Irᵉ. — *Des travaux militaires en cas d'urgence.*

SOMMAIRE.

459. Objet de la loi du 30 mars 1831.
460. Cette loi est consacrée par la loi de 1833, mais toutefois avec des modifications.

459. Sous l'empire de la législation de 1810, les règles pour l'expropriation étaient uniformes. Qu'il y eût ou non urgence, il fallait parcourir le cercle des formalités tracées par cette loi; c'était là un inconvénient grave dans les circonstances où la rapidité de l'exécution pouvait être une condition de l'utilité des travaux : aussi, et alors qu'on ne songeait pas encore à réformer cette législation pour lui substituer des dispositions nouvelles, le gouvernement

proposa-t-il, pour les cas urgens, une loi dont l'objet était de faire disparaître toutes les longueurs, tous les retards auxquels l'administration se trouvait exposée dans les cas ordinaires. Cette loi est celle du 3o mars 1831 ; l'esprit qui l'a dictée ressort de l'exposé des motifs fait par le ministre de la guerre: « La loi du 8 mars 1810, disait-il, « n'a eu en vue que les travaux civils; elle a voulu que « les motifs d'urgence fussent soumis aux tribunaux et « appréciés par eux. Persuadés que les formes sont pro- « tectrices du droit quand elles sont nécessaires, nous ne « venons pas non plus vous proposer de supprimer celles « de cette nature qui ont été déterminées par la loi du « 8 mars 1810; notre but est d'obtenir le retranchement « des formalités préparatoires qui peuvent disparaître, « sans enlever en aucune façon au droit de propriété les « garanties qui lui sont dues; ce que nous demandons en « outre, c'est que l'appréciation des motifs d'urgence soit « réglée autrement qu'elle ne l'a été par la législation ac- « tuellement en vigueur, lorsqu'il s'agira de travaux de « fortifications. Vous sentirez que ce n'est là qu'une con- « séquence obligée de la loi du 17 juillet 1819, qui recon- « naît au Roi le droit de créer de nouvelles places fortes « et d'augmenter celles existantes.

« Je dois vous faire remarquer que l'administration mi- « litaire ne pourra se dispenser de remplir toutes les for- « malités prescrites par la loi du 8 mars 1810, que quand « elle en sera empêchée par des circonstances qui lui fe- « ront un devoir impérieux de la célérité.

« Une disposition nouvelle et sur laquelle je ne dois « pas omettre d'arrêter votre attention, est celle qui per- « met à l'administration militaire d'occuper une propriété « temporairement, c'est-à-dire, sans payer la valeur du « fonds. »

La loi du 30 mars 1831 ne s'appliquait donc qu'*aux cas urgens;* elle laissait entière l'application de la loi du 8 mars 1810, quand les circonstances d'urgence ne se présentaient pas; c'est ce qu'exprimait l'article 1er, ainsi conçu : *Lorsqu'il y aura lieu d'occuper tout ou partie d'une ou plusieurs propriétés particulières pour y faire des travaux de fortifications dont l'urgence ne permettra pas d'accomplir les formalités de la loi du 8 mars 1810, il sera procédé de la manière suivante.*

460. Lors de la discussion de la loi du 7 juillet 1833, la question des travaux de ce genre se représenta; une disposition spéciale introduisit des modifications à la loi nouvelle, pour le cas de travaux militaires et de la marine royale; nous avons vu, dans le titre précédent, sous les nos 443 et suivans, en quoi elles consistent; et quant aux cas urgens, la loi du 30 mars 1831 fut jugée devoir continuer à les régir, sauf à la mettre en harmonie avec les principes nouveaux qui venaient d'être adoptés; c'est ce que fait l'article 66 de la loi du 7 juillet : *L'expropriation ou l'occupation temporaire, en cas d'urgence, des propriétés privées qui sont jugées nécessaires pour des travaux de fortifications, continueront d'avoir lieu conformément aux dispositions prescrites par la loi du 30 mars 1831.*

Toutefois, lorsque les propriétaires et autres intéressés n'auront-pas accepté les offres de l'administration, le réglement définitif des indemnités aura lieu conformément aux dispositions du titre IV ci-dessus.

Seront également applicables aux expropriations poursuivies en vertu de la loi du 30 mars 1831, les articles 16, 17, 18 et 20, ainsi que le titre VI de la présente.

En parcourant les dispositions de la loi du 30 mars,

nous aurons occasion de signaler les conséquences de l'application de cet article 66.

§ Ier. — De l'expropriation pour travaux de fortification.

SOMMAIRE.

487. Le bénéfice des articles 17 et 18 de la loi de 1833 n'est pas étendu aux contrats d'acquisition en cas d'urgence.

488. Faculté pour le propriétaire de transporter les hypothèques sur un autre immeuble.

489. Les actions réelles sont transportées sur le prix.

490. Le réglement définitif de l'indemnité se fait par le jury.

491. Peut-on opposer aux intéressés autres que le propriétaire, la déchéance écrite dans l'article 21 de la loi de 1833.

492. Il faut faire des offres même à ceux au profit de qui une indemnité provisionnelle aura été réglée.

493. Les créanciers inscrits, les usufruitiers, etc., peuvent réclamer le réglement par le jury.

494. Du paiement de l'excédant qui serait alloué par le jury.

495. Les dispositions du titre VI de la loi du 7 juillet 1833 sont applicables.

461. Une première observation à faire sur cette matière, c'est qu'il peut se rencontrer des circonstances dont l'urgence serait telle qu'il n'y aurait pas même lieu, faute de temps, de suivre le prescrit de la loi du 30 mars 1831 ; dans ce cas, l'autorité militaire agit sous sa responsabilité ; la loi de la nécessité ne connaît pas d'obstacles, sauf à la justice à reprendre son action régulière et à rendre à chacun ce qui lui est dû, lorsque les événemens calamiteux qui lui ont imposé silence le permettent.

462. Nous observerons également que l'article 66, comme la loi de 1831, restreint l'application des dispositions exceptionnelles dont nous nous occupons, aux travaux de fortifications ; il s'ensuit que les travaux de la marine royale ne pourront jamais quelle que soit leur urgence, s'exécuter qu'en suivant les formalités prescrites par la loi du 7 juillet 1833, réduites dans les limites de l'article 65.

463. Au Roi appartient déjà, nous l'avons vu n° 444 ; le droit de déclarer l'utilité publique de tous travaux militaires, et d'en ordonner la construction ; au Roi aussi appartient d'en déclarer l'urgence, il est seul juge de l'utilité des travaux comme de la nécessité de les exécuter plus ou moins promptement (Loi du 30 mars 1831, art. 2).

Cette déclaration doit être contenue dans l'ordonnance qui autorise es travaux (art. 2). Elle pourrait l'être également dans une ordonnance subséquente, et intervenir même à l'égard des travaux déjà commencés; on conçoit en effet que tels travaux entrepris dans des circonstances qui permettaient une marche lente et régulière, réclament, par suite d'événemens, un achèvement prompt; l'ordonnance qui interviendrait alors produirait l'effet de substituer pour tous les terrains non encore acquis les formes de la loi du 30 mars à celles de la loi du 7 juillet.

464. Cette ordonnance est transmise dans les vingt-quatre heures de sa réception par le préfet au procureur du Roi de l'arrondissement de la situation des biens et au maire de la commune de cette situation (art. 3).

Le procureur du Roi requiert et le tribunal ordonne *immédiatement* le transport sur les lieux d'un de ses membres avec un expert nommé d'office par le même jugement (art. 3); il n'est pas nécessaire d'appeler les intéressés, qui sont d'ailleurs encore inconnus, puisqu'il s'agit seulement de reconnaître le terrain sur lequel l'autorité militaire veut asseoir ses travaux.

Par le même motif, nous dirons que ce jugement n'est susceptible d'aucun recours en cassation, il ne prononce en effet aucune dépossession; il ordonne seulement une mesure préparatoire qui ne peut en elle-même porter préjudice à personne, et ce n'est pas selon nous à ce premier jugement qu'il faut appliquer les dispositions de l'article 20 de la loi du 7 juillet, qui permet le recours en cassation de la part des intéressés contre les jugemens qui prononcent l'expropriation et transportent ainsi la propriété entre les mains de l'administration.

465. De son côté, le maire de la commune de la situation des biens fait publier sans délai l'ordonnance par tous

les moyens susceptibles de lui assurer la plus grande notoriété possible. Encore que l'article 3 de la loi du 3o mars
1831 ne prescrive spécialement que l'affiche à la porte de
l'église et à celle de la maison commune, le magistrat municipal atteindra plus complétement son but en mettant
en usage tous les moyens de publicité repris en l'article 6
de la loi du 7 juillet 1833.

Les publications et affixions sont certifiées par le magistrat (art. 3).

466. Dans les vingt-quatre heures de sa nomination, le
juge commis fixe le jour et l'heure de sa descente sur les
lieux par une ordonnance rendue à cet effet, et signifiée à
la requête du procureur du Roi, tant au maire de la commune où le transport doit s'opérer, qu'à l'expert nommé
(art. 4).

La descente devant être effectuée dans les dix jours de
la date de l'ordonnance du magistrat, et un intervalle de
huit jours laissé entre la signification de cette ordonnance
et son exécution, il s'ensuit que pour remplir ces deux
conditions, la signification en doit être faite dans les
vingt-quatre heures de sa délivrance.

Il nous semble que, pour éviter tout retard, le tribunal
devra s'assurer de l'acceptation de l'expert qu'il aura l'intention de choisir, un refus de sa part devant entraîner la
nécessité d'une nouvelle nomination.

467. Au reçu de cette ordonnance, le maire convoque
pour le jour et l'heure indiqués par le juge-commissaire,
de manière à leur faire parvenir cette convocation cinq
jours au moins avant celui des opérations, les propriétaires
intéressés, les usufruitiers et autres, tels que locataires,
fermiers ou occupeurs à quelque titre que ce soit.

Le maire, pour cette convocation, suit les indications
qui lui sont fournies par l'agent militaire chargé de la di-

rection des constructions, celui-ci connaissant déjà, par un premier travail qu'il a dû faire, les propriétés sur lesquelles les ouvrages seront établis (art. 4).

468. La convocation du maire se remet aux intéressés, s'ils résident sur les lieux; s'ils n'y résident pas, le maire convoque leurs agens, mandataires ou ayans-cause; il faut, selon nous, comprendre dans cette dernière expression, les fermiers et locataires; ceux-ci seraient de cette sorte, à défaut d'agens ou de mandataires, appelés à un double titre, d'abord pour représenter le propriétaire ou le mettre à même de se faire représenter, et en second lieu pour assister en leur propre nom, si bon leur semble, aux opérations et y défendre leurs droits locatifs. Cette disposition, quoique formulée en des termes qui diffèrent de ceux de l'article 15 de la loi du 7 juillet, autoriserait cependant au fond la notification dans une forme à peu près semblable.

469. L'article 4 de la loi du 30 mars disant, *et les autres personnes intéressées, telles que......* n'est donc pas limitatif; il faut en conséquence appeler aussi à assister aux opérations du magistrat, ceux qui ont des droits d'usage et d'habitation, et même, selon nous, ceux qui possèdent un droit de servitude sur l'un des immeubles compris dans le tracé des travaux fait par l'agent militaire; en un mot, toutes personnes qui, à la connaissance du maire, doivent voir leurs droits s'anéantir, par la construction des fortifications projetées.

470. Les intéressés ainsi convoqués ont le droit de se faire assister par un *expert* ou *arpenteur* (art. 4), et sans nul doute toute personne qui justifierait d'un intérêt et qui n'aurait pas été convoquée pourrait se présenter et se faire assister comme les premières; ce ne peut être que

dans ce but que la loi commande la publicité à donner à l'ordonnance.

471. Au jour indiqué, le magistrat, en se rendant sur les lieux avec l'expert nommé par le tribunal, doit y rencontre r : 1° le maire ou son adjoint; 2° l'agent militaire chargé de la direction des travaux; 3° un agent de l'administration des domaines et un expert ingénieur, ces deux individus désignés par le préfet, et aussi les parties intéressées ou les experts qu'elles auraient désignés (art. 5).

Si des parties sont absentes sans avoir nommé d'expert, *ou si, même présentes,* elles n'ont point *le libre exercice* de leurs droits, un expert est désigné par le juge-commissaire pour la défense de leurs intérêts (art. 7); un seul suffit pour représenter toutes les parties absentes ou incapables.

Si plusieurs copropriétaires existaient pour une même propriété, et que quelques-uns d'entre eux seulement eussent désigné expert, il faudrait en nommer un pour représenter les défaillans.

472. Le juge, assisté du greffier, commence les opérations par l'ouverture de son procès-verbal destiné à constater l'accomplissement de toutes les formalités prescrites. « Le juge-commissaire, disait le rapporteur, a l'indispen- « sable devoir d'assister à toutes les opérations que décrit « la loi ; c'est l'accomplissement de ce devoir que ce pro- « cès-verbal est destiné à constater. »

473. La première formalité qu'il constate est la prestation de serment en ses mains et sur les lieux mêmes par tous les experts (art. 5), et ce ne sont pas seulement l'expert du tribunal et celui de l'administration qui prêtent serment, mais aussi ceux nommés par les intéressés. Le rapporteur disait, à l'occasion de cet acte : « Nous avons cru « nécessaire aussi que tous les experts aussi prétassent

« le serment avant de commencer leurs fonctions : c'est
« encore là une garantie, et non une simple formalité,
« que l'on retrouvera dans le procès-verbal du juge-com-
« missaire. »

474. L'*agent militaire* détermine ensuite le périmètre
du terrain nécessaire à l'exécution des travaux, et l'*expert
de l'administration des domaines* lève immédiatement,
et de concert avec l'agent de cette administration, le
plan parcellaire des propriétés particulières comprises
dans ce périmètre.

475. Cette opération terminée, l'*expert nommé par
le tribunal* se livre à l'examen de tous les faits et circonstances qui peuvent servir de base à l'appréciation de la
valeur foncière, de la valeur locative, ainsi que des dommages-intérêts pour changemens et dégâts, et en général
pour tout ce qui peut être une occasion de préjudice; à
ce titre, nous pensons que s'il se présentait des individus
qui réclamassent des droits d'habitation, d'usage, de servitude sur ces immeubles, l'expert devrait également
rechercher les bases de l'appréciation du dommage que
peut leur occasionner la perte de ces droits (art. 7).

Après avoir ainsi relevé toutes ces circonstances, le
même expert fait lui-même l'estimation de la valeur foncière et locative de chaque parcelle, de ces dépendances,
ainsi que de l'indemnité qui pourra être due pour frais de
déménagement, pertes de récoltes, détériorations d'objets
mobiliers et tous autres dommages.

476. Il faut bien distinguer cette double mission de
l'expert : reconnaître d'abord les élémens d'estimation,
afin que l'état des lieux demeure constaté et qu'il soit possible d'en faire une exacte estimation alors que les terrains
auront été dénaturés par les travaux, puis procéder lui-
même à une juste appréciation, déclarer quelle valeur il

attribue à chacune des causes du dommage qu'il reconnaît exister, perte du sol, de la jouissance, des récoltes, etc.

Il dresse un rapport dans lequel il consigne soigneusement tout ce qui constitue l'accomplissement de ce double devoir; il doit surtout s'attacher, ce nous semble, à décrire exactement le terrain, sa nature, sa situation, les bâtimens, récoltes, plantations qui le couvrent; car bientôt l'autorité militaire va s'en emparer, le changer complétement; il n'existera plus, pour ainsi dire, que dans ce procès-verbal, et le jury doit le retrouver là tel qu'il était, si, plus tard, il faut recourir à son intervention pour régler définitivement l'indemnité qui sera à payer par l'État.

477. Les opérations de cet expert puisent une grande autorité dans la présence des parties, l'agent du Domaine et son expert d'une part, les personnes intéressées et leurs experts de l'autre, qui toutes peuvent présenter leurs observations, fournis leurs contredits, débattre entre elles les élémens de valeur, les causes de dommages, et faire consigner dans le rapport même les faits et dires qu'elles croiraient utiles; en effet, l'article 7 dit que les opérations sont contradictoires, et l'article 8, en même temps qu'il prescrit à l'expert de désigner dans son procès-verbal la nature et la contenance de chaque propriété, la nature des constructions, l'usage auquel elles sont destinées et les motifs des évaluations diverses, lui ordonne également de transcrire l'avis de chacun des autres experts et les observations et réquisitions, telles qu'elles lui seront faites, de l'agent militaire, du maire, de l'agent du Domaine et des parties intéressées.

Chacun doit signer ses dires, ou mention doit être faite de la cause qui l'en empêche.

478. L'expert détermine dans son procès-verbal le temps qu'il paraît nécessaire d'accorder aux occupeurs

pour évacuer les lieux (même art. 8), en se renfermant toutefois dans les limites de la loi qui ne permet pas d'excéder cinq jours pour les propriétés non bâties et dix jours pour les propriétés bâties (art. 10).

479. De son côté, le magistrat, comme nous l'avons déjà dit, dresse procès-verbal de l'accomplissement de chacune des formalités : il y a donc deux procès-verbaux distincts.

480. L'administration doit faire des démarches auprès des propriétaires pour obtenir la cession amiable de leurs terrains; des offres leur sont adressées, et si ces propriétaires acceptent les conditions de l'administration, acte de vente est passé entre eux et le préfet du département. Cet acte, dit l'article 9, est rédigé dans la forme des actes d'administration, et la minute en reste déposée au secrétariat de la préfecture; c'est la règle que nous avons rencontrée dans l'expropriation ordinaire. On doit croire que ces offres sont faites sur les lieux mêmes ou immédiatement après les opérations des experts, avec mention du résultat dans le procès-verbal du juge; car l'article 10 prescrit que, dans le cas où les offres ne seraient pas acceptées, ou encore si le propriétaire n'a pas le libre disposition de ces droits, le tribunal s'assemble aussitôt après le retour du magistrat par lui commis pour opérer la descente de lieux (art. 10). Il en résulte que, quand la propriété appartient à un incapable, il n'est pas possible d'invoquer l'application des articles 25 et 26 de la loi de 1833, qui, dans les mêmes circonstances et lorsqu'il s'agit d'expropriations ordinaires, fournissent un moyen d'arriver à une cession amiable; c'est qu'en effet la promptitude de la mise en possession nécessaire aux cas d'urgence ne pourrait s'allier avec les délais qu'entraîne l'emploi des moyens indiqués par ces deux articles.

481. Le tribunal assemblé détermine, sur le vu des deux procès-verbaux, sans retard et sans frais :

1° Une indemnité de déménagement à payer aux détenteurs *avant l'occupation ;*

2° Une indemnité approximative et provisionnelle de dépossession, laquelle doit être *consignée,* sauf réglement ultérieur et définitif, préalablement à la prise de possession.

Cette obligation, imposée à l'administration, de *consigner* l'indemnité provisionnelle, avant de pouvoir se mettre en possession, est un hommage rendu au principe de l'indemnité préalable ; en cela, la loi de 1831 a réformé la loi de 1810 qui, dans des cas semblables, autorisait les tribunaux à prononcer l'envoi en possession avant le paiement de l'indemnité ; aujourd'hui du moins le propriétaire trouve dans la consignation une garantie que l'indemnité à laquelle il a droit lui sera payée.

482. Le même jugement autorise le préfet à se mettre en possession des terrains, à la charge de *payer,* sans délai, l'indemnité de déménagement, soit au propriétaire, soit au locataire, et de signifier avec le jugement l'acte de consignation de l'indemnité provisionnelle de dépossession.

Le jugement détermine en outre le délai dans lequel, à compter de l'accomplissement des formalités ci-dessus, les détenteurs seront tenus d'abandonner les lieux.

483. Faut-il appeler à ce jugement les parties intéressées ? On ne trouve rien dans la loi qui en fasse une obligation ; mais on pourrait dire que le droit de défense est commun à toutes les matières, à moins d'exception formelle ; d'un autre côté, l'article 10, *in fine,* suppose la possibilité d'oppositions qui frapperaient le jugement. Nous pensons, nonobstant ces raisons, que les parties ne doivent pas être citées ; nous voyons, en effet, que le tribunal

s'assemble pour rendre son jugement, par la seule injonction de la loi, sans en être requis par personne : qui donc
convoquerait les parties ? il se réunit aussitôt le retour du
juge-commissaire; où trouverait-on le temps de faire délivrer des ajournemens ? dans quel but appellerait-on les
parties ?..... pour fournir leurs observations ? mais ces
observations sont consignées au procès-verbal, sur le vu
duquel le tribunal prononce; d'ailleurs, il ne s'agit que
d'une appréciation provisoire, et l'esprit de la loi semble
dispenser de l'observation de cette règle du droit commun
que tout jugement doit être rendu contre partie dûment
appelée. Les intéressés, comme l'administration elle-même,
pourront sans doute intervenir, et le tribunal devra entendre leurs observations : ce droit ne saurait pas plus
être dénié dans ce cas que dans celui d'expropriations
ordinaires.

484. Le jugement est exécutoire nonobstant tout recours;
mais quels sont les moyens de recours ? Aux termes de
l'article 10, le jugement pouvait être attaqué par la voie
de l'appel et de l'opposition ; mais il faut remarquer qu'a-
lors la loi de 1810 était encore en vigueur, et qu'elle admettait, contre les jugemens relatifs à l'expropriation
pour cause d'utilité publique, les voies ordinaires pour
faire réformer les décisions judiciaires. Aujourd'hui, la
loi de 1833 ne reconnaît plus qu'un seul mode de recours,
le pourvoi devant la Cour de cassation; et l'article 66 de
cette loi déclare l'article 20, qui en dispose ainsi, applicable aux expropriations réglées en cas d'urgence par la
loi de 1831. C'est qu'en effet le jugement dont nous nous
occupons, est véritablement celui qui prononce l'expropriation, celui qui opère pour l'État le transport des droits
de la propriété entre ses mains; ainsi le paragraphe final
de l'article 10 de la loi de 1831 se trouve abrogé en ce

sens que les voies de recours consistent uniquement dans
le pourvoi en cassation pour les causes énoncées en l'article 20 précité.

485. L'indemnité approximative et provisionnelle que
l'administration doit consigner préalablement à la prise
de possession, peut être acceptée par ceux au profit de
qui elle a été réglée, sans qu'il en résulte pour eux aucun
préjudice à la fixation définitive de l'indemnité.

Aux termes de l'article 11 de la loi de 1831, cette acception entraînait le paiement immédiat de l'indemnité
provisionnelle toutes les fois qu'elle n'excédait pas 100 fr.;
quand elle était supérieure à cette somme, l'administration pouvait différer le paiement jusqu'après la transcription et la purge des hypothèques légales; seulement
elle devait remplir ces formalités dans les trois mois, faute
de quoi l'indemnité devenait exigible, ce délai expiré,
s'il n'existait ni inscription, ni saisie-arrêt ou opposition.

Aujourd'hui que l'article 66 de la loi de 1833 a fait
participer les expropriations pour fortifications au bénéfice des articles 16, 17 et 18 de cette même loi, les dispositions de l'article 11 de la loi de 1831 doivent être
mises, dans l'application, en harmonie avec celles de la
loi de 1833, et, par suite, subir quelques modifications;
ainsi le jugement sera toujours transcrit immédiatement
au bureau des hypothèques, quelle que soit du reste l'importance de l'indemnité déterminée (art. 16 de la loi du
7 juillet). Cette transcription purgera toutes les hypothèques légales, judiciaires et conventionnelles qui n'auront
pas été inscrites dans la quinzaine suivante (art. 17,
même loi).

S'il n'y a pas d'inscription dans cette quinzaine, l'immeuble se trouvant affranchi de toutes hypothèques, il
semble que l'on doive déclarer l'indemnité exigible, sans

forcer l'indemnitaire à attendre l'expiration du délai de trois mois, fixé par l'article 11 précité, pour l'exigibilité; un délai aussi long est sans objet maintenant que l'administration n'a plus à remplir les formalités de la purge des hypothèques légales.

486. Mais si l'administration ne faisait pas transcrire immédiatement, comme le veut l'article 16 de la loi du 7 juillet, quand l'indemnité deviendrait-elle exigible? L'administration, sous ce rapport, ne pourrait prétendre à une position plus favorable à cet égard que ne la lui fait la loi de 1631; il faut donc dire qu'à défaut de transcription dans les trois mois, l'indemnité provisionnelle deviendrait exigible.

487. L'article 66 de la loi du 7 juillet n'a pas reproduit l'article 19 au nombre de ceux dont les dispositions sont rendues communes aux cas d'urgence; il faut en conclure que, si des conventions amiables interviennent, elles seront, quant aux hypothèques, soumises aux règles du droit commun; la purge des hypothèques légales devra être faite en la forme ordinaire : en un mot, elle demeure absolument sous l'empire de l'article 11 de la loi du 30 mars 1831.

488. Le propriétaire exproprié conserve, aux termes du même article 11, le droit de forcer le créancier hypothécaire a consentir le transport sur un autre immeuble présentant une sûreté suffisante, de l'hypothèque qui frappe le terrain exproprié; cette faculté, toute d'équité et de justice, trouve sa base dans l'article 26 de la loi du 8 mars 1810, auquel il est renvoyé.

489. Le sort des actions réelles qui peuvent frapper les immeubles expropriés est fixé par l'article 18 de la loi du 7 juillet : ainsi elles sont transportées sur le prix, et l'immeuble en demeure affranchi.

490. Lorsque l'administration a pris possession des terrains, soit que l'indemnité provisionnelle ait été consignée, soit que l'ayant-droit en ait exigé la remise, il y a lieu de régler définitivement la somme due; cette mission, confiée par la loi du 30 mars, et d'après les principes de la législation alors en vigueur, aux tribunaux, se trouve, par l'article 66 de la loi nouvelle sur l'expropriation, transportée au jury. Le réglement définitif des indemnités, dit le § 2 de cet article, *aura lieu conformément aux dispositions du titre IV.*

Le jugement du tribunal devra, en outre de l'accomplissement des dispositions analysées plus haut, nommer l'un de ses membres pour remplir les fonctions de magistrat directeur du jury.

Quant à l'application des dispositions du titre 4 de la loi du 7 juillet, elle ne peut donner naissance à des difficultés particulières. Le propriétaire qui aura reçu la signification du jugement, signification qui doit être faite d'après les règles du droit commun, puisqu'il n'est pas question en l'article 66 d'adapter à ces cas les règles tracées en l'article 15 de la même loi touchant la signification du jugement, le propriétaire, disons-nous, devra dénoncer *dans la huitaine,* au magistrat directeur du jury commis par le jugement, les noms des personnes désignées en l'article 21; dans le même délai, tous autres intéressés doivent se faire connaître au magistrat directeur.

491. Pour ces derniers, toutefois, il serait rigoureux d'appliquer les déchéances prononcées par le paragraphe 2 de l'article 21 de la loi de 1833; si, en effet, l'ordonnance royale qui autorise les travaux et les déclare d'urgence reçoit autant de publicité que les opérations préliminaires à l'expropriation dans les cas ordinaires, le jugement qui dépossède moyennant la consignation de l'indemnité ap-

proximative n'est point comme celui qui prononce l'expropriation , affiché, publié et inséré dans les journaux ;
comment dès lors opposer à ces intéressés une déchéance en s'appuyant sur le motif qu'ils n'ont pas observé
un délai dont ils ont ignoré le point de départ ? Cependant
il faut reconnaître que l'esprit de la loi a été d'éteindre
toute réclamation contre l'État, qui ne se produirait que
postérieurement à la décision du jury.

492. Des offres sont signifiées par l'administration aux
personnes indiquées par l'article 28 ; la réponse contenant
acceptation ou refus doit intervenir dans les délais de
l'article 24. On pourrait douter peut-être qu'il fallût faire
des offres à ceux au profit de qui le Tribunal a réglé une
indemnité provisionnelle ; mais cette indemnité n'est qu'approximative, et l'administration elle-même peut ne point
les prendre pour base de ses offres.

493. S'il y a des créanciers inscrits, nul doute qu'ils
ne puissent user du bénéfice qui leur est accordé par l'article 28, et réclamer le jugement par jury, nonobstant
l'acceptation du propriétaire ; il en est de même des usufruitiers et autres intéressés de même nature (n°s 207 et
208).

494. Nous avons vu dans quel délai le paiement devait
être effectué en ce qui touche l'indemnité approximative
et provisionnelle ; nous avons pensé que s'il n'y avait pas
d'obstacle au paiement, la somme allouée pouvait être
exigée dans un délai très-bref. L'État, en effet, étant en
possession de l'immeuble, ne peut refuser au propriétaire
la remise du prix que pendant le temps rigoureusement
nécessaire pour reconnaître s'il n'y a pas d'obstacles au
paiement, c'est-à-dire jusqu'à l'expiration de la quinzaine
de la transcription après laquelle la propriété est purgée
de toute hypothèque non inscrite, et encore avec dé-

chéance de tout terme, si trois mois s'écoulaient sans que cette transcription fût opérée.

Le paiement de l'excédant de l'indemnité, s'il en existe après le réglement définitif par le jury, devra s'opérer de la même manière; si *l'indemnité définitive excède l'indemnité provisionnelle,* dit l'article 12 de la loi du 30 mars 1831, *cet excédant sera payé conformément à l'article précédent.* Le plus souvent, lorsqu'il n'y aura ni créances inscrites ni saisie-arrêt ou opposition, cet excédant sera immédiatement exigible, le réglement par le jury entraînant des délais assez longs pour que la formalité de la transcription ait pu et dû être accomplie; si, au contraire, il y a obstacle au paiement, l'excédant ira rejoindre à la Caisse des dépôts et consignations la somme principale pour être, comme celle-ci, ultérieurement distribuée ou remise selon les règles du droit commun.

Les mêmes règles de paiement seront observées à l'égard d'indemnités accessoires dont le Tribunal n'aurait pas eu à s'occuper.

495. Enfin, les dispositions du titre VI de la loi du 7 juillet doivent également recevoir application lorsqu'il s'agit d'exproprier des terrains pour travaux urgens de fortifications : ainsi, dispense de droit de timbre et d'enregistrement pour tous actes y relatifs, jouissance prorogée d'une année des contributions pour le cens électoral de l'exproprié, droit d'exiger la rétrocession des terrains ne recevant pas la destination d'utilité publique, tout cela est commun aux deux espèces d'expropriation.

§ II. — De l'occupation temporaire de terrains pour travaux de fortification.

SOMMAIRE.

496. Les formes tracées pour l'occupation à perpétuité des terrains nécessaires à l'exécution des travaux urgens de fortification s'appliquent aussi à l'occupation temporaire de terrains non bâtis que permet, pour le même objet, la loi du 30 mars 1831 ; l'une comme l'autre est autorisée par ordonnance royale; il est procédé pour toutes deux de la même manière, seulement l'indemnité à payer par l'État n'est pas la même; il ne s'agit, en effet, dans le cas d'occupation temporaire, que d'une privation de jouissance.

Nonobstant cette dernière circonstance, l'expert nommé par le Tribunal doit se livrer à l'examen prescrit par les articles 7 et 8 de la loi de 1831, rechercher la valeur foncière et la valeur locative, décrire l'état précis des lieux, et apprécier les dommages que les travaux occasionneront; c'est en effet dans son procès-verbal que, lors de la remise de la propriété, il faudra aller puiser les élémens des indemnités dues pour détériorations occasionnées par les

travaux, ou pour différence entre l'état des lieux au moment de la remise, et leur état au moment de l'occupation
(art. 13).

Il peut se faire aussi que d'abord il n'y ait à acquitter
qu'une somme représentative de loyer, et que plus tard il
faille payer l'indemnité foncière; cela arriverait si l'administration rendait définitifs des travaux qu'elle n'avait eu
d'abord l'intention d'établir que temporairement, ou encore si, l'occupation se prolongeant plus de trois années,
le propriétaire usait de la faculté que lui donne l'article 14
d'exiger l'achat de la propriété et le réglement de l'indemnité pour la cession de l'immeuble. Dans l'un et l'autre
cas, c'est l'état des lieux tel qu'il a été constaté par le procès-verbal descriptif, qui sert de base à l'évaluation des
indemnités.

497. L'indemnité due pour occupation temporaire
consiste en une somme annuelle représentative de la valeur
locative et *du dommage résultant du fait de la dépossession;*
elle est réglée amiablement, sinon par les tribunaux ordinaires, et payée par moitié de six mois en six mois à ceux
à qui elle est due : cette double indemnité appartient au
propriétaire quand le terrain n'est pas loué; dans le cas
contraire, elle se partage entre celui-ci et le fermier ou locataire, chacun selon leurs droits respectifs. « Il ne pouvait
« suffire, a dit le rapporteur à la Chambre des députés,
« ni d'une indemnité annuelle au propriétaire, ni d'un dé-
« dommagement pour lui à la fin de *l'occupation tempo-*
« *raire*, si le terrain est donné à bail, car l'exploitant a
« aussi des droits qu'on ne saurait méconnaître. Quand le
« propriétaire touchera du Gouvernement le loyer annuel
« qu'il recevait auparavant du fermier, celui-ci devra ob-
« tenir à son tour une indemnité représentative de la jouis-
« sance qu'il a perdue, et en vue de laquelle il avait peut-

« être fait des dépenses; de même, lorsque le Gouverne-
« ment délaissera l'immeuble, la réparation pécuniaire des
« dommages faits par lui à la propriété peut le soumettre
« à des obligations envers le fermier comme envers le pro-
« priétaire. »

498. Au moment de la remise, on évalue les détériorations causées par les travaux ou la différence entre l'état
des lieux à ce moment et l'état constaté par le procès-verbal descriptif, et ces dommeges se résolvent en une indemnité pécuniaire tant au profit du fermier ou locataire, s'il
y a lieu, que du propriétaire (art. 13). Cette indemnité se
règle de la manière ci-devant indiquée :

499. La loi ne pouvait autoriser une occupation temporaire indéfiniment prolongée; aussi en a-t-elle limité la
durée à trois années, après quoi le propriétaire ou son
ayant-droit peut exiger une indemnité pour la cession de
l'immeuble. Ce droit a beaucoup d'analogie avec celui écrit
dans l'article 50 de la loi du 7 juillet 1833 : on peut voir
ce que nous disons des difficultés que présente son application, n°s 315 et suivans. Nous avons vu que l'indemnité,
dans ce cas, se règle en raison de l'état des lieux au moment
de l'occupation, tel qu'il aura été constaté par le procès-
verbal descriptif; elle est due non-seulement au propriétaire, mais aussi au fermier, s'il souffre de cette dépossession définitive un dommage quelconque (art. 14).

500. Les articles 13 et 14 de la loi du 30 mars 1831
ont soin de mettre sur la même ligne, comme ayant droit à
une indemnité soit annuelle, soit de détérioration, soit de
dépossession définitive, le propriétaire et le fermier; mais
ils gardent le silence relativement à tous autres intéressés,
pour qui cependant l'occupation temporaire comme l'occupation définitive peut être une source de dommages. On
ne peut douter que ces intéressés, en tant qu'ils sont con-

nus, doivent être compris dans le réglement des indemnités pour la part de dommage qu'ils souffrent. Si la loi de
1831 ne s'occupe que du droit des propriétaires et des
fermiers, c'est qu'elle avait en vue le cas qui se présente le
plus fréquemment, sans vouloir, pour cela, accorder une
injuste préférence à certains droits, à l'exclusion de tous
autres.

501. Toute indemnité due pour occupation temporaire
se règle soit *amiablement*, soit *judiciairement*; que faut-
il entendre par cette expression judiciairement?

Distinguons d'abord l'indemnité annuelle ou de détérioration dont parle l'article 13, de l'indemnité foncière et
autres, accessoires à celle-ci, dont s'occupe l'article 14.

Les deux premières ayant pour cause une perte temporaire d'une partie des droits de la propriété, ou un dommage matériel causé par l'exécution de travaux publics,
il n'y a pas expropriation d'après ce que nous avons dit
n° 8, et, par suite, les dispositions de la loi du 7 juillet
1838 ne sont pas applicables; il faut, à l'égard de ces
sortes d'indemnités, suivre encore aujourd'hui les règles de
juridiction des lois spéciales, et, à défaut, celles du droit
commun. Dans l'espèce, la loi spéciale, d'accord avec le
droit commun, en attribue la connaissance aux tribunaux ordinaires : tel est le sens du mot *judiciairement*. Il
faut donc continuer à porter devant les magistrats civils
toutes les contestations relatives au réglement de ces indemnités, et non pas au jury : ce n'est pas pour ce cas
qu'est introduite dans l'article 66 de la loi du 7 juillet la
modification à la loi de 1831, qui substitue le jury aux
tribunaux.

Si, au contraire, l'occupation ayant déjà duré trois
années, le propriétaire, au commencement de la quatrième, veut exercer le droit que lui donne l'article 14,

ce n'est plus un dommage temporaire, c'est une perte à
perpétuité qu'il va subir; c'est la cession de la propriété et
de tous les droits qui la constituent qui va s'opérer. Les
tribunaux compétens, pour en connaître sous l'empire de
la législation de 1810, cessent de l'être en vertu de l'article 66, § 2, de la loi du 7 juillet, et le réglement définitif
de l'indemnité doit se faire conformément aux dispositions
du titre IV de cette dernière loi, si un réglement amiable
n'a lieu; il y a dans ce dernier cas véritable expropriation.

502. En disant, dans le n° 496, que les formalités devraient être les mêmes pour l'occupation temporaire que
pour l'expropriation, nous comprenions dans ces formalités le jugement à rendre par le Tribunal aux termes de
l'article 10 de la loi du 30 mars 1831; toutefois, ce jugement doit subir dans sa teneur quelques modifications faciles à reconnaître; ainsi, il détermine une indemnité de
déménagement et une indemnité annuelle approximative
pour privation de jouissance.

Il autorisera le préfet à se mettre en possession à la
charge du paiement préalable de l'indemnité de déménagement et de l'exécution de l'article 13, quant au paiement
de l'indemnité annuelle.

Il fixera enfin le délai dans lequel, à compter de l'accomplissement de ces formalités, les détenteurs seront tenus d'abandonner les lieux.

503. Aussitôt après la prise de possession et au cas que
la fixation provisoire de l'indemnité ne convienne pas aux
parties, la fixation définitive se réglera comme il est dit en
l'article 12 de la loi du 30 mars 1831.

SECTION II. — *Des halles et marchés.*

SOMMAIRE.

504. La loi du 15 mars 1790 donne aux municipalités le droit de contraindre les propriétaires des halles et marchés à les vendre ou à les louer.
505. En conservant le principe de la loi de 1790, il faut mettre ce genre d'expropriation en harmonie avec la législation actuelle.
506. L'indemnité doit être préalable.
507. L'expropriation n'est précédée d'aucune des formalités administratives de la loi de 1833.
508. La dépossession doit aujourd'hui être prononcée par les tribunaux.
509. L'indemnité est réglée par le jury.
510. L'option pour le propriétaire de vendre ou louer s'éteint par la dépossession prononcée.
511. Il faut prendre pour base de l'indemnité, non-seulement la valeur intrinsèque des bâtimens, mais encore les revenus qu'ils procuraient à leurs détenteurs.

504. La plupart des halles et marchés appartenaient autrefois aux seigneurs féodaux, qui percevaient sur les denrées et marchandises qui y étaient exposées, un droit connu sous divers noms dans les différentes contrées. Ces droits, comme tous les droits féodaux, furent abolis par la loi du 15 mars 1790, titre 2, art. 19, qui, sans dépouiller ceux qui les percevaient de la propriété qu'ils pouvaient avoir des halles et bâtimens où se tenaient les marchés, *les contraignaient à s'arranger à l'amiable, soit pour le loyer, soit pour l'aliénation, avec les municipalités des lieux,* soumettant à l'arbitrage des assemblées administratives les difficultés qui pourraient s'élever à ce sujet.

Une instruction de l'Assemblée nationale du 12 août suivant expliquait cette disposition légale en disant : *Les bâtimens, halles, étaux et bancs continuent d'appartenir à leurs propriétaires ; mais ceux-ci peuvent obliger les municipalités de les acheter ou de les prendre à loyer ; et*

*réciproquement, ils peuvent être contraints à les vendre,
à moins qu'ils n'en préfèrent le louage.*

5o5. Cette faculté accordée aux municipalités de forcer
un propriétaire à lui vendre ou au moins à lui louer un
bâtiment parce qu'il est à usage de ʰhalle ou marché,
constitue une véritable expropriation contre ce propriétaire, pour laquelle on doit suivre la loi de 1790, mais
seulement en ce qu'elle a de compatible avec la législation
actuelle.

5o6. Ainsi on appliquera le principe des articles 545
du Code civil et 9 de la Charte de 183o, et l'indemnité
devra être préalable à la dépossession ; nul ne peut être
aujourd'hui contraint à faire l'abandon de sa propriété
sans une juste et préalable indemnité. Cette nécessité
d'une indemnité préalable pour la propriété du sol et des
bâtimens des halles et marché, est consacrée par plusieurs
arrêts du Conseil-d'État, notamment ceux des 6 décembre
1813, 26 mars 1814, et l'ordonnance du 2 juin 1819 [1].

Y a-t-il des formes préliminaires à observer pour cette
expropriation? La loi de 1790 n'en exige aucune ; elle
prescrit seulement pour la commune, si c'est elle qui veut
acquérir, une déclaration de sa volonté à laquelle le propriétaire doit se soumettre, s'il ne préfère opter pour la
location. Nous croyons que maintenant encore il n'y a
pour une semblable expropriation aucune formalité d'instruction administrative à remplir ; il n'est besoin ni d'ordonnances royales, ni d'enquêtes, ni de l'accomplissement
d'aucune des prescriptions du titre 2 de la loi de 1833 ;
l'expropriation s'opère en vertu de la loi de 1790 et de
la seule circonstance que le sol et les bâtimens qu'il
s'agit d'exproprier sont à usage de halle ou marché ; il

---

[1] Sirey, t. 19, 2, p. 194.

n'est donc pas besoin d'ordonnance qui déclare l'utilité publique : d'un autre côté, les propriétaires ne peuvent manquer d'être avertis, puisque l'on doit leur faire connaître les intentions de la commune, afin qu'ils aient à faire leur option, et que, cette option faite, des pourparlers ont lieu entre eux et l'administration municipale pour arriver à la fixation amiable du prix; et dès lors il y aurait inutilité complète à parcourir le cercle des formalités administratives prescrites par la législation de 1833.

Cette opinion est basée sur des monumens de jurisprudence : *la cour royale de Bordeaux, dans un arrêt du 30 avril* 1830[1], a jugé que, si une ordonnance royale d'autorisation était nécessaire à une commune pour faire une acquisition, elle ne l'était pas pour l'exercice par la commune du droit de contraindre les propriétaires d'une halle à déclarer s'ils veulent vendre ou louer, qu'il suffisait que la commune fût autorisée à poser cette option. Il résulte évidemment, ce nous semble, de cet arrêt, qu'il ne peut jamais s'agir en pareil cas d'une ordonnance déclarative de l'utilité.

508. La loi du 8 mars 1810, en déclarant dans son article 1er que l'expropriation s'opère par autorité de justice, et en conférant par l'article 11 aux tribunaux seuls le droit de statuer sur le prix des fonds à céder, a modifié la loi de 1790; aussi, et sous la législation de 1810, était-il passé en jurisprudence qu'en cas de refus de la part des propriétaires de halles et marchés, de vendre ou louer, ou de non-accord sur le prix, c'était aux tribunaux à connaître de ces difficultés, à contraindre les propriétaires à manifester leur option et à régler l'indemnité (ordonnance royale rendue en Conseil-d'Etat

---

[1] Sirey, t. 30, 2, p. 236.

du 2 juin 1819; *idem* du 9 juillet 1820 [1]). Un arrêt du 30 avril 1830 [2], en consacrant le même principe, dit que l'expropriation *étant prononcée à l'avance* par la loi de 1790, il n'y a lieu de recourir aux tribunaux que pour le réglement de l'indemnité : nous croyons que c'est là une erreur; la loi de 1790 n'avait pas pour effet de déposséder le propriétaire et de transporter ses droits aux communes, mais seulement elle donnait à celles-ci la faculté d'exiger cet abandon à leur profit. Si donc le propriétaire refusait de consentir à cette cession de ses droits, il fallait faire prononcer, par une autorité quelconque, la dépossession du propriétaire. Cette autorité, dans les principes de la loi de 1810, c'étaient les tribunaux; il pouvait donc y avoir à recourir à eux pour autre chose qu'une indemnité à régler.

Sous l'empire de la loi de 1833, on doit procéder d'après les mêmes bases; si le propriétaire ne consent à passer titre de vente ou de bail, on s'adressera aussi aux tribunaux, qui prononceront la dépossession de ce propriétaire au profit de la commune, dans la forme ordinaire des jugemens d'expropriation; et, pour ce qui concerne le réglement de l'indemnité, il se fera conformément aux dispositions du titre IV de la loi de 1833 (*Voir* un arrêt de cassation du 9 juin 1834 [3]).

509. L'intervention des Tribunaux pour opérer la dépossession ne devient nécessaire qu'au cas de refus de vendre ou louer; si le propriétaire opte pour l'un ou pour l'autre mode de cession, il ne s'agit plus alors que de la fixation de l'indemnité, qui devra être réglée soit amiablement soit par jury.

---

[1] Sirey, t. 21, 2, p. 24.
[2] Sirey, t. 30, 2, p. 236.
[3] Sirey, t. 34, 1, p. 711.

510. Lorsque, après un refus constaté, la dépossession est prononcée, le propriétaire ne peut plus user du droit d'option que lui laisse la loi de 1790 (arrêt précité du 9 juin 1834).

511. Quelle est la base de l'indemnité à allouer ? Un arrêt du Conseil-d'État du 2 août 1811, approuvé le 6 [1], considérant que la seule propriété des bâtimens et halles avait été maintenue par la loi de 1790, a décidé que l'expertise doit se renfermer dans la valeur pure et simple des bâtimens et halles, sans confusion ou cumulation d'aucun droit ou redevance prétendu par le propriétaire ; mais, nonobstant cet avis, un arrêt de la Cour royale de Rennes, confirmé par la Cour de cassation le 20 mai 1829 [2], a jugé que les lois de 1790 n'ont anéanti que la qualité féodale des droits perçus dans les halles et marchés; et que, si les communes n'usent pas de la faculté qui leur est accordée de louer ou d'acheter les halles et marchés, les anciens propriétaires continuent à percevoir à leur profit, des individus qui viennent étaler des denrées ou marchandises, une rétribution pour la place qu'ils occupent conformément aux réglemens administratifs (article 2, chapitre 8 de l'Instruction du 12 août 1790); que, dès lors, il ne faut pas considérer ces halles et marchés selon la valeur intrinsèque du sol et des bâtimens, mais en raison du produit qu'ils procurent à leurs détenteurs; qu'il faut, en effet, pour établir une juste indemnité, considérer tous les élémens de nature à faire connaître la véritable valeur de la propriété; et, par ces motifs, la Cour a ordonné l'abandon à la commune de la halle objet du litige, mais à la charge, par celle-ci, d'indemniser le

[1] Sirey, t. 12, 2, p. 151.
[2] Sirey, t. 30, 1, p. 114.

propriétaire de tous les bénéfices dont il se trouverait privé par suite de cet abandon, et notamment du produit qu'il eût pu retirer de la location des places, s'il eût continué à jouir.

Cette doctrine nous paraît conforme à la loi : on ne peut apprécier la perte causée par l'abandon d'un bâtiment qui donne des revenus qu'en prenant en considération l'importance de ces revenus. Il existe un autre arrêt conforme au premier, rendu par la Cour royale de Bordeaux, le 3o avril 183o [1]. Voir, au surplus, sur les différentes questions que soulève cette matière, l'ouvrage de M. Cormenin, *Questions de droit administratif*, au mot *Halles*.

SECTION III. — *Des alignemens.*

SOMMAIRE.

512. Les alignemens sont donnés par les maires (loi du 16 septembre 1807).
513. Effets de l'alignement.
514. La loi de 1807 est encore en vigueur. — Examen de son principe.
515. Du cas où il s'agit d'ouvrir une rue.
516. Par qui, actuellement, doit être réglée l'indemnité ?
517. En cas de simple redressement d'une rue, l'arrêté du maire qui pose la limite d'une reconstruction opère dépossession.

512. Aux termes de l'article 52 de la loi du 16 septembre 1807, les maires, dans les villes, peuvent donner des alignemens, soit *pour l'ouverture* de nouvelles rues, soit *pour l'élargissement* des anciennes qui ne font pas partie d'une grande route.

513. L'effet de l'alignement donné par le maire est de prohiber, pour le propriétaire des terrains compris dans le tracé de la voie publique, et qui doivent un jour recevoir cette destination, la faculté de faire des constructions

---

[1] Sirey, t. 3o, 2, p. 236.

ou de réparer celles existantes sur ces terrains sans une autorisation de l'autorité municipale, et ce en conformité des réglemens administratifs de petite voirie.

514. Cette législation est regardée par la jurisprudence comme n'ayant point été abrogée par la loi du 8 mars 1810 ; on pourrait croire cependant que les principes qu'on retrouve dans celle de 1833 eussent dû amener une décision tout opposée. Quel était le but de la loi de 1807? De forcer les propriétaires ou à ne pas construire sur un terrain encore nu dont on avait projet de s'emparer un jour, ou de laisser tomber de vétusté les bâtimens qui pouvaient le couvrir pour n'avoir qu'une d'indemnité légère à payer lorsque l'on devrait, pour l'exécution des travaux projetés, recourir à la dépossession. C'est là une violation manifeste du principe que nul ne peut être dé-pouillé de sa propriété, dans un but d'utilité publique, que moyennant une *juste indemnité*. Où est, dans la ma-nière reçue d'entendre la loi de 1807, cette juste indem-nité pour le propriétaire, lorsqu'on ne lui paie que son terrain nu, au lieu d'une maison qu'il a dû laisser tomber de vétusté? Sa jouissance n'a-t-elle pas été altérée pendant tout le temps qu'a duré l'interdit jeté sur sa propriété? Où est la réparation du préjudice par lui souffert? Quoi qu'il en soit, ces raisonnemens, tout aussi concluans quand il s'agit des rues d'une ville que quand il est ques-tion *de routes* ou *de canaux*, ont été repoussés; vaine-ment on a réclamé pour les propriétaires de terrains dans les villes une condition *égale* à celle des propriétaires ruraux; vainement on a invoqué en leur faveur l'arti-cle 545 du Code civil, la loi de 1810 et la Charte consti-titutionnelle : les Tribunaux ont constamment décidé qu'il pouvait être procédé par voie d'alignement à l'élargisse-ment et à l'ouverture des rues : ainsi, un arrêt de cassation

du 2 août 1828 [1] décide que, dès que les ordonnances royales approbatives des alignemens arrêtés par les maires ont été publiées, les terrains qu'elles concernent prennent tous les caractères et sont soumis à toutes les charges de la voie publique; que nul ne peut élever des constructions ni faire exécuter des travaux sur des terrains destinés à l'ouverture de nouvelles rues ou à l'élargissement des anciennes; que tout ce que peuvent prétendre les propriétaires est de recevoir, quand le moment est arrivé, la valeur des terrains qu'ils sont obligés de céder, mais qu'ils ne peuvent *arrêter la marche du temps* par des travaux ou des constructions nouvelles (*Voir* aussi arrêts de cassation des 4 mai et 5 juillet 1833, qui consacrent les mêmes principes [2]).

515. Lors de la discussion de la loi de 1833, il fut aussi formellement reconnu que la loi de 1807 n'était pas abrogée en ce qui concerne les alignemens; et c'est pour rendre aux propriétaires une position plus conforme à l'équité et aux principes, qu'il fut proposé de restreindre l'application de cette loi aux rues à élargir, faisant rentrer l'ouverture de rues dans les cas ordinaires d'expropriation.

On reconnut tout ce que cet amendement avait de juste; le commissaire du Roi se hâta de proclamer que les servitudes ne peuvent pas être antérieures à l'ouverture de la route, du canal, de la rue nouvelle, puisqu'elles ne dérivent que de l'existence même de ces communications. « Quand « il s'agit de les ouvrir pour la première fois, a-t-il dit, « ce n'est pas par mesure d'alignement, mais par voie « d'expropriation qu'on doit procéder; dans ce cas, ache- « ter et payer dans leur valeur entière les terrains et bâ-

---

[1] Sirey, t. 28, 1, p. 396; Dalloz, 28 1, p. 369.
[2] Sirey, t. 33, 1, p. 465 et 862; Dalloz, 1833, p. 190.

« timens qui doivent servir d'emplacement aux travaux,
« et toute interdiction de bâtir ou de réparer, qui repo-
« serait uniquement sur un plan arrêté dans le cabinet,
« et lorsqu'il n'y a encore ni route, ni canal, ni rue, se-
« rait une interdiction contraire à l'esprit de la loi. L'a-
« mendement me paraît donc inutile, puisqu'il va au de-
« vant d'une *illégalité* qu'on ne doit pas supposer. » Il
est à regretter que cet avis ait été adopté, car il est à
craindre que ce que M. le commissaire du Roi appelle une
illégalité qu'on ne doit pas supposer pouvoir être com-
mise, ne se renouvelle bien des fois malgré ses paroles et
la mention spéciale qu'on en demandait comme d'une déclaration officielle.

516. S'il faut reconnaître, d'après la jurisprudence,
que la loi de 1810 n'avait pas, quant aux alignemens,
abrogé celle de 1807, il n'en est pas de même de la question de savoir à qui appartient le réglement de l'indemnité
à laquelle donne lieu la dépossession lorsqu'elle arrive. La
loi de 1807, par son article 57, attribuait l'évaluation à
des expertises dont les opérations étaient soumises ensuite
aux délibérations du Conseil de préfecture; la loi de 1810
donnait aux tribunaux seuls le droit de déterminer les indemnités dues en général pour cession de terrains pour
utilité publique, et il a été jugé qu'il y avait modification
de la loi de 1807 et attribution de juridiction aux tribunaux, quant à la fixation de la somme due aux propriétaires atteints par l'alignement (arrêt du 15 juillet 1828 [1],
et ordonnance du Roi en Conseil-d'État du 24 février
1825 [2]). Il résulte de ce que nous avons dit, n° 454, que,
les dispositions nouvelles devant recevoir application tou-

---

[1] Sirey, t. 29, 2, 222.
[2] Sirey, t. 26, 2, 348.

tes les fois que l'on appliquait la loi de 1810, c'est au jury que doit être maintenant déféré le réglement des indemnités auxquelles donne lieu la dépossession des terrains compris dans la voie publique par suite d'alignement. La question posée à la Chambre des députés a reçu cette solution. « Tous les réglemens d'indemnités, a dit M. Le-« grand, déférés aux tribunaux par la loi de 1810, sont « déférés au jury par la nouvelle loi. » Cette partie de la loi de 1833 est la seule qui recevra application aux expropriations pour alignemens.

517. Lorsqu'une maison est démolie, le maire n'accorde l'autorisation de reconstruire qu'à la charge de reculer ou d'avancer le mur de face d'après le plan d'alignement arrêté; il suit de là que la dépossession, quand il y a reculement, s'opère de plein droit, et qu'il n'est nullement besoin d'un jugement qui exproprie. Les opérations judiciaires commenceront par la nomination d'un magistrat chargé de diriger le jury appelé à régler la valeur du terrain ainsi abandonné.

SECTION IV. — *Des mines.*

SOMMAIRE.

518. L'exploitation des substances minérales ou fossiles renfermées dans le sein de la terre ou existant à la surface, est soumise à des règles particulières, que l'on puise dans la loi du 21 avril 1810. Les masses de ces substances à exploiter sont rangées sous trois qualifications : les *mines*, les *minières* et les *carrières* (art. 1er de la loi du 21 avril 1810).

519. Il faut reconnaître combien il est profitable à l'intérêt public que des hommes entreprenans se livrent à la recherche des trésors enfermés dans les profondeurs du sol. Si donc il n'est pas possible de parvenir à cette exploitation sans exiger des sacrifices de la part de la propriété privée, le sacrifice est légal, l'intérêt public le réclame.

520. Les mines [1] s'exploitent d'ordinaire à l'aide de travaux souterrains; il n'y a donc pas lieu d'exiger du propriétaire l'abandon de la surface du sol qui recouvre les substances minérales, mais seulement celui du dessous, et c'est à cette dépossession que s'appliquent les règles de la loi spéciale que nous allons parcourir.

Si les besoins de l'exploitation nécessitaient l'expropriation du terrain tout entier, ces règles seraient sans application; il faudrait recourir au mode qui régit en général la matière de l'expropriation.

521. L'exploitation des *mines* ne peut se faire qu'en vertu de concession accordée par le Gouvernement, et les concessions qu'elle entraîne contre les propriétaires sont soumises aux règles suivantes :

---

[1] Voir, pour la définition légale de ce mot, l'article 2 de la loi du 21 avril 1810.

22.

L'administration peut autoriser à faire des recherches pour découvrir des mines, *à enfoncer des sondes dans le terrain d'autrui*, sous les conditions des articles 10 et 11 de la loi précitée du 21 avril 1810, et notamment d'une indemnité préalable envers le propriétaire du terrain fouillé. Cette indemnité consiste dans le double du produit net annuel, si le sol où ces recherches ont été faites peut être mis en culture au bout d'un an comme il l'était auparavant (art. 43).

522. La mine une fois concédée, la propriété en est transmise à perpétuité aux concessionnaires et les propriétaires du terrain avant la concession ne conservent que la surface et reçoivent en échange du dessous, de ce qu'on appelle le *tréfonds,* dont ils sont expropriés, une part dans le produit des mines concédées, part que règle l'acte de concession qui détermine également une somme pour en tenir lieu (art. 6, 7 et 42).

523. Par qui doivent être fixées les autres indemnités dont les propriétaires *des mines* peuvent être tenus envers les propriétaires de la surface?

D'après l'article 46 de la loi du 21 avril 1810, toutes les questions d'indemnités, à raison des recherches ou *travaux antérieurs à l'acte de concession,* sont assimilées à l'occupation temporaire et réglées conformément à l'article 4 de la loi du 28 pluviose an 8, qui en attribue la connaissance au Conseil de préfecture; mais les indemnités qui peuvent être dues à raison de travaux relatifs à l'exploitation *postérieurement à la concession,* soit aux propriétaires du fonds sur lequel ils s'exécutent, soit aux voisins, pour accidens dommageables à eux occasionnés par les travaux, sont de la compétence des tribunaux ordinaires; c'est en ce sens que les articles 15 et 46 de la loi du 21 avril 1810, ont été interprétés par la Cour de

cassation, qui a ainsi motivé sa décision : « Attendu qu'il
« résulte évidemment des articles 15, 46 et 56 de la loi
« du 21 avril 1810, que les contestations élevées à raison
« des travaux *postérieurs à la concession des mines* et
« relatifs à son exploitation, doivent être portées devant
« les tribunaux et qu'il n'y a que les questions d'indem-
« nités à payer à raison de recherches ou travaux *anté-*
« *rieurs à la concession*, qui, aux termes précis de l'arti-
« cle 46, soient de la compétence de l'autorité adminis-
« trative..... » (Arrêt du 21 avril 1823 [1].)

Cet arrêt, rendu sous l'empire de la loi de 1810, consacrant la connaissance par la juridiction administrative des
demandes d'indemnités pour dégâts antérieurs à la concession des mines, n'a rien perdu de sa force par la promulgation de la loi du 7 juillet, étrangère à ces sortes de
dommages temporaires, et nous pensons qu'aujourd'hui
encore il faudrait suivre la distinction de l'arrêt précité.

524. Aux termes de l'article 44, lorsque l'occupation
des terrains pour la recherche ou les travaux des mines
prive les propriétaires du sol de la jouissance du revenu
au-delà de la durée d'une année, ou lorsque, après les
travaux, les terrains ne sont plus propres à la culture, on
peut exiger des propriétaires des mines l'acquisition de
ces terrains. Si les pièces de terre sont trop endommagées
ou dégradées sur une trop grande partie de leur surface,
les propriétaires de la surface peuvent contraindre les
propriétaires de la mine à les acheter en totalité; en cas
de difficulté à cet égard, les tribunaux seraient appelés à
régler l'usage de cette faculté.

525. Le même article 44 de la loi du 21 avril 1810,
renvoie, quant à l'évaluation du prix de vente des terrains

[1] Sirey, t. 23, 1, p. 391.

qui, par suite d'occupation prolongée ou de dégâts considérables, doivent être acquis par les propriétaires des
mines, au mode établi par la loi du 15 septembre 1807,
pour la fixation des indemnités dues en raison d'expropriation de fonds de marais dont il s'agit d'opérer le desséchement. Cette prescription de l'article 44 doit-elle,
comme celle de l'article 46, régir aujourd'hui encore cette
partie de la matière, ou doit-elle être considérée comme
abrogée? En traitant des desséchemens de marais, nous
avons pensé avec Toullier et M. Delalleau, que ce mode
d'évaluation administrative devait être considéré comme
ayant été remplacé par le principe de la fixation judiciaire de la loi du 8 mars 1810, et que l'expropriation,
pour ce cas, ne pouvait se faire que moyennant une indemnité préalable, réglée, jusqu'à la loi de 1833, par les
tribunaux ordinaires, dont les attributions sont aujour-
d'hui transportées au jury. Cette solution doit logique-
ment s'étendre au cas qui nous occupe, et, si le réglement par autorité de justice est aujourd'hui le mode
d'évaluation de terrains expropriés pour desséchemens, il
doit l'être aussi pour la vente de terrains sur lesquels
s'exécutent des travaux d'établissement de mines; un
même mode est prescrit par la loi pour les deux cas. Observons cependant qu'il serait possible d'opposer à l'une
et l'autre solution, que la loi du 21 avril, postérieure à
celle du 8 mars, en renvoyant au mode tracé par les dispositions de celle du 16 septembre 1807, indique que,
dans la pensée du législateur, cette dernière loi n'était
point, comme nous le pensons, abrogée par l'article 27
de la loi de 1810. Cette objection, qui repose sur les dates,
n'est que spécieuse; en effet, cet article 44 de la loi de
1810 avait été voté dès 1809, et lorsque la discussion
fut reprise l'année suivante, on ne songea pas à y revenir

pour le mettre en harmonie avec les principes de la législation nouvelle sur l'expropriation pour cause d'utilité publique.

Le terrain à acquérir, dit l'article 44, sera toujours estimé au double de la valeur qu'il avait avant l'expropriation ; le jury devrait observer cette règle dans l'évaluation qu'il serait appelé à faire, d'après l'opinion ci-dessus émise.

526. Il peut arriver que l'exploitation d'une mine, exigeant des travaux sous des maisons ou des lieux d'habitation, sous d'autres exploitations ou dans leur voisinage immédiat, cause des détériorations à ces propriétés ; c'est là une simple question de dommages-intérêts que l'article 15 laisse à l'arbitrage des tribunaux.

Telles sont les règles qui doivent être appliquées à tout ce qui, dans l'exploitation des *mines*, porte atteinte à la propriété privée.

527. Quant aux minières [1], les règles qui les concernent consistent dans l'obligation imposée aux propriétaires de les exploiter ; à défaut de quoi, les maîtres de forges voisins sont autorisés à le faire à leur place, à la charge d'une indemnité à régler par experts, et qui doit être acquittée avant l'enlèvement du minerai (art. 59 et suiv.). La loi est muette sur la juridiction à laquelle seront soumises les contestations qui s'élèveraient à cet égard ; toutefois, en renvoyant pour les formes des expertises aux dispositions des articles 303 à 323 du Code de procédure civile, en exigeant que le ministère public donne ses conclusions sur le rapport des experts, en faisant fixer par le tribunal les honoraires dus à ceux-ci, elle a indiqué suffisamment

---

[1] Voir, pour la définition légale de ce mot, l'article 3 de la loi du 21 avril 1810.

qu'elle laissait aux tribunaux la connaissance de ces sortes d'affaires : aucune exception formelle ne se rencontrant, il faut suivre la règle générale.

528. Pour ce qui concerne les carrières [1], elles ne peuvent s'exploiter que par le propriétaire, ou de son consentement; nul ne peut prétendre à extraire à sa place les matières dont les masses forment ce que l'on entend par *carrière*, si lui-même juge à propos de n'en tirer aucun parti; cette matière est donc étrangère à l'expropriation.

CHAPITRE III.

Des lois postérieures à celle de 1833 et qui la modifient. — Chemins vicinaux (loi du 21 mai 1836).

SECTION UNIQUE. — *De l'expropriation des terrains nécessaires à l'ouverture ou à l'élargissement des chemins vicinaux.*

SOMMAIRE.

529. Dérogations apportées par la loi du 21 mai 1836 aux principes de celle du 7 juillet 1833.

530. Ces dérogations varient selon qu'il s'agit d'ouvrir ou d'élargir un chemin.

529. Avant d'entrer dans l'examen de celles des dispositions de la loi du 21 mai 1836 qui sont relatives à l'expropriation, nous devons tout d'abord signaler les dérogations qu'elles renferment aux principes posés par la loi du 7 juillet 1833.

Suivant celle-ci, tous les travaux d'utilité publique, même ceux d'un intérêt purement communal, doivent être autorisés par une loi ou une ordonnance royale, selon leur

---

[1] On trouvera la définition légale de ce mot en l'article 4 de la loi du 21 avril 1810.

importance, loi ou ordonnance précédée d'une enquête administrative (art. 3 de la loi du 7 juillet). Dans la loi dont nous nous occupons, il n'y a plus ni enquête, ni loi ou ordonnance; une seule chose est exigée, un arrêté préfectoral (art. 15 et 16).

En second lieu, aux termes de l'article 1ᵉʳ de la loi de 1833, *l'expropriation pour cause d'utilité publique s'opère par autorité de justice;* dans la loi spéciale, au contraire, il est des cas où de simples arrêtés du préfet suffisent pour opérer la dépossession du propriétaire. (*Voir* l'art. 15.)

Ce relâchement des garanties auxquelles a droit la propriété en général, pourrait être l'objet de critiques si l'on ne considérait l'œuvre du législateur que sous le point de vue théorique; mais dès que l'on descend à l'application de la loi du 21 mai, on est amené à reconnaître qu'accorder aux principes en cette matière un empire absolu, c'eût été céder à des scrupules puérils et nuire aux intérêts du pays, sans avantage réel pour celui des particuliers.

530. La loi du 21 mai 1836 n'a pas modifié d'une manière uniforme la loi générale pour tous les cas où les travaux relatifs à des chemins vicinaux entraînent la nécessité de prendre tout ou partie de la propriété privée, pour l'appliquer à l'utilité commune; distinguant entre l'ouverture d'une voie nouvelle de communication et l'élargissement d'un chemin déjà existant, elle a établi, pour l'un et l'autre cas, des formes spéciales, soit de dépossession, soit de réglement d'indemnités.

§ Iᵉʳ. — De l'expropriation en cas d'ouverture et de redressement d'un chemin vicinal.

SOMMAIRE.

531. La loi de 1833 régit, sauf quelques modifications, les travaux d'ouverture et de redressement d'un chemin.

532. C'est le préfet qui les autorise.

533. Les distinctions à faire entre les chemins vicinaux ordinaires et ceux de grande communication sont purement administratives; il n'y a pas à s'en occuper par rapport à l'expropriation.

534. Du pourvoi contre les arrêtés du préfet.

535. Le pourvoi est-il suspensif?

536. De l'acquisition amiable. — Quelles sont les formalités qu'elle exige?

537. De l'expropriation des terrains. — L'arrêté du préfet en est la base.

538. Que doit contenir cet arrêté?

539. Du jugement d'expropriation. — Choix des jurés.

540. Application à la matière des articles 15 à 29 de la loi du 7 juillet 1833. — Modifications.

541. Du nombre des jurés à choisir. — Transmission de la liste.

542. Constitution du jury. — Le magistrat-directeur est-il assisté d'un greffier

543. Du remplacement des jurés absens. — Des amendes qu'ils peuvent encourir.

544. Quel doit être le nombre des jurés de jugement? — Du cas de partage.

545. Le jury a-t-il un président?

546. Le jury réduit à deux membres pendant le cours des opérations peut porter une décision.

547. Le magistrat rend la décision du jury exécutoire et envoie l'administration en possession.

548. Le paiement de l'indemnité doit être préalable à la prise de possession.

549. Renvoi au droit commun de la matière, sauf en ce qui concerne la dispense du timbre et de l'enregistrement.

550. L'action *en indemnité* se prescrit par deux années.

531. Lorsqu'il s'agit d'ouvrir une nouvelle voie de communication ou d'en redresser une préexistante, ce qui, pour les terrains appliqués au redressement, revient à la création d'un ou plusieurs chemins, les expropriations que ces travaux nécessitent sont régies par les dispositions de la loi du 7 juillet 1833, sauf toutefois quelques modifications que nous allons coordonner avec ces dispositions, en suivant l'ordre de la procédure.

532. Les travaux d'ouverture ou de redressement des chemins vicinaux sont, aux termes de l'article 16 de la loi nouvelle, autorisés par le préfet.

Bien que cette loi n'ait point, comme nous le disons précédemment, conservé l'enquête administrative, cependant l'arrêté d'autorisation ne sera sans doute jamais pris sans que le préfet ait consulté les conseils municipaux et ceux d'arrondissement, s'il y a lieu; le plus souvent même l'impulsion sera venue des communes, mais enfin la loi n'exige pour la régularité qu'un arrêté du préfet.

533. Nous n'avons point à nous occuper ici de la distinction établie par la loi entre les chemins vicinaux ordinaires et ceux qu'elle appelle de *grande communication*, parce que cette distinction n'a qu'une importance administrative, et que la seule différence réelle qu'elle amène entre le sort des uns et celui des autres, c'est que les premiers sont entretenus uniquement par les communes, tandis que, pour les autres, les fonds départementaux viennent en aide aux sacrifices des localités.

Nous disons que la distinction faite par la loi ne porte que sur des opérations purement administratives; en effet, si, aux termes de l'article 7, les chemins vicinaux établis ou à ouvrir ne peuvent être déclarés de grande communication que par le Conseil général, sur l'avis des conseils municipaux et d'arrondissement, et sur la proposition du préfet; si c'est encore au Conseil général qu'il appartient, sur les mêmes avis et proposition, de déterminer la direction de chaque chemin vicinal de grande communication, et de désigner les communes qui doivent contribuer à sa construction ou à son entretien, ce sont là des formalités préliminaires dont les tribunaux n'auront pas à s'occuper lorsque l'expropriation sera requise sur la production d'un arrêté du préfet autorisant l'ouverture ou le redressement d'un chemin, et renfermant du reste toutes les indications dont nous parlerons ci-après.

Les opérations du Conseil général échappent à l'examen du juge, comme l'enquête préalable à la loi ou à l'ordonnance, dans les cas prévus par la loi de 1833.

Il y a, d'ailleurs, d'autant plus de raisons pour qu'il en soit ainsi, que l'ouverture d'un chemin vicinal ordinaire peut être ordonnée par le préfet sans aucun préalable, et que son arrêté, même non précédé des formalités nécessaires pour que le chemin entre dans la catégorie de ceux de grande communication, vaudrait toujours comme autorisant l'ouverture d'un chemin vicinal ordinaire.

534. Les arrêtés préfectoraux rendus dans les matières dont nous nous occupons sont, comme tous autres, susceptibles de réformation par le ministre de l'intérieur; c'est à lui, et non au Conseil-d'État, qu'elle doit être demandée, car il s'agit d'un acte purement administratif et qui n'a rien de contentieux. La décision du ministre peut elle-même ensuite être déférée au Conseil-d'État (Cormenin, *Prolégomènes* et *Questions de droit administratif*, v° *Chemins vicinaux*; et avis du Conseil-d'État du 8 novembre 1813, Duvergier, t. 18, p. 507). Les parties, si elles n'ont pas, quant à l'utilité réelle du chemin à ouvrir ou à redresser, les garanties que présente l'enquête préalable à la loi ou à l'ordonnance, les retrouvent dans ce droit de réformation.

535. Quel est l'effet du recours au ministre? est-il suspensif? En droit, nous ne le pensons pas; cet arrêté remplace l'ordonnance royale ou la loi qui accorde l'autorisation. Le recours interdit contre l'ordonnance est autorisé contre l'arrêté préfectoral, afin sans doute de suppléer à ce que la suppression de l'enquête préalable a enlevé de garanties aux particuliers; mais l'arrêté n'en est pas moins un acte administratif qui, comme tel, doit s'exécuter provisoirement; car nul ne peut entraver la marche du pouvoir exécutif: telle est la doctrine de M. de Cormenin (Appendice aux *Questions de droit administratif*); ainsi le préfet, nonobstant le pourvoi dont une

commune ou un particulier aurait frappé son arrêté, pourra suivre les formalités de l'expropriation, sauf, si le ministre le modifie, à remettre les choses dans leur état primitif. Nous avons vu, à propos du pourvoi en cassation, l'application de la même doctrine.

536. Dans cette matière, comme lors des cas plus spécialement prévus par la loi de 1833, le vœu du législateur a été que la voie toujours rigoureuse de l'expropriation fût, autant que possible, évitée, et que la propriété des terrains nécessaires à l'administration fût transférée à l'amiable; ainsi c'est à ce moyen que l'on devra d'abord avoir recours.

Les conventions de ce genre interviendront entre le maire de la commune intéressée et le propriétaire du terrain sur lequel le chemin devra être établi ; et l'acte destiné à le constater sera passé dans la forme des actes administratifs.

On se demandera si le maire, dans ces circonstances, peut, de sa seule autorité, contracter pour la commune, ou s'il doit recourir à un avis, à une autorisation quelconque.

Cette difficulté trouve sa solution dans la législation antérieure combinée avec celle qui régit actuellement la matière.

Sous l'empire de la loi du 28 juillet 1824 (art. 10), ces acquisitions ou échanges étaient affranchis de la règle générale d'après laquelle les communes ne peuvent acquérir ni aliéner sans qu'une *loi* les y ait autorisées, et ces transactions pouvaient, toutes les fois qu'il ne s'agissait pas d'un terrain excédant une valeur de 3,000 francs, avoir lieu en vertu d'une autorisation préfectorale intervenue en conseil de préfecture, après délibération du conseil municipal et enquête *de commodo et incommodo*.

Or cette disposition, n'ayant rien de contraire à la nouvelle loi, doit être regardée comme encore en vigueur; seulement il faut en effacer ce qui est relatif à l'enquête et à la restriction apportée à raison de la hauteur du prix de l'immeuble, maintenant qu'aux termes de l'article 16 de la loi de 1836 l'ouverture ou le redressement des chemins sont autorisés par le préfet *seul*, sans enquête préalable et quelle que soit d'ailleurs l'importance pécuniaire de l'ensemble des travaux à exécuter.

Cette opinion se trouve consacrée dans la circulaire adressée le 24 juin 1836 par M. le ministre de l'intérieur à MM. les préfets, sur la loi dont nous nous occupons (*Voir* le passage de la circulaire, Duvergier, année 1836, page 127).

M. le ministre, il est vrai, exprime sa pensée à cet égard à l'occasion de l'article 15 de la loi du 21 mai, qui s'occupe des chemins existans qu'il y a lieu d'élargir; mais évidemment les mêmes raisons s'appliquent à l'ouverture ou au redressement d'un chemin, et cela nous semble d'autant moins douteux que l'article 10 de la loi du 28 juillet 1824, qu'il regarde comme non abrogée, embrasse les deux espèces de travaux.

537. Lorsque les tentatives d'acquisition amiable des terrains ont été infructueuses, l'article 16 de la loi du 21 mai, comme l'article 13 de celle du 7 juillet, prescrit de recourir aux Tribunaux pour faire prononcer l'expropriation.

De tout ce que nous avons dit ci-dessus, il résulte que la base de la procédure, dans ce cas, est l'arrêté préfectoral qui autorise l'ouverture ou le redressement du chemin.

538. Cet arrêté doit déterminer la largeur et les limites du chemin; au préfet seul appartient le droit de fixer cette

largeur et de déterminer ces limites; ce droit résulte pour lui de l'ensemble des dispositions de la loi : ainsi, l'article 15, à l'occasion de l'élargissement de chemins déjà existans, dit que le préfet en détermine les dimensions; l'article 7 consacre le même droit pour l'ouverture d'un chemin de grande communication, et d'ailleurs la loi, en lui attribuant l'ouverture du chemin sans réserver à aucune autre autorité la fixation de sa largeur, a suffisamment indiqué qu'elle confondait ces deux opérations.

L'arrêté, complet en lui-même par l'indication des localités et territoires que le chemin doit traverser, et la fixation de sa largeur, doit encore, comme formant la base du jugement d'expropriation, faire connaître, soit par ses termes, soit par un plan auquel il se référerait, les propriétés particulières à exproprier.

539. Cet arrêté sera transmis au procureur du Roi, qui poursuivra l'expropriation, le tout comme dans les cas ordinaires (art. 13 et 14 de la loi du 7 juillet 1833, pour ce qu'ils ont d'applicable); toutefois, indépendamment de l'objet principal que nous venons d'indiquer, et de la nomination d'un juge du tribunal ou du juge-de-paix du canton pour diriger le jury, ce magistrat devra requérir, et le tribunal faire le choix, de quatre jurés titulaires et trois jurés supplémentaires, qui seront pris sur la liste générale prescrite par l'art. 29 de la loi du 7 juillet 1833, à l'effet de régler les indemnités dues aux propriétaires dépossédés.

540. Les articles 15 et suivans de la loi de 1833, jusques et compris l'article 29, sont applicables à l'expropriation spéciale dont nous nous occupons; il y aura donc lieu, quant aux difficultés qu'ils pourraient présenter, à se reporter à ce que nous en avons dit en traitant de cette loi; toutefois, ces développemens doivent subir, relati-

vement à l'objet actuel, quelques modifications que nous allons indiquer.

Ainsi, et quant à la notification du jugement d'expropriation prescrite par l'article 15, nous pensons qu'elle doit être faite au domicile réel de l'exproprié, et ce, par les motifs que nous avons exprimés sous le n° 448, où il s'agit d'un état de choses tout-à-fait identique.

Il pourra arriver que la notification du pourvoi que voudrait former un intéressé ne doive pas nécessairement, comme le suppose l'article 20, être faite au préfet; ce sera lorsque le maire aura figuré dans les actes de la procédure, auquel cas la notification pourra lui être adressée.

Le § 2 de l'article 21 est-il applicable à notre matière? pour la négative on peut dire que, l'avertissement dont parle l'article 6 de la loi de 1833 n'existant pas ici, les intéressés ne sont pas en demeure, et que leurs droits, jusqu'à prescription, restent entiers; mais, de même que nous avons pensé dans le n° 491, que l'esprit de la loi a été d'éteindre toute réclamation contre l'état, qui ne se produirait que postérieurement à la décision du jury; de même, et à plus forte raison, doit-il en être ainsi au cas présent, où la publicité donnée au jugement peut être considérée comme une mise en demeure pour les intéressés de faire valoir leurs prétentions, et la seule modification au § 2 de l'article 21 que nous croyons admissible, c'est de suspendre la déchéance jusqu'à la décision du jury, au lieu de la faire résulter de l'expiration du délai de huitaine, à partir de la notification du jugement d'expropriation.

541. L'article 30 de la loi du 7 juillet est également applicable, en observant toutefois que le choix des jurés appartient toujours au tribunal de première instance dans l'arrondissement duquel se trouvent situées les propriétés

expropriées, et ce aux termes de l'article 16 de la loi de 1836, qui, aussi, restreint le nombre des jurés à quatre, plus trois supplémentaires au lieu de seize titulaires et de quatre supplémentaires exigés dans les cas ordinaires.

Quant à la transmission de la liste des jurés, elle sera faite par le procureur du Roi au préfet, et l'on observera, pour le surplus, les prescriptions de l'article 31.

542. Aux jour, lieu et heure indiqués par la convocation, le juge procédera à la constitution du jury.

Mais ici plusieurs questions se présentent :

Et d'abord le magistrat sera-t-il, comme le prescrit l'article 34 de la loi du 7 juillet, assisté d'un greffier ? nous ne voyons pas que cette garantie de droit commun, prescrite par la loi de 1833, doive être négligée lorsqu'il s'agit de chemins vicinaux. L'article 16 de la loi de 1836 dit, il est vrai, en parlant du juge, SON *procès-verbal emportera translation définitive de propriété;* mais, évidemment, ce n'est point là une raison suffisante pour écarter le concours du greffier : cette expression n'en laisse pas moins subsister la règle que le procès-verbal des opérations doit être tenu par le greffier, ce que le juge ne pourrait faire, absorbé qu'il est par la direction de ces mêmes opérations.

Ceci établi, il faut reconnaître que si c'est un juge-de-paix qui dirige le jury, son greffier devra remplir auprès de lui les mêmes fonctions que celui du tribunal de première instance auprès d'un membre de cette juridiction.

543. Relativement aux amendes à prononcer contre les jurés absens, au mode de les remplacer et autres dispositions contenues dans les articles 32 et 33, il n'est introduit aucune modification par la loi dont nous nous occupons.

544. Combien de jurés sont nécessaires pour constituer le jury de jugement ? Rappelons les dispositions de la loi

de 1833. L'article 30 dit: *La Cour.... choisit seize personnes pour former le jury spécial, etc.* L'article 34.... *L'administration et la partie adverse ont le droit d'exercer chacune deux récusations, et, s'il y a lieu, le magistrat réduit le nombre à douze, en retranchant les derniers inscrits.* Enfin, l'article 35 : *Le jury n'est constitué que lorsque douze jurés sont présens.*

Voici maintenant ce qu'on trouve dans la loi de 1836, article 16 : *Le jury spécial chargé, etc., ne sera composé que de quatre jurés. Le Tribunal choisira quatre personnes pour former ce jury spécial; l'administration et la partie auront respectivement le droit d'exercer une récusation péremptoire.* De la corrélation de ces textes, il résulte que le jury, au lieu d'être composé de douze personnes, ne l'est que de quatre; mais comme la loi ne prescrit de choisir pour le former que quatre personnes, il s'ensuit que les récusations portent ici sur les jurés appelés à juger, et que, de cette manière, leur nombre peut être réduit à deux ; la réponse à la question est donc : Le jury sera composé de quatre personnes et pourra descendre à deux, si le droit de récusation est exercé. Ce résultat est singulier, mais il est nettement écrit dans la loi; ce qui indique, au reste, qu'il entrait dans les prévisions du législateur, c'est que, reconnaissant l'impossibilité, lorsqu'il n'y aurait que deux jurés, de donner à l'un d'eux prépondérance pour vider le partage, il a, par dérogation à l'article 38 de la loi de 1833, conféré au magistrat directeur le droit de prendre part à la délibération en cas de partage; droit, au surplus, qui s'exerce quel que soit le nombre des jurés ainsi partagés, qu'il soit de quatre ou de deux.

Nous ne pensons pas que l'intention du législateur ait été d'obliger le juge à adopter l'une des deux fixations réunissant un nombre égal de voix : *il a*, dit le texte, *voix délibérative.* Si l'intervention de ce nouveau membre du jury amenait un troisième chiffre, il y aurait lieu, selon nous, de procéder comme il a été dit en examinant l'article 38 de la loi de 1833, à laquelle nous renvoyons, du reste, pour tout ce qui n'aura pas été dit dans le présent chapitre.

545. Il semble que la suppression de la partie la plus importante des attributions données par l'article 38 de la loi du 7 juillet au président du jury, rende inutile la nomination de ce président lui-même. Il reste cependant à diriger les débats intérieurs sur les questions à résoudre, à recueillir les voix et à formuler la décision du jury, toutes choses qu'il ne peut appartenir qu'à un seul d'accomplir : ainsi, il est encore utile que le jury ait un chef; seulement, eu égard au peu d'importance de ses fonctions, et surtout à la difficulté d'obtenir un choix entre deux personnes qui se donneraient respectivement leur voix, on devrait regarder comme investi de la direction le premier inscrit sur la liste.

546. De même que le jury peut, par l'effet des récusations, être réduit à deux personnes; de même si, commençant ses opérations au nombre de trois ou de quatre membres, ce nombre diminuait pendant leurs cours d'un ou de deux, il serait encore apte à porter une décision.

547. Nous avons eu plus haut occasion de citer ces mots de l'article 16 : *Son procès-verbal* (celui du directeur du jury) *emportera translation définitive de propriété.* L'expression, selon nous, est inexacte; et, en effet, nous avons expliqué que, d'après les principes généraux, l'acte translatif de la propriété, c'est le jugement qui prononce l'expropriation; dès ce moment, le propriétaire est dépouillé, et son droit résolu en une action en une in-

23.

demnité; et s'il est laissé en possession jusqu'après le paiement de cette indemnité, c'est comme garantie de ce droit
nouveau. Le magistrat directeur ne peut donc avoir à
transmettre la propriété à l'État par *l'ordonnance* qu'il
rend; aussi, à nos yeux, le législateur de 1836 n'a voulu
que reproduire la disposition de l'article 41 de la loi de
1833, qui confère au magistrat la mission de rendre la
décision du jury exécutoire, et d'envoyer l'administration
en possession.

548. Le magistrat directeur, en prononçant l'envoi en
possession de l'administration, doit-il ne le faire, comme
le prescrit l'article 41 de la loi de 1833, qu'à la charge
d'observer les articles 53 et 54 de cette même loi? ou, en
d'autres termes, le paiement de l'indemnité doit-il être
préalable à la prise de possession? Nous n'en faisons nul
doute : c'est là un principe fondamental de toute expropriation; il est écrit dans le pacte constitutionnel, il sert
de base à la loi de 1833, et rien, dans la loi nouvelle, ne
peut faire soupçonner qu'on ait voulu s'en écarter; il y a
d'autant plus de raison de le décider ainsi, qu'avant même
la loi de 1833, et sous l'empire de là loi de 1810, qui, bien
que contenant le même principe, était moins sévère sur
son application, on admettait la même solution que celle
que nous indiquons (CORMENIN, *Questions de droit*,
v° *Chemins vicinaux*).

549. Pour tout ce qui reste à accomplir, la procédure
une fois arrivée à ce point, on rentre dans le droit commun
de la matière d'expropriation pour cause d'utilité publique,
et il nous suffit de renvoyer aux développemens que nous
y avons donnés. Remarquons toutefois que l'article 20 de
la loi du 21 mai 1836 soumet au timbre et aux droits d'enregistrement les actes que l'article 58 de la loi de 1833 en
déclare dispensés.

550. L'article 18 de la loi du 21 mai 1836 dit : *L'action en indemnité* des propriétaires pour les terrains qui auront servi à la confection des chemins vicinaux sera prescrite par le laps de temps de deux années. Malgré la généralité des termes de cet article, il faut reconnaître qu'il ne recevra guère d'application au cas d'ouverture ou de redressement d'un chemin, puisque, comme nous l'avons dit précédemment, le réglement et le paiement de l'indemnité doivent être préalables à la prise de possession. Le propriétaire n'aura donc pas à former une demande en indemnité; on ira au-devant de lui, et le réglement s'en poursuivra à la diligence de l'administration. Il arrivera cependant que des propriétaires abandonneront volontairement leur terrain, sauf réglement ultérieur ; dans ce cas, ils devront en former la demande en dedans deux années, sous peine d'être exposés à se voir repoussés par la prescription.

Les deux années commencent à courir du jour de la notification du jugement d'expropriation, s'il en intervient un, et du jour de la prise de possession du terrain, si le propriétaire en a fait l'abandon volontaire.

La prescription de deux ans court-elle contre les mineurs? nous ne le croyons pas : en effet, aux termes de l'article 2252, la prescription est suspendue à l'égard des mineurs et des interdits, sauf dans les cas déterminés par la loi, et celle du 21 mars 1836 ne contient aucune dérogation à ce principe.

Quant à *l'action en paiement* de l'indemnité réglée par le jury ou amiablement convenue, elle ne serait, à notre avis, prescriptible que par trente ans, conformément au droit commun.

§ II. — De l'élargissement des chemins vicinaux.

SOMMAIRE.

551. L'article 15 de la loi du 21 mai 1836 s'occupe de la reconnaissance et de la fixation de la largeur des chemins vicinaux; mais le point de vue sous lequel nous envisageons cette loi, nous dispense de parler de la reconnaissance, en tant qu'elle ne fait que constater l'existence et les dimensions d'un chemin telles qu'elles se trouvent, et nous conduit seulement à rechercher le mode de procéder toutes les fois que la reconnaissance est accompagnée d'élargissement, soit pour réintégrer ce chemin dans son état primitif altéré par des usurpations, soit pour augmenter sa dimension, jugée insuffisante aux besoins de la circulation.

Le mode de procéder a reçu, au cas dont nous nous

occupons, de notables modifications, soit par rapport à la
loi générale, soit par rapport aux dispositions de la loi
spéciale que nous avons déjà parcourues dans le précédent paragraphe. Ces changemens sont basés sur la circonstance qu'il s'agit ici, non d'ouvrir un chemin nouveau, mais simplement d'élargir une voie préexistante.

552. L'article 15 s'explique ainsi dans son premier
paragraphe : *Les arrêtés du préfet, portant reconnaissance
et fixation de la largeur d'un chemin vicinal, attribuent
définitivement au chemin le sol compris dans les limites
qu'ils déterminent.* Il résulte de ces termes, non-seulement que cet arrêté remplace et les formalités administratives prescrites par la loi de 1833 pour constater
l'utilité publique d'une entreprise, et la loi ou l'ordonnance
déclarative de cette utilité, mais encore qu'il tient lieu du
jugement d'expropriation et opère la dépossession des
propriétaires, sauf bien entendu pour les communes
comme pour les particuliers, si les uns ou les autres se
croient blessés par l'arrêté du préfet, le droit de se pourvoir devant l'autorité compétente administrative, ainsi
que nous le disons n° 534, pour en obtenir la réformation.

Cet arrêté ne préjudicie non plus en rien aux questions
de propriété qui pourraient être soulevées par des particuliers, questions dont la solution continue d'appartenir
aux tribunaux.

Nous avons dit n° 535, à propos du recours au ministre contre les arrêtés préfectoraux qui autorisent l'ouverture d'un chemin vicinal, que ce recours n'était pas
suspensif; la solution est la même à l'égard d'arrêtés pris
en exécution de l'article 15, soit qu'on les considère
comme déclarant l'utilité publique des travaux et en autorisant l'exécution, soit qu'on les regarde comme rem-

plaçant le jugement qui exproprie : dans ce second cas, en effet, il n'y a aucune raison de s'écarter de la règle générale qui fait déclarer le jugement exécutoire provisoirement, nonobstant le recours en cassation.

Le pourvoi auprès du ministre ne saurait donc obliger l'administration à suspendre ses opérations; elle peut les poursuivre à ses risques et périls.

554. L'administration peut-elle se mettre en possession des terrains compris dans l'élargissement, sans faire préalablement régler, et sans payer l'indemnité due au propriétaire exproprié?

Les auteurs distinguent deux cas : ou l'élargissement provient de la réintégration du chemin dans son ancienne largeur, dont une partie se trouve de fait possédée par un particulier, ou il s'opère par l'expropriation d'une partie des propriétés riveraines. Nous ne parlons pas d'une troisième hypothèse, celle où l'on déclare vicinal, sans le modifier, un *chemin* déjà en nature de *chemin* et fréquenté par le public, quoique le fonds appartienne à un particulier, car alors, le public étant déjà en possession, l'indemnité est nécessairement postérieure à la dépossession du propriétaire.

Au premier cas, M. Cormenin, qui écrivait sous l'empire de la loi de 1824, pense (*Questions de droit administratif,* v° *Chemins vicinaux; voy.* aussi DALLOZ, v°*Voirie*) que l'indemnité ne doit pas être préalable; il se fonde sur ce que la propriété est douteuse, débattue entre la commune qui revendique et le possesseur qui déduit de sa possession une présomption de propriété; or, dit-il, le réglement de l'indemnité implique toujours la certitude de la propriété, et ce n'est que le jugement qui donnera au réclamant un droit certain; ce n'est donc qu'après ce jugement qu'il pourra réclamer l'indemnité. Quant à la seconde

hypothèse, M. de Cormenin, sans se prononcer explicite-
ment, laisse assez voir que, dans son opinion, il faut une
indemnité préalable.

Nous croyons que cette distinction pouvait être fondée
sous l'empire de la loi de 1824, mais qu'elle ne doit plus
être admise aujourd'hui et qu'il faut toujours le réglement
préalable, sauf, s'il y a contestation sur le fonds du droit,
à suivre le système de la loi de 1833, loi générale qui
domine, à moins de dérogation expresse, tous les cas
particuliers, et recourir à la consignation de l'indemnité,
préalablement à la prise de possession.

En effet, n'est-il pas de principe absolu qu'il faut aujourd'hui, pour enlever des mains du propriétaire un terrain destiné à l'utilité publique, que la valeur légalement
fixée en soit payée ou consignée; que jusque-là, le propriétaire dépossédé par le jugement détient la chose qui
n'est plus à lui, *comme gage du paiement* de l'indemnité
en laquelle son droit s'est résolu? Or, nous l'avons dit,
l'arrêté du préfet remplace le jugement; il dépossède par
conséquent, mais, comme ce jugement, il ne reçoit d'exécution qu'après l'accomplissement des prescriptions des
articles 53 et 54 de la loi du 7 juillet. Voilà le sens que
nous attachons à ces mots, *attribue au chemin*, opposés
à l'*autorisation* de l'article 16 qui n'attribue pas et ne
dispense pas d'un jugement d'expropriation. Il nous faudrait un texte plus précis pour admettre qu'en opposition
avec les principes, le législateur de 1836 a voulu donner
à l'arrêté préfectoral une force telle que la main-mise le
suivît immédiatement, sauf au propriétaire à se faire payer
ultérieurement.

Il n'y avait, d'ailleurs, nul motif de faire fléchir ces
principes; on ne peut même, en pareille matière où il ne
s'agit que d'améliorer la viabilité d'un chemin qui, jus-

que-là, avait satisfait d'une manière plus ou moins
complète aux besoins de la localité, invoquer l'urgence;
nous avons vu, au reste, en traitant du cas le plus favorable, celui des travaux pour la défense du territoire, le
législateur rendre hommage à la règle en prescrivant la
consignation d'une indemnité approximative.

Nous devons, toutefois, avouer que cette opinion n'est
pas celle de M. le Ministre de l'intérieur; on lit dans la
circulaire dont nous avons déjà parlé : « Votre arrêté a
« pour effet d'attribuer définitivement au chemin, le sol
« compris dans les nouvelles limites que vous avez fixées,
« sauf réglement *ultérieur* de l'indemnité. Dès la notifi-
« cation de votre arrêté, le maire est légalement autorisé
« à considérer comme faisant partie intégrante du che-
« min vicinal, le sol qui y est incorporé par cet arrêté, et
« tout obstacle à la jouissance du terrain serait un cas
« d'usurpation qui devrait être poursuivi devant le Con-
« seil de préfecture. »

On voit que cette opinion repose sur le mot *attribue,*
dont on fait *incorpore.* Nous ne contestons pas qu'il y ait
dépossession, attribution de la propriété au chemin ; mais
nous ne voyons pas que cela dise que cet arrêté qui *at-*
tribue, doive recevoir son exécution immédiate par dérogation au principe général qui le soumet à certaines conditions préalables.

Néanmoins, comme il serait possible que l'interprétation
ministérielle fût préférée à la nôtre, qui est aussi celle de
M. Grenier, *Traité des chemins,* et les particuliers, en ce
cas, ne pouvant en appeler qu'à des tribunaux administratifs, nous tiendrons compte, dans les explications qu'il
nous reste à donner sur le réglement de l'indemnité, des
modifications que pourrait amener l'application de la loi
dans le sens de la circulaire.

555. Ainsi, dans le cas où le préfet croirait que son arrêté s'exécutera antérieurement au réglement de l'indemnité, il serait convenable qu'avant d'attribuer au chemin auquel il a donné une plus grande largeur, une parcelle de la propriété voisine, il fît déterminer la contenance de cette parcelle, contradictoirement s'il est possible ; ce document servira de base pour arriver à la fixation de l'indemnité et simplifiera les recherches qui doivent conduire à ce résultat.

556. L'administration doit notifier l'arrêté préfectoral et le faire transcrire, si elle veut ne courir aucun risque d'être soumise à l'action hypothécaire. (*Voir* le droit commun de la matière.)

557. Dans cette matière comme dans toutes celles où il y a expropriation, la voie amiable doit avant tout être tentée ; elle suffira le plus souvent. Lors, toutefois, qu'on y aura eu recours sans succès, l'administration devra signifier les offres par elle faites, avec sommation, au propriétaire, de les accepter ou de déclarer quelles sont ses prétentions ; le même acte contiendra nomination d'un expert, pour le cas où il serait nécessaire de recourir à un réglement judiciaire, et le propriétaire, en cas de refus, devra, dans sa réponse, faire la nomination du sien.

Les délais, pour cette réponse, sont ceux réglés par la loi du 7 juillet 1833, articles 24 et 25.

558. Les experts nommés par chacune des parties peuvent-ils être récusés par l'autre? L'affirmative ne nous paraît pas douteuse : en effet, il ne s'agit pas ici d'experts *choisis par les parties* dans le sens du Code de procédure civile, qui, par ces expressions, entend des experts au choix de chacun desquels tous les intéressés ont concouru ; dès lors, les motifs qui ont fait admettre la récusation dans le cas de nomination par justice (art. 308 du Code de pro-

cédure), se reproduisent dans les circonstances qui nous occupent, et chacune des parties, étant étrangère à la nomination faite par l'autre, doit trouver dans la récusation le moyen de prévenir les chances défavorables qu'un avis, peut-être partial, lui ferait courir.

Il n'y a pas, selon nous, d'objection à tirer contre cette solution, du silence de la loi; autrement il faudrait, par la même raison, dire qu'il n'y a pas lieu à prestation de serment, et refuser ainsi aux justiciables toutes les garanties qui permettent de faire d'une expertise la base de la décision du juge.

La nomination respectivement faite, et s'il n'y a pas de récusation, les experts et les parties se présenteront volontairement, ou après sommation de la partie la plus diligente, devant le juge-de-paix de la situation des biens, qui recevra d'eux le serment que prescrit le droit commun en matière d'expertise. (*Voir*, au surplus, les décisions analogues rapportées par Dalloz, v° *Enregistrement*, page 311.)

559. Les opérations des experts, ou de l'expert dans le cas où la partie n'en aurait point nommé, et la rédaction du rapport, auront lieu en présence des intéressés ou eux dûment appelés. Le rapport sera ensuite déposé au greffe de la justice de paix.

S'il y a désaccord entre les appréciateurs chargés de part et d'autre, un tiers expert sera choisi par le Conseil de préfecture; il prêtera également serment devant le juge de paix.

560. Dans le système d'une indemnité ultérieure à la dépossession, il n'est pas impossible que la procédure qui vient d'être indiquée doive être provoquée par le propriétaire; en effet, l'administration qui est en possession, qui a satisfait à ce qu'exigeait le besoin de communications

faciles, peut négliger la fixation de l'indemnité; s'il en était ainsi, le propriétaire dépossédé pourrait prendre l'initiative en faisant constater le refus de l'administration de régler l'indemnité qui lui est due, et en poursuivant directement devant le juge-de-paix la fixation de cette indemnité dans les formes indiquées plus haut.

561. S'il y avait des créanciers inscrits sur l'immeuble, ils auraient le droit, au cas de fixation amiable du prix, de requérir le réglement judiciaire; il faudrait, à leur égard, appliquer la loi de 1833, articles 17 et 28, à moins, toutefois, que le peu d'importance du terrain exproprié leur laisse encore un gage suffisant.

Nous ne voyons aucune raison de refuser le même droit à l'usufruitier mis, par cette dernière loi, sur la même ligne que les créanciers inscrits.

Quant à tous les autres intéressés, hormis ceux qui ont droit à une indemnité distincte pour dommage directement souffert, ils n'ont d'autre moyen de mettre leurs intérêts à couvert que de former une saisie-arrêt entre les mains de l'administration.

562. Le rapport des experts sera levé et signifié à la requête de la partie la plus diligente, avec citation devant le juge-de-paix, qui statuera sur l'indemnité à accorder après avoir entendu les parties.

C'est à ce magistrat qu'il appartiendrait de prononcer, alors même qu'un procès sur la question de propriété du terrain englobé dans le chemin se serait élevé entre l'administration et un particulier; dans ce cas, le Tribunal qui aurait été appelé à décider ce point ne pourrait accessoirement retenir la connaissance du litige, quant à la fixation de l'indemnité, et devrait renvoyer cette contestation à la juridiction à laquelle l'article 17 l'a attribuée; les principes généraux veulent qu'il en soit ainsi.

563. Quelles seront les limites de la compétence du juge de paix en pareille matière?

La loi spéciale ayant, en termes généraux, déféré aux juges-de-paix la fixation de l'indemnité dont il s'agit, il est évident que sa compétence, comme juge du premier degré, est indéfinie; mais, en ce qui concerne l'appel, nous pensons que le droit commun conserve tout son empire, et que tout jugement portant condamnation à une somme de plus de cent francs serait susceptible de recours devant les tribunaux de première instance.

564. Quant aux dépens, s'il résulte de la décision que les offres de l'administration étaient suffisantes, ils seront mis à la charge de l'exproprié qui ne les aura pas acceptées; au contraire, l'administration les supportera si elles sont jugées insuffisantes. Toutefois, comme le proprietaire a dû, de son côté, fixer ses prétentions, si la somme allouée est à la fois supérieure aux offres de l'administration et inférieure à la demande de l'exproprié, le juge répartira les dépens proportionnellement entre les parties : en un mot, il faut prendre pour base de la condamnation aux dépens l'article 41 de la loi du 7 juillet 1833, dont les dispositions nous paraissent applicables à l'espèce.

565. La procédure que nous venons d'analyser est, quant aux droits d'enregistrement, régie par l'article 20 de la loi du 21 mai 1836, qui dispose que les actes ayant pour objet exclusif la construction des chemins vicinaux, seront enregistrés moyennant le droit fixe d'un franc Comme toutes les autres, elle est assujétie au timbre, la loi ne contenant aucune exception à cet égard.

566. Il faut appliquer ici ce que nous disons n° 550, touchant les prescriptions prononcées par l'article 18 de la loi du 21 mai 1836.

§ III. — Des extractions de matériaux, dépôts ou enlèvement de terre, et des occupations temporaires.

SOMMAIRE.

567. Toutes les fois qu'il sera nécessaire, pour la construction ou l'entretien d'un chemin vicinal, d'opérer des extractions de matériaux ou des enlèvemens de terre sur une propriété privée, ou d'y faire des dépôts et de l'occuper temporairement, l'autorisation du préfet sera suffisante, et il pourra être procédé à ces opérations dix jours après la notification de son arrêté indicatif des lieux. Les règles ci-devant posées, relativement au pourvoi, n°^{s} 534, 535, sont applicables à cet arrêté.

568. Doit-on regarder comme subsistant, en présence de la loi nouvelle, les anciens réglemens qui interdisaient à l'administration l'extraction ou le dépôt de matériaux dans certains lieux, ceux qui étaient clos par exemple Un arrêt du Conseil-d'État du 4 juin 1823, rapporté par

Sirey, décide l'affirmative. Cependant il nous semble que ces règles sont plutôt de conseil que de précepte strict, et qu'elles devraient fléchir, si l'administration éprouvait un grave préjudice en s'y soumettant, ce qui se rencontrerait quand elle serait obligée de faire ses extractions ou ses dépôts à une grande distance du lieu où les travaux s'exécutent.

569. Une indemnité est due aux propriétaires à raison du dommage qui leur est causé; à défaut de conventions amiables, c'est au Conseil de préfecture qu'il appartient de la déterminer (art. 17 de la loi).

570. Sa décision doit être précédée d'un examen des lieux et des circonstances dommageables, fait par deux experts nommés, l'un par le préfet, l'autre par le propriétaire, dans la forme que nous avons indiquée ci-devant n° 557 ; en cas de discord, le tiers expert sera choisi par le Conseil de préfecture (art. 17).

571. Dans cette expertise comme dans celle qui conduit à la fixation de l'indemnité par le juge-de-paix, les experts doivent prêter serment avant de remplir leur mission. Ce serment est reçu par le juge-de-paix dans le canton duquel sont situés les terrains fouillés; c'est là une formalité qui sort des attributions ordinaires des Conseils de préfecture, et pour l'accomplissement de laquelle on doit s'adresser au juge civil le plus rapproché de l'objet litigieux, quand la loi n'en a pas autrement disposé.

Nous trouvons dans le dernier paragraphe de l'art. 1er de la loi du 15—25 novembre 1808, un cas où le serment des experts est reçu par le juge-de-paix, encore que ce magistrat ne doive pas statuer au fond. Il faut encore appliquer à cette expertise ce que nous disons au n° 558 touchant les récusations.

Le rapport sera déposé au secrétariat général de la préfecture, et la partie la plus diligente se pourvoira ensuite pour obtenir une décision.

572. La compétence du conseil de préfecture s'étend à tous les dommages causés par un entrepreneur à raison des travaux qu'il exécute (*Voir*, pour les différens cas qui peuvent se présenter, arrêts du Conseil-d'État du 10 février 1808 : *Sirey*, t. 6, 2ᵉ part., p. 270 ; — du 13 juillet 1825 : *Sirey*, t. 26, 2ᵉ part., p. 345 ; *Journal du Palais, jurisprudence du Conseil-d'État*, t. 2, p. 123 ; — du 16 novembre 1825 ; — du 17 janvier 1814) ; elle comprend aussi les autres difficultés qui ne touchent point à une question de propriété ou à l'interprétation d'un contrat ordinaire (arrêts du 27 avril 1825 ; *Journal du Palais, jurisprudence du Conseil-dÉtat*, t. 2, p. 91 ; — du 22 mars 1833, *Sirey*, t. 34, 2ᵉ part. p. 623 ; — du 6 décembre 1820 : *Sirey*, t. 21, 2ᵉ part., p. 118).

573. L'indemnité sera-t-elle préalable à l'exécution de l'arrêté du préfet ? Le Ministre ne le pense pas, car il s'exprime ainsi dans la circulaire par lui adressée aux préfets, sur l'exécution de la loi du 21 mai : « Vous ne « perdrez pas de vue qu'il est indispensable qu'une pre- « mière reconnaissance des terrains soit faite par les ex- « perts avant l'ouverture des travaux que vous ordon- « nerez ; c'est la seule manière d'arriver à une·équitable « fixation de l'indemnité, lorsque ces travaux seront ter· « minés. »

Comment, d'ailleurs, payer l'indemnité avant l'exécution des travaux ? n'est-il pas évident que pour la fixer il faut connaître quelle est l'importance des matériaux enlevés, la durée de l'occupation, questions qui ne peuvent être résolues qu'après l'achèvement de ces travaux ? Nous ne saurions donc adopter l'opinion de M. Garnier, qui veut que la réparation précède le préjudice, à moins

24

d'impossibilité absolue, car cette impossibilité nous semble devoir toujours se rencontrer; et alors que quelques exceptions seraient possibles, il faudrait dire que le législateur ne doit point être considéré comme voulant les faire prévaloir.

Peut-être objectera-t-on que la nécessité d'une indemnité préalable est une maxime fondamentale de notre droit public, et qu'elle exerce son empire toutes les fois que la nature des choses ne s'y oppose pas d'une manière absolue; mais cette objection disparaît si l'on remarque que la Charte et le Code n'appliquent la nécessité de l'indemnité préalable qu'au cas de sacrifice du droit de propriété tout entier, et non à celui de dommage de l'espèce de ceux qui nous occupent. Dès lors, il est évident que l'opinion à laquelle nous nous arrêtons ne viole en aucune manière les principes fondamentaux de l'expropriation. (*Voir,* au surplus, ce que nous disons au n° 8.)

Le ministre, dans sa circulaire, dit qu'il convient de provoquer la nomination des experts antérieurement aux travaux d'extraction, et qu'il y a lieu, par ces experts, de constater l'état du terrain à cette époque comme moyen d'arriver à une exacte appréciation du préjudice à réparer après l'achèvement des travaux; cette mesure nous paraît propre à garantir tous les intérêts, et, à ce titre, elle devra être adoptée par l'administration.

574. Sous l'empire de la législation antérieure à celle du 21 mai 1836, l'administration, en même temps qu'elle avait le droit d'extraire, des terrains voisins des routes, les matériaux nécessaires à leur construction, pouvait aussi contraindre les propriétaires à faire la cession du terrain lui-même. Cette dernière faculté résultait de l'article 55 de la loi du 16 septembre 1807.

Cet article a-t-il été abrogé par la loi de 1836? Nous ne le pensons pas : son application, en effet, n'a rien qui puisse contrarier aucune des dispositions de cette loi ; il doit être, par suite, compris dans la réserve qui fait l'objet de l'article 22 ; de sorte que si l'administration prévoyait qu'elle doit fouiller ou occuper indéfiniment un terrain, ce que peut nécessiter un chemin que des sources ou le voisinage d'un courant d'eau dégraderaient incessamment, elle pourrait exproprier le propriétaire.

575. Quant à celui-ci, pourrait-il par réciprocité, à raison du tort que lui cause l'incertitude dans laquelle il se trouve sur la durée de l'occupation, requérir l'administration d'acheter la propriété fouillée? Aucune loi ne lui confère ce droit ; sa prétention serait d'ailleurs toujours repoussée par la réponse que lui ferait l'administration, *qu'elle ne regarde l'occupation que comme devant être temporaire.*

576. Une question de forme, qui affecte essentiellement le fond, s'élèvera lorsque l'administration voudra acquérir un terrain qu'elle croira devoir être indéfiniment fouillé ou occupé par elle pour l'entretien d'un chemin ; c'est celle de savoir par qui sera déclarée la nécessité de l'expropriation, et par quelle autorité doit être prononcée cette dépossession.

La loi du 21 mai n'ayant pas prévu ce cas, il semble qu'il rentre dans la catégorie des expropriations ordinaires pour cause d'utilité publique, et qu'il faille suivre toutes les formes tracées par la loi de 1833 ; cependant, il importe de ne pas perdre de vue qu'une nécessité impérieuse détermine le choix de ces terrains : c'est la circonstance qu'ils renferment les matériaux nécessaires aux travaux, et, d'un autre côté, que le plus souvent les extractions seront commencées lorsqu'on reconnaîtra l'utilité de l'acqui-

sition du fonds ; il devient dès-lors superflu de remplir les
formalités qui, dans les cas ordinaires, précèdent le jugement ; il suffira que le préfet, en déterminant les terrains
à fouiller, déclare d'utilité publique de s'en rendre propriétaire, pour que le Tribunal, sur le vu de cet arrêté, prononce la dépossession. Le mode d'expropriation que nous
indiquons n'est, au reste, que celui tracé par l'article 16
de la loi du 21 mai pour les terrains nécessaires à la confection de la route elle-même : or, il est logique de procéder pour l'accessoire comme pour le principal ; ainsi le faisait la loi du 16 septembre 1807, qui, dans son article 55,
disait : *Les terrains occupés pour prendre les matériaux
pourront être payés aux propriétaires comme ceux pris
pour la route elle-même.*

577. Il ne peut être douteux qu'il faille étendre les dispositions de l'article 16 de la loi de 1836 au réglement
de l'indemnité à laquelle a droit le propriétaire dépossédé, plutôt que de recourir à celles du titre IV de la loi
de 1833 ; en effet, les motifs développés au numéro précédent conduisent à appliquer en général aux terrains *accessoirement* nécessaires au chemin, toutes les règles que
le législateur a tracées pour ceux employés à la confection
de la route elle-même. On peut consulter, sur les difficultés que fait surgir l'application de cet article 16, ce que
nous disons au § 1er de cette section, nos 539 et suivans.

578. L'article 55 de la loi du 16 septembre 1807
prescrit de ne point faire entrer dans l'estimation, la valeur des matériaux à extraire, hormis dans le cas où l'on
s'emparerait d'une carrière en exploitation ; cette règle
doit être suivie par le jury dans son appréciation : c'est
la conséquence de l'opinion émise au no 574, que cet article n'est pas abrogé.

Il résulte d'un arrêt du Conseil-d'État du 6 septembre

1813 [1], qu'on ne doit considérer comme carrière en exploitation que celle qui offre au propriétaire un revenu assuré, soit qu'il l'exploite régulièrement pour lui-même et pour ses besoins, soit qu'il en fasse un objet de commerce en l'exploitant, soit par lui-même, soit par autrui. (*Voir* cependant ce que nous disons n° 305.)

579. L'article 20, dont nous avons dit un mot dans le paragraphe 2, n° 565, s'applique également aux actes que nécessitent les extractions et occupations temporaires.

580. Les actions en indemnité auxquelles peuvent donner naissance les extractions de matériaux, dépôts ou enlèvemens de terre et occupation temporaire, sont, comme toutes celles se rattachant aux chemins vicinaux, soumises à la prescription de deux ans, ainsi que nous l'expliquons au n° 550.

---

[1] Sirey, t. 14, 2ᵉ p. p. 325.

LOIS ET ORDONNANCES

DE LA MATIÈRE

MISES EN CONCORDANCE AVEC LE TRAITÉ[1].

Loi du 7 juillet 1833, sur l'expropriation pour cause d'utilité publique.

TITRE Ier.

Dispositions préliminaires.

Art. 1er. L'expropriation pour cause d'utilité publique s'opère par autorité de justice (nos 1, 2, 3, 5, 6, 7, 8, 9, 10, 11, 12, 13, 14, 15, 16, 17, 18, 19, 103, 104, 106, 107).

2. Les Tribunaux ne peuvent prononcer l'expropriation qu'autant que l'utilité publique en a été constatée et déclarée dans les formes prescrites par la présente loi (n° 34).

Ces formes consistent :

1° Dans la loi ou l'ordonnance royale qui autorise l'exécution des travaux pour lesquels l'expropriation est requise (nos 29, 32, 37);

2° Dans l'acte du préfet qui désigne les localités ou territoires sur lesquels les travaux doivent avoir lieu, lorsque cette désignation ne résulte pas de la loi ou de l'ordonnance royale (nos 39, 40);

3° Dans l'arrêté ultérieur par lequel le préfet détermine les propriétés particulières auxquelles l'expropriation est applicable (n° 76).

Cette application ne peut être faite à aucune propriété particulière qu'après que les parties intéressées ont été mises en état d'y fournir leurs contredits, selon les règles exprimées au titre II.

3. Tous grands travaux publics, routes royales, canaux, chemins de fer, canalisation de rivières, bassins et docks, entrepris

---

[1] Les numéros insérés dans le texte renvoient à ceux de l'ouvrage.

par l'État ou par compagnies particulières, avec ou sans péage, avec ou sans subside du Trésor, avec ou sans aliénation du domaine public, ne pourront être exécutés qu'en vertu d'une loi qui ne sera rendue qu'après une enquête administrative (n⁰ˢ 22, 23, 24, 29).

Une ordonnance royale suffira pour autoriser l'exécution des routes, des canaux et chemins de fer d'embranchement de moins de vingt mille mètres de longueur, des ponts et de tous autres travaux de moindre importance (n⁰ˢ 29, 30, 31, 33, 35, 36, 37).

Cette ordonnance devra également être précédée d'une enquête (n⁰ˢ 22, 23, 24).

Ces enquêtes auront lieu dans les formes déterminées par un réglement d'administration publique (n⁰ˢ 22, 23, 24, 25, 26, 27, 28).

TITRE II.

Des mesures d'administration relatives à l'expropriation.

4. Les ingénieurs, ou autres gens de l'art, chargés de l'exécution des travaux, lèvent, pour la partie qui s'étend sur chaque commune, le plan parcellaire des terrains ou des édifices dont la cession leur paraît nécessaire (n⁰ˢ 41, 42, 43, 45).

5. Le plan desdites propriétés particulières, indicatif des noms de chaque propriétaire, tels qu'ils sont inscrits sur la matrice des rôles, reste déposé, pendant huit jours au moins, à la mairie de la commune où les propriétés sont situées, afin que chacun puisse en prendre connaissance (n⁰ˢ 44, 46, 49).

6. Le délai fixé à l'article précédent ne court qu'à dater de l'avertissement qui est donné collectivement aux parties intéressées, de prendre communication du plan déposé à la mairie (n⁰ 46).

Cet avertissement est publié à son de trompe ou de caisse dans la commune, et affiché, tant à la principale porte de l'église du lieu qu'à celle de la maison commune.

Il est, en outre, inséré dans l'un des journaux des chefs-lieux d'arrondissement et de département (n⁰ˢ 46, 47, 48).

7. Le maire certifie ces publications et affiches; il mentionne sur un procès-verbal qu'il ouvre à cet effet, et que les parties qui comparaissent sont requises de signer, les déclarations et réclamations qui lui ont été faites verbalement, et y annexe celles qui lui sont transmises par écrit (n⁰ˢ 50, 51, 52, 53).

8. A l'expiration du délai de huitaine prescrit par l'article 5, une commission se réunit au chef-lieu de la sous - préfecture (n°s 54, 55).

Cette commission, présidée par le sous-préfet de l'arrondissement, sera composée de quatre membres du conseil général du département ou du conseil de l'arrondissement, désignés par le préfet, du maire de la commune où les propriétés sont situées, et de l'un des ingénieurs chargés de l'exécution des travaux (n°s 56, 57, 58).

Les propriétaires qu'il s'agit d'exproprier ne peuvent être appelés à faire partie de la commission (n°s 59, 60, 61).

9. La commission reçoit les observations des propriétaires (n°s 62, 63).

Elle les appelle toutes les fois qu'elle le juge convenable (n°s 64, 65).

Elle reçoit leurs moyens respectifs, et donne son avis (n°s 64, 66, 67).

Ses opérations doivent être terminées dans le délai d'un mois; après quoi le procès-verbal est adressé immédiatement par le sous-préfet au préfet (n°s 68, 69).

Dans le cas où lesdites opérations n'auraient pas été mises à fin dans le délai ci-dessus, le sous-préfet devra, dans les trois jours, transmettre au préfet son procès-verbal et les documens recueillis.

10. Le procès-verbal et les pièces transmis par le sous-préfet, resteront déposés au secrétariat-général de la préfecture pendant huitaine, à dater du jour du dépôt (n°s 70, 71).

Les parties intéressées pourront en prendre communication sans déplacement et sans frais (n° 72).

11. Sur le vu du procès-verbal et des documens y annexés, le préfet détermine, par un arrêté motivé, les propriétés qui doivent être cédées, et indique l'époque à laquelle il sera nécessaire d'en prendre possession. Toutefois, dans le cas où il résulterait de l'avis de la commission qu'il y aurait lieu de modifier le tracé des travaux ordonnés, le préfet surseoira jusqu'à ce qu'il ait été prononcé par l'administration supérieure (n°s 76, 77, 78, 79, 80, 83, 84, 85, 86, 87, 88, 89, 90, 91, 92, 93).

La décision de l'administration supérieure sera définitive et sans recours au Conseil-d'État.

12. Les dispositions des articles 8, 9 et 10 ne sont point appli-

·cables aux cas où l'expropriation serait demandée par une commune, et dans un intérêt purement communal.

Dans ce cas, le procès-verbal prescrit par l'article 7 est transmis, avec l'avis du conseil municipal, par le maire au sous-préfet, qui l'adressera au préfet avec ses observations.

Le préfet, en conseil de préfecture, sur le vu de ce procès-verbal, et sauf l'approbation de l'administration supérieure, prononcera comme il est dit en l'article précédent (nᵒˢ 73, 74, 80, 81 82, 84, 86, 87).

TITRE III.

De l'expropriation et de ses suites quant aux priviléges, hypothèques et autres droits réels.

13. A défaut de conventions amiables avec les propriétaires des terrains ou bâtimens dont la cession est reconnue nécessaire, le préfet transmet au procureur du Roi dans le ressort duquel les biens sont situés, la loi ou l'ordonnance qui autorise l'exécution des travaux, et l'arrêté du préfet mentionné en l'article 11 (nᵒˢ 94 à 102 inclusivement, 105, 108, 109, 110, 111, 112, 113).

14. Dans les trois jours, et sur la production des pièces constatant que les formalités prescrites pas l'article 2 du titre Iᵉʳ, et par le titre II de la présente loi, ont été remplies, le procureur du Roi requiert, et le Tribunal prononce l'expropriation pour cause d'utilité publique des terrains ou bâtimens indiqués dans l'arrêté du préfet (nᵒˢ 30, 61, 105, 108 à 129 inclusiv., 131 à 135 inclusiv., 137, 437).

Le même jugement commet un des membres du Tribunal pour remplir les fonctions attribuées par le titre IV, chapitre 2, [au magistrat directeur du jury, chargé de fixer l'indemnité (nᵒˢ 130, 189, 241, 253, 276).

15. Le jugement est publié et affiché, par extrait, dans la commune de la situation des biens, de la manière indiquée en l'article 6. Il est en outre inséré dans l'un des journaux de l'arrondissement et dans l'un de ceux du chef-lieu du département.

Cet extrait, contenant les noms des propriétaires, les motifs et le dispositif du jugement, leur est notifié au domicile qu'ils auront élu dans l'arrondissement de la situation des biens, par une déclaration faite à la mairie de la commune où les biens sont situés; et, dans le cas où cette élection de domicile n'aurait pas eu lieu, la notification de l'extrait sera faite en double copie au maire et au fermier, locataire, gardien ou régisseur de la propriété (n°s 143, 144, 146, 147, 148, 149, 398, 400, 403, 404, 405, 448).

Toutes les autres notifications prescrites par la présente loi seront faites dans la forme ci-dessus indiquée (n°s 145, 398, 400, 403, 404, 405).

16. Le jugement sera immédiatement transcrit au bureau de la conservation des hypothèques de l'arrondissement, conformément à l'article 2181 du Code civil (n°s 150, 154).

17. Dans la quinzaine de la transcription, les priviléges et les hypothèques conventionnelles, judiciaires ou légales, antérieurs au jugement, seront inscrits.

A défaut d'inscription dans ce délai, l'immeuble exproprié sera affranchi de tous priviléges et de toutes hypothèques, de quelque nature qu'ils soient, sans préjudice du recours contre les maris, tuteurs ou autres administrateurs qui auraient dû requérir les inscriptions (n°s 151, 153, 155, 156, 157, 158, 161, 380).

Les créanciers inscrits n'auront, dans aucun cas, la faculté de surenchérir; mais ils pourront exiger que l'indemnité soit fixée conformément au titre IV (n° 152).

18. Les actions en résolution, en revendication, et toutes autres actions réelles, ne pourront arrêter l'expropriation ni en empêcher l'effet. Le droit des réclamans sera transporté sur le prix, et l'immeuble en demeurera affranchi (n°s 138, 139, 142, 196).

19. Les règles posées aux deux articles qui précèdent sont applicables, dans le cas de conventions amiables, aux contrats passés entre l'administration et le propriétaire (n°s 101, 140, 141, 159, 160, 161, 162).

20. Le jugement ne pourra être attaqué que par la voie du recours en cassation, et seulement pour incompétence, excès de pouvoir ou vices de forme du jugement (n°s 127, 163, 164, 165, 166, 187, 190).

Le pourvoi aura lieu dans les trois jours, à dater de celui de la notification du jugement, par déclaration au greffe du tribunal qui l'aura rendu (n°s 167, 168, 169, 170, 171, 172, 173, 174, 175, 176).

Ce pourvoi sera notifié dans la huitaine, soit au préfet, soit à la partie, au domicile indiqué par l'article 15, et les pièces adressées dans la quinzaine à la chambre civile de la Cour de cassation, qui statuera dans le mois suivant (n°s 177, 178, 179, 180, 181, 182, 183, 184, 185, 186, 188, 439).

L'arrêt, s'il est rendu par défaut à l'expiration de ce délai, ne sera pas susceptible d'opposition (n° 184).

TITRE IV.

Du réglement des indemnités.

CHAPITRE Ier.

Mesures préparatoires.

21. Dans la huitaine qui suit la notification prescrite par l'article 15, le propriétaire est tenu d'appeler et de faire connaître au magistrat-directeur du jury, les fermiers, locataires, ceux qui ont des droits d'usufruit, d'habitation ou d'usage, tels qu'ils sont réglés par le Code civil, et ceux qui peuvent réclamer des servitudes résultant des titres mêmes de propriété ou d'autres actes dans lesquels il serait intervenu ; sinon, il restera seul chargé envers eux des indemnités que ces derniers pourront réclamer (n°s 137, 192, 197, 198, 199, 200, 202, 204, 328, 329, 330, 331, 332, 333, 335, 336, 337, 338, 339).

Les autres intéressés seront en demeure de faire valoir leurs droits par l'avertissement énoncé en l'article 6, et tenus de se faire connaître au magistrat directeur du jury, dans le même délai de huitaine ; à défaut de quoi, ils seront déchus de tous droits à l'indemnité (n°s 194, 195, 196, 200, 203, 208).

22. Les dispositions de la présente loi, relatives aux propriétaires et à leurs créanciers, sont applicables à l'usufruitier et à ses créanciers (n°s 136, 193, 204).

23. L'administration notifie aux propriétaires, aux créanciers inscrits, et à tous autres intéressés qui auront été désignés ou qui seront intervenus en vertu des articles 21 et 22, les sommes qu'elle offre pour indemnité (n°s 201, 205, 206, 207, 208, 209, 210, 221).

24. Dans la quinzaine suivante, les propriétaires et autres intéressés sont tenus de déclarer leur acceptation, ou, s'ils n'acceptent pas les offres qui leur sont faites, d'indiquer le montant de leurs prétentions (n°s 211, 212, 214, 378, 440).

25. Les tuteurs, maris et autres personnes qui n'ont pas qualité pour aliéner un immeuble, peuvent valablement accepter les offres énoncées en l'article 23, lorsqu'ils s'y sont fait autoriser par le Tribunal (n°ˢ 98, 215, 216, 219).

Cette autorisation peut être donnée sur simple mémoire en la chambre du conseil, le ministère public entendu (n° 217).

Le Tribunal ordonne les mesures de conservation ou de remploi que chaque cas peut nécessiter.

26. S'il s'agit de biens appartenant à des départemens, à des communes ou à des établissemens publics, les préfets, maires ou administrateurs, pourront valablement accepter les offres énoncées en l'article 23, s'ils y sont autorisés par délibération du conseil général du département, du conseil municipal ou du conseil d'administration, approuvée par le préfet en conseil de préfecture (n°ˢ 215, 216, 218, 219).

27. Le délai de quinzaine, fixé par l'article 24, sera d'un mois dans les cas prévus par les articles 25 et 26 (n° 220).

28. Si les offres de l'administration ne sont pas acceptées, ou si, nonobstant l'acceptation du propriétaire, les créanciers inscrits et autres intéressés déclarent, dans la quinzaine de la notification qui leur en est faite, qu'ils ne veulent pas se contenter de la somme convenue entre l'administration et le propriétaire, il sera procédé au réglement des indemnités de la manière indiquée au chapitre suivant (n°ˢ 209, 213, 352, 386).

CHAPITRE II.

Du jury spécial chargé de régler les indemnités (n°ˢ 222, 272).

29. Dans sa session annuelle, le conseil général du département désigne, pour chaque arrondissement de sous-préfecture, tant sur la liste des électeurs que sur la seconde partie de la liste du jury, trente-six personnes au moins, et soixante-douze au plus, qui ont leur domicile réel dans l'arrondissement, parmi lesquelles sont choisis, jusqu'à la session suivante ordinaire du conseil général, les membres du jury spécial appelé, le cas échéant, à régler les indemnités dues par suite d'expropriation pour cause d'utilité publique (n°ˢ 223, 224).

Le nombre des jurés désignés, pour le département de la Seine sera de six cents.

30. Toutes les fois qu'il y a lieu de recourir à un jury spécial, la Cour royale, dans les départemens qui sont le siége d'une Cour royale, et, dans les autres départemens, le Tribunal du chef-lieu judiciaire du département (toutes les chambres réunies en chambre du conseil) choisit sur la liste, dressée en vertu de l'article précédent, seize personnes pour former le jury spécial chargé de fixer définitivement le montant de l'indemnité (n°s 225, 226, 227, 229).

La Cour ou le Tribunal choisit en outre et en même temps quatre jurés supplémentaires (n° 229).

Ne peuvent être choisis (n°s 230, 232, 233, 234):

1° Les propriétaires, fermiers, locataires des terrains et bâtimens désignés dans l'arrêté du préfet, pris en vertu de l'article 11, et qui restent à acquérir (n° 231);

2° Les créanciers ayant inscription sur lesdits immeubles;

3° Tous autres intéressés désignés ou intervenans en vertu des articles 21 et 22 (n° 230).

Les septuagénaires sont dispensés, s'ils le requièrent, des fonctions de juré (n° 235).

31. La liste des seize jurés, et des quatre jurés supplémentaires, est transmise par le préfet au sous-préfet, qui, après s'être concerté avec le magistrat directeur du jury, convoque les jurés et les parties, en leur indiquant, au moins huit jours à l'avance, le lieu et le jour de la réunion. La notification aux parties leur fait connaître les noms des jurés (n° 236, 237, 238, 239, 240).

32. Tout juré qui, sans motifs légitimes, manque à l'une des séances ou refuse de prendre part à la délibération, encourt une amende de 100 francs au moins et de 300 francs au plus (n°s 249, 255).

L'amende est prononcée par le magistrat directeur du jury (n°s 242, 246, 256).

Il statue en dernier ressort sur l'opposition qui serait formée par le juré condamné (n°s 243, 244, 245, 247).

Il prononce également sur les causes d'empêchement que les jurés proposent, ainsi que sur les exclusions ou incompatibilités dont les causes ne seraient survenues ou n'auraient été connues que postérieurement à la désignation faite en vertu de l'article 30 (n°s 233, 234, 248, 249, 250, 251).

33. Ceux des jurés qui se trouvent rayés de la liste, par suite des empêchemens, exclusions ou incompatibilités prévus à l'arti-

cle précédent, sont immédiatement remplacés par les jurés supplémentaires, que le magistrat directeur du jury appelle dans l'ordre
de leur inscription (n° 257).

En cas d'insuffisance, le Tribunal de l'arrondissement choisit,
sur la liste dressée en vertu de l'article 29, les personnes nécessaires pour compléter le nombre de seize jurés (n°ˢ 258, 259, 260,
261).

34. Le magistrat directeur du jury est assisté, auprès du jury
spécial, du greffier ou commis greffier du Tribunal, qui appelle
successivement les causes sur lesquelles le jury doit statuer, et
tient procès-verbal des opérations (n°ˢ 254, 262, 263, 268).

Lors de l'appel, l'administration a le droit d'exercer deux récusations péremptoires; la partie adverse a le même droit (n°ˢ 233,
264, 266, 269).

Dans le cas où plusieurs intéressés figurent dans la même affaire,
ils s'entendent pour l'exercice du droit de récusation, sinon le sort
désigne ceux qui doivent en user (n° 265).

Si le droit de récusation n'est point exercé, ou s'il ne l'est que
partiellement, le magistrat directeur du jury procède à la réduction
des jurés au nombre de douze, en retranchant les derniers noms
inscrits sur la liste (n° 267).

35. Le jury spécial n'est constitué que lorsque les douze jurés
sont présens (n°ˢ 270, 271).

Les jurés ne peuvent délibérer valablement qu'au nombre de
neuf au moins (n°ˢ 270, 271).

36. Lorsque le jury est constitué, chaque juré prête serment
de remplir ses fonctions avec impartialité (n° 273, 274).

37. Le magistrat directeur met sous les yeux du jury :

1° Le tableau des offres et demandes notifiées en exécution des
articles 23 et 24 (n° 275);

2° Les plans parcellaires, et les titres ou autres documens produits par les parties à l'appui de leurs offres et demandes (n° 275).

Les parties, ou leurs fondés de pouvoir, peuvent présenter
sommairement leurs observations (n° 278).

Le jury pourra entendre toutes les personnes qu'il croira pouvoir l'éclairer (n°ˢ 277, 279, 280, 281, 282, 283, 284, 285, 286,
287).

Il pourra également se transporter sur les lieux, ou déléguer à
cet effet un ou plusieurs de ses membres (n° 288).

La discussion est publique; elle peut être continuée à une autre séance (n° 289).

38. La clôture de l'instruction est prononcée par le magistrat directeur du jury (n° 290).

Les jurés se retirent immédiatement dans leur chambre pour délibérer, sans désemparer, sous la présidence de l'un deux, qu'ils désignent à l'instant même (n°s 291, 292, 293, 294, 295, 296).

La décision du jury fixe le montant de l'indemnité; elle est prise à la majorité des voix (n° 297).

En cas de partage, la voix du président du jury est prépondérante (n° 298).

39. Le jury prononce des indemnités distinctes en faveur des parties qui les réclament à des titres différens, comme propriétaires, fermiers, locataires, usagers autres que ceux dont il est parlé au premier paragraphe de l'article 21, etc. (n° 299, 300, 301, 302, 303, 304, 305, 306, 307, 308, 309, 318, 319, 320, 321, 322, 323, 324, 325, 326, 327, 328, 329, 330, 331, 332, 333, 334, 342).

Dans le cas d'usufruit, une seule indemnité est fixée par le jury, eu égard à la valeur totale de l'immeuble; le nu-propriétaire et l'usufruitier exercent leurs droits sur le montant de l'indemnité au lieu de l'exercer sur la chose (n°s 335, 339).

L'usufruitier sera tenu de donner caution; les père et mère ayant l'usufruit légal des biens de leurs enfans en seront seuls dispensés (n°s 336, 337, 338, 339).

Lorsqu'il y a litige sur le fond du droit ou la qualité des réclamans, et toutes les fois qu'il s'élève des difficultés étrangères à la fixation du montant de l'indemnité, le jury règle l'indemnité indépendamment de ces difficultés sur lesquelles les parties sont renvoyées à se pourvoir devant qui de droit (n° 340).

40. Si l'indemnité réglée par le jury est inférieure ou égale à l'offre faite par l'administration, les parties qui l'auront refusée seront condamnées aux dépens (n°s 349, 350).

Si l'indemnité est égale ou supérieure à la demande des parties, l'administration sera condamnée aux dépens (n°s 349, 350).

Si l'indemnité est à la fois supérieure à l'offre de l'administration et inférieure à la demande des parties, les dépens seront compensés de manière à être supportés par les parties et l'administration, dans les proportions de leur offre ou de leur demande avec la décision du jury (n°s 349, 350, 353, 354).

Tout indemnitaire qui ne se trouvera pas dans le cas des articles 25 et 26 sera condamné aux dépens, quelle que soit l'estimation ultérieure du jury, s'il a omis de se conformer aux dispositions de l'article 24 (n°ˢ 351, 352).

41. La décision du jury, signée des membres qui ont concouru, est remise par le président au magistrat directeur, qui la déclare exécutoire, statue sur les dépens, et envoie l'administration en possession de la propriété, à la charge par elle de se conformer aux dispositions des articles 53 et 54 suivans (n°ˢ 252, 343, 344, 345, 346, 347, 348, 358, 359, 366).

Ce magistrat taxe les dépens. Un réglement d'administration publique, qui sera publié avant la mise à exécution de la présente loi, déterminera le tarif des dépens (n°ˢ 356, 357).

La taxe ne comprendra que les actes faits postérieurement à l'offre de l'administration ; les frais des actes antérieurs demeurent dans tous les cas à la charge de l'administration (n° 355).

42. La décision du jury ne peut être attaquée que par la voie du recours en cassation, et seulement pour violation du premier paragraphe de l'article 30 et des articles 31, 35, 36, 37, 38, 39 et 40 (n°ˢ 232, 269, 360, 361, 362, 363, 364, 365, 366, 369, 370, 375).

Le délai sera de quinze jours pour ce recours, qui sera d'ailleurs formé, notifié et jugé comme il est dit en l'article 20; il courra à partir du jour de la décision (n°ˢ 367, 368, 371).

43. Lorsqu'une décision du jury aura été cassée, l'affaire sera renvoyée devant un nouveau jury, choisi dans le même arrondissement (n°ˢ 372, 373, 374).

Il sera procédé à cet effet conformément à l'article 30 (n° 372).

44. Le jury ne connaît que des affaires dont il a été saisi au moment de sa convocation, et statue successivement et sans interruption sur chacune de ces affaires. Il ne peut se séparer qu'après avoir réglé toutes les indemnités dont la fixation lui a été ainsi déférée (n°ˢ 227, 228).

45. Les opérations commencées par un jury, et qui ne sont pas encore terminées au moment du renouvellement annuel de la liste générale, mentionnée en l'article 29, sont continuées, jusqu'à conclusion définitive, par le même jury.

46. Après la clôture des opérations du jury, les minutes de ses

décisions et les autres pièces qui se rattachent auxdites opérations sont déposées au greffe du Tribunal civil de l'arrondissement.

47. Les noms des jurés qui auront fait le service d'une session ne pourront être portés sur le tableau dressé par le Conseil général pour l'année suivante (n.º 224).

CHAPITRE III.

Des Règles à suivre pour la fixation des indemnités.

48. Le jury est juge de la sincérité des titres et de l'effet des actes qui seraient de nature à modifier l'évaluation de l'indemnité.

49. Dans le cas où l'administration contesterait au détenteur exproprié le droit à une indemnité, le jury, sans s'arrêter à la contestation, dont il renvoie le jugement devant qui de droit, fixe l'indemnité comme si elle était due, et le magistrat directeur du jury en ordonne la consignation, pour ladite indemnité rester déposée jusqu'à ce que les parties se soient entendues, ou que le litige soit vidé (n° 341).

50. Les maisons et bâtimens dont il est nécessaire d'acquérir une portion pour cause d'utilité publique, seront achetés en entier, si les propriétaires le requièrent par une déclaration formelle adressée au magistrat directeur du jury, dans le délai énoncé en l'article 24 (n.ºˢ 309, 310, 311, 313, 314, 315, 316, 317, 331).

Il en sera de même de toute parcelle de terrain qui, par suite du morcellement, se trouvera réduite au quart de la contenance totale, si toutefois le propriétaire ne possède aucun terrain immédiatement contigu, et si la parcelle ainsi réduite, est inférieure à dix ares (n.ºˢ 309, 312, 313, 314, 315, 316, 317).

51. Si l'exécution des travaux doit procurer une augmentation de valeur immédiate et spéciale au restant de la propriété, cette augmentation pourra être prise en considération dans l'évaluation de l'indemnité (n.ºˢ 318, 319, 320).

52. Les constructions, plantations et améliorations ne donneront lieu à aucune indemnité, lorsque, à raison de l'époque où elles auront été faites ou de toutes autres circonstances dont l'appréciation lui est abandonnée le jury acquiert la conviction qu'elles ont été faites dans la vue d'obtenir une indemnité plus élevée (n° 304).

TITRE V.

Du paiement des indemnités.

53. Les indemnités réglées par le jury seront, préalablement à la prise de possession, acquittées entre les mains des ayans-droit (nᵒˢ 4, 92, 191, 347, 358, 370, 376, 386, 387).

S'ils se refusent à les recevoir, la prise de possession aura lieu après offres réelles et consignation (nᵒˢ 379, 380, 381, 382, 383, 384).

54. Il ne sera pas fait d'offres réelles toutes les fois qu'il existera des inscriptions sur l'immeuble exproprié, ou d'autres obstacles au versement des deniers entre les mains des ayans-droit; dans ce cas, il suffira que les sommes dues par l'administration soient consignées, pour être ultérieurement distribuées ou remises selon les règles du droit commun (nᵒˢ 347, 348, 384, 385, 386, 387, 388, 389, 390, 391).

55. Si, dans les six mois du jugement d'expropriation, l'administration ne poursuit pas la fixation de l'indemnité, les parties pourront exiger qu'il soit procédé à ladite fixation.

Quand l'indemnité aura été réglée, si elle n'est ni acquittée, ni consignée dans les six mois, les intérêts courront de plein droit à l'expiration de ce délai, à titre de dédommagement (nᵒˢ 323, 324, 325).

TITRE VI.

Dispositions diverses.

56. Les contrats de vente, quittances et autres actes relatifs à l'acquisition des terrains, peuvent être passés dans la forme des actes administratifs; la minute restera déposée au secrétariat de la préfecture; expédition en sera transmise à l'administration des domaines (nᵒˢ 99, 100, 392, 393, 394, 395, 396, 397, 411).

57. Les significations et notifications mentionnées en la présente loi, sont faites à la diligence du préfet du département de la situation des biens (nᵒˢ 398, 399, 406).

Elles peuvent être faites tant par huissier que par tout agent de l'administration dont les procès-verbaux font foi en justice (nᵒˢ 148, 400, 401, 402, 403, 404, 405, 406).

58. Les plans, procès-verbaux, certificats, significations, jugemens, contrats, quittances et autres actes faits en vertu de la

25.

présente loi, seront visés pour timbre, et enregistrés gratis, lorsqu'il y aura lieu à la formalité de l'enregistrement (n°s 407, 408, 409, 410, 411, 412, 413, 414).

59. Lorsqu'un propriétaire aura accepté les offres de l'administration, le montant de l'indemnité devra, s'il l'exige, et s'il n'y a pas eu de contestations de la part des tiers, dans le délai prescrit par l'article 28, être versé à la caisse des dépôts et consignations, pour être remis ou distribué à qui de droit, selon les règles du droit commun (n°s 377, 378).

60. Si des terrains acquis pour des travaux d'utilité publique ne recoivent pas cette destination, les anciens propriétaires ou leurs ayans-droit peuvent en demander la remise (n°s 415, 416, 417, 418, 419, 420, 421, 422).

Le prix des terrains rétrocédés est fixé à l'amiable, et, s'il n'y a pas accord, par le jury, dans les formes ci-dessus prescrites. La fixation par le jury ne peut, en aucun cas, excéder la somme moyennant laquelle l'État est devenu propriétaire desdits terrains (n°s 422, 423, 425).

61. Un avis, publié de la manière indiquée en l'article 6, fait connaître les terrains que l'administration est dans le cas de revendre. Dans les trois mois de cette publication, les anciens propriétaires qui veulent réacquérir la propriété desdits terrains sont tenus de le déclarer; et, dans le mois de la fixation du prix, soit amiable, soit judiciaire, ils doivent passer le contrat de rachat et payer le prix : le tout à peine de déchéance du privilége que leur accorde l'article précédent (n°s 413, 424, 426, 427).

62. Les dispositions des articles 60 et 61 ne sont pas applicables aux terrains qui auront été acquis sur la réquisition du propriétaire, en vertu de l'article 50, et qui resteraient disponibles après l'exécution des travaux (n°s 428, 429).

63. Les concessionnaires des travaux publics exerceront tous les droits conférés à l'administration et seront soumis à toutes les obligations qui lui sont imposées dans la présente loi (n°s 28, 43, 45, 396, 433, 434, 435, 436, 437, 438, 439, 440, 441, 442).

64. Les contributions de la portion d'immeuble qu'un propriétaire aura cédée, ou dont il aura été exproprié pour cause d'utilité publique, continueront à lui être comptées pendant un an, à partir de la remise de la propriété, pour former son cens électoral (n°s 430, 431, 432).

TITRE VII.

Dispositions exceptionnelles.

65. Les formalités prescrites par les titres I et II de la présente loi ne sont applicables ni aux travaux militaires, ni aux travaux de la marine royale.

Pour ces travaux, une ordonnance royale détermine les terrains qui sont soumis à l'expropriation (n°^{os} 443, 444, 445, 446, 447, 448, 449, 450, 451, 452).

66. L'expropriation ou l'occupation temporaire, en cas d'urgence, des propriétés privées qui sont jugées nécessaires pour des travaux de fortification, continueront d'avoir lieu conformément aux dispositions prescrites par la loi du 30 mars 1831 (n°^{os} 453, 459 à 503 inclus).

Toutefois, lorsque les propriétaires ou autres intéressés n'auront pas accepté les offres de l'administration, le réglement définitif aura lieu conformément aux dispositions du titre IV ci-dessus.

Seront également applicables aux expropriations poursuivies en vertu de la loi du 30 mars 1831, les articles 16, 17, 18 et 20, ainsi que le titre VI de la présente loi.

TITRE VIII.

Dispositions finales.

67. La loi du 8 mars 1810 est abrogée (n° 454).

Les dispositions de la présente loi seront appliquées dans tous les cas où les lois se réfèrent à celle du 8 mars 1810.

68. La présente loi sera obligatoire à dater de la première convocation générale des conseils généraux du département qui suivra sa promulgation.

Les instances en réglement d'indemnités dont les tribunaux se trouveront saisis à l'époque de cette première convocation, seront jugées d'après les lois en vigueur au moment où l'instance aura été introduite.

Néanmoins, avant le jugement, les parties auront la faculté de demander que l'indemnité soit fixée conformément à la présente loi, à la charge par le demandeur d'acquitter les frais de l'instance faits antérieurement.

Ordonnance du 18 février 1834, portant réglement sur les formalités des enquêtes relatives aux travaux publics.

TITRE Ier.

Formalités des enquêtes relatives aux travaux publics qui ne peuvent être exécutés qu'en vertu d'une loi.

Art. 1er. Les entreprises de travaux publics qui, aux termes du premier paragraphe de l'article 3 de la loi du 7 juillet 1833, ne peuvent être exécutés qu'en vertu d'une loi, seront soumises à une enquête préalable dans les formes ci-après déterminées.

2. L'enquête pourra s'ouvrir sur un avant-projet où l'on fera connaître le tracé général de la ligne des travaux, les dispositions principales des ouvrages les plus importans et l'appréciation sommaire des dépenses.

S'il s'agit d'un canal, d'un chemin de fer ou d'une canalisation de rivière, l'avant-projet sera nécessairement accompagné d'un nivellement en longueur et d'un certain nombre de profils transversaux; et si le canal est à point de partage, on indiquera les eaux qui doivent l'alimenter.

3. A l'avant-projet sera joint, dans tous les cas, un mémoire descriptif indiquant le but de l'entreprise et les avantages qu'on peut s'en promettre; on y annexera le tarif des droits, dont le produit serait destiné à couvrir les frais des travaux projetés, si ces travaux devaient devenir la matière d'une concession.

4. Il sera formé, au chef-lieu de chacun des départemens que la ligne des travaux devra traverser, une commission de neuf membres au moins et de treize au plus, pris parmi les principaux propriétaires de terres, de bois, de mines, les négocians, les armateurs et les chefs d'établissemens industriels.

Les membres et le président de cette commission seront désignés par le préfet dès l'ouverture de l'enquête.

5. Des registres destinés à recevoir les observations auxquelles pourra donner lieu l'entreprise projetée seront ouverts, pendant un mois au moins et quatre mois au plus, au chef-lieu de chacun des départemens et des arrondissemens que la ligne des travaux devra traverser.

Les pièces qui, aux termes des articles 2 et 3, doivent servir de base à l'enquête, resteront déposées pendant le même temps et aux mêmes lieux.

La durée de l'ouverture des registres sera déterminée, dans cha- que cas particulier, par l'administration supérieure.

Cette durée, ainsi que l'objet de l'enquête, seront annoncés par des affiches.

6. A l'expiration du délai qui sera fixé en vertu de l'article pré- cédent, la commission mentionnée à l'article 4 se réunira sur-le- champ : elle examinera les déclarations consignées aux registres de l'enquête; elle entendra les ingénieurs des ponts-et-chaussées et des mines employés dans les départemens; et après avoir recueilli, auprès de toutes les personnes qu'elle jugerait utile de consulter, les renseignemens dont elle croira avoir besoin, elle donnera son avis motivé, tant sur l'utilité de l'entreprise que sur les diverses questions qui auront été posées par l'administration.

Ces diverses opérations, dont elle dressera procès-verbal, de- vront être terminées dans un nouveau délai d'un mois.

7. Le procès-verbal de la commission d'enquête sera clos immé- diatement; le président de la commission le transmettra sans délai, avec les registres et les autres pièces, au préfet, qui l'adressera avec son avis à l'administration supérieure, dans les quinze jours qui suivront la clôture du procès-verbal.

8. Les chambres de commerce et, au besoin, les chambres consultatives des arts et manufactures des villes intéressées à l'exé- cution des travaux, seront appelées à délibérer et à exprimer leur opinion sur l'utilité et la convenance de l'opération.

Les procès-verbaux de leurs délibérations devront être remis au préfet avant l'expiration du délai fixé dans l'article 6.

TITRE II.

Formalités des enquêtes relatives aux travaux publics qui peuvent être autorisés par une ordonnance royale.

9. Les formalités prescrites par les articles 2, 3, 4, 5, 6, 7 et 8, seront également appliquées, sauf les modifications ci-après, aux travaux qui, aux termes du second paragraphe de l'article 3 de la loi du 7 juillet 1833, peuvent être autorisés par une ordonnance royale.

10. Si la ligne des travaux n'excède pas les limites de l'arron-

dissement dans lequel ils sont situés, le délai de l'ouverture des registres et du dépôt des pièces sera fixé au plus à un mois et demi et au moins à vingt jours.

La commission d'enquête se réunira au chef-lieu de l'arrondissement, et le nombre de ses membres variera de cinq à sept.

TITRE III.

Dispositions transitoires.

11. Les dispositions ci-dessus prescrites ne sont pas applicables aux entreprises de travaux publics pour lesquels une instruction et des enquêtes spéciales auraient été commencées avant la publication de la présente ordonnance, et conformément aux ordonnances et réglemens antérieurs.

Ordonnance du 15 février 1835, qui modifie celle du 18 février 1834, relative aux entreprises d'utilité publique.

Art. 1er. Lorsque la ligne des travaux relatifs à une entreprise d'utilité publique devra s'étendre sur le territoire de plus de deux départemens, les pièces de l'avant-projet qui serviront de base à l'enquête ne seront déposées qu'au chef-lieu de chacun des départemens treversés.

Des registres continueront d'être ouverts, conformément au premier paragraphe de l'article 5 de notre ordonnance du 18 février 1834, tant aux chefs-lieux de département qu'aux chefs-lieux d'arrondissement, pour recevoir les observations auxquelles pourra donner lieu l'entreprise projetée.

Ordonnance du 23 août 1835, portant que les enquêtes qui doivent précéder les entreprises des travaux publics seront soumises aux formalités y déterminées pour les travaux d'intérêt purement communal.

Art. 1er. Les enquêtes qui, aux termes du paragraphe 3 de l'article 3 de la loi du 7 juillet 1833, doivent précéder les entreprises de travaux publics dont l'exécution doit avoir lieu en vertu d'une ordonnance royale, seront soumises aux formalités ci-après déterminées pour les travaux proposés par un conseil municipal, dans l'intérêt exclusif de sa commune.

2. L'enquête s'ouvrira sur un projet où l'on fera connaître le but de l'entreprise, le tracé des travaux, les dispositions principales des ouvrages et l'appréciation sommaire des dépenses.

3. Ce projet sera déposé à la mairie pendant quinze jours, pour que chaque habitant puisse en prendre connaissance; à l'expiration de ce délai, un commissaire désigné par le préfet recevra à la mairie, pendant trois jours consécutifs, les déclarations des habitans sur l'utilité publique des travaux projetés. Les délais ci-dessus prescrits pour le dépôt des pièces à la mairie et pour la durée de l'enquête pourront être prolongés par le préfet.

Dans tous les cas, ces délais ne courront qu'à dater de l'avertissement donné par voie de publication et d'affiches.

Il sera justifié de l'accomplissement de cette formalité par un certificat du maire.

4. Après avoir clos et signé le registre de ces déclarations, le commissaire le transmettra immédiatement au maire avec son avis motivé et les autres pièces de l'instruction qui auront servi de base à l'enquête.

Si le registre d'enquête contient des déclarations contraires à l'adoption du projet, ou si l'avis du commissaire lui est opposé, le conseil municipal sera appelé à les examiner, et émettra son avis par une délibération motivée, dont le procès-verbal sera joint aux pièces. Dans tous les cas, le maire adressera immédiatement les pièces au sous-préfet, et celui-ci au préfet, avec son avis motivé.

5. Le préfet, après avoir pris, dans les cas prévus par les réglemens, l'avis des chambres de commerce et des chambres consultatives des arts et manufactures dans les lieux où il en est établi, enverra le tout à notre ministre de l'intérieur avec son avis motivé, pour, sur son rapport, être statué par nous sur la question d'utilité publique des travaux, conformément aux dispositions de la loi du 7 juillet 1833.

6. Lorsque les travaux n'intéresseront pas exclusivement la commune, l'enquête aura lieu, suivant leur degré d'importance, conformément aux articles 9 et 10 de l'ordonnance du 18 février 1834.

7. Notre ministre des finances sera préalablement consulté toutes les fois que les travaux entraîneront l'application de l'avis

du Conseil-d'État, approuvé le 21 février 1808, sur la cession aux communes de tout ou partie d'un bien de l'État.

Ordonnance du 22 mars 1835, relative aux terrains acquis pour des travaux d'utilité publique, et qui n'auraient pas reçu ou ne recevraient pas cette destination.

Art. 1er. Les terrains ou portions de terrains acquis pour des travaux d'utilité publique, et qui n'auraient pas reçu ou ne recevraient pas cette destination, seront remis à l'administration des domaines pour être rétrocédés, s'il y a lieu, aux anciens propriétaires ou à leurs ayans-droit, conformément aux art. 60 et 61 de la loi du 7 juillet 1833.

Le contrat de rétrocession sera passé devant le préfet du département ou devant le sous-préfet, sur délégation du préfet, en présence et avec le concours d'un préposé de l'administration des domaines et d'un agent du ministère pour le compte duquel l'acquisition des terrains avait été faite.

Le prix de la rétrocession sera versé dans les caisses du domaine.

2. Si les anciens propriétaires ou leurs ayans-droit encourent la déchéance du privilége qui leur est accordé par les art. 60 et 61 de la loi du 7 juillet, les terrains ou portions de terrains seront aliénés dans la forme tracée pour l'aliénation des biens de l'Etat, à la diligence de l'administration des domaines.

Ordonnance du 18 septembre 1833, contenant le tarif des frais et dépens pour tous les actes qui seront faits en vertu de la loi du 7 juillet 1833, sur l'expropriation pour cause d'utilité publique.

CHAPITRE Ier.

Des huissiers.

Art. 1er. Il sera alloué à tous huissiers un franc pour l'original,

1° De la notification de l'extrait du jugement d'expropriation aux personnes désignées dans les articles 15 et 22 de la loi du 7 juillet 1833;

2° De là signification de l'arrêt de la Cour de cassation (art. 20 et 42 de ladite loi);

3° De la dénonciation de l'extrait du jugement d'expropriation aux ayans-droit mentionnés aux articles 21 et 22;

4° De la notification de l'arrêté du préfet qui fixe la somme offerte pour indemnité (art. 23);

5° De l'acte contenant acceptation des offres faites par l'administration, avec signification, s'il y a lieu, des autorisations requises (art. 24, 25 et 26);

6° De l'acte portant convocation des jurés et des parties, avec notification aux parties d'une expédition de l'arrêt par lequel la cour royale a formé la liste de jury (art. 31 et 33);

7° De la notification au juré défaillant de l'ordonnance du directeur du jury, qui l'a condamné à l'amende (art. 32);

8° De la notification de la décision du jury, revêtue de l'ordonnance d'exécution (art. 41);

9° De la sommation d'assister à la consignation dans le cas où il n'y aura pas eu d'offres réelles (art. 54);

10° De la sommation au préfet pour qu'il soit procédé à la fixation de l'indemnité (art. 55);

11° De l'acte contenant réquisition par le propriétaire de la consignation des sommes offertes, dans le cas où cette réquisition n'a pas été faite par l'acte même d'acceptation (art. 59);

12° Et généralement de tous actes simples auxquels pourra donner lieu l'expropriation.

2. Il sera alloué à tous huissiers un franc cinquante centimes pour l'original,

1° De la notification du pourvoi en cassation formé soit contre le jugement d'expropriation, soit contre la décision du jury (art. 20 et 42);

2° De la dénonciation, faite au directeur du jury par le propriétaire ou l'usufruitier, des noms et qualités des ayans-droit mentionnés au § 1er de l'article 21 de la loi précitée (art. 21 et 22);

3° De l'acte par lequel les parties intéressées font connaître leurs réclamations (art. 18, 21, 39, 52 et 54);

4° De l'acte d'acceptation des offres de l'administration, avec réquisition de consignation (art. 24 et 59);

5° De l'acte par lequel la partie qui refuse les offres de l'administration indique le montant de ses prétentions (art. 17, 24, 28 et 53);

6° De l'opposition formée par un juré à l'ordonnance du magistrat directeur du jury, qui l'a condamné à l'amende (art. 32);

7° De la réquisition du propriétaire tendant à l'acquisition de la totalité de son immeuble (art. 50);

8° De la demande à fin de rétrocession des terrains non employés à des travaux d'utilité publique (art. 60 et 61);

9° De la demande tendant à ce que l'indemnité d'une expropriation déjà commencée soit réglée conformément à la loi du 7 juillet 1833 (art. 68);

10° Enfin, de tous actes qui, par leur nature, pourront être assimilés à ceux dont l'énumération précède.

3. Il sera alloué à tous huissiers pour l'original,

1° Du procès-verbal d'offres réelles, contenant le refus ou l'acceptation des ayans-droit et sommation d'assister à la consignation (art. 53), 2 fr. 25 cent.;

2° Du procès-verbal de consignation, soit qu'il y ait eu ou non offres réelles (art. 49, 53 et 54), 4 fr.

4. Il sera alloué pour chaque copie des exploits ci-dessus le quart de la somme fixée pour l'original.

5. Lorsque les copies de pièces dont la notification a lieu en vertu de la loi seront certifiées par l'huissier, il lui sera payé 30 centimes par chaque rôle, évalué à raison de vingt-huit lignes à la page et quatorze à seize syllabes à la ligne (art. 57).

6. Les copies des pièces déposées dans les archives de l'administration qui seront réclamées par les parties dans leur intérêt pour l'exécution de la loi, et qui seront certifiées par les agens de l'administration, seront payées à l'administration sur le même taux que les copies certifiées par les huissiers.

7. Il sera alloué à tous huissiers 50 centimes pour visa de leurs actes, dans le cas où cette formalité est prescrite.

Ce droit sera double, si le refus du fonctionnaire qui doit donner le visa oblige l'huissier à se transporter auprès d'un autre fonctionnaire.

8. Les huissiers ne pourront rien réclamer pour le papier des actes par eux notifiés, ni pour l'avoir fait viser pour timbre.

Ils emploieront du papier d'une dimension égale, au moins, à celle des feuilles assujéties au timbre de 70 centimes.

CHAPITRE II.

Des greffiers.

9. Tous extraits ou expéditions délivrés par les greffiers en matière d'expropriation pour cause d'utilité publique seront portés sur papier d'une dimension égale à celle des feuilles assujéties au timbre de 1 fr. 25 centimes.

Ils contiendront vingt-huit lignes à la page, et quatorze à seize syllabes à la ligne.

10. Il sera alloué aux greffiers 40 centimes pour chaque rôle d'expédition ou d'extrait.

11. Il sera alloué aux greffiers, pour la rédaction du procès-verbal des opérations du jury spécial, 5 fr. pour chaque affaire terminée par décision du jury rendue exécutoire.

Néanmoins cette allocation ne pourra jamais excéder 15 fr. par jour, quel que soit le nombre des affaires; et, dans ce cas, ladite somme de 15 fr. sera répartie également entre chacune des af-faires terminées le même jour.

12. L'état des dépens sera rédigé par le greffier.

Celle des parties qui requerra la taxe devra, dans les trois jours qui suivront la décision du jury, remettre au greffier toutes les pièces justificatives.

Le greffier paraphera chaque pièce admise en taxe, avant de la remettre à la partie.

13. Il sera alloué au greffier 10 cent. pour chaque article de l'état des dépens, y compris le paraphe des pièces.

14. L'ordonnance d'exécution du magistrat directeur du jury indiquera la somme des dépens taxés et la proportion dans laquelle chaque partie devra les supporter.

15. Au moyen des droits ci-dessus accordés aux greffiers, il ne leur sera alloué aucune autre rétribution à aucun titre, sauf les droits de transport dont il sera parlé ci-après; et ils demeureront chargés,

1º Du traitement des commis greffiers, s'il était besoin d'en établir pour le service des assises spéciales;

2º De toutes les fournitures de bureau nécessaires pour la tenue de ces assises;

3º De la fourniture du papier des expéditions ou extraits, qu'ils devront aussi faire viser pour timbre.

CHAPITRE III.

Des indemnités de transport.

16. Lorsque les assises spéciales se tiendront ailleurs que dans la ville où siége le tribunal, le magistrat directeur du jury aura droit à une indemnité fixée de la manière suivante :

S'il se transporte à plus de cinq kilomètres de sa résidence, il recevra pour tous frais de voyage, de nourriture et de séjour, une indemnité de 9 fr. par jour;

S'il se transporte à plus de deux myriamètres, l'indemnité sera de 12 fr. par jour.

17. Dans le même cas, le greffier ou son commis assermenté recevra 6 ou 8 fr. par jour, suivant que le voyage sera de plus de cinq kilomètres ou de plus de deux myriamètres, ainsi qu'il est dit dans l'article précédent.

18. Les jurés qui se transporteront à plus de deux kilomètres du lieu où se tiendront les assises spéciales, pour les descentes sur les lieux autorisées par l'article 37 de la loi du 7 juillet 1833, recevront, s'ils en font la demande formelle, une indemnité qui sera fixée, pour chaque myriamètre parcouru, en allant et revenant, à 2 fr. 50 cent. Il ne leur sera rien alloué pour toute autre cause que ce soit à raison de leurs fonctions, si ce n'est dans le cas de séjour forcé en route, comme il est dit ci-après, article 24.

19. Les personnes qui seront appelées pour éclairer le jury, conformément à l'article 37 précité, recevront, si elles le requièrent, savoir :

Quand elles ne seront pas domiciliées à plus d'un myriamètre du lieu où elles doivent être entendues, pour indemnité de comparution, 1 fr. 50 cent.;

Quand elles seront domiciliées à plus d'un myriamètre, pour indemnité de voyage, lorsqu'elles ne seront pas sorties de leur arrondissement, 1 fr. par myriamètre parcouru en allant et revenant; et lorsqu'elles seront sorties de leur arrondissement, 1 fr. 50 cent.

Dans le cas où l'indemnité de voyage est allouée, il ne doit être accordé aucune taxe de comparution.

20. Les personnes appelées devant le jury, qui reçoivent un traitement quelconque à raison d'un service public, n'auront droit qu'à l'indemnité de voyage, s'il y a lieu, et si elles la requièrent.

21. Les huissiers qui instrumenteront dans les procédures en matière d'expropriation pour cause d'utilité publique recevront, lorsqu'ils seront obligés de se transporter à plus de deux kilomètres de leur résidence, un franc cinquante centimes pour chaque myriamètre parcouru en allant et en revenant; sans préjudice de l'application de l'article 35 du décret du 14 juin 1813.

22. Les indemnités de transport ci-dessus établies seront réglées par myriamètres et demi-myriamètres. Les fractions de huit ou neuf kilomètres seront comptées pour un myriamètre, et celles de trois à huit kilomètres pour un demi-myriamètre.

23. Les distances seront calculées d'après le tableau dressé par les préfets, conformément à l'article 93 du décret du 18 juin 1811.

24. Lorsque les individus dénommés ci-dessus seront arrêtés dans le cours du voyage par force majeure, ils recevront en indemnité, pour chaque jour de séjour forcé, savoir:

Les jurés, deux francs cinquante centimes;

Les personnes appelées devant le jury et les huissiers, un franc cinquante centimes.

Ils seront tenus de faire constater par le juge-de-paix, et à son défaut par l'un des suppléans ou par le maire, et à son défaut par l'un de ses adjoints, la cause du séjour forcé en route, et d'en représenter le certificat à l'appui de leur demande en taxe.

25. Si les personnes appelées devant le jury sont obligées de prolonger leur séjour dans le lieu où se fait l'instruction, et que ce lieu soit éloigné de plus d'un myriamètre de leur résidence, il leur sera alloué, pour chaque journée, une indemnité de deux francs.

26. Les indemnités des jurés et des personnes appelées pour éclairer le jury seront acquittées comme frais urgens par le receveur de l'enregistrement, sur un simple mandat du magistrat directeur du jury, lequel mandat devra, lorsqu'il s'agira d'un transport, indiquer le nombre des myriamètres parcourus, et dans tous les cas, faire mention expresse de la demande d'indemnité.

27. Seront également acquittées par le receveur de l'enregistrement les indemnités de déplacement que le magistrat directeur du jury et son greffier pourront réclamer lorsque la réunion du jury aura lieu dans une commune autre que le chef-lieu judiciaire de l'arrondissement. Le paiement sera fait sur un état certifié et signé par le magistrat directeur du jury, indiquant le nombre des jour-

nées employées au transport, et la distance entre le lieu où siége le jury et le chef-lieu judiciaire de l'arrondissement.

28. Dans tous les cas, les indemnités de transport allouées au magistrat directeur du jury et au greffier resteront à la charge, soit de l'administration, soit de la compagnie concessionnaire qui aura provoqué l'expropriation, et ne pourront entrer dans la taxe des dépens.

CHAPITRE IV.

Dispositions générales.

29. Il ne sera alloué aucune taxe aux agens de l'administration autorisés, par la loi du 7 juillet 1833, à instrumenter concurremment avec les huissiers.

30. Le greffier tiendra exactement note des indemnités allouées aux jurés et aux personnes qui seront appelées pour éclairer le jury, et en portera le montant dans l'état de liquidation des frais.

31. L'administration de l'enregistrement se fera rembourser de ses avances comprises dans la liquidation des frais, par la partie qui sera condamnée aux dépens, en vertu d'un exécutoire délivré par le magistrat directeur du jury, et selon le mode usité pour le recouvrement des droits dont la perception est confiée à cette administration.

Quant aux indemnités de transport payées au magistrat directeur du jury et au greffier, et qui, suivant l'article 28 ci-dessus, ne pourront entrer dans la taxe des dépens, elle en sera remboursée, soit par l'administration, soit par la compagnie concessionnaire qui aura provoqué l'expropriation.

Loi du 16 septembre 1807, en ce qu'elle a de relatif:
1° *au desséchement des marais* (n°s 455 à 458 inclus);
2° *aux alignemens* (n°s 512 à 517 inclus).

TITRE Ier.

Desséchement des marais.

Art. 1er. La propriété des marais est soumise à des règles particulières.

Le Gouvernement ordonnera les desséchemens qu'il jugera utiles ou nécessaires.

2. Les desséchemens seront exécutés par l'État ou par des concessionnaires.

3. Lorsqu'un marais appartiendra à un seul propriétaire, ou lorsque tous les propriétaires seront réunis, la concession du desséchement leur sera toujours accordée, s'ils se soumettent à l'exécuter dans les délais fixés et conformément aux plans adoptés par le Gouvernement.

4. Lorsqu'un marais appartiendra à un propriétaire ou à une réunion de propriétaires qui ne se soumettront pas à dessécher dans les délais et selon les plans adoptés, ou qui n'exécuteront pas les conditions auxquelles ils se seront soumis; lorsque les propriétaires ne seront pas tous réunis; lorsque, parmi lesdits propriétaires, il y aura une ou plusieurs communes, la concession du desséchement aura lieu en faveur des concessionnaires dont la soumission sera jugée la plus avantageuse par le Gouvernement. Celles qui seraient faites par des communes propriétaires ou par un certain nombre de propriétaires réunis seront préférées à conditions égales.

5. Les concessions seront faites par des décrets rendus en Conseil-d'État, sur des plans levés ou sur des plans vérifiés et approuvés par les ingénieurs des ponts-et-chaussées, aux conditions prescrites par la présente loi, aux conditions qui seront établies par les réglemens généraux à intervenir, et aux charges qui seront fixées à raison des circonstances locales.

6. Les plans seront levés, vérifiés et approuvés aux frais des entrepreneurs du desséchement; si ceux qui auront fait la première soumission, et fait lever ou vérifier les plans, ne demeurent pas concessionnaires, ils seront remboursés par ceux auxquels la concession sera définitivement accordée.

Le plan général du marais comprendra tous les terrains qui seront présumés devoir profiter du desséchement. Chaque propriété y sera distinguée, et son étendue exactement circonscrite.

Au plan général seront joints tous les profils et nivellemens nécessaires; ils seront, le plus possible, exprimés sur le plan des cotes particulières.

TITRE V.

Règles pour le paiement des indemnités dues par les propriétaires en cas de dépossession.

19. Dès que l'estimation des fonds desséchés aura été arrêtée,

les entrepreneurs du desséchement présenteront à la commission un rôle contenant :

1° Le nom des propriétaires;

2° L'étendue de leur propriété;

3° Les classes dans lesquelles elle se trouve placée, le tout relevé sur le plan cadastral;

4° L'énonciation de la première estimation calculée à raison de l'étendue et des classes;

5° Le montant de la valeur nouvelle de la propriété depuis le desséchement, réglée par la seconde estimation et le second classement;

6° Enfin, la différence entre les deux estimations.

S'il reste dans les marais des portions qui n'auront pu être desséchées, elles ne donneront lieu à aucune prétention de la part des entrepreneurs du desséchement.

20. Le montant de la plus-value obtenue par le desséchement sera divisé entre le propriétaire et le concessionnaire dans les proportions qui auront été fixées par l'acte de concession.

Lorsqu'un desséchement sera fait par l'État, sa portion dans la plus-value sera fixée de manière à le rembourser de toutes ses dépenses; le rôle des indemnités sur la plus-value sera arrêté par la commission, et rendu exécutoire par le préfet.

21. Les propriétaires auront la faculté de se libérer de l'indemnité par eux due, en délaissant une portion relative de fonds calculée sur le pied de la dernière estimation; dans ce cas, il n'y aura lieu qu'au droit fixe d'un franc pour l'enregistrement de l'acte de mutation de propriété.

22. Si les propriétaires ne veulent pas délaisser des fonds en nature, ils constitueront une rente sur le pied de quatre pour cent, sans retenue; le capital de cette rente sera toujours remboursable, même par portions, qui cependant ne pourront être moindres d'un dixième, et moyennant vingt-cinq capitaux.

23. Les indemnités dues aux concessionnaires ou au Gouvernement, à raison de la plus-value résultant des desséchemens, auront privilége sur toute ladite plus-value, à la charge seulement de faire transcrire l'acte de concession, ou le décret qui ordonnera le desséchement au compte de l'État, dans le bureau ou dans les bureaux des hypothèques de l'arrondissement ou des arrondissemens de la situation des marais desséchés.

L'hypothèque de [tout individu inscrit avant le desséchement sera restreinte au moyen de la transcription ci-dessus ordonnée, sur une portion de propriété égale en valeur à la première valeur estimative des terrains desséchés.

24. Dans le cas où le desséchement d'un marais ne pourrait être opéré par les moyens ci-dessus organisés, et où, soit par les obstacles de la nature, soit par des oppositions persévérantes des propriétaires, on ne pourrait parvenir au desséchement, le propriétaire ou les propriétaires de la totalité des marais pourront être contraints à délaisser leur propriété sur estimation faite dans les formes déjà prescrites.

Cette estimation sera soumise au jugement et à l'homologation d'une commission formée à cet effet; et la cession sera ordonnée, sur le rapport du ministre de l'intérieur, par un réglemeut d'administration publique.

TITRE X.

De l'organisation et des attributions des commissions spéciales.

42. Lorsqu'il s'agira d'un desséchement de marais ou d'autres ouvrages déjà énoncés en la présente loi, et pour lesquels l'intervention d'une commission spéciale est indiquée, cette commission sera établie ainsi qu'il suit :

43. Elle sera composée de sept commissaires; leur avis ou leurs décisions seront motivés; ils devront, pour les prononcer, être au moins au nombre de cinq.

44. Les commissaires seront pris parmi les personnes qui seront présumées avoir le plus de connaissances relatives soit aux localités, soit aux divers objets sur lesquels ils auront à prononcer.

Ils seront nommés par l'Empereur.

45. Les formes de la réunion des membres de la commission, la fixation des époques de ses séances et des lieux où elles seront tenues; les règles pour la présidence, le secrétariat et la garde des papiers; les frais qu'entraîneront ses opérations, et enfin tout ce qui concerne son organisation, seront déterminés, dans chaque cas, par un réglement d'administration publique.

46. Les commissions spéciales connaîtront de tout ce qui est relatif au classement des diverses propriétés avant ou après le desséchement des marais, à leur estimation, à la vérification de

26.

l'exactitude des plans cadastraux, à l'exécution des clauses des actes de concession relatifs à la jouissance par les concessionnaires d'une portion des produits, à la vérification et à la réception des travaux de desséchement, à la formation et à la vérification du rôle de plus-value des terres après le desséchement; elles donneront leur avis sur l'organisation du mode d'entretien des travaux de desséchement : elles arrêteront les estimations dans le cas prévu par l'article 24, où le Gouvernement aurait à déposséder tous les propriétaires d'un marais; elles connaîtront des mêmes objets, lorsqu'il s'agira de fixer la valeur des propriétés avant l'exécution de travaux d'un autre genre, comme routes, canaux, quais, digues, ponts, rues, etc., et après l'exécution desdits travaux, et lorsqu'il sera question de fixer la plus-value.

47. Elles ne pourront, en aucun cas, juger les questions de propriété, sur lesquelles il sera prononcé par les tribunaux ordinaires, sans que, dans aucun cas, les opérations relatives aux travaux ou l'exécution des décisions de la commission puissent être retardées ou suspendues.

TITRE XI.

Des indemnités aux propriétaires pour occupation de terrain.

48. Lorsque, pour exécuter un desséchement, l'ouverture d'une nouvelle navigation, un pont, il sera question de supprimer des moulins et autres usines, de les déplacer, modifier, ou de réduire l'élévation de leurs eaux; la nécessité en sera constatée par les ingénieurs des ponts-et-chaussées; le prix de l'estimation sera payé par l'État, lorsqu'il entreprend les travaux; lorsqu'ils sont entrepris par des concessionnaires, le prix de l'estimation sera payé avant qu'ils puissent faire cesser le travail des moulins et usines.

Il sera d'abord examiné si l'établissement des moulins et usines est légal ou si le titre d'établissement ne soumet pas les propriétaires à voir démolir leurs établissemens sans indemnité, si l'utilité publique le requiert.

49. Les terrains nécessaires pour l'ouverture des canaux et rigoles de desséchement, des canaux de navigation, de routes, de rues, la formation des places et autres travaux reconnus d'une utilité générale, seront payés à leurs propriétaires, et à dire d'ex-

perts, d'après leur valeur avant l'entreprise des travaux, et sans nulle augmentation du prix d'estimation.

5o. Lorsqu'un propriétaire fait volontairement démolir sa maison, lorsqu'il est forcé de la démolir pour cause de vétusté, il n'a droit à indemnité que pour la valeur du terrain délaissé si l'alignement qui lui est donné par les autorités compétentes le force à reculer sa construction.

5x. Les maisons et bâtimens dont il serait nécessaire de faire démolir et d'enlever une portion pour cause d'utilité publique légalement reconnue seront acquis en entier, si le propriétaire l'exige, sauf à l'administration publique ou aux communes à revendre les portions de bâtimens ainsi acquises, et qui ne seront pas nécessaires pour l'exécution du plan. La cession par le propriétaire à l'administration publique ou à la commune, et la revente, seront effectuées d'après un décret rendu en Conseil-d'État, sur le rapport du ministre de l'intérieur, dans les formes prescrites par la loi.

52. Dans les villes, les alignemens pour l'ouverture des nouvelles rues, pour l'élargissement des anciennes qui ne font point partie d'une grande route, ou pour tout autre objet d'utilité publique, seront donnés par les maires, conformément au plan dont les projets auront été adressés au préfet, transmis avec leur avis au ministre de l'intérieur et arrêtés en Conseil-d'État.

En cas de réclamation de tiers intéressés, il sera de même statué en Conseil-d'État sur le rapport du ministre de l'intérieur.

53. Au cas où, par les alignemens arrêtés, un propriétaire pourrait recevoir la faculté de s'avancer sur la voie publique, il sera tenu de payer la valeur du terrain qui lui sera cédé; dans la fixation de cette valeur, les experts auront égard à ce que le plus ou le moins de profondeur du terrain cédé, la nature de la propriété, le reculement du reste du terrain, bâti ou non bâti, loin de la nouvelle voie, peuvent ajouter ou diminuer à la valeur relative pour le propriétaire.

Au cas où le propriétaire ne voudrait point acquérir, l'administration publique est autorisée à le déposséder de l'ensemble de sa propriété, en lui payant la valeur telle qu'elle était avant l'entreprise des travaux; la cession et la revente seront faites comme il a été dit en l'article 5x ci-dessus.

54. Lorsqu'il y aura lieu en même temps à payer une indemnité à un propriétaire, pour terrains occupés, et à recevoir de lui une

plus-value pour des avantages acquis à ses propriétés restantes, il y aura compensation jusqu'à concurrence; et le surplus seulement, selon les résultats, sera payé au propriétaire ou acquitté par lui.

55. Les terrains occupés pour prendre les matériaux nécessaires aux routes ou aux constructions publiques pourront être payés aux propriétaires comme s'ils eussent été pris pour la route même.

Il n'y aura lieu à faire entrer dans l'estimation la valeur des matériaux à extraire que dans les cas où l'on s'emparerait d'une carrière déjà en exploitation; alors lesdits matériaux seront évalués d'après leur prix courant, abstraction faite de l'existence et des besoins de la route pour laquelle ils seraient pris, ou des constructions auxquelles on les destine.

56. Les experts, pour l'évaluation des indemnités relatives à une occupation de terrain, dans le cas prévu au présent titre, seront nommés, pour les objets de travaux de grande voirie, l'un par le propriétaire, l'autre par le préfet; et le tiers-expert, s'il en est besoin, sera de droit l'ingénieur en chef du département. Lorsqu'il y aura des concessionnaires, un expert sera nommé par le propriétaire, un par le concessionnaire et le tiers-expert par le préfet.

Quant aux travaux des villes, un expert sera nommé par le propriétaire, un par le maire de la ville, ou de l'arrondissement pour Paris, et le tiers-expert par le préfet.

57. Le contrôleur et le directeur des contributions donneront leur avis sur le procès-verbal d'expertise, qui sera soumis, par le préfet, à la délibération du conseil de préfecture; le préfet pourra, dans tous les cas, faire faire une nouvelle expertise.

Loi du 30 *mars* 1831, *relative à l'expropriation et à l'occupation temporaire,* en cas d'urgence, *des propriétés privées nécessaires aux travaux de fortification.*

Art. 1er. Lorsqu'il y aura lieu d'occuper tout ou partie d'une ou de plusieurs propriétés particulières pour y faire des travaux de fortifications dont l'urgence ne permettra pas d'accomplir les formalités de la loi du 8 mars 1810, il sera procédé de la manière suivante (nos 459, 460, 461, 462).

2. L'ordonnance royale qui autorisera les travaux et déclarera

l'utilité publique, déclarera en même temps *qu'il y a urgence* (n° 463).

3. Dans les vingt-quatre heures de la réception de l'ordonnance du Roi, le préfet du département où les travaux de fortifications devront être exécutés, transmettra ampliation de ladite ordonnance au procureur du Roi près le tribunal de l'arrondissement où seront situées les propriétés qu'il s'agira d'occuper, et au maire de la commune de leur situation (n° 464).

Sur le vu de cette ordonnance, le procureur du Roi requerra de suite, et le Tribunal ordonnera immédiatement que l'un des juges se transportera sur les lieux avec un expert que le Tribunal nommera d'office (n° 464).

Le maire fera sans délai publier l'ordonnance royale par affiche, tant à la principale porte de l'église du lieu qu'à celle de la maison commune. Les publications et affiches seront certifiées par ce magistrat et par tous autres moyens possibles (n° 465).

4. Dans les vingt-quatre heures, le juge-commissaire rendra, pour fixer le jour et l'heure de sa descente sur les lieux, une ordonnance qui sera signifiée, à la requête du procureur du Roi, au maire de la commune où le transport devra s'effectuer, et à l'expert nommé par le Tribunal (n° 466).

Le transport s'effectuera dans les dix jours de cette ordonnance, et seulement huit jours après la signification dont il vient d'être parlé.

Le maire, sur les indications qui lui seront données par l'agent militaire chargé de la direction des travaux, convoquera, au moins cinq jours à l'avance, pour le jour et l'heure indiqués par le juge-commissaire (n°s 467, 468):

1° Les propriétaires intéressés, et, s'ils ne résident pas sur les lieux, leurs agens, mandataires ou ayans-cause (n° 469);

2° Les usufruitiers, ou autres personnes intéressées, telles que fermiers, locataires, ou occupans à quelque titre que ce soit.

Les personnes ainsi convoquées pourront se faire assister par un expert ou arpenteur (n° 470).

5. Un agent de l'administration des Domaines et un expert ingénieur, architecte ou arpenteur, désignés l'un et l'autre par le préfet, se transporteront sur les lieux au jour et à l'heure indiqués, pour se réunir au juge commissaire, au maire ou à l'adjoint, à l'agent militaire et à l'expert désigné par le Tribunal.

Le juge-commissaire recevra le serment préalable des experts, sur les lieux, et il en sera fait mention au procès-verbal (n°s 472, 473).

L'agent militaire déterminera, en présence de tous, par des pieux et piquets, le périmètre du terrain dont l'exécution des travaux nécessitera l'occupation.

6. Cette opération achevée, l'expert désigné par le préfet procédera immédiatement et sans interruption, de concert avec l'agent de l'administration du Domaine, à la levée du plan parcellaire, pour indiquer dans le plan général de circonscription, les limites et la superficie des propriétés particulières (n° 474).

7. L'expert nommé par le Tribunal dressera un procès-verbal qui comprendra (n°s 475, 476, 479) :

1° La désignation des lieux, des cultures, plantations, clôtures, bâtimens et autres accessoires des fonds ; cet état descriptif devra être assez détaillé pour pouvoir servir de base à l'appréciation de la valeur foncière, et, en cas de besoin, de la valeur locative, ainsi que des dommages-intérêts résultans des changemens ou dégâts qui pourront avoir lieu ultérieurement ;

2° L'estimation de la valeur foncière et locative de chaque parcelle de ces dépendances, ainsi que l'indemnité qui pourra être due pour frais de déménagemens, pertes de récoltes, détérioration d'objets mobiliers, ou tous autres dommages.

Ces diverses opérations auront lieu contradictoirement avec l'agent de l'administration des Domaines et l'expert nommé par le préfet, avec les parties intéressées, si elles sont présentes, ou avec l'expert qu'elles auront désigné ; si elles sont absentes et qu'elles n'aient point nommé d'expert, ou si elles n'ont point le libre exercice de leurs droits, un expert sera désigné d'office par le juge-commissaire, pour les représenter (n° 471).

8. L'expert nommé par le Tribunal devra, dans son procès-verbal :

1° Indiquer la nature et la contenance de chaque propriété, la nature des constructions, l'usage auquel elles sont destinées, les motifs des évaluations diverses et le temps qu'il paraît nécessaire d'accorder aux occupans pour évacuer les lieux (n°s 475, 476, 478) ;

2° Transcrire l'avis de chacun des autres experts, et les observations et réquisitions, telles qu'elles lui seront faites, de l'agent militaire, du maire, de l'agent du domaine et des parties intéressées ou de leurs représentans; chacun signera ses dires, ou mention sera faite de la cause qui l'en empêche (n° 477).

9. Lorsque les propriétaires ayant le libre exercice de leurs droits consentiront à la cession qui leur sera demandée, et aux conditions qui leur seront offertes par l'administration, il sera passé entre eux et le préfet un acte de vente qui sera rédigé dans la forme des actes d'administration et dont la minute restera déposée aux archives de la préfecture (n°ˢ 480, 487, 488).

10. Dans le cas contraire, sur le vu de la minute du procès-verbal dressé par l'expert, et de celui du juge-commissaire qui aura assisté à toutes les opérations, le Tribunal, dans une audience tenue aussitôt après le retour de ce magistrat, déterminera, en procédant comme en matière sommaire, sans retard et sans frais (n°ˢ 472, 479, 483) :

1° L'indemnité de déménagement à payer aux détenteurs avant l'occupation (n° 481);

2° L'indemnité approximative et provisionnelle de dépossession qui devra être consignée, sauf réglement ultérieur et définitif, préalablement à la prise de possession (n° 481).

Le même jugement autorisera le préfet à se mettre en possession, à la charge (n° 482) :

1° De payer, sans délai, l'indemnité de déménagement, soit au propriétaire, soit au locataire ;

2° De signifier, avec le jugement, l'acte de consignation de l'indemnité provisionnelle de dépossession.

Ledit jugement déterminera le délai dans lequel, à compter de l'accomplissement de ces formalités, les détenteurs seront tenus d'abandonner les lieux.

Ce délai ne pourra excéder cinq jours pour les propriétés non bâties et dix jours pour les propriétés bâties.

Le jugement sera exécutoire nonobstant appel ou opposition (n° 484).

11. L'acceptation de l'indemnité approximative et provisionnelle de dépossession, ne fera aucun préjudice à la fixation de l'indemnité définitive.

Si l'indemnité provisionnelle n'excède pas cent francs, le paiement en sera effectué sans production d'un certificat d'affranchissement d'hypothèque et sans formalité de purge hypothécaire (n° 485).

Si l'indemnité excède cette somme, le Gouvernement fera, dans les trois mois de la date du jugement dont il est parlé, transcrire ledit jugement, et purgera les hypothèques légales. A l'expiration de ce délai, l'indemnité provisionnelle sera exigible de plein droit, lors même que les formalités ci-dessus n'auraient pas été remplies, à moins qu'il n'y ait des inscriptions ou des saisie-arrêts ou oppositions. Dans ce cas, il sera procédé selon les règles ordinaires et sans préjudice des dispositions de l'article 26 de la loi du 8 mars 1810 (n°s 485, 486, 487, 488, 489).

12. Aussitôt après la prise de possession, le Tribunal procédera au réglement définitif de l'indemnité de dépossession, dans les formes prescrites par les articles 16 et suivans de la loi du 8 mars 1810. Si l'indemnité définitive excède l'indemnité provisionnelle, cet excédant sera payé conformément à l'article précédent (n°s 490, 491, 492, 493, 494, 495).

13. L'occupation temporaire prescrite par ordonnance royale, ne pourra avoir lieu que pour des propriétés non bâties (n° 496).

L'indemnité annuelle représentative de la valeur locative de ces propriétés et du dommage résultant du fait de la dépossession, sera réglée à l'amiable ou par autorité de justice, et payée par moitié, de six mois en six mois, au propriétaire et au fermier, le cas échéant (n°s 497, 500, 501, 502, 503).

Lors de la remise des terrains qui n'auront été occupés que temporairement, l'indemnité due pour les détériorations causées par les travaux ou par la différence entre l'état des lieux au moment de la remise et l'état constaté par le procès-verbal descriptif, sera payée sur réglement amiable ou judiciaire, soit au propriétaire, soit au fermier ou exploitant, et selon leurs droits respectifs (n° 498).

14. Si, dans le cours de la troisième année d'occupation provisoire, le propriétaire ou son ayant-droit n'est pas remis en possession, ce propriétaire pourra exiger, et l'État sera tenu de payer, l'indemnité pour la cession de l'immeuble, qui deviendra, dès lors, propriété publique (n°s 499, 500).

L'indemnité foncière sera réglée, non sur l'état de la propriété à cette époque, mais sur son état au moment de l'occupation, tel qu'il aura été constaté par le procès-verbal descriptif (n° 503).

Tout dommage causé au fermier ou exploitant, par cette dépossession définitive, lui sera payé après réglement amiable ou judiciaire (n° 500).

15. Dans tous les cas où l'occupation provisoire ou définitive donnerait lieu à des travaux pour lesquels un crédit n'aurait pas été ouvert au budget de l'État, la dépense restera soumise à l'exécution de l'article 152 de la loi du 25 mars 1817.

Loi du 15 mars 1790, en ce qu'elle a de relatif aux halles et marchés.

TITRE II.

Art. 19. Les droits connus sous le nom de coutume, hallage, havage, cohue, et généralement tous ceux qui étaient perçus en nature ou en argent, à raison de l'apport ou du dépôt des grains, viandes, bestiaux, poissons et autres denrées et marchandises, dans les foires, marchés, places ou halles, de quelque nature qu'ils soient, ainsi que les droits qui en seraient représentatifs, sont aussi supprimés sans indemnité; mais les bâtimens et halles continueront d'appartenir à leurs propriétaires, sauf à eux à s'arranger à l'amiable, soit pour le loyer, soit pour l'aliénation, avec les municipalités des lieux; et les difficultés qui pourraient s'élever à ce sujet seront soumises à l'arbitrage des assemblées administratives (n°s 504 à 511 inclus).

Loi du 21 avril 1810, concernant les mines, les minières et les carrières (n°s 518 à 528 inclus).

TITRE Ier.

Des mines, minières et carrières.

Art. 1er. Les masses de substances minérales ou fossiles renfermées dans le sein de la terre ou existant à sa surface, sont classées, relativement aux règles de l'exploitation de chacune d'elles, sous les trois qualifications de mines, minières et carrières.

2. Seront considérées comme mines, celles connues pour contenir en filons, en couches ou en amas, de l'or, de l'argent, du platine, du mercure, du plomb, du fer en filons ou couches, du cuivre, de l'étain, du zinc, de la calamine, du bismuth, du cobalt, de l'arsenic, du manganèse, de l'antimoine, du molybdène, de la plombagine ou autres matières métalliques, du soufre, du char-

bon de terre ou de pierre, du bois fossile, des bitumes, de l'alun et des sulfates à base métallique.

3. Les minières comprennent les minerais de fer dits d'alluvion, les terres pyriteuses propres à être converties en sulfate de fer, les terres alumineuses et les tourbes.

4. Les carrières renferment les ardoises, les grès, pierres à bâtir et autres, les marbres, granits, pierres à chaux, pierres à plâtre, les pozzalanes, le strass, les basaltes, les laves, les marnes, craies, sables, pierres à fusil, argiles, kaolin, terres à foulon, terres à poterie, les substances terreuses et les cailloux de toute nature, les terres pyriteuses regardées comme engrais : le tout exploité à ciel ouvert ou avec des galeries souterraines.

TITRE II.
De la propriété des mines.

5. Les mines ne peuvent être exploitées qu'en vertu d'un acte de concession délibéré en Conseil-d'État.

6. Cet acte règle les droits des propriétaires de la surface sur le produit des mines concédées.

7. Il donne la propriété perpétuelle de la mine, laquelle est dès lors disponible et transmissible comme tous autres biens, et dont on ne peut être exproprié que dans les cas et selon les formes prescrites pour les autres propriétés, conformément au Code civil et au Code de procédure civile. Toutefois, une mine ne peut être vendue par lots ou partagée, sans une autorisation préalable du Gouvernement, donnée dans les mêmes formes que la concession.

8. Les mines sont immeubles.

Sont aussi immeubles, les bâtimens, machines, puits, galeries et autres travaux établis à demeure, conformément à l'article 524 du Code civil.

Sont aussi immeubles par destination, les chevaux, agrès, outils et ustensiles servant à l'exploitation.

Ne sont considérés comme chevaux attachés à l'exploitation, que ceux qui sont exclusivement attachés aux travaux intérieurs des mines.

Néanmoins, les actions ou intérêts dans une société ou entreprise pour l'exploitation des mines, seront réputés meubles, conformément à l'article 529 du Code civil.

9. Sont meubles, les matières extraites, les approvisionnemens et autres objets mobiliers.

TITRE III.

Des actes qui précèdent la demande en concession de mines.

SECTION Ire. — *De la recherche et de la découverte des mines.*

10. Nul ne peut faire des recherches pour découvrir des mines, enfoncer des sondes ou tarières sur un terrain qui ne lui appartient pas, que du consentement du propriétaire de la surface, ou avec l'autorisation du Gouvernement, donnée après avoir consulté l'administration des mines, à la charge d'une préalable indemnité envers le propriétaire, et après qu'il aura été entendu.

11. Nulle permission de recherches ni de concession de mines, ne pourra, sans le consentement formel du propriétaire de la surface, donner le droit de faire des sondes et d'ouvrir des puits ou galeries, ni celui d'établir des machines ou magasins dans les enclos murés, cours ou jardins, ni dans les terrains attenant aux habitations ou clôtures murées, dans la distance de cent mètres desdites clôtures ou des habitations.

12. Le propriétaire pourra faire des recherches, sans formalité préalable, dans les lieux réservés par le précédent article, comme dans les autres parties de sa propriété; mais il sera obligé d'obtenir une concession avant d'y établir une exploitation. Dans aucun cas, les recherches ne pourront être autorisées dans un terrain déjà concédé.

SECTION II. — *De la préférence à accorder pour les concessions.*

13. Tout Français ou tout étranger naturalisé ou non en France, agissant isolément ou en société, a le droit de demander, et peut obtenir, s'il y a lieu, une concession de mines.

14. L'individu ou la société, doit justifier des facultés nécessaires pour entreprendre et conduire les travaux, et des moyens de satisfaire aux redevances et indemnités qui lui seront imposées par l'acte de concession.

15. Il doit aussi, le cas arrivant de travaux à faire sous des maisons ou lieux d'habitation, sous d'autres exploitations ou dans leur voisinage immédiat, donner caution de payer toute indemnité,

en cas d'accident : les demandes ou oppositions des intéressés, seront, en ce cas, portées devant nos tribunaux et cours.

16. Le Gouvernement juge des motifs ou considérations d'après lesquels la préférence doit être accordée aux divers demandeurs en concession, qu'ils soient propriétaires de la surface, inventeurs ou autres.

En cas que l'inventeur n'obtienne pas la concession d'une mine, il aura droit à une indemnité de la part du concessionnaire ; elle sera réglée par l'acte de concession.

17. L'acte de concession fait après l'accomplissement des formalités prescrites, purge, en faveur du concessionnaire, tous les droits des propriétaires de la surface et des inventeurs, ou de leurs ayans-droit, chacun dans leur ordre, après qu'ils auront été entendus ou appelés légalement, ainsi qu'il sera ci-après réglé.

18. La valeur des droits résultant en faveur du propriétaire de la surface, en vertu de l'article 6 de la présente loi, demeurera réunie à la valeur de ladite surface, et sera affectée avec elle aux hypothèques prises par les créanciers du propriétaire.

19. Du moment où une mine sera concédée, même au propriétaire de la surface, cette propriété sera distinguée de celle de la surface, et désormais considérée comme propriété nouvelle, sur laquelle de nouvelles hypothèques pourront être assises, sans préjudice de celles qui auraient été ou seraient prises sur la surface et la redevance, comme il est dit à l'article précédent.

Si la concession est faite au propriétaire de la surface, ladite redevance sera évaluée pour l'exécution dudit article.

20. Une mine concédée pourra être affectée, par privilége, en faveur de ceux qui, par acte public et sans fraude, justifieraient avoir fourni des fonds pour les recherches de la mine, ainsi que pour les travaux de construction ou confection de machines nécessaires à son exploitation, à la charge de se conformer aux articles 2103 et autres du Code civil, relatifs aux priviléges.

21. Les autres droits de privilége et d'hypothèques pourront être acquis sur la propriété de la mine, aux termes et en conformité du Code civil, comme sur les autres propriétés immobilières.

TITRE IV.

Des concessions.

SECTION Ire. — *De l'obtention des concessions.*

22. La demande en concession sera faite par voie de simple pétition adressée au préfet, qui sera tenu de la faire enregistrer à sa date sur un registre particulier, et d'ordonner les publications et affiches dans les dix jours.

23. Les affiches auront lieu, pendant quatre mois, dans le chef-lieu du département, dans celui de l'arrondissement où la mine est située, dans le lieu du domicile du demandeur, et dans toutes les communes dans le territoire desquelles la concession peut s'étendre : elles seront insérées dans les journaux du département.

24. Les publications des demandes en concessions de mines, auront lieu devant la porte de la maison commune et des églises paroissiales ou consistoriales, à la diligence des maires, à l'issue de l'office, un jour de dimanche, et au moins une fois par mois pendant la durée des affiches. Les maires seront tenus de certifier ces publications.

25. Le secrétaire général de la préfecture délivrera au requérant un extrait certifié de l'enregistrement de la demande en concession.

26. Les demandes en concurrence et les oppositions qui y seront formées seront admises devant le préfet jusqu'au dernier jour du quatrième mois à compter de la date de l'affiche : elles seront notifiées par actes extrajudiciaires à la préfecture du département, où elles seront enregistrées sur le registre indiqué à l'article 22. Les oppositions seront notifiées aux parties intéressées, et le registre sera ouvert à tous ceux qui en demanderont communication.

27. A l'expiration du délai des affiches et publications, et sur la preuve de l'accomplissement des formalités portées aux articles précédens, dans le mois qui suivra, au plus tard, le préfet du département, sur l'avis de l'ingénieur des mines, et après avoir pris des informations sur les droits et les facultés des demandeurs, donnera son avis et les transmettra au ministre de l'intérieur.

28. Il sera définitivement statué sur la demande en concession, par un décret impérial délibéré en Conseil-d'État.

Jusqu'à l'émission du décret, toute opposition sera admissible devant le ministre de l'intérieur ou le secrétaire général du Conseil-d'État : dans ce dernier cas, elle aura lieu par une requête signée et présentée par un avocat au Conseil, comme il est pratiqué pour les affaires contentieuses; et, dans tous les cas, elle sera notifiée aux parties intéressées.

Si l'opposition est motivée sur la propriété de la mine acquise par concession ou autrement, les parties seront renvoyées devant les tribunaux et cours.

29. L'étendue de la concession sera déterminée par l'acte de concession : elle sera limitée par des points fixes, pris à la surface du sol, et, passant par des plans verticaux menés de cette surface dans l'intérieur de la terre à une profondeur indéfinie, à moins que les circonstances et les localités ne nécessitent un autre mode de limitation.

30. Un plan régulier de la surface, en triple expédition, et sur une échelle de dix millimètres pour cent mètres, sera annexé à la demande.

Ce plan devra être dressé ou vérifié par l'ingénieur des mines, et certifié par le préfet du département.

31. Plusieurs concessions pourront être réunies entre les mains du même concessionnaire, soit comme individu, soit comme représentant une compagnie, mais à la charge de tenir en activité l'exploitation de chaque concession.

SECTION II. — *Des obligations des propriétaires de mines.*

32. L'exploitation des mines n'est pas considérée comme un commerce, et n'est pas sujette à patente.

33. Les propriétaires de mines sont tenus de payer à l'État une redevance fixe et une redevance proportionnée au produit de l'extraction.

34. La redevance fixe sera annuelle, et réglée d'après l'étendue de celle-ci : elle sera de dix francs par kilomètre carré.

La redevance proportionnelle sera une contribution annuelle, à laquelle les mines seront assujéties sur leurs produits.

35. La redevance proportionnelle sera réglée, chaque année, par le budget de l'État, comme les autres contributions publiques : toutefois elle ne pourra jamais s'élever au-dessus de cinq pour

cent du produit net. Il pourra être fait un abonnement pour ceux des propriétaires de mines qui le demanderont.

36. Il sera imposé en sus un décime pour franc, lequel formera un fonds de non-valeur, à la disposition du ministre de l'intérieur, pour dégrèvement en faveur des propriétaires de mines qui éprouveront des pertes ou accidens.

37. La redevance proportionnelle sera imposée et perçue comme la contribution foncière.

Les réclamations à fin de dégrèvement ou de rappel à l'égalité proportionnelle seront jugées par les conseils de préfecture. Le dégrèvement sera de droit, quand l'exploitant justifiera que sa redevance excède cinq pour cent du produit net de son exploitation.

38. Le Gouvernement accordera, s'il y a lieu, pour les exploitations qu'il en jugera susceptibles, et par un article de l'acte de concession ou par un décret spécial délibéré en Conseil-d'État pour les mines déjà concédées, la remise en tout ou partie du paiement de la redevance proportionnelle, pour le temps qui sera jugé convenable, et ce, comme encouragement, en raison de la difficulté des travaux : semblable remise pourra aussi être accordée comme dédommagement, en cas d'accidens de force majeure qui surviendraient pendant l'exploitation.

39. Le produit de la redevance fixe et de la redevance proportionnelle formera un fonds spécial, dont il sera tenu un compte particulier au Trésor public, et qui sera appliqué aux dépenses de l'administration des mines, et à celles des recherches, ouvertures et mises en activité des mines nouvelles ou rétablissement de mines anciennes.

40. Les anciennes redevances dues à l'État, soit en vertu des lois, ordonnances ou réglemens, soit d'après les conditions énoncées en l'acte de concession, soit d'après des baux et adjudications au profit de la régie du domaine, cesseront d'avoir cours à compter du jour où les redevances nouvelles seront établies.

41. Ne sont point comprises dans l'abrogation des anciennes redevances, celles dues à titre de rentes, droits et prestations quelconques, pour cession de fonds ou autres causes semblables, sans déroger toutefois à l'application des lois qui ont supprimé les droits féodaux.

42. Le droit attribué par l'article 6 de la présente loi aux pro-

priétaires de la surface sera réglé à une somme déterminée par l'acte de concession.

43. Les propriétaires de mines sont tenus de payer les indemnités dues au propriétaire de la surface sur le terrain duquel ils établiront leurs travaux.

Si les travaux entrepris par les explorateurs ou par les propriétaires de mines ne sont que passagers, et si le sol où ils ont été faits peut être mis en culture, au bout d'un an, comme il était auparavant, l'indemnité sera réglée au double de ce qu'aurait produit net le terrain endommagé.

44. Lorsque l'occupation des terrains pour la recherche ou les travaux des mines prive les propriétaires du sol de la jouissance du revenu au-delà du temps d'une année, ou lorsque, après les travaux, les terrains ne sont plus propres à la culture, on peut exiger des propriétaires des mines l'acquisition des terrains à l'usage de l'exploitation. Si le propriétaire de la surface le requiert, les pièces de terre trop endommagées ou dégradées sur une trop grande partie de leur surface devront être achetées en totalité par le propriétaire de la mine.

L'évaluation du prix sera faite, quant au mode, suivant les règles établies par la loi du 16 septembre 1807, sur le desséchement des marais, etc., titre XI; mais le terrain à acquérir sera toujours estimé en double de la valeur qu'il avait avant l'exploitation de la mine.

45. Lorsque, par l'effet du voisinage ou pour toute autre cause, les travaux de l'exploitation d'une mine occasionnent des dommages à l'exploitation d'une autre mine, à raison des eaux qui pénètrent dans cette dernière en plus grande quantité; lorsque, d'un autre côté, ces mêmes travaux produisent un effet contraire, et tendent à évacuer tout ou partie des eaux d'une autre mine, il y aura lieu à indemnité d'une mine en faveur de l'autre : le réglement s'en fera par experts.

46. Toutes les questions d'indemnités à payer par les propriétaires de mines, à raison des recherches ou travaux antérieurs à l'acte de concession, seront décidées conformément à l'article 4 de la loi du 28 pluviose an 8.

TITRE V.

De l'exercice de la surveillance sur les mines par l'administration.

47. Les ingénieurs des mines exerceront, sous les ordres du ministre de l'intérieur et des préfets, une surveillance de police pour la conservation des édifices et la sûreté du sol.

48. Ils observeront la manière dont l'exploitation se fera, soit pour éclairer les propriétaires sur ses inconvéniens ou son amélioration, soit pour avertir l'administration des vices, abus ou dangers qui s'y trouveraient.

49. Si l'exploitation est restreinte ou suspendue, de manière à inquiéter la sûreté publique ou les besoins des consommateurs, les préfets, après avoir entendu les propriétaires, en rendront compte au ministre de l'intérieur, pour y être pourvu ainsi qu'il appartiendra.

50. Si l'exploitation compromet la sûreté publique, la conservation des puits, la solidité des travaux, la sûreté des ouvriers mineurs ou des habitations de la surface, il y sera pourvu par le préfet, ainsi qu'il est pratiqué en matière de grande voirie, et selon les lois.

TITRE VI.

Des concessions ou jouissances des mines antérieures à la présente loi.

§ Ier. — *Des anciennes concessions en général.*

51. Les concessionnaires antérieurs à la présente loi deviendront, du jour de sa publication, propriétaires incommutables, sans aucune formalité préalable d'affiches, vérifications de terrain ou autres préliminaires, à la charge seulement d'exécuter, s'il y en a, les conventions faites avec les propriétaires de la surface, et sans que ceux-ci puissent se prévaloir des articles 6 et 42.

52. Les anciens concessionnaires seront, en conséquence, soumis au paiement des contributions, comme il est dit à la section II du titre IV, articles 33 et 34, à compter de l'année 1811.

§ II. — *Des exploitations pour lesquelles on n'a pas exécuté la loi de 1791.*

53. Quant aux exploitans de mines qui n'ont pas exécuté la loi de 1791, et qui n'ont pas fait fixer, conformément à cette loi, les limites de leurs concessions, ils obtiendront les concessions de leurs exploitations actuelles, conformément à la présente loi; à l'effet de quoi, les limites de leurs concessions seront fixées sur leurs demandes ou à la diligence des préfets, à la charge seulement d'exécuter les conventions faites avec les propriétaires de la surface, et sans que ceux-ci puissent se prévaloir des articles 6 et 42 de la présente loi.

54. Ils paieront en conséquence les redevances, comme il est dit à l'article 52.

55. En cas d'usages locaux ou d'anciennes lois qui donneraient lieu à la décision de cas extraordinaires, les cas qui se présenteront seront décidés par les actes de concession ou par les jugemens de nos cours et tribunaux, selon les droits résultant, pour les parties, des usages établis, des prescriptions légalement acquises, ou des conventions réciproques.

56. Les difficultés qui s'élèveraient entre l'administration et les exploitans, relativement à la limitation des mines, seront décidées par l'acte de concession.

A l'égard des contestations qui auraient lieu entre des exploitans voisins, elles seront jugées par les tribunaux et cours.

TITRE VII.

Réglemens sur la propriété et l'exploitation des minières, et sur l'établissement des forges, fourneaux et usines.

Section Ire. — *Des minières.*

57. L'exploitation des minières est assujétie à des règles spéciales.

Elle ne peut avoir lieu sans permission.

58. La permission détermine les limites de l'exploitation et les règles sous les rapports de sûreté et de salubrité publiques.

SECTION II. — *De la propriété et de l'exploitation des minérais de fer d'alluvion.*

59. Le propriétaire du fonds sur lequel il y a du minérai de fer d'alluvion est tenu d'exploiter en quantité suffisante pour fournir, autant que faire se pourra, aux besoins des usines établies dans le voisinage avec autorisation légale : en ce cas, il ne sera assujéti qu'à en faire la déclaration au préfet du département; elle contiendra la désignation des lieux. Le préfet donnera acte de cette déclaration, ce qui vaudra permission pour le propriétaire, et l'exploitation aura lieu par lui sans autre formalité.

60. Si le propriétaire n'exploite pas, les maîtres de forges auront la faculté d'exploiter à sa place, à la charge : 1° d'en prévenir le propriétaire, qui, dans un mois à compter de la notification, pourra déclarer qu'il entend exploiter lui-même; 2° d'obtenir du préfet la permission, sur l'avis de l'ingénieur des mines, après avoir entendu le propriétaire.

61. Si, après l'expiration du délai d'un mois, le propriétaire ne déclare pas qu'il entend exploiter, il sera censé renoncer à l'exploitation; le maître de forges pourra, après la permission obtenue, faire les fouilles immédiatement dans les terres incultes et en jachères, et, après la récolte, dans toutes les autres terres.

62. Lorsque le propriétaire n'exploitera pas en quantité suffisante, ou suspendra ses travaux d'extraction pendant plus d'un mois sans cause légitime, les maîtres de forges se pourvoiront auprès du préfet pour obtenir permission d'exploiter à sa place.

Si les maîtres de forges laissent écouler un mois sans faire usage de cette permission, elle sera regardée comme non avenue, et le propriétaire de terrain rentrera dans tous ses droits.

63. Quand un maître de forges cessera d'exploiter un terrain, il sera tenu de le rendre propre à la culture, ou d'indemniser le propriétaire.

64. En cas de concurrence entre plusieurs maîtres de forges pour l'exploitation dans un même fonds, le préfet déterminera, sur l'avis de l'ingénieur des mines, les proportions dans lesquelles chacun d'eux pourra exploiter; sauf le recours au Conseil d'État.

Le préfet réglera de même les proportions dans lesquelles chaque maître de forges aura droit à l'achat du minérai, s'il est exploité par le propriétaire.

65. Lorsque les propriétaires feront l'extraction du minérai pour le vendre aux maîtres de forges, le prix en sera réglé entre eux de gré à gré, ou par des experts choisis ou nommés d'office, qui auront égard à la situation des lieux, aux frais d'extraction et aux dégâts qu'elle aura occasionés.

66. Lorsque les maîtres de forges auront fait extraire le minérai, il sera dû au propriétaire du fonds, et avant l'enlèvement du minérai, une indemnité, qui sera aussi réglée par experts, lesquels auront égard à la situation des lieux, aux dommages causés, à la valeur du minérai, distraction faite des frais d'exploitation.

67. Si les minérais se trouvent dans les forêts impériales, dans celles des établissemens publics ou des communes, la permission de les exploiter ne pourra être accordée qu'après avoir entendu l'administration forestière. L'acte de permission déterminera l'étendue des terrains dans lesquels les fouilles pourront être faites; ils seront tenus, en outre, de payer les dégâts occasionés par l'exploitation, et de repiquer en glands ou plants les places qu'elle aurait endommagées, ou une autre étendue proportionnelle déterminée par la permission.

68. Les propriétaires ou maîtres de forges ou d'usines exploitant les minérais de fer d'alluvion ne pourront, dans cette exploitation, pousser des travaux réguliers par des galeries souterraines, sans avoir obtenu une concession, avec les formalités et sous les conditions exigées par les articles de la section Ire du titre III et les dispositions du titre IV.

69. Il ne pourra être accordé aucune concession pour minérais d'alluvion ou pour des mines en filons ou couches, que dans les cas suivans:

1° Si l'exploitation à ciel ouvert cesse d'être possible, et si l'établissement de puits, galeries et travaux d'art, est nécessaire;

2° Si l'exploitation, quoique possible encore, doit durer peu d'années, et rendre ensuite impossible l'exploitation avec puits et galeries.

70. En cas de concession, le concessionnaire sera tenu toujours: 1° de fournir aux usines qui s'approvisionnaient de minérai sur les lieux compris en la concession, la quantité nécessaire à leur exploitation, au prix qui sera porté au cahier des charges, ou qui sera fixé par l'administration; 2° d'indemniser les propriétaires

au profit desquels l'exploitation avait lieu, dans la proportion du revenu qu'ils en tiraient.

SECTION III. — *Des terres pyriteuses et alumineuses.*

71. L'exploitation des terres pyriteuses et alumineuses sera assujétie aux formalités prescrites par les articles 57 et 58, soit qu'elle ait lieu par les propriétaires des fonds, soit par d'autres individus qui, à défaut par ceux-ci d'exploiter, en auraient obtenu la permission.

72. Si l'exploitation a lieu par des non-propriétaires, ils seront assujétis, en faveur des propriétaires, à une indemnité qui sera réglée de gré à gré ou par experts.

SECTION IV. — *Des permissions pour l'établissement des fourneaux, forges et usines.*

73. Les fourneaux à fondre les minérais de fer et autres substances métalliques, les forges et martinets pour ouvrer le fer et le cuivre, les usines servant de patouillets et bocards, celles pour le traitement des substances salines et pyriteuses, dans lesquelles on consomme des combustibles, ne pourront être établis que sur permission accordée par un réglement d'administration publique.

74. La demande en permission sera adressée au préfet, enregistrée, le jour de la remise, sur un registre spécial à ce destiné, et affichée pendant quatre mois dans le chef-lieu du département, dans celui de l'arrondissement, dans la commune où sera situé l'établissement projeté, et dans le lieu du domicile du demandeur.

Le préfet, dans le délai d'un mois, donnera son avis tant sur la demande que sur les oppositions et les demandes en préférence qui seraient survenues; l'administration des mines donnera le sien sur la quotité du minérai à traiter; l'administration des forêts, sur l'établissement des bouches à feu, en ce qui concerne les bois, et l'administration des ponts-et-chaussées, sur ce qui concerne les cours d'eau navigables ou flottables.

75. Les impétrans des permissions pour les usines supporteront une taxe une fois payée, laquelle ne pourra être au-dessous de cinquante francs ni excéder trois cents francs.

SECTION V. — *Dispositions générales sur les permissions.*

76. Les permissions seront données à la charge d'en faire usa

dans un délai déterminé; elles auront une durée indéfinie, à moins qu'elles n'en contiennent la limitation.

77. En cas de contraventions, le procès-verbal dressé par les autorités compétentes sera remis au procureur impérial, lequel poursuivra la révocation de la permission, s'il y a lieu, et l'application des lois pénales qui y sont relatives.

78. Les établissemens actuellement existans sont maintenus dans leur jouissance; à la charge, par ceux qui n'ont jamais eu de permission, ou qui ne pourraient représenter la permission obtenue précédemment, d'en obtenir une avant le 1er janvier 1813, sous peine de payer un triple droit de permission chaque année pendant laquelle ils auront négligé de s'en pourvoir et continué de s'en servir.

79. L'acte de permission d'établir des usines à traiter le fer, autorise les impétrans à faire des fouilles même hors de leurs propriétés et à exploiter les minérais par eux découverts, ou ceux antérieurement connus, à la charge de se conformer aux dispositions de la section II.

80. Les impétrans sont autorisés à établir des patouillets, lavoirs et chemins de charroi, sur les terrains qui ne leur appartieanent pas, mais sous les restrictions portées en l'article 11; le tout à charge d'indemnité envers les propriétaires du sol, et en les prévenant un mois d'avance.

TITRE VIII.

Section Ire. — *Des carrières.*

81. L'exploitation des carrières à ciel ouvert a lieu sans permission, sous la simple surveillance de la police, et avec observation des lois ou réglemens généraux ou locaux.

82. Quand l'exploitation a lieu par galeries souterraines, elle est soumise à la surveillance de l'administration, comme il est dit au titre V.

Section II. — *Des tourbières.*

83. Les tourbes ne peuvent être exploitées que par le propriétaire du terrain, ou de son consentement.

84. Tout propriétaire actuellement exploitant, ou qui voudra commencer à exploiter des tourbes dans son terrain, ne pourra continuer ou commencer son exploitation, à peine de cent francs

d'amende, sans en avoir préalablement fait la déclaration à la sous-préfecture, et obtenu l'autorisation.

85. Un réglement d'administration publique déterminera la direction générale des travaux d'extraction dans le terrain où sont situées les tourbes, celle de rigoles [de desséchement, enfin toutes les mesures propres à faciliter l'écoulement des eaux dans les vallées et l'atterrissement des entailles tourbées.

86. Les propriétaires exploitans, soit particuliers, soit communautés d'habitans, soit établissemens publics, sont tenus de s'y conformer, à peine d'être contraints à cesser leurs travaux.

TITRE IX.

Des expertises.

87. Dans tous les cas prévus par la présente loi et autres naissant des circonstances où il y aura lieu à expertise, les dispositions du titre XIV du Code de procédure civile, articles 3o3 à 3a3, seront exécutées.

88. Les experts seront pris parmi les hommes notables et expérimentés dans le fait des mines et de leurs travaux.

89. Le procureur impérial sera toujours entendu et donnera ses conclusions sur le rapport des experts.

90. Nul plan ne sera admis comme pièce probante dans une contestation, s'il n'a été levé ou vérifié par un ingénieur des mines. La vérification des plans sera toujours gratuite.

91. Les frais et vacations des experts seront réglés et arrêtés, selon les cas, par les Tribunaux : il en sera de même des honoraires qui pourront appartenir aux ingénieurs des mines : le tout suivant le tarif qui sera fait par un réglement d'administration publique.

Toutefois, il n'y aura pas lieu à honoraires pour les ingénieurs des mines, lorsque leurs opérations auront été faites, soit dans l'intérêt de l'administration, soit à raison de la surveillance et de la police publiques.

92. La consignation des sommes jugées nécessaires pour subvenir aux frais d'expertise pourra être ordonnée par le Tribunal contre celui qui poursuivra l'expertise.

TITRE X.

De la police et de la juridiction relatives aux mines.

93. Les contraventions des propriétaires de mines exploitans non encore concessionnaires, ou autres personnes, aux lois et réglemens, seront dénoncées et constatées comme les contraventions en matière de voirie et de police.

94. Les procès-verbaux contre les contrevenans seront affirmés dans les formes et délais prescrits par les lois.

95. Ils seront adressés en originaux à nos procureurs impériaux, qui seront tenus de poursuivre d'office les contrevenans devant les tribunaux de police correctionnelle, ainsi qu'il est réglé et usité pour les délits forestiers, et sans préjudice des dommages-intérêts des parties.

96. Les peines seront d'une amende de cinq cents francs au plus et de cent francs au moins, double en cas de récidive, et d'une détention qui ne pourra excéder la durée fixée par le Code de police correctionnelle.

Loi du 21 mai 1836, sur les chemins vicinaux (nᵒˢ 531 à 580).

15. Les arrêtés du préfet, portant reconnaissance et fixation de la largeur d'un chemin vicinal, attribuent définitivement au chemin le sol compris dans les limites qu'ils déterminent.

Le droit des propriétaires riverains se résout en une indemnité, qui sera réglée à l'amiable ou par le juge de paix du canton, sur le rapport d'experts nommés conformément à l'article 17.

16. Les travaux d'ouverture et de redressement des chemins vicinaux, seront autorisés par arrêté du préfet.

Lorsque, pour l'exécution du présent article, il y aura lieu de recourir à l'expropriation, le jury spécial chargé de régler les indemnités ne sera composé que de quatre jurés. Le tribunal d'arrondissement, en prononçant l'expropriation, désignera, pour présider et diriger le jury, l'un de ses membres ou le juge de paix du canton. Ce magistrat aura voix délibérative en cas de partage.

Le Tribunal choisira, sur la liste générale prescrite par l'article 29 de la loi du 7 juillet 1833, quatre personnes pour former le jury spécial, et trois jurés supplémentaires. L'administration et la partie intéressée auront, respectivement, le droit d'exercer une récusation péremptoire.

Le juge recevra les acquiescemens des parties.

Son procès-verbal emportera translation définitive de propriété.

Le recours en cassation, soit contre le jugement qui prononcera l'expropriation, soit contre la déclaration du jury qui réglera l'indemnité, n'aura lieu que dans les cas prévus et selon les formes déterminées par la loi du 7 juillet 1833.

17. Les extractions de matériaux, les dépôts ou enlèvemens de terre, les occupations temporaires de terrains, seront autorisés par arrêté du préfet, lequel désignera les lieux ; cet arrêté sera notifié aux parties intéressées, au moins dix jours avant que son exécution puisse être commencée.

Si l'indemnité ne peut être fixée à l'amiable, elle sera réglée par le conseil de préfecture, sur le rapport d'experts nommés, l'un par le sous-préfet, et l'autre par le propriétaire.

En cas de discord, le tiers-expert sera nommé par le conseil de préfecture.

18. L'action en indemnité des propriétaires, pour les terrains qui auront servi à la confection des chemins vicinaux, et pour extraction de matériaux, sera prescrite par le laps de deux ans.

19. En cas de changement de direction ou d'abandon d'un chemin vicinal, en tout ou partie, les propriétaires riverains de la partie de ce chemin, qui cessera de servir de voie de communication, pourront faire leur soumission de s'en rendre acquéreurs, et d'en payer la valeur, qui sera fixée par des experts nommés dans la forme déterminée par l'article 17.

20. Les plans, procès-verbaux, certificats, significations, jugemens, contrats, marchés, adjudications de travaux, quittances et autres actes ayant pour objet exclusif la construction, l'entretien et la réparation des chemins vicinaux, seront enregistrés moyennant le droit fixe de un franc.

Les actions civiles intentées par les communes ou dirigées contre elles, relativement à leurs chemins, seront jugées comme affaires sommaires et urgentes, conformément à l'article 405 du Code de procédure civile.

FORMULAIRE

Des Actes administratifs, judiciaires et extrajudiciaires que nécessite l'application de la loi du 7 juillet 1833, avec des annotations pratiques et un commentaire du Tarif spécial distribué sous chaque formule.

CHAPITRE Ier.

Formation de l'enquête qui doit précéder la loi ou l'ordonnance déclarative de l'utilité publique.

FORMULE N^o I.

Procès-verbal d'ouverture de l'enquête préalable à la loi ou à l'ordonnance (art. 1er de l'ordonnance du 18 février 1834).

Nous, Préfet du département .....

Vu l'avant-projet à nous transmis par le Ministre (*de l'intérieur ou des travaux publics*), ayant pour objet l'établissement d .....;

Ensemble les mémoires descriptifs et autres pièces jointes (1);

Vu l'article 3 de la loi du 7 juillet 1833, l'ordonnance du 18 février 1834 (et celle du 15 février 1835) (2);

---

(1) S'il s'agit d'un canal, d'un chemin de fer ou d'une canalisation de rivière, l'avant-projet doit nécessairement être accompagné d'un nivellement en longueur et d'un certain nombre de profils transversaux; et si le canal est à point de partage, on indiquera les eaux qui doivent l'alimenter.

Si les travaux devaient devenir la matière d'une concession, le tarif des droits serait aussi annexé à l'avant-projet (art. 2, § 2, et art. 3 de l'ordonnance du 18 février 1834).

L'enquête et les opérations qui s'y rattachent sont des travaux administratifs ordinaires qui ne donnent lieu, au profit de qui que ce soit, à aucun émolument ou indemnité.

(2) Aux termes d'une ordonnance royale en date du 15 février 1835, modifiant celle du 18 février 1834, lorsque la ligne des travaux devra s'étendre sur le territoire de plus de deux départemens, les pièces de l'avant-projet ne seront déposées qu'au chef-lieu de chacun des départemens traversés; les registres continuant néanmoins à être ouverts tant au chef-lieu de département qu'au chef-lieu d'arrondissement; il n'y aura donc lieu de viser cette ordonnance que quand la circonstance à laquelle elle s'applique se rencontrera.

Vu également la décision ministérielle en date du ...., qui fixe à .... jours (1) la durée de l'ouverture des registres et du dépôt des pièces aux lieux indiqués par la loi ;

Considérant qu'il résulte des plans à nous transmis que les travaux doivent traverser les arrondissemens de ..... ;

Considérant, en outre, que la ligne des travaux doit parcourir plus de deux départemens (2) ;

Arrêtons :

Art. 1er. Des registres seront et demeureront ouverts au secrétariat général de la préfecture de .... et au secrétariat des sous-préfectures de ...., aux heures ordinaires des bureaux, les dimanches et fêtes légales exceptés, depuis le ..... jusqu'au ..... inclusivement, à l'effet, par ceux qui le jugeront convenable, de consigner leurs observations sur l'utilité de l'établissement ..... projeté.

2. Pendant le même temps, seront déposées au secrétariat général de la préfecture et (*si les travaux ne s'étendent pas au-delà de deux départemens*, voir *la note 2 ci-dessus*) aux secrétariats des sous-préfectures ci-devant indiqués, et communiquées à tous réclamans, les pièces à nous adressées par M. le ministre, et devant servir de base à l'enquête.

3. Le présent arrêté sera affiché partout où besoin sera.

Fait à .....

NOTA. L'ordonnance du 18 février ne prescrit pas l'affixion dans toutes les communes du département ni dans telle ou telle localité ; le choix en est laissé à l'administration, qui devra s'attacher à rendre le projet notoire là où son exécution aurait le plus d'importance.

FORMULE N° 2.

Nomination par le préfet de la commission d'enquête (articles 1er et suivans de l'ordonnance du 18 février 1834 (3).

Nous, Préfet du département de ..... ,

Vu l'avant-projet à nous transmis par M. le Ministre (*de l'intérieur ou des travaux publics*), ayant pour objet l'établissement de ..... ainsi que les mémoires descriptifs et autres pièces jointes ;

Vu la décision du ministre en date du ....., qui fixe à ..... la durée de l'ouverture des registres ;

Vu notre arrêté en date du ....., ordonnant l'ouverture des registres et le dé-

---

(1) La durée de l'ouverture des registres doit être d'un mois au moins et quatre mois au plus ; mais pour le cas où les travaux projetés réuniraient le double caractère de pouvoir être autorisés par ordonnance royale (art. 3 , § 2 de la loi du 7 juillet 1833), et de ne devoir pas dépasser les limites de l'arrondissement dans lequel ils sont situés, cette durée est réduite à un mois et demi au plus et vingt jours au moins, c'est à l'administration supérieure qu'il appartient de déterminer cette durée (ordonnance du 18 février, art. 5 et 10).

(2) Ce considérant ne doit figurer ici que pour le cas expliqué dans la note 2 , page 429.

(3) Cette nomination doit avoir lieu dès l'ouverture de l'enquête ; aussi doit-elle porter la même date que l'arrêté de l'ouverture des registres (*Formule N° 1*).

pôt, pendant le même temps, des pièces au chef-lieu de notre département et des arrondissemens de ....., que la ligne des travaux doit traverser ;

Vu l'article 3 de la loi du 7 juillet 1833 et l'ordonnance du 18 février = 7 mars 1834, notamment en son article 4 ;

Considérant que les travaux projetés sont de nature à être autorisés (*indiquer si c'est par une loi ou par une ordonnance, et, dans ce dernier cas, s'ils doivent ou non s'étendre au delà des limites de l'arrondissement*) (1).

Arrêtons :

Art. 1er. Une commission composée de ..... membres se réunira au chef-lieu du département de ..... (ou de l'arrondissement de) (2), le .....,

A l'effet d'examiner les plans et pièces jointes relatifs aux travaux susénoncés, ensemble les déclarations consignées sur les registres d'enquête, et de donner son avis tant sur l'utilité des travaux dont s'agit que sur les diverses questions qui pourraient lui être ultérieurement posées.

2. Nommons pour faire partie de cette commission, MM. ..... (*indiquer leurs professions et leurs qualités*) (3). M. .... remplira les fonctions de président.

3. La commission dressera de ses opérations procès-verbal qu'elle nous transmettra immédiatement après sa clôture, avec les pièces et documens qui lui auront été fournis.

4 Le présent arrêté sera inséré au recueil des actes de la préfecture, et expédition en sera adressée à chacun des membres qui doivent composer la commission.

Fait à .....

FORMULE N° 3.

Procès-verbal de la commission qui doit donner son avis sur l'utilité de l'entreprise (article 6 de l'ordonnance du 18 février 1834) (4).

L'an ..... le ..... nous (*énumérer les noms, qualités et professions de chacun des membres de la commission*) ;

Vu l'arrêté de M. le préfet du département, en date du ....., qui nous désigne comme membres de la commission qui doit donner son avis sur l'utilité de l'établissement de ..... et sur les diverses questions qui se rattachent à cet objet.

---

(1) Aux termes de l'article 10 de l'ordonnance du 18 février, dont nous avons déjà parlé dans la note page 430, lorsque les travaux sont susceptibles d'être autorisés par ordonnance, et qu'en même temps ils n'excèdent pas les limites d'un arrondissement, le nombre des membres de la commission d'enquête, fixé par l'article 4 de cette même ordonnance à neuf au moins et treize au plus, est réduit à sept au plus et cinq au moins ; et la commission, au lieu de se réunir au chef-lieu du département, se réunit au chef-lieu d'arrondissement.

(2) La note qui précède indique quel doit être, selon les cas, le lieu de la réunion.

(3) Aux termes de l'article 4 de l'ordonnance du 18 février, les membres de la commission doivent être pris parmi les principaux propriétaires de terres, bois et mines, les négocians, les armateurs et les chefs d'établissemens industriels.

Les travaux pouvant intéresser toutes les branches de l'industrie et de la propriété, l'administration regardera, sans doute, comme un devoir de faire entrer dans la composition de cette commission des hommes appartenant à ces diverses branches.

(4) Les opérations que ce procès-verbal est destiné à constater doivent être mises à fin dans le délai d'un mois, à partir du jour de la première réunion de la commission (art. 6, § 2 de l'ordonnance du 18 février 1834).

Réunis au chef-lieu du département (ou au chef-lieu de l'arrondissement) (1) en l'hôtel de la préfecture (ou de la sous-préfecture), et sous la présidence de M..... l'un de nous, également désigné à cet effet par le même arrêté,

Et constitués aux fins ci-dessus, après avoir attentivement examiné toutes les pièces de l'avant projet (2), les déclarations consignées aux registres d'enquête, et avoir recueilli les renseignemens propres à éclairer la commission (3); les ingénieurs des ponts-et-chaussées et des mines du département entendus;

Considérant, 1° en ce qui concerne l'utilité de l'entreprise.....;

2° En ce qui est relatif à ..... tel point proposé par l'administration .....;

3° Sur ..... tel autre point également proposé par l'administration ;

Sommes d'avis, à l'unanimité (ou à la majorité de ..... contre ....) (*rappeler dans leur ordre les objets de la délibération*).

MM. les membres de la minorité ont pensé (4) :

Sur le premier point .....

Sur le second point .....

Et sera, le présent procès-verbal, transmis immédiatement à M. le préfet, par les soins du président.

Fait à ..... le .....   (*Signatures de tous les membres*).

NOTA. Quand la commission ajournera la suite de ses opérations, ce qui aura lieu presque toujours, soit pour entendre les ingénieurs, soit pour prendre tel ou tel renseignement, il devra en être fait mention en son procès-verbal.

———————◆———————

TRAVAUX COMMUNAUX (5).

Lorsqu'une entreprise est projetée dans un intérêt purement communal, il y a lieu, pour les formalités préalables à l'ordonnance royale, aux actes suivans (*ordonn. du 28 août 1835*).

FORMULE N° 4.

Arrêté du préfet ordonnant que le projet et les pièces à l'appui seront déposés à la mairie, pour que chacun en puisse prendre connaissance, et portant nomination d'un commissaire pour recevoir les déclarations des habitans sur l'utilité publique des travaux projetés (articles 2 et 3 de l'ordonnance ci-dessus).

Préfecture du département de ..... ; travaux communaux et d'utilité publique. Nous, préfet du département de .....,

---

(1) Voir la note page 431.

(2) L'article 6 de l'ordonnance du 18 février 1834 ne parle pas de ces pièces; mais la connaissance en est absolument nécessaire pour apprécier les observations consignées aux registres.

(3) Aux termes de l'article 6 de l'ordonnance du 18 février 1834, la commission peut consulter toutes les personnes qu'elle trouve bon : elle les appelle devant elle officieusement par les soins du président.

(4) Il ne s'agit ici que d'un avis, et dès lors il n'est point douteux que l'opinion de la minorité doive être exprimée; il en serait de même des opinions individuelles qui fractionneraient la commission en autant de parties qu'elle aurait de membres.

(5) Voir au corps de l'ouvrage n°s 24 et suivans.

Vu l'avant-projet à nous adressé par M. le ministre de ....., sur l'établissement, en la commune de ....., et dans son intérêt exclusif, de ..... (*exprimer la nature des travaux*);

Vu l'article 3 de la loi du 7 juillet 1833 et l'ordonnance royale du 23 août 1835,

Arrêtons :

Art. 1er. Le projet dont il s'agit sera déposé depuis le ..... jusqu'au ..... (1) inclusivement, à la mairie de ladite commune, à l'effet, par les habitans, d'en prendre connaissance.

2. A l'expiration de ce délai, les déclarations des habitans sur l'utilité de l'entreprise projetée, seront reçues à la mairie, pendant trois jours consécutifs (2), par M....., que nous commettons à cet effet, et qui les consignera sur un registre qui sera, après sa clôture, transmis par lui au maire, avec son avis motivé.

3. Le présent sera publié et affiché (3) partout où besoin sera, par les soins du maire.

Fait à .....

FORMULE N° 5.

Certificat du maire pour justifier la publication et l'affixion de l'arrêté qui précède (ordonnance du 23 août 1835, article 3).

Nous, maire de la commune de ....., certifions avoir fait publier et afficher conformément à la loi, l'arrêté de M. le préfet de ce département, en date du ....., prescrivant l'exposition en la maison commune, du projet d'établissement pour cause d'utilité publique de ....., et portant fixation du délai pendant lequel les déclarations des habitans sur l'utilité de l'exécution de ce projet seront reçues par le commissaire nommé à cet effet;

En foi de quoi nous avons délivré le présent.

A ....., le .....

FORMULE N° 6.

Avis motivé du commissaire enquêteur sur l'utilité publique des travaux par rapport à la commune (article 4 de l'ordonnance ci-dessus).

Nous ....., commissaire nommé par arrêté de M. le préfet du département de ....., en date du ....., à l'effet de recevoir les déclarations des habitans sur l'utilité publique, relativement à la commune, de l'établissement de ..... ;

(1) Ce dépôt doit durer quinze jours ; le préfet a la faculté de le prolonger (ordonnance du 23 août 1835, article 3).

(2) Ce délai, comme celui du dépôt, ne peut être moindre ; mais il peut être prolongé par le préfet.

(3) Nous pensons qu'il faut appliquer par analogie l'article 6 de la loi du 7 juillet 1833, et qu'ainsi cet arrêté doit être publié dans la commune, à son de trompe ou de caisse, et affiché aux principales portes de l'église et de la mairie.

Vu l'article 4 de l'ordonnance du 23 août 1835;

Considérant .....;

Sommes d'avis .....

Fait à .....

FORMULE Nº 7.

Avis motivé du conseil municipal sur l'utilité des travaux projetés (article 4, § 2, ordonnance du 23 août 1835) (1).

L'an ...., le ...., le conseil municipal de la commune de ...., réuni en séance, en la maison commune, sur la convocation de M. le maire, en vertu de l'auto-risation accordée par M. le préfet, présens MM. .....

A l'effet de délibérer et de donner son avis sur l'utilité publique du projet de ..... qui a été, de la part d'habitans *ou* du commissaire, l'objet de récla-mations contraires à son adoption consignées dans le procès-verbal tenu par le commissaire ;

Vu le projet d'établissement de ..... et les pièces y jointes ;

Vu les registres contenant les déclarations des habitans sur l'utilité des tra-vaux projetés ;

Vu l'avis du commissaire enquêteur ;

Considérant .....;

Est d'avis, à l'unanimité *ou* à la majorité de ..... contre ....,

MM. les membres de la minorité ont pensé ..... (2) ;

Et sera, le présent, joint aux pièces du projet pour être adressé en même temps par M. le maire à M. le préfet.

Fait à ....., les jour, mois et an susdits.

CHAPITRE II.

Formalités administratives pour parvenir à la fixation définitive du tracé des travaux et à la désignation des propriétés à exproprier.

FORMULE Nº 8.

Arrêté du préfet qui désigne les localités ou territoires sur lesquels les travaux doivent avoir lieu (3).

Nous, préfet du département de .....;

---

(1) Cet avis devra intervenir toutes les fois qu'un ou plusieurs habitant auront été contraires à l'adoption du projet, ou même lorsqu'en l'absence de toute critique, le commissaire aura émis une opi-nion défavorable à cette adoption.

(2) Ce n'est ici qu'un avis; l'opinion de la minorité doit donc être exprimée (voir sur cette question ce que nous disons formule nº 3).

(3) Cet arrêté ne doit intervenir qu'au cas où la loi (ou l'ordonnance) ne contient pas cette désignation (article 2 , nº 2 de la loi de 1833).

Vu la loi *ou* l'ordonnance royale qui déclare d'utilité publique l'établissement de ..... et autorise les travaux nécessaires pour y parvenir ;

Considérant que cette loi *ou* cette ordonnance ne désigne pas les localités ou territoires sur lesquels les travaux doivent avoir lieu ;

Vu l'article 2, n° 2 de la loi du 7 juillet 1833 ;

Après avoir recueilli tous les renseignemens nécessaires,

Arrêtons :

1. L'établissement de ..... partira de ..... et traversera les communes de ..... en passant par ..... (*indiquer les localités*) pour arriver à ..... (*cette désignation doit être suivie de la levée des plans parcellaires des terrains dont la cession pourrait être nécessaire ; — article 4 de la loi du 7 juillet 1833 ; — il nous semble que cette opération doit être ordonnée par un arrêté spécial du préfet, quand l'arrêté ci-dessus ne sera pas nécessaire, et, dans le cas contraire, par l'addition suivante à la formule.*

2. Les ingénieurs chargés de l'exécution des travaux, lèveront les plans parcellaires par chaque commune, des terrains ou édifices dont la cession leur paraîtra nécessaire.

3. Le présent arrêté sera adressé à chacun des maires des communes qu'il concerne, et porté par eux à la connaissance de leurs administrés (1).

Fait à .....

FORMULE N° 9.

*Arrêté du préfet ordonnant le dépôt des plans parcellaires à la mairie de chacune des communes *;*

Nous, préfet du département de ..... ,

Vu la loi *ou* l'ordonnance royale qui autorise l'établissement de ..... ;

Vu les plans parcellaires des terrains dont la cession paraît nécessaire, levés en exécution de notre arrêté en date du ..... ;

Vu les articles 5 et 6 de la loi du 7 juillet 1833 ;

Arrêtons :

Le plan parcellaire pour chaque commune, des propriétés particulières dont a cession paraît nécessaire pour l'exécution des travaux de ..... , seront déposées à la mairie des communes de ..... pendant huit jours (2) à partir du ..... (3), afin que chacun puisse en prendre connaissance.

---

(1) Cette publicité n'est point ordonnée par la loi, mais nous la croyons utile pour prévenir toute entrave que pourraient apporter les citoyens aux travaux que les ingénieurs auront à faire sur les terrains pour la levée de ces plans.

(2) C'est le *minimum* du délai (article 6 de la loi du 7 juillet 1833) ; mais le préfet pourrait le prolonger, et il faudrait, dans ce cas, l'indiquer ; c'est un délai franc, c'est-à-dire que le dernier jour du dépôt est le neuvième en partant de celui où il est effectué et sans le compter.

(3) La publicité n'étant considérée comme complète qu'après l'accomplissement des trois formalités de la publication, de l'apposition des affiches et de l'insertion dans les journaux, le jour à indiquer pour faire courir le délai devra être postérieur à la dernière d'entre elles.

28.

2. Le présent arrêté sera publié dans chacune des communes, et affiché aux lieux indiqués par la loi; il sera, en outre, inséré dans les journaux conformément à l'article 6 de ladite loi (1).

Fait à .....

TARIF.

* Les publications et affixions ne doivent engendrer aucun frais, le maire y emploiera le garde champêtre ou tout autre agent. Les frais de l'insertion sont payés par l'administration , selon le tarif des journaux dans lesquels elle a eu lieu.

FORMULE N° 10.

*Certificat délivré par le maire, constatant la publication et l'affixion de l'arrêté qui ordonne le dépôt à la maison commune, des plans parcellaires * (article 7 de la loi du 7 juillet 1833) (2 et 3).*

Nous, maire de la commune de ....., certifions avoir fait publier et afficher conformément à la loi l'exposition, en notre maison commune, du plan des propriétés qui doivent être affectées en tout ou partie à l'établissement de ....., déclaré d'utilité publique.

Fait à la mairie de .....

TARIF.

* Ce certificat est délivré sans frais.

FORMULE N° 11.

*Procès-verbal du maire, contenant les dires des intéressés, ou mention de l'annexe de leurs observations écrites, relativement au tracé des travaux (4) * (article 7 de la loi du 7 juillet 1833) (5).*

L'an ....., le ....., nous, maire de la commune de .....,

En conséquence de l'exposition, cejourd'hui faite en notre maison commune; du plan des propriétés qui paraissent devoir être atteintes par l'exécution des travaux d'établissement pour cause d'utilité publique de ....., et en exécution de l'article 7 de la loi du 7 juillet 1833,

---

(1) Cet avertissement doit être publié à son de trompe ou de caisse, affiché à la principale porte de l'église et à celle de la maison commune, et inséré dans l'un des journaux des chefs-lieux d'arrondissement et du département.

(2) Le maire pourrait aussi placer ce certificat en tête du procès-verbal qu'il doit dresser des dires des personnes qui, par suite de l'avertissement , comparaîtraient devant lui.

(3) *Mode de justifier de l'insertion.* — Il est à remarquer que ce n'est point au maire à certifier l'insertion dans les journaux; cette formalité qui est relative à toutes les communes atteintes par les travaux, incombe naturellement à l'autorité préfectorale, qui, pour en établir l'accomplissement, joindra aux pièces un exemplaire légalisé des numéros des journaux contenant l'annonce.

(4) Ce procès-verbal doit demeurer ouvert pendant le délai fixé par l'arrêté du préfet, formule N° 5, et clos à son expiration.

(5) Si le maire jugeait à propos d'ouvrir son procès-verbal par le certificat constatant la publicité donnée au dépôt des plans, il y aurait à faire à ce modèle une addition trop simple pour avoir besoin d'être formulée.

Avons ouvèrt le présent procès-verbal à l'effet d'y consigner et annexer les dires, observations et réclamations qui nous seront présentées par les intéressés.

Fait à ....., le .....

Pendant le délai de l'exposition du plan,

Se sont présentés :

1° Jean N....., lequel a dit ..... (1) et a signé avec nous après lecture *ou bien*, a refusé de signer, de ce requis.

2° Jacques D....., lequel nous a remis ses observations écrites, qu'il a signées avec nous, après lecture *ou bien* qu'il a refusé de signer, de ce requis (2).

En foi de quoi nous avons dressé le présent.

Fait et clos à la mairie de ....., le .....

TARIF.

Cette formalité ne donne lieu à aucuns frais.

FORMULE N° 12.

Élection de domicile par le propriétaire menacé de dépossession, faite en dehors des opérations indiquées en la formule précédente * (3, 4 et 5).

L'an ....., le .....,

Par-devant nous, maire de ....., et en la maison commune, a comparu Jean N....., lequel, en sa qualité de propriétaire de.... (*telles pièces de terres ou constructions*), figurant au plan parcellaire dressé pour l'exécution du projet de ..... sous le n°....., et pour le cas où l'administration en poursuivrait l'expropriation.

A requis que tous actes relatifs à cette expropriation lui fussent signifiés en la demeure du sieur D....., exerçant la profession de ....., demeurant à ..... où il déclare faire élection de domicile à cette fin.

De laquelle déclaration nous avons donné acte au comparant et dressé le présent, qu'il a signé avec nous après lecture (6).

TARIF.

* Cet acte ne donne lieu à aucuns frais.

(1) Si l'élection de domicile était faite lors de la comparution, il faudrait que le maire ajoutât : « Et « a, ledit comparant, fait élection de domicile chez M. ....., exerçant la profession de ....., demeurant « à ....., pour la notification de tous actes auxquels pourrait donner lieu l'expropriation du terrain « indiqué au plan parcellaire sous le n° ....., et dont il est propriétaire ;

« Et nous a requis de lui donner acte de cette élection de domicile, ce que nous lui avons octroyé ».

(2) La loi ne prescrit pas formellement la signature des observations écrites ; mais elles les a supposées signées ; et, dans tous les cas, il y a même raison de le faire que pour les réclamations orales.

(3) C'est à domicile que devront être signifiés, tant le jugement d'expropriation que tous les autres actes relatifs à l'instance en expropriation (art. 15 de la loi du 7 juillet 1833).

(4) Ce domicile doit être choisi dans l'étendue de l'arrondissement, et la déclaration en être faite à la mairie de la commune sur le territoire de laquelle les biens sont situés (même article que ci-dessus).

(5) L'élection peut être également faite par acte extrajudiciaire. Cet acte ne comportant aucune énonciation particulière, et devant être rédigé dans la forme ordinaire, nous croyons inutile d'en donner le modèle.

(6) Le maire devra donner connaissance au sous-préfet de cette élection de domicile, afin que la signification des actes relatifs à l'expropriation puisse y être faite.

FORMULE N° 13.

Arrêté du préfet qui désigne les membres de la commission chargée de donner son avis sur le maintien ou la modification du tracé des ingénieurs (articles 8 et 9 de la loi du 7 juillet 1833 (1).

Nous, préfet du département de ....., ;

Vu la loi *ou* l'ordonnance royale en date du ..... qui autorise l'établissement pour cause d'utilité publique de ..... ;

Vu les levées de plans et autres opérations faites en conséquence ;

Vu notre arrêté en date du ..... ordonnant le dépôt dans les communes de ..... ;

Vu les procès-verbaux d'enquête ;

Vu également les articles 8 et 9 de la loi du 7 juillet 1833 ;

Arrêtons :

Art. 1er. Une commission, composée des personnes ci-après désignées (2), se réunira, en exécution de l'article 8 de la loi du 7 juillet 1833, au chef-lieu de la sous-préfecture de ....., sous la présidence de M. le sous-préfet, le ..... (3), à l'effet de donner son avis sur le tracé de ..... (*indiquer la nature des travaux*), en ce qui concerne les communes de ....., arrondissement de .....

2. Sont nommés membres de la commission, MM..... (*indiquer auquel des deux conseils de département ou d'arrondissement ils appartiennent*) et M.....· ingénieur des ponts-et-chaussées *ou* ingénieur particulier, chargé de l'exécution des travaux, qui appelleront à prendre part à leurs délibérations les maires des communes susindiquées, chacun seulement en ce qui concerne la commune dont il a l'administration.

3. La commission dressera de ses opérations procès-verbal qui nous sera immédiatement transmis.

4. Le présent arrêté sera inséré au recueil des actes de la préfecture, et expédition en sera adressée à chacun des membres qui doivent composer la commission.

Fait à ....., le .....

---

(1) Il importe de rappeler ici que, suivant l'opinion émise sous le N° 55 de notre ouvrage, nous composons la formule pour une seule commission, contrairement à l'avis de la Cour de cassation, qui paraît vouloir autant de commissions que de communes. On pourra consulter nos motifs ; et, dans le cas où notre avis ne serait pas partagé, on saisira facilement la modification à faire au passage de cette formule qui concerne les maires.

(2) La commission doit être composée de quatre membres pris soit dans le conseil général du département soit dans le conseil d'arrondissement, soit dans l'un et l'autre, plus de l'ingénieur chargé des travaux et du maire, ce dernier seulement en ce qui concerne sa commune. Le sous-préfet préside et a voix délibérative (article 8 de la loi du 7 juillet 1838).

(3) Le jour fixé pour la réunion de la commission devra être très-rapproché de celui où aura expiré la huitaine d'exposition à la mairie des communes dans lesquelles les biens atteints sont situés ; de manière, toutefois, à laisser le temps moral suffisant pour l'envoi des procès-verbaux par les maires au sous-préfet ; tout est urgent en cette matière.

FORMULE N° 14.

Procès-verbal de la commission qui doit donner son avis sur le tracé du projet
(article 9 de la loi du 7 juillet 1833).

L'an ....., le .....

Nous ....., (*écrire les noms et qualités des membres pris dans le conseil général ou dans le conseil d'arrondissement*), N....., ingénieur chargé de concourir à l'exécution des travaux dont il sera ultérieurement parlé ; désignés par arrêté de M. le préfet du département de ...., en date du ...., et N...., maire de la commune de.... (1), concourant aux opérations, chacun pour ce qui concerne sa commune ;

Réunis, conformément aux articles 8 et 9 de la loi du 7 juillet 1833, sous la présidence de M. le sous-préfet de l'arrondissement de ...., en l'hôtel de la sous-préfecture, à l'effet de donner notre avis sur le tracé proposé par l'administration, relativement aux travaux de ..... autorisés par la loi *ou* l'ordonnance, en date du ....,

Avons ouvert le présent procès-verbal pour y consigner les opérations auxquelles nous devons nous livrer.

M. le président a déposé sur le bureau la loi *ou* l'ordonnance ci-dessus indiquée, les plans dressés en exécution de l'article 4 de la loi du 7 juillet 1833, les procès-verbaux tenus par MM. les maires des communes de ....., ainsi que les observations adressées à la commission.

En conséquence, nous avons commencé par nous occuper de l'examen du tracé, dans son parcours, sur le territoire de la commune de ....., avec le concours de M. N....., maire d'icelle et à l'exclusion de ceux des autres localités.

Cette partie du procès-verbal devra se répéter successivement pour chacune des communes à l'égard desquelles la commission est appelée à statuer.

Nota. *La commission devra mentionner, dans son procès-verbal, les diverses mesures d'instruction auxquelles elle aura cru devoir recourir pour s'éclairer. Nous ne pouvons les prévoir toutes, mais nous rappellerons qu'aux termes de l'article 9 de la loi du 7 juillet 1833, la commission doit recevoir les observations des propriétaires qui se présenteraient devant elle et qu'elle peut également les appeler quand elle le juge convenable.*

Nous dirons encore que si la commission prévoyait que le résultat de ses opérations dût amener la proposition de changemens dans la direction du tracé, il y aurait lieu pour elle d'appeler les propriétaires des terrains sur lesquels les travaux pourraient être déversés et de recevoir leurs dires et observations (2).

---

(1) Nous avons, au N° 55 de notre Traité, indiqué qu'une commission unique pourrait être nommée pour toutes les communes d'un même arrondissement ; seulement elle s'occuperait successivement de chaque commune, en appelant à prendre part à ses opérations le maire de chacune d'elles à mesure qu'elle serait l'objet de ses délibérations. Pour réaliser ce plan, nous pensons qu'il faut mentionner ici les noms de tous les maires qui devront successivement faire partie de la commission.

(2) M. Duvergier, dans *sa Collection complète des lois*, pense que les propriétaires doivent être appelés conformément à l'article 57 de la loi du 7 juillet 1833. Nous ne voyons pas la nécessité d'une sommation, puisqu'il n'existe aucune peine en cas de non-comparution, et que l'appel lui-même n'est pas légalement obligatoire ; la commission devrait au plus recourir à ce moyen si elle avait des raisons de craindre quelque négligence dans la délivrance d'avertissemens par voie administrative.

*(La commission mentionnera les ajournemens de séance que ses opérations né-
cessiteront.)*

Notre examen terminé et après en avoir délibéré, nous....., membre de ladite
commission, avons été d'avis, en ce qui concerne la commune de....., à l'unanimité *ou* à la majorité de ..... contre .....,

1° .....,

2° ....., etc.

Messieurs les membres de la minorité ont pensé .....

NOTA. *Ici doivent être apposées les signatures du maire de la commune dont
s'agit et des membres de la commission.*

Une déclaration de la même forme doit avoir lieu pour chacune des communes.

En foi de quoi nous avons dressé le présent procès-verbal, qui sera adressé
immédiatement à M. le préfet du département par les soins de notre président.

Fait et clos, à ....., le ..... (1), et avons signé, après lecture (2).

TARIF.

* Dans cette hypothèse la sommation, donnerait naissance au droit de..... : original,
1 fr.; chaque copie, 25 centimes (article 1er, n° 12, et article 4 du tarif). S'il y a lieu
à transport et visa, voir ci-après sous la formule n° 22.

FORMULE N° 15.

*Annonce à insérer dans un journal du chef-lieu d'arrondissement, conformé-
ment à l'esprit, sinon à la lettre, de l'article 10 de la loi, à l'effet de mettre
les intéressés en demeure de prendre communication du procès-verbal de la
commission et autres pièces, et de fournir leurs observations (article 10 de la
loi du 7 juillet 1833). (3)*

Préfecture de ....., expropriation pour cause d'utilité publique.

On fait savoir à tous qu'il appartiendra, que, pendant huitaine, à partir
du ....., jusques et y compris le .....; il pourra être pris communication par les
intéressés, au secrétariat-général de la préfecture, du procès-verbal de la commission spéciale chargée d'exprimer son avis sur le projet d'établissement
de ...., déclaré d'utilité publique, et des autres pièces concernant le même
projet, à l'effet, par lesdits intéressés, de soumettre à l'autorité préfectorale les
observations qu'ils jugeraient utiles.

Fait, en l'hôtel de la préfecture de ....., le .....

Le préfet (4).

---

(1) Les opérations de la commission doivent être terminées dans le délai d'un mois à partir du jour où
le procès-verbal aura été ouvert, faute de quoi le sous-préfet transmettra au préfet, dans les trois jours,
le procès-verbal imparfait de la commission, à la suite duquel il mentionnera les motifs qui ont empêché
que cette commission mit à fin ces opérations.

Il joint à cet envoi tous les renseignemens qui auront été recueillis (article 9 de la loi; voir aussi
n° 69 du Traité).

(2) De même que nous avons fait figurer en tête du procès-verbal les noms de tous les maires, de
même nous pensons que tous doivent en signer la clôture.

(3) Quand l'avis de la commission est remplacé par l'avis du conseil municipal, il n'y a pas lieu à
ce dépôt.

(4) Un exemplaire du journal sera joint à la procédure.

FORMULE N° 16.

Avis du conseil municipal sur le tracé du projet, dans le cas où l'expropriation serait demandée par une commune et dans un intérêt purement communal (cet avis remplace celui de la commission dont nous avons donné la formule sous le n° 14) (article 12 de la loi du 7 juillet 1833) (1 et 2).

Commune de .....

Délibération du conseil municipal:

L'an ....., le ....., le conseil municipal de la commune de ....., appelé par l'article 12 de la loi du 7 juillet 1833 à donner son avis sur le tracé des travaux d'utilité publique, faisant l'objet de l'ordonnance royale en date du .....,

Réuni en la maison commune, sur la convocation de M. le maire, en vertu de l'autorisation accordée par M. le préfet,

Où étaient présens MM. ....., à l'effet de délibérer et de donner son avis sur le tracé des travaux;

Après avoir entendu l'exposé de M. le maire;

Vu : 1° l'ordonnance royale susdatée; 2° les plans parcellaires des terrains et édifices dont la cession serait nécessaire; 3° les dires, observations et réclamations consignés et annexés au procès-verbal ouvert à la mairie, le ....., en exécution de l'article 7 de la loi du 7 juillet 1833;

Considérant .....,

Le conseil est d'avis, à l'unanimité *ou* à la majorité de ..... contre .....,

Messieurs les membres de la minorité ont pensé ..... (3).

Et sera le présent adressé à M. le sous-préfet de l'arrondissemement (4).

Fait en la maison commune, les jours, mois et an susdits (5).

FORMULE N° 17.

Nota. L'arrêté ci-après, destiné à fixer définitivement les terrains dont la cession est nécessaire pour l'exécution des travaux, doit subir des modifications dans sa rédaction en raison de deux circonstances: la première lorsque la commission administrative spéciale aura proposé des changements au tracé du projet; la seconde lorsqu'il s'agira de travaux d'un intérêt purement communal: en conséquence, et pour plus de clarté, nous croyons devoir donner, après le modèle de l'arrêté normal, deux autres formules applicables aux cas exceptionnels.

---

(1) Cette délibération doit être prise à l'expiration de la huitaine pendant laquelle les plans demeurent exposés à la mairie (articles 5 et 8 de la loi).

(2) Le conseil municipal n'a pas, comme la commission qu'il remplace, un mois de délai pour ses opérations; et ou le conçoit, car il est sur les lieux et les connaît.

(3) Le conseil municipal ne donne ici qu'un avis, l'opinion de la minorité doit donc être exprimée (voir ce que nous avons dit sous la formule n° 3, par rapport à cette question.

(4) Ce procès-verbal est adressé par le maire au sous-préfet, qui le transmettra au préfet avec ses observations (article 12 de la loi).

(5) Ce procès-verbal ne doit pas être exposé pendant huitaine au secrétariat général, comme l'avis de la commission (article 12 de la loi).

Arrêté du préfet, pris en exécution de l'article 11 de la loi, pour déterminer les propriétés dont la cession est nécessaire.

Nous, préfet du département de .....,

Vu la loi *ou* l'ordonnance en date du ....., qui déclare d'utilité publique et autorise l'établissement de .....; lesdites loi *ou* ordonnance contenant la désignation des territoires et localités que les travaux doivent parcourir *ou, pour le cas où cette désignation ne s'y trouverait pas;* Vu notre arrêté en date du ....., portant désignation provisoire des localités et territoires que la ligne des travaux doit parcourir ;

Vu les plans parcellaires des terrains, les certificats constatant l'annonce par publications et affiches dans chaque commune de l'arrondissement de ....., du dépôt desdits plans en la maison commune, ensemble les exemplaires des journaux dans lesquels l'annonce en a été insérée.

Vu également les procès-verbaux adressés par les maires des communes de ....., en exécution de l'article 7 de la loi du 7 juillet 1833 ;

Vu le procès-verbal de la commission, formée par notre arrêté en date du ..., en exécution de l'article 3 de ladite loi, laquelle commission n'a proposée aucune modification au tracé du projet ;

Ou bien : Vu la déclaration du sous-préfet, constatant que la commission n'a pas terminé ses opérations dans le délai prescrit (1);

Vu le certificat, constatant le dépôt pendant huitaine au secrétariat général de notre préfecture, du procès-verbal de ladite commission et des documens y joints;

Vu l'article 11 de la loi du 7 juillet 1833;

Considérant .....;

Arrêtons :

Art. 1er. Les parcelles de terrains dont la cession est nécessaire pour l'établissement des travaux de ....., sont :

1º .....; *(énoncer la nature, la situation et la contenance de l'immeuble ainsi que le nom du propriétaire.)*

2º ......;

3º ....., etc.

Art. 2. L'époque à laquelle l'administration devra prendre possession desdits terrains est fixée au .....

Fait à ....., en l'hôtel de la préfecture.

---

(1) Lorsque la commission n'a pas terminé ses opérations dans le délai du mois, le sous-préfet le constate ainsi qu'il a été dit sous la formule nº 14, et c'est dans ce cas seulement que ce visa est nécessaire.

FORMULE N° 17 *bis.*

Arrêté du préfet qui désigne les propriétés dont la cession est nécessaire, DANS LE CAS OU LA COMMISSION AURA PROPOSÉ DES CHANGEMENS AU TRACÉ DU PROJET (1).

Même libellé que pour la formule précédente, en ajoutant, après ces mots : vu le procès-verbal de la commission formée par notre arrêté en date du ....., en exécution de ladite loi; duquel il résulte qu'il y a lieu de modifier le tracé des travaux ordonnés.

Après le visa du certificat, constatant le dépôt au secrétariat général, ajouter celui-ci : vu la décision de l'administration supérieure en date du ....., prescrivant .....

FORMULE N° 17 *ter.*

Arrêté du préfet qui désigne les propriétés dont la cession est nécessaire, DANS LE CAS OU IL S'AGIT DE TRAVAUX D'INTÉRÊT PUREMENT COMMUNAL.

Nous, préfet du département du .....

Même libellé que pour la formule n° 17, jusqu'à ces mots : vu le procès-verbal de la commission, lesquels doivent être remplacés par ceux ci-après :

Vu la délibération du conseil municipal, chargé de donner son avis sur le tracé des travaux, duquel il résulte .... *(mentionner si l'avis a été conforme ou contraire à l'adoption du projet).*

Le conseil de préfecture entendu :

Vu l'article 12 de la loi du 7 juillet 1833.

Considérant ..... ;

Arrêtons :

Art. 1er. Les parcelles de terrain dont la cession est nécessaire pour l'établissement de .....,

Sont, savoir :

1° ..... ; *(énoncer la nature, la situation et la contenance de l'immeuble ainsi que le nom du propriétaire.)*

2° ..... ;

3° ..... ; etc.

Art. 2. L'époque à laquelle il sera nécessaire de prendre possession desdits terrains est fixée au .....

Art. 3. Le présent sera soumis à l'approbation de l'administration supérieure.

Fait en l'hôtel de la préfecture, le .....

---

(1) Lorsqu'il résulte de l'avis de la commission qu'il y a lieu de modifier le tracé du projet, le préfet doit surseoir jusqu'à ce qu'il ait été prononcé par l'administration supérieure ; l'arrêté ci-dessus n doit donc intervenir qu'après la décision ministérielle et en conformité d'icelle.

CHAPITRE III.

Procédure afin de faire prononcer l'expropriation (1).

FORMULE N° 18 (2).

Réquisitoire du procureur du Roi, à l'effet de faire prononcer l'expropriation des biens nécessaires à l'exécution des travaux d'utilité publique.

A messieurs les président et juges composant le tribunal de première instance, séant à .....

Le procureur du Roi près le Tribunal, agissant au nom de l'État, représenté par M. le préfet du département de .....;

Vu les pièces à nous transmises par ce magistrat, savoir : 1° la loi *ou* l'ordonnance, en date du ..... qui déclare d'utilité publique l'établissement de ....., et autorise les travaux nécessaires pour y parvenir;

2° L'arrêté du préfet qui désigne les localités ou territoires sur lesquels les travaux doivent avoir lieu;

3° Les plans parcellaires des terrains ou édifices dont la cession est nécessaire à leur exécution;

4° Les certificats en date du ....., délivrés par les maires des communes de ....., constatant que l'exposition desdits plans a été publiée et affichée afin que chacun en pût prendre connaissance et faire ses observations;

5° Un exemplaire de chacun des journaux des chefs-lieux de département et d'arrondissement, appelés le ..... et le ....., n° ..... du premier; et n° ..... du second, ledit exemplaire revêtu de la signature du gérant dûment légalisée, contenant avertissement de ladite exposition;

6° Les procès-verbaux tenus par les maires desdites communes, en exécution de l'article 7 de la loi du 7 juillet 1833;

7° L'avis de la commission formée conformément à l'article 8 de ladite loi.

(*Ou dans le cas de travaux communaux*), l'avis du conseil municipal de la commune de .....;

8° Le certificat, émané de l'autorité préfectorale, attestant le dépôt au secrétariat général des pièces ci-dessus mentionnées, ainsi qu'il est prescrit par l'article 10 de la même loi (3);

---

(1) La loi ou l'ordonnance et toutes les pièces sont transmises immédiatement par le préfet au procureur du Roi de l'arrondissement dans l'étendue duquel les biens sont situés (article 13 de la loi du 7 juillet 1833).

(2) Afin de ne pas avoir à répéter fréquemment une observation qu'il suffit de faire une seule fois, nous posons ici comme règle que, lorsqu'il y aura concession par l'État à un ou plusieurs individus, le préfet et le procureur du Roi; en tant qu'ils agissent *comme représentant l'État*, seront remplacés par la compagnie qui devra recourir au ministère d'avoué pour tout ce qui sera judiciaire, sauf l'exercice des droits attribués à ces magistrats, et l'accomplissement des devoirs qui leur sont imposés *comme magistrats*.

(3) Ce certificat ne se rencontre pas quand il s'agit de travaux communaux.

9ᵉ La décision de l'administration supérieure, en date du ..... (1);

10° L'arrêté du préfet, en date du ....., qui détermine les propriétés dont la cession est nécessaire et indique l'époque de la prise de possession ;

11° L'approbation de l'administration supérieure (2) ;

Et attendu que desdites pièces il résulte que toutes les formalités voulues par l'article 2 du titre premier et par le titre 2 de la loi du 7 juillet 1833 ont été remplies ,

Requiert qu'il plaise au Tribunal prononcer l'expropriation, pour cause d'utilité publique, des terrains ou bâtimens indiqués dans l'arrêté ci-devant énoncé de M. le préfet,

Et commettre l'un de messieurs à l'effet de diriger les opérations du jury d'indemnité.

Nota. Sur ce réquisitoire le président indique le jour d'audience *le plus proche* (la loi, article 14, dit même *dans les trois jours*) et commet un juge pour faire son rapport.

Fait au parquet, le .....

TARIF.

* Si le jugement d'expropriation était poursuivi au nom d'une compagnie ou d'une commune, l'avoué dont le ministère serait employé dans ce cas, aurait droit pour sa requête à l'émolument accordé par l'article 73 du tarif en matière civile.

FORMULE Nº 19.

Jugement d'expropriation.

Au lieu de donner une formule qui n'aurait pour objet que de présenter réunies les conditions de validité de ce jugement, nous renvoyons aux développemens qui se trouvent dans le corps de l'ouvrage, nᵒˢ 124 et suivans.

Le jugement est rendu en audience publique * (3).

TARIF.

* Coût de l'expédition du jugement d'expropriation, calculée à raison de 40 centimes le rôle de vingt-huit lignes à la page et de quatorze à seize syllabes à la ligne (article 10 du tarif). Elle est, dans tous les cas, délivrée sur papier visé pour timbre gratis, d'une dimension égale à celle des feuilles assujetties au timbre de 1 fr. 25 c. et enregistrée gratis (article 58 de la loi du 7 juillet 1833 ; 9 et 15, § 3 du tarif du 18 septembre suivant).

Observation générale. La disposition de l'article 58, qui autorise la délivrance de l'expédition du jugement sur papier visé, s'étend à toutes les expéditions, à tous les extraits, etc., qui seraient réclamés au greffier en matière d'expropriation pour cause d'utilité publique.

Autre observation générale. Les droits accordés au greffier par le tarif spécial sont exclusifs de tous autres; et au moyen de ces droits, il est tenu des fournitures de bureau (article 15 du tarif).

(1) Voir la note de la formule nº 17 *bis.*
(2) Cette approbation n'intervient que lorsqu'il s'agit de travaux d'un intérêt purement communal.
(3) Il ne suffit pas que le jugement dise : « *prononce l'expropriation des terrains indiqués dans l'arrêté du préfet* », il faut qu'il mentionne chacune des parcelles avec les noms des propriétaires.

FORMULE N° 20.

Publication à son de trompe ou de caisse du jugement d'expropriation, et affiche à apposer aux portes de l'église et de la maison commune (article 15 de la loi du 7 juillet 1833) *

Préfecture de .....; expropriation pour cause d'utilité publique.

On fait savoir à tous qu'il appartiendra, que le tribunal de première instance de ..... a, dans son audience du ....., rendu le jugement suivant :

Louis-Philippe ....., etc.

Pour copie conforme:
Le Préfet.

TARIF.

* Pour ce qui concerne la publication et l'affixion du jugement, voir ce que nous avons dit sous la formule n° 9.

FORMULE N° 21.

Insertion du jugement d'expropriation dans l'un des journaux du département et dans l'un de ceux de l'arrondissement (article 15 de la loi).

Ce n'est point un extrait qu'il y a lieu d'insérer, comme les termes de la loi pourraient le donner à penser, mais bien le jugement tout entier ; il doit se terminer *par un certifié conforme* du préfet *.

TARIF.

* Voir, pour les frais d'insertion, ce que nous avons dit sous la formule n° 9.

FORMULE N° 22.

Notification de l'extrait du jugement d'expropriation aux propriétaires et usu-fruitiers (articles 15 et 22 de la loi, et 1er, n° 1 du tarif) (1 et 2).

Cet exploit de notification est rédigé dans la forme ordinaire * (3).

TARIF.

* Coût de cette notification..... (article 1er, n° 1er ; articles 4, 5, 7, 21 du tarif et 1039 du Code de pr. civ.): original, 1 fr.; par chaque copie, 25 c.; copies de pièces, calculées à raison de 30 c. par rôle de vingt-huit lignes à la page et de seize syllabes à la ligne, *mémoire;* transport, 1 fr. 50 c. par myriamètre parcouru en allant et revenant, *mémoire;* visa, 50 c. ou 1 fr. selon que l'on aura obtenu celui du maire ou qu'il faudra recourir au procureur du Roi, *mémoire;* répertoire, 10 c.

Observations. Les expressions de l'article 21 du tarif, *par chaque myriamètre parcouru en allant et en revenant,* doivent s'entendre en ce sens que le droit est dû à l'huissier pour le double parcours d'un myriamètre.

Les émolumens de l'exploit ci-dessus sont applicables à tous actes simples signifiés

(1) Cette notification doit être faite aux domiciles élus dans l'arrondissement de la situation des biens, ou, à défaut de cette élection, par double copie au maire et aux fermiers, gardiens ou régisseurs.

(2) La loi ne prescrit pas la notification aux intervenans, mais elle devrait également leur être faite, puisqu'ils ont été parties au jugement.

(3) Cet extrait ne doit contenir d'autre nom que celui du notifié ni d'autres indications que celle de propriétés qui le concernent.

dans les procédures en expropriation (article 1er, n° 12 du tarif); c'est au juge taxateur à apprécier si l'acte non prévu formellement appartient à la classe des actes simples ou à la catégorie qu'a eu en vue le n° 10 de l'art. 2 du tarif.

Tous les actes signifiés dans la procédure en expropriation sont dressés sur papier visé et enregistrés gratis, sans *distinction entre ceux faits à la requête de l'administration et ceux signifiés à la requête des particuliers* (article 58 de la loi).

Les significations et notifications mentionnées en la loi du 7 juillet 1833 peuvent être faites tant par huissier que par tout agent de l'administration dont les procès-verbaux font foi en justice (article 57 de la loi).

Mais les huissiers seuls ont droit aux émolumens fixés par le tarif (article 29 du tarif).

Il n'est dû de droit de transport aux huissiers que lorsque la distance parcourue, de leur résidence au lieu où ils instrumentent, outrepasse deux kilom. (art. 21 du tarif).

Il ne doit être accordé, d'après cet article et conformément à l'article 35 du décret du 14 juin 1813, qu'un seul droit de transport pour tous les actes faits dans une même cause et dans le même lieu; dans ce cas, le droit doit être partagé par portions égales entre les divers actes.

Les indemnités de transport se règlent par myriamètres et demi-myriamètres; les fractions de huit ou neuf kilomètres sont comptées pour un myriamètre, et celles de trois à huit pour un demi-myriamètre (article 22 du tarif).

Les distances sont calculées d'après le tableau dressé par les préfets conformément à l'article 93 du décret du 18 juin 1811 (article 23 du tarif).

Les huissiers arrêtés dans le cours d'un voyage par force majeure auront droit à une indemnité de 1 fr. 50 c. par chaque jour de séjour forcé, en justifiant toutefois par une attestation du juge-de-paix ou du maire, des causes du retard (article 24 du tarif).

Il n'est dû aux huissiers aucune indemnité pour le papier par eux fourni ni pour l'avoir fait viser pour timbre (article 8 du tarif).

FORMULE N° 23.

Transcription immédiate du jugement au bureau des hypothèques (art 16 de la loi) *.

Selon la forme ordinaire.

TARIF.

* Coût de cette transcription..... Ce qui aura été payé pour salaire au conservateur d'après le droit commun, et pour timbre du registre de transcription.

Coût de l'état des inscriptions : ce qui aura été payé pour salaire au conservateur, d'après le droit commun ; pas de frais de timbre, la délivrance a lieu sur papier visé (article 58 de la loi).

FORMULE N° 24.

Pourvoi en cassation contre le jugement, au greffe du tribunal qui l'a rendu (article 20, § 2 de la loi).

Forme ordinaire.

*Quant au délai de trois jours accordé pour le pourvoi, il n'est pas franc et ne s'augmente point à raison des distances; voir, au surplus, ce que nous avons dit au corps de l'ouvrage, nos 169 et 170 **.*

Nota. Les pièces doivent être adressées, dans la quinzaine, par le procureur du roi, à la chambre civile de la Cour de cassation. (*Voir* au corps de l'ouvrage, n° 122.)

TARIF.

** Le pourvoi ne donne lieu à aucun émolument au profit du greffier (art. 15 du tarif); l'expédition lui en est payée comme il est dit sous la formule n° 19. Cet acte n'est point porté sur le registre ordinaire, ce qui donnerait lieu à la réclamation du papier timbré, mais bien sur un registre particulier visé pour timbre (article 58 de la loi).

FORMULE N° 25.

Notification du pourvoi dans la huitaine (article 20, § 3 de la loi).

Forme ordinaire *

Nota. Si le recours est formé par l'administration, la notification doit être faite au domicile élu.

Autre observation : Y a-t-il lieu à la consignation d'amende voulue par l'article 17 de la loi du 2 brumaire an 4 ? Elle est exigée, et faute de l'opérer et d'en justifier, le pourvoi serait rejeté.

TARIF.

* Coût de cette notification : original, 1 fr. 50 c. ; copie, 37 c. ; le surplus, comme à la note sous la formule n° 22.

FORMULE N° 26.

Signification de l'arrêt de cassation (article 20, § 4 de la loi). **

Forme ordinaire.

TARIF.

** Coût de cette signification, comme sous la formule n° 22 (article 1er, n° 2 du tarif).

FORMULE N° 27.

Acte par lequel le propriétaire ou l'usufruitier appelle les ayans-droit, en leur dénonçant extrait du jugement d'expropriation (article 21, § 1er, et art. 22 de la loi). ***

Nota. Il doit être signifié, dans la huitaine de la signification faite par le préfet, du jugement d'expropriation.

L'an ....., etc. à la requête du sieur ....., propriétaire *ou* usufruitier, et pour satisfaire aux dispositions de l'article 21 de la loi du 7 juillet 1833,

J'ai, soussigné.....

signifié et déclaré au sieur ....., *en sa qualité de locataire ou fermier de ..... (tel immeuble) ou à raison du droit d'habitation, etc.* qu'il possède sur ..... (*telle maison*), en son domicile, parlant à .....

Que, suivant jugement rendu le ..... sur la poursuite de M. le préfet du département de ....., en sa qualité,

Le tribunal de ..... a prononcé l'expropriation pour cause d'utilité publique de l'immeuble susdésigné, et a commis M. ..... l'un de ses membres, pour diriger les opérations du jury qui pourrait être appelé à régler les indemnités dues aux intéressés ; à ce que le susnommé n'en ignore et ait à prendre pour la conservation de ses droits telles mesures qu'il avisera.

TARIF.

*** Coût de cet acte, comme sous la formule n° 22 (article 1er, n° 3 du tarif).

FORMULE N° 28.

Acte par lequel le propriétaire et l'usufruitier font connaître au magistrat directeur du jury les noms et qualités des ayans-droit (articles 21 et 22 de la loi) *.

L'an ....., etc., à la requête du sieur ....., propriétaire, demeurant à ....., et pour satisfaire à l'article 21 de la loi du 7 juillet 1833, j'ai . . . . soussigné déclaré à M. ..... juge au tribunal de ....., commis par jugement dudit tribunal, en date du ....., enregistré, à l'effet de diriger les opérations du jury appelé à régler les indemnités dues à raison de l'expropriation pour cause d'utilité publique, prononcée par le même jugement, de ..... (*tel immeuble*) appartenant au requérant, *ou* sur lequel le requérant a un droit d'usufruit; au domicile de mondit sieur ....., en parlant à sa personne et requérant visa qu'il nous a octroyé;

Que les intéressés dont ledit requérant doit, aux termes de la loi, donner la désignation, sont : 1° le sieur ....., locataire de la maison expropriée où il a son domicile; 2° le sieur ..... (*sa profession*), demeurant à ....., acquéreur d'un droit de passage par la cour de ladite maison, etc., à ce que mondit sieur ..... en sadite qualité n'en ignore.

TARIF.

* Coût de cet acte, comme sous la formule n° 25 (article 2, n° 2 du tarif).

FORMULE N° 29.

Acte par lequel des intéressés, qui n'ont pas été appelés, font connaître leurs prétentions à être indemnisés (1) (article 21, § 2 de la loi) *.

L'an, etc. ....., à la requête de ....., demeurant à ....., et en vertu de l'article 21 de la loi du 7 juillet 1833, j'ai . . . . soussigné, déclaré à M. ....., juge au Tribunal de ....., commis par jugement dudit Tribunal en date du ....., enregistré, à l'effet de diriger les opérations du jury qui devra régler les indemnités dues aux intéressés, à raison de l'expropriation pour cause d'utilité publique de ..... (*tel immeuble*), au domicile de mondit sieur ....., parlant à sa personne, et requérant visa qu'il nous a octroyé.

Que le requérant possède sur ledit immeuble un droit de ..... pourquoi il entend que l'administration lui signifie les offres qu'elle jugera convenables, et être appelé au réglement des indemnités, s'il y a lieu à ce réglement par voie judiciaire, à l'effet de faire valoir devant le jury toutes réclamations et prétentions à raison du droit ci-dessus énoncé.

A ce que mondit sieur ..... n'en ignore .....

TARIF.

* Coût de cet acte, comme sous la formule n° 25 (article 2, n° 3 du tarif).

(1) Cet acte doit être signifié dans la huitaine à partir de la signification faite par le préfet du jugement d'expropriation.

FORMULE N° 30.

Arrêté du préfet, qui fixe les sommes à offrir aux propriétaires dépossédés, à tous ceux que la loi admet à prendre part à l'indemnité ; ainsi qu'aux usufruitiers et autres intéressés, et enfin aux créanciers inscrits (1) (article 23 de la loi et 1er, n° 4, du tarif).

Nous, préfet du département de .....

Vu la loi *ou* l'ordonnance royale en date du ....., qui déclare d'utilité publique, l'établissement de ..... et en autorise l'exécution ;

Vu le jugement rendu par le Tribunal de ..... prononçant l'expropriation des biens ci-après ..... ;

Vu toutes les pièces, et notamment l'acte par lequel le sieur ....., propriétaire *ou* le sieur N....., usufruitier, a dénoncé les intéressés au magistrat directeur du jury, ensemble les actes signifiés au même magistrat par les sieurs ....., prétendant indemnité à titre de .....

Arrêtons :

Il sera offert à titre d'indemnité, à raison de l'expropriation des immeubles qui vont être désignés, savoir :

Art. 1er. Pour la maison sise rue ....., n° ....., 1° au sieur N....., propriétaire d'icelle, la somme de ..... ; 2° au sieur N...., locataire, celle de ..... ; au sieur N....., ayant un droit de ..... , 3° celle de ......

Art. 2. Pour le terrain faisant suite à l'immeuble ci-devant désigné (*comme ci-devant*).

Le présent arrêté sera notifié (2) aux individus y désignés et en outre au sieur N....., usufruitier de ..... et au sieur N...., créancier inscrit sur....., (*et à tous autres intéressés ayant droit à cette notification, chacun en ce qui e concerne, aux termes de l'article 23*).

Fait en l'hôtel de la préfecture, à ....., le .....

Le préfet.....

FORMULE N° 31.

Notification de l'arrêté portant fixation des indemnités offertes (article 23 de la loi et 1er, n° 4, du tarif) *.

L'an, etc....., à la requête de M. le préfet du département de ....., agissant en cette qualité et comme représentant l'État, lequel fait élection de domicile à ....., en l'hôtel de la préfecture, j'ai. . . . ., soussigné, signifié et avec celle des présentes laissé copie :

(1) S'il s'agissait de travaux entrepris dans l'intérêt exclusif d'une commune, à qui appartiendrait-il de fixer la somme à offrir? Les offres seraient fixées par le conseil municipal et soumises à l'approbation du préfet ; quant à la notification à en faire, elle pourrait avoir lieu à la requête du maire.

(2) Le rapprochement des articles 23 de la loi, et 1er, n° 4, du Tarif, démontre qu'il y a lieu, non de faire l'offre par exploit, mais bien de notifier l'arrêté du préfet qui fixe la somme à offrir.

1° Au sieur N....., propriétaire ;

2° Au sieur N....., usufruitier ;

3° Au sieur N....., créancier inscrit, etc.

De l'extrait, en ce qui le concerne, d'un arrêté de mondit sieur le préfet, en date du ....., portant fixation des sommes à offrir au propriétaire et autres ayant-droit à une indemnité, à raison de l'expropriation pour cause d'utilité publique de ..... (*indiquer l'immeuble*), prononcée par jugement du Tribunal de ....., en date du ....., enregistré.

A ce que les susnommés n'en ignorent .....

Nota. Pour l'acceptation ou le refus de ces offres , voir ci-après sous les nᵒˢ 36 et 39.

TARIF.

* Coût de cette notification , comme sous la formule nº 22 (article 1ᵉʳ, nᵒ 4 du tarif).

Nota. La taxe que devra faire le magistrat directeur du jury, par suite d'une décision rendue exécutoire , ne portera que sur les frais postérieurs à l'acte ci-dessus ; ceux qui l'auront précédé demeurent, dans tous les cas , à la charge de l'administration (art. 41, § 4 de la loi).

FORMULE Nᵒ 32.

Mémoire présenté par un tuteur ou un mari, afin d'être autorisé à accepter les offres à eux faites en cette qualité (article 25 de la loi) *.

A messieurs les président et juges composant le Tribunal civil séant à .....

Louis N....., propriétaire, demeurant à ....., agissant en qualité de tuteur de François N..... ;

A l'honneur de vous exposer ce qui suit :

En exécution de la loi *ou* de l'ordonnance royale du ....., qui déclare d'utilité publique, l'établissement de ....., le Tribunal a rendu, à la date du ...., un jugement qui a prononcé l'expropriation , entre autres biens, d'une pièce de terre située à ....., appartenant au mineur N....., son pupille.

Depuis, et par arrêté de M. le préfet, en date du ....., signifié à l'exposant , en sadite qualité, l'administration a fixé à la somme de ..... ce qui était offert par elle audit mineur, comme représentant la valeur de sa propriété ;

En conséquence, l'exposant, après avoir mûrement examiné le mérite de cette offre et pris les renseignemens nécessaires pour s'assurer qu'elle n'était pas inférieure à la somme qu'il y aurait lieu d'espérer de la fixation par le jury, se retire par devant vous, messieurs, afin d'obtenir, conformément à l'article 25 de la loi du 7 juillet 1833, l'autorisation d'accepter l'offre ci-dessus ;

Et à l'appui du présent, l'exposant produit la copie de la signification de l'arrêté préfectoral ci-devant énoncé.

Présenté le .....

Nota. Un avoué qui présenterait ce mémoire devrait, comme tout autre mandataire, être muni d'une procuration et la joindre.

TARIF.

* Ce mémoire, que la loi suppose signé de la partie et présenté par elle, ne donne lieu à aucun émolument. Si toutefois on avait eu recours à un avoué , il ne pourrait réclamer qu'un salaire *à raison du mandat* qu'il aurait accompli.

FORMULE N° 33.

Jugement qui adjuge les conclusions du mémoire précédent et ordonne des me-
sures de conservation ou de remploi, s'il y a lieu.

Ce jugement est rendu en la chambre du conseil, en la forme ordinaire, sur
rapport et conclusions du ministère public (article 25 de la loi).

. . . .

FORMULE N° 34.

Délibération du conseil général du département ou du conseil municipal de la
commune, ou du conseil d'administration de l'établissement public, pour
autoriser le préfet, le maire ou les administrateurs à accepter les offres faites
à raison des biens appartenant à ce département, à cette commune ou à cet
établissement public (article 26 de la loi).

L'an, etc..... (*le préambule ordinaire, en exprimant toutefois à quelle fin la*
convocation a eu lieu).

Le conseil .....,

Vu les offres d'indemnité faites à raison de l'expropriation pour cause d'u-
tilité publique, de ..... (*tel immeuble*), appartenant à .....;

Vu également les autres pièces à ce relatives;

Considérant .....;

Est d'avis d'autoriser, et autorise par ces présentes, M. le ..... à accepter
lesdites offres *ou bien* déclare qu'il n'y a lieu d'autoriser à accepter lesdites
offres;

Et sera le présent, soumis à l'approbation de M. le préfet en conseil de préfecture, conformément à l'article 26 de la loi du 7 juillet 1833.

Fait à ....., le.....

FORMULE N° 35.

Arrêté du préfet, en conseil de préfecture, à l'effet d'approuver, l'autorisation
qui précède, s'il y a lieu (article 26 de la loi).

Nous, préfet du département de ....., en conseil de préfecture,

Vu l'autorisation donnée par le conseil général *ou* municipal, *ou* d'administration de ...., d'accepter les offres faites de la somme de ...., comme indemnité
de la valeur de (*tel immeuble*), exproprié sur le département de ..... *ou* la
commune de..... *ou* l'établissement de ....., pour cause d'utilité publique;

Vu lesdites offres, s'élevant à la somme de .....; vu également l'article 26 de
la loi du 7 juillet 1833 et après avoir pris l'avis du conseil de préfecture;

Considérant ..... ;

Déclarons approuver l'autorisation d'accepter les offres dont il s'agit *ou bien*
qu'il n'y a lieu d'approuver l'autorisation, etc. (1).

Fait, en conseil de préfecture, à ....., le .....

(1) Si le préfet n'autorisait pas, on pourrait recourir au ministre, selon le droit commun.

FORMULE N° 36.

Acte par lequel le propriétaire dépossédé et les autres intéressés acceptent ou refusent les offres *.

NOTA. Il doit être signifié dans la quinzaine des offres; toutefois le délai sera d'un mois, dans le cas où elles seraient faites à un tuteur, à un mari, à d'autres personnes n'ayant pas qualité pour aliéner, à un département, à une commune ou bien à un établissement public (articles 24, 25, 26 et 27 de la loi).

Copie des autorisations devra être signifiée en tête de l'exploit (articles ci-dessus de la loi et 1er, n° 5, du tarif).

L'an, etc..... à la requête de, ... (*sa qualité de propriétaire, usufruitier ou locataire, etc.; mentionner ensuite les autorisations, s'il s'agit de personnes qui ont dû en obtenir, et exprimer qu'il en est donné copie*).

J'ai, ...,

Déclaré à ....., etc.....

Que le requérant accepte les offres qui lui ont été faites par exploit de ....., huissier, à ....., en date du ....., enregistré, de la somme de ....., comme indemnité de l'expropriation qu'il subit de (*tel immeuble ou de son droit de ..... sur tel immeuble*) pour cause d'utilité publique.

Ou bien que le requérant refuse, comme insuffisantes, les offres..... (*comme ci-dessus*)..... et réclame la somme de ....., à raison de ladite expropriation.

A ce que mondit sieur ..... n'en ignore, et je lui ai .....

TARIF.

* Coût de cet acte, comme sous la formule n° 22 (article 1er, n° 5 du tarif).

FORMULE N° 37.

Acte signifié au magistrat directeur du jury, par lequel le propriétaire exproprié, qui se trouve dans l'un des cas prévus par l'article 50, requiert que l'immeuble soit acheté en entier (1) *.

L'an, etc....., à la requête du sieur, etc....., agissant en qualité de propriétaire d'une maison *ou* d'un bâtiment, *ou* d'un terrain situé à....., dont l'expropriation, *pour partie*, a été prononcée, pour cause d'utilité publique, par jugement du....., etc., en vertu de l'article 50 de la loi du 7 juillet 1833;

J'ai. . . . .,

Déclaré à M. ....., juge au Tribunal de ....., commis par le jugement susdaté à l'effet de diriger les opérations du jury qui devra fixer les indemnités dues aux propriétaires dépossédés, en son domicile, parlant à sa personne et requérant *visa* qu'il nous a octroyé;

Que ledit sieur ..... se trouvant, par rapport à l'immeuble indiqué précédemment, dans l'un des cas prévus par l'article 50 de la loi du 7 juillet 1833,

(1) Cette réquisition doit être faite dans la quinzaine des offres de l'administration.

il entend user du bénéfice de cet article, et requiert en conséquence que ledit immeuble soit acheté en entier ;

Et j'ai, à mondit sieur ....., en parlant comme dessus, laissé copie du présent.

TARIF.

Comme sous la formule nº 25 (article 2 , nº 7 du tarif).

FORMULE Nº 38.

Notification par l'administration, aux CRÉANCIERS INSCRITS ET AUTRES INTÉRESSÉS, *de l'aceptation par le propriétaire des offres à lui faites aux termes de l'article* 23 (1) (article 28 de la loi)**.

L'an ....., le ...., à la requête de M. le préfet du département de ....., agissant en sadite qualité et comme représentant l'État, lequel fait élection de domicile en l'hôtel de la préfecture, à .....

J'ai. . . . . ,

soussigné, notifié au sieur N..., demeurant à ..., en son domicile, parlant à...,

Que par acte du ministère de ....., en date du ....., enregistré, le sieur N......, propriétaire de ..... (*désigner l'immeuble*), situé à ....., dont l'expropriation a été prononcée par jugement du Tribunal de ....., en date du ....., également enregistré, a déclaré à mondit sieur le préfet qu'il acceptait les offres de la somme de ......, à lui faites par l'administration, comme indemnité de la dépossession ;

A ce que ledit sieur N....., en raison de ses droits d'usufruit, d'usage, ou en sa qualité de créancier inscrit sur le dit immeuble, n'en ignore;

Et je lui ai, etc., etc.

TARIF.

** Coût de cet acte , comme sous la formule nº 22 (analogie avec le cas de l'article 1er nº 4 du tarif).

FORMULE Nº 39.

Acte par lequel les CRÉANCIERS INSCRITS OU AUTRES INTÉRESSÉS *déclarent ne pas vouloir se contenter de la somme convenue entre l'administration et le propriétaire* (article 28 de la loi) ***.

L'an ...., le ....., à la requête de N....., demeurant à ....., agissant en qualité, d'usufruitier, usager ou de créancier inscrit sur l'immeuble ci-après désigné ;

J'ai. . . . . ;

soussigné, déclaré à M. le préfet du département de ....., en sadite qualité et comme représentant l'État, en l'hôtel de la préfecture, parlant à sa personne et requérant *visa* qu'il nous a octroyé, que le requérant n'entend pas se contenter de la somme de ....., convenue entre l'administration et le sieur N....., comme

(1) Dans le cas où il y a eu cession volontaire , la notification de l'acceptation des offres est remplacée par la signification du contrat de cession amiable (Voir, au surplus, au corps de l'ouvrage , Nº 160).

indemnité de la dépossession de ..... (désigner l'immeuble), prononcée par jugement du Tribunal de ....., en date du ....., enregistré, ou de la somme de ...., fixée par contrat de cession amiable de .... (désigner l'immeuble), en date du ....., enregistré.

A ce que M. le préfet n'en ignore et ait, en conséquence, à faire toutes diligences pour parvenir à la fixation, par le jury, de l'indemnité à payer par l'État à raison de l'expropriation de cet immeuble ;

Et je lui ai , etc., etc.

TARIF.

*** Coût de cet acte, comme sous la formule nº 25 (analogie avec le cas de l'artᵢᶜˡ nº 5 du tarif).

FORMULE Nº 40.

Sommation, par l'exproprié au préfet, de déposer à la caisse des consignations là somme offerte par l'administration et par lui acceptée comme indemnité de sa dépossession (article 59 de la loi) (1).

L'an , etc....., à la requête de .....,

J'ai. . . . .,

soussigné , déclaré à M. le Préfet, etc..... que ledit sieur N..... usant de la faculté qui lui est accordée par l'article 59 de la loi du 7 juillet 1833, requiert que la somme par lui acceptée de l'administration comme indemnité représentative de la valeur de ...... (tel immeuble), dont il a été exproprié pour cause d'utilité publique, par jugement du Tribunal de ....., en date du ....., enregistré, soit immédiatement déposée à la caisse des consignations, pour être distribuée à qui de droit, à peine de tous dommages-intérêts ;

Et j'ai, etc.

TARIF.

* Coût de cet acte, comme sous la formule nº 22 (article 1er, nº 11 du tarif).

FORMULE Nº 41.

Désignation, par le conseil général du département, des jurés qui, dans chaque arrondissement, pourront être choisis à l'effet de régler les indemnités qui seraient dues aux expropriés pour cause d'utilité publique (article 29 de la loi).

Cette désignation à lieu dans la forme des autres délibérations du conseil général, et l'article 29 de la loi du 7 juillet 1833 indique clairement les élémens qui doivent y entrer ainsi que les conditions de sa régularité.

---

(1) Si , dans les délais de l'article 28 , les tiers auxquels cette acceptation a été notifiée ont déclaré vouloir le réglement par le jury, il n'y a lieu de demander cette consignation.

La réquisition dont il s'agit ici pourrait aussi figurer dans l'acte d'acceptation notifié à l'administration , aux termes de l'article 24.

FORMULE N° 42.

Arrêté du préfet, portant réquisition, à la Cour royale ou au Tribunal du chef-lieu judiciaire du département, de choisir, sur la liste générale du jury d'indemnité, seize jurés titulaires et quatre jurés supplémentaires pour former le jury spécial (article 30 de la loi).

Nous, préfet du département de ..... ;

Vu la loi *ou* l'ordonnance royale du ..... qui déclare d'utilité publique, l'établissement de ....., et autorise, en conséquence, l'exécution des travaux pour y parvenir et l'acquisition, au nom de l'État, soit de gré à gré, soit par voie d'expropriation, des immeubles ou portions d'immeubles dont la cession est nécessaire pour réaliser ledit projet;

Vu le jugement rendu par le Tribunal de première instance de ....., le ....., lequel prononce l'expropriation des propriétés suivantes, savoir :

1° ..... ;

2° ..... ;

3° ....., etc. (1).

Vu les actes de signification, dudit jugement, aux parties intéressées ;

Vu les actes extrajudiciaires, contenant la notification des sommes offertes par l'État ;

Vu les actes signifiés, à la requête de ....., portant refus d'acceptation, *ou* les actes par lesquels les sieurs N....., créanciers inscrits ou intéressés, ont requis la fixation de l'indemnité par jury;

Vu la loi du 7 juillet 1833;

Requérons qu'il plaise à la Cour royale *ou* au Tribunal de ..... de procéder, conformément à l'article 30 de ladite loi, au choix des jurés chargés de fixer les indemnités dues à raison de la dépossession prononcée des propriétés ci-dessus désignées (2).

Fait à l'hôtel de la préfecture, à ....., le .....

FORMULE N° 43.

Réquisitoire du procureur général ou du procureur du Roi aux fins indiquées dans la formule précédente (article 30 de la loi).

Le procureur général près la Cour royale de ..... *ou* le procureur du Roi près le Tribunal civil de .... a l'honneur de transmettre à M. le premier président

---

(1) Il est indispensable que la Cour *ou* le Tribunal trouve dans l'arrêté du préfet les désignations des propriétés à l'égard desquelles le jury a composer aura à statuer. Par ce moyen, le jury se trouve comme saisi au moment même de la formation, de manière à ne pas permettre que les affaires soient introduites *sa composition une fois connue.*

(2) Il est indispensable, pour que la Cour *ou* le Tribunal puisse observer le prescrit de l'article 30, qu'à l'arrêté ci-dessus soit joint un tableau contenant en regard de chacune des propriétés dont le jury aura à apprécier la valeur ou qui se trouvent énumérées dans l'arrêté du préfet, pris en vertu de l'article 11, comme restant à acquérir, l'indication des propriétaires, fermiers, et de tous ceux qui, à raison de leur intérêt dans la fixation, sont incapables de remplir les fonctions de jurés.

(457)

ou à M. le président , les pièces d'une procédure en expropriation pour cause d'utilité publique suivie par l'État pour parvenir à l'établissement de .....;

Et requiert qu'il plaise à M. le premier président réunir la Cour *ou* à M. le président de réunir le Tribunal pour procéder, sur la demande de M. le préfet du département de ....., au choix du jury spécial chargé de fixer, conformément à la loi du 7 juillet 1833, les indemnités dues à raison desdites expropriations.

Au parquet, le .....

FORMULE N° 44.

Délibération de la Cour ou du Tribunal, TOUTES CHAMBRES RÉUNIES, *sur le réquisitoire qui précède* (article 30 de la loi) *.

NOTA. Quoique la loi ne le dise pas, il faut tenir pour certain que les jurés supplémentaires doivent être choisis parmi les habitans de la localité dans laquelle le jury doit siéger.

Liste des jurés titulaires et supplémentaires choisis par la Cour royale ou le Tribunal de ....., toutes les chambres réunies en chambre du conseil, conformément aux dispositions de l'article 30 de la loi du 7 juillet 1833, pour former le jury spécial chargé de fixer définitivement le montant des indemnités dues, pour cause d'expropriation forcée, à plusieurs particuliers dont les immeubles ou portions d'immeubles ont été jugés nécessaires à l'exécution de.... (tel projet).

Nos D'ORDRE.	Nos D'ORDRE de la liste du conseil gén. du dép. d...	NOMS.	PRÉNOMS.	PROFESSIONS ou FONCTIONS.	LIEU du DOMICILE.
1					
2					
3					
4					
5					
6					
7					
8					
9					
10					
11					
12					
13					
14					
15					
16					
Jurés supplémentaires.					
17					
18					
19					
20					

Ainsi fait et arrêté, sur la réquisition de M. le procureur général *ou* de M. le procureur du Roi, ce jourd'hui ..... par la Cour royale de ..... *ou* par le Tribunal civil de ....., toutes les chambres réunies en chambre du conseil, au palais de justice, sous la présidence de M...... et présens MM......

TARIF.

* L'expédition de cette délibération est délivrée gratuitement et sur papier visé, par le greffier de la cour *ou* du tribunal.

FORMULE N° 45.

Arrêté du préfet ou *du sous-préfet indicatif des jour, lieu et heure où les opérations du jury doivent commencer* (article 31 de la loi).

NOTA. Aucune disposition de la loi ne prescrit cet arrêté, mais il est nécessaire, puisque c'est au préfet *ou* au sous-préfet à déterminer le jour où les opérations commenceront et le lieu où se tiendront les séances; et, quant à ce dernier point, nous devons remarquer qu'il résulte de l'article 16 du tarif que les séances ne doivent pas nécessairement avoir lieu dans l'une des salles du tribunal, comme on le pratique habituellement; ceci surtout justifie la nécessité de l'arrêté.

Nous, préfet du département de .... *ou* sous-préfet de l'arrondissement de....;

Vu le jugement qui prononce l'expropriation, pour cause d'utilité publique, de ..... (*tels immeubles*) ;

Vu la délibération de la Cour royale de .... *ou* du Tribunal de ....., portant choix des jurés qui doivent composer le jury spécial d'indemnité, à raison de l'expropriation ci-dessus ;

Vu l'article 31 de la loi du 7 juillet 1833;

Et après nous être concerté avec M. ....., juge au tribunal de ....., nommé par le jugement susdaté pour diriger les opérations du jury;

Arrêtons :

Les jurés et les parties seront convoqués, à l'effet de se trouver le ...., à ..... heures, en (*tel local*), pour y être procédé au réglement des droits des intéressés dans l'expropriation dont il a été ci-devant question.

Fait à ...., le .....

FORMULE N° 46.

Acte de convocation des jurés titulaires et supplémentaires (articles 31 de la loi et 1er, n° 6 de tarif) *.

NOTA. Cette notification doit être faite au moins huit jours avant le jour de la réunion (article 31).

L'an ....., etc., à la requête de M. le préfet du département de ..... *ou* sous-préfet de l'arrondissement de ....., agissant en sadite qualité et comme représentant l'Etat, lequel fait élection de domicile en l'hôtel de la préfecture *ou* de la sous-préfecture ,

J'ai, ..., soussigné,

déclaré au sieur ....., en son domicile, parlant à .....,

Que, par délibération de la cour royale de.... *ou* du Tribunal de...., en date du ...., il a été désigné à l'effet de faire partie du jury spécial qui devra fixer les indemnités à accorder, à raison de diverses expropriations pour cause d'utilité publique auxquelles a donné lieu l'établissement de ....., et que l'ouverture des opérations du jury a été fixée par arrêté de M. le préfet *ou* sous-préfet, au ....., présent mois ...., heures de....., en (*tel local*);

A ce que ledit sieur ..... n'en ignore et ait à s'y conformer, à peine de se voir condamner en l'amende de 300 francs portée par la loi.

Nota. La délibération qui a formé la liste des jurés, n'est point notifiée à ces derniers, non plus que l'arrêté préfectoral qui fixe le jour et le lieu où les opérations commenceront; les termes de l'article du tarif ci-dessus cité le démontrent clairement. Dans la pratique, il arrive que le préfet *ou* sous-préfet fait remettre à chaque juré, par le maire de sa commune, *et sur récépissé*, un extrait, en ce qui le concerne, de la liste des jurés, avec indication des jour, lieu et heure des opérations. Ce mode de convocation peut également être suivi.

TARIF.

* Comme sous la formule n° 22 (article 1er, n° 6 du tarif).

FORMULE N° 47.

Acte de convocation des parties, avec copie de la liste des jurés (article 31 de la loi) *.

Nota. C'est à tort qu'on signifie habituellement l'arrêté préfectoral ; la loi ne le prescrit pas ; son énonciation suffit pour une convocation. Ce n'est point là comme s'il s'agissait d'une demande à justifier; tout doit être simplifié dans une matière aussi urgente.

Ce acte doit être notifié huit jours au-moins avant celui indiqué pour le commencement des opérations.

L'an ....., le ....., à la requête de M. le préfet du département de ..... *ou* de M. le sous-préfet de l'arrondissement de ....., lequel fait élection de domicile en l'hôtel de la préfecture *ou* de la sous-préfecture, à .....

J'ai .....,

soussigné, signifié et laissé copie, 1° à M. ..... (*sa profession et son domicile*), en son domicile, en parlant à .....

2° A M. .....

De la liste du jury spécial chargé de fixer définitivement le montant des indemnités dues à raison des expropriations auxquelles donne lieu l'établissement pour cause d'utilité publique, de .....

Et à même requête que dessus, et, en conséquence de l'arrêté de mondit sieur le préfet *ou* sous-préfet, en date du....., j'ai, en outre, sommé lesdits sieurs ..... de se trouver le ....., heures du matin *ou* de relevée, en ..... (*tel local*), jour, lieu et heure indiqués par ledit arrêté, pour être présens, en ce qui les concerne, aux opérations du jury et présenter leurs observations, s'ils le jugent convenable;

A ce que du tout ils n'ignorent et aient à s'y conformer, etc.

Nota. Aux jour, lieu** et heure indiqués pour la réunion, le greffier fait l'appel des jurés titulaires et supplémentaires.

TARIF.

" Comme s us la formule n° 22 (article 1er, n° 6 du tarif).

" Indemnités dues au magistrat directeur du jury et au greffier, dans le cas où il y a déplacement de leur part pour la tenue des assises.

Lorsque les assises spéciales se tiendront ailleurs que dans la ville où siège le tribunal, le magistrat directeur du jury aura droit, pour tous frais de voyage, nourriture et séjour, à une indemnité, savoir : de 9 francs s'il se transporte à plus de cinq kilom. de sa résidence, et de 12 francs si la distance est de plus de deux myriamètres. Dans le même cas, le greffier ou son commis; recevra 6 ou 8 francs, selon qu'il se sera transporté au-delà de cinq kilom. ou de deux myriam. (article 16 du tarif).

La règle donnée par l'article 22 du tarif, relativement au fractionnement des myria mètres, quelque générale qu'elle soit dans ces termes, ne reçoit point d'application ici. Les indemnités dont il s'agit ne sont dues qu'autant que les cinq kilom. ou les deux myriam. ont été outrepassés.

Il est à observer que ces indemnités sont, dans tous les cas, à la charge de l'administration ou de la compagnie concessionnaire, et que, dès-lors, elles ne peuvent entrer dans la taxe des dépens sur lesquels le magistrat directeur du jury est appelé à statuer (article 28 du tarif).

FORMULE N° 48.

Ordonnance du magistrat directeur du jury qui prononce sur les motifs d'em-
pêchemens, d'exclusion ou d'incompatibilité, portant sur tous les travaux de
*la session (*articles 30 et 32 de la loi).*

NOTA. Il faut remarquer que le magistrat ne peut admettre que les motifs d'exclusion ou d'incompatibilité survenus ou connus postérieurement à la désignation de la Cour (article 32 de la loi).

Cette ordonnance doit être rendue lors de la première réunion et avant que les opérations soient commencées.

Nous ....., juge au tribunal civil de ....., commis par jugement de ce tribunal, en date du ....., enregistré, pour diriger les opérations du jury spécial chargé de fixer les indemnités dues à raison des biens dont l'expropriation a été prononcée par le jugement susénoncé, assisté du sieur ....., greffier ;

Vu les réclamations des ci-après nommés,

A l'égard du sieur ....., attendu qu'il est septuagénaire, ainsi que cela est justifié par la production de son acte de naissance ;

A l'égard du sieur ....., attendu qu'il est propriétaire d'une pièce de terre désignée en l'arrêté de M. le préfet, pris en vertu de l'article 11, et *qui reste à acquérir ;*

En ce qui concerne le sieur ....., attendu qu'il est domicilié hors de l'arrondissement, ce qu'il justifie par la production des certificats constatant la translation de son domicile ou de son principal établissement;

Relativement au sieur ....., attendu qu'il est établi par un certificat de médecin qu'il se trouve dans un état de maladie qui ne lui permet pas de concourir aux opérations du jury :

Quant au sieur ....., attendu .....;

Toutes lesquelles causes d'empêchement d'exclusion ou d'incompatibilité ne sont survenues *ou* n'ont été connues que postérieurement à la désignation faite en vertu de l'article 30;

Vu les articles 29, 30 et 32 de la loi du 7 juillet 1833,

Disons que MM...... sont dispensés de concourir aux opérations auxquelles il va être procédé par le jury.

Ainsi prononcé en audience publique à ....., le......

Nota. Il n'est pas besoin de formule spéciale pour le cas où il y a lieu de prononcer sur des causes d'empêchemens survenues pendant le cours de la cession.

FORMULE N° 49.

Ordonnance du magistrat en cas de non-comparution ou de refus de la part d'un juré de prendre part à la délibération (article 32 de la loi) *.

Nous..... (comme ci-devant).

Considérant que le sieur....., juré désigné par arrêt de la cour royale de....., *ou* par jugement du tribunal de ....., en date du....., pour prendre part aux opérations de la présente session du jury, ne comparaît pas à l'audience de ce jour;

Considérant qu'il résulte d'un acte à lui signifié à la requête de M. le préfet *ou* de M. le sous-préfet de..... par le ministère de l'huissier N. ....., qu'il a été dûment convoqué;

Ou considérant que le sieur N..... refuse de prendre part au réglement des indemnités dues à raison de l'expropriation de..... (*désigner l'immeuble*);

Considérant (*dans l'un et l'autre des deux cas ci-dessus*) qu'il n'appert d'aucun motif légitime d'empêchement ;

Vu l'article 32 de la loi du 7 juillet 1833 ;

Donnons défaut (1) contre ledit sieur..... et le condamnons en l'amende de,.... (*100 à 300 francs*) (2).

Fait et prononcé en audience publique à ....., le.....

TARIF.

* Coût de l'expédition de cette ordonnance, calculée comme il est dit sous la formule n° 19 (article 10 du tarif).

FORMULE N° 50.

Signification de l'ordonnance qui précède (articles 32 de la loi, et 1er, n° 7 du tarif) **.

Forme ordinaire.....

TARIF.

** Coût de cet acte, comme sous la formule n° 22 (article 1er, n° 7 du tarif).

(1) Il faut observer que, lorsqu'il s'agit d'un refus de prendre part aux opérations, il arrivera le plus souvent que le juré présent déduira les motifs de son abstention, et que la décision du magistrat qui, rejetant les motifs, le condamnera à l'amende faute de siéger. *sera prononcée devant lui.* Le procès-verbal devra faire mention de ces circonstances ; car ce ne serait plus un défaut, mais une décision contradictoire , et , par suite, non susceptible d'opposition.

(2) Quoiqu'il s'agisse d'une décision par défaut et dont l'objet n'est pas sans importance , il n'y a pas lieu de commettre un huissier ou un agent de l'administration pour en faire la signification; la loi ne le commande pas, et cela n'a même pas lieu pour l'amende de 500 fr. prononcée contre les jurés défaillans en matière criminelle.

FORMULE N° 51.

Opposition par le juré défaillant à l'ordonnance qui le condamne à l'amende (articles 32 de la loi, et 2, n° 6 du tarif)* (1).

Forme ordinaire des oppositions aux décisions par défaut.

TARIF.

* Coût de cet acte, comme sous la formule n° 25 (article 2, n° 6 du tarif).

FORMULE N° 52.

Ordonnance du magistrat pour statuer sur l'opposition du juré défaillant (article 32 de la loi).

Nota. Le juge peut-il statuer sur l'opposition après la clôture de la session? *Voir* sur cette question ce que nous avons dit au corps de l'ouvrage n° 247.

Nous . ... (*comme à la formule* n° 48);

Vu notre ordonnance en date du ..... qui donne défaut contre le sieur ..... faute par lui de s'être présenté pour prendre part aux opérations du jury dont il fait partie;

Vu l'opposition formée par ledit sieur ..... *soit* par déclaration aujourd'hui faite devant nous, *soit* par acte à nous signifié du ministère de..... en date du .....;

Attendu que ledit sieur ..... a justifié qu'il avait été légitimement empêché de se présenter, par ..... (*telle cause*);

Vu l'article 32 de la loi du 7 juillet 1833; recevons ledit sieur ..... opposant à notre ordonnance susdatée, et, statuant sur son opposition, le déchargeons de l'amende prononcée à sa charge.

Fait et prononcé en audience publique le .....

Si, par suite des empêchemens, etc., et après l'épuisement de la liste des jurés supplémentaires, il y a encore insuffisance, on procédera comme suit :

FORMULE N° 53.

Ordonnance du magistrat directeur du jury qui déclare l'insuffisance du nombre des jurés , et la nécessité de se pourvoir devant le tribunal, afin que la liste soit complétée.

Nous ....., juge commis par jugement du tribunal de....., en date du ....., enregistré, à l'effet de diriger les opérations du jury appelé à fixer les indemnités dues à raison des expropriations prononcées par ledit jugement;

---

(1) Cet acte est signifié au magistrat directeur du jury, qui vise l'original.

Au surplus, il n'est pas besoin . pour former l'opposition, d'attendre la signification de l'ordonnance ni de recourir à un officier ministériel, le juré peut se présenter devant le magistrat pendant l'une des séances, y déduire les causes qui l'ont empêché de comparaître, et demander que l'ordonnance rendue contre lui soit rapportée.

Considérant que, par suite des empêchemens, exclusions ou incompatibi-lités reconnus par nos ordonnances de ce jour, le nombre des jurés, en y comprenant les supplémentaires, se trouve réduit à ..... ; vu l'article 33, § 2 de la loi du 7 juillet 1833 : disons qu'il y a lieu de requérir immédiatement du tribunal la nomination de ..... *(le nombre de jurés)*.

Fait à ....., en audience publique, le .....

Nota. Expédition de cette ordonnance doit être remise à l'administration, qui aussitôt la transmet au procureur du Roi, et ce magistrat doit, sans aucun retard, présenter au tribunal le réquisitoire suivant pour obtenir nomination des jurés nécessaires.

FORMULE N° 54.

Réquisitoire du procureur du Roi pour obtenir la nomination de jurés en cas d'insuffisance (art. 33 de la loi) (1).

Le procureur du Roi, agissant pour M. le préfet du département de ..... comme représentant l'Etat ;

Vu l'ordonnance, dont expédition ci-jointe, rendue aujourd'hui par M......, juge en ce tribunal, chargé de diriger les opérations du jury d'indemnités à raison de travaux d'utilité publique, actuellement en session ;

Vu les articles 33, § 2, et 30 de la loi du 7 juillet 1833 ;

Requiert qu'il plaise à M. le président convoquer immédiatement le tribunal en assemblée générale, à l'effet de compléter le nombre de seize jurés néces-saires pour les opérations dont il s'agit *.

Fait au parquet .....

TARIF.

* Dans le cas où cette nomination de nouveaux jurés serait requise par le ministère d'avoué, s'il y avait eu concession par exemple, il y aurait lieu d'appliquer par ana-logie, pour la fixation de son émolument, l'article 76 du tarif en matière civile.

FORMULE N° 55.

Jugement pour compléter la liste des jurés (article 33 de la loi) *.

L'an ...., le ...., à ..... heures, au Palais-de-Justice, le tribunal civil, séant à ....., réuni en assemblée générale, à l'effet de nommer, en vertu de l'article 33 de la loi du 7 juillet 1833, les jurés nécessaires pour qu'il puisse être procédé aux opérations du jury d'indemnité dans l'expropriation pour cause d'utilité publique prononcée par jugement de ce tribunal, le ....., enregistré ;

Vu 1° le réquisitoire écrit de M. le procureur du roi, au nom de l'adminis-tration, afin de convocation du tribunal et de nomination de nouveaux jurés, lequel réquisitoire est ainsi conçu .....

---

(1) A son réquisitoire le procureur du Roi doit joindre la liste des jurés, formée par le conseil général, en exécution de l'article 29, certifiée par le préfet.

Le procureur du Roi réitère dans l'assemblée ses conclusions, à fin de nomination de nouveaux jurés, à moins qu'en sa qualité de magistrat, il n'estime que la demande n'est pas justifiée.

2° L'ordonnance du ....., rendue par M. ....., nommé magistrat directeur du jury, suivant le jugement ci-devant visé, de laquelle ordonnance la teneur suit : .....;

Attendu .....;

Le tribunal déclare n'y avoir lieu, quant à présent, *ou bien*, choisit pour compléter le nombre de seize jurés nécessaires aux opérations, MM. ..... (1).

Délibéré en la chambre du Conseil, lesdits jour, mois et an que dessus: présens MM. .....

TARIF.

Coût de l'expédition de ce jugement, comme il a été dit ci-devant pour les autres expéditions.

FORMULE N° 56.

Procès-verbal des opérations du jury spécial, tenu par le greffier (article 34 de la loi) *.

NOTA. Ce procès-verbal est l'acte du greffier; toutefois, il est aussi signé par le magistrat, comme il arrive pour celui des assises criminelles (article 372 du Code d'instruction criminelle).

Audience publique.

L'an ....., le ....., M. ....., juge près le tribunal civil de ....., nommé par jugement dudit tribunal, en date du ....., enregistré, à l'effet de diriger les opérations du jury d'indemnités dans l'expropriation pour cause d'utilité publique, poursuivie par M. le préfet du département de ...... contre le sieur ....., demeurant à ....., propriétaire de l'immeuble dont il va être parlé, et autres intéressés,

S'est rendu aux fins ci-dessus, assisté du greffier, au Palais-de-Justice **, le....., à ..... heures ....., jour, lieu et heure indiqués à MM. les jurés et aux parties, par les citations et ajournemens à eux délivrés.

Où étant, le greffier a fait l'appel de la cause entre le préfet et ledit sieur.....

Aussitôt se sont présentés pour l'administration, M. .....

Et 1° le sieur ....., propriétaire exproprié, *ou bien*, le sieur ....., fondé de pouvoir de N ....., propriétaire exproprié, ainsi qu'il résulte de la procuration notariée passée en brevet devant ....., notaire à ....., enregistrée, qu'il a déposée pour être jointe au présent ;

2° ..... ;

3° ..... ;

4° ....., etc. (*mentionner ceux qui se présentent par suite de l'ajournement qu'ils ont reçu, ou comme ayant qualité pour réclamer le règlement par jury*).

Le greffier a ensuite procédé à l'appel nominal des seize jurés portés sur la liste dressée en exécution de l'article 30 de la loi du 7 juillet 1833, par la cour royale de ..... *ou* par le tribunal de ....., le.....

(1) Le tribunal doit avoir le soin de ne choisir que des citoyens qu'il sait être dans la localité. Ces nouveaux jurés doivent être cités; ils ne peuvent exciper de ce qu'on ne leur laisse aucun délai pour venir prendre part aux délibérations, il n'est besoin non plus de dénoncer leurs noms aux parties.

Pour le coût de la convocation de ces jurés, voir la formule n° 46.

Sur cet appel, MM. ..... ont été déclarés par ordonnance du magistrat dispensés (*empêchés ou absens*). En conséquence, MM. ....., jurés supplémentaires, ont été successivement appelés à les remplacer, et (*s'il y a lieu*), tous les jurés supplémentaires appelés, le nombre des jurés s'étant trouvé inférieur à seize, le magistrat directeur du jury a rendu ordonnance à l'effet qu'il soit choisi de nouveaux jurés par le Tribunal.

Ce fait, un nouvel appel a eu lieu pour parvenir aux récusations (voir au traité, n° 263), lors duquel, l'administration et la partie ont déclaré récuser MM. .....; après-quoi, le magistrat a réduit les jurés au nombre de douze en retranchant MM. ....., derniers inscrits sur la liste, et a déclaré le jury constitué ainsi qu'il suit :

1° M. .....;

2° M. .....;

3° M. .....; etc. (*jusqu'à* 12).

Chacun desquels, après lecture de la formule du serment ainsi conçue : « Vous jurez de remplir vos fonctions avec impartialité, » interpellé successivement, a répondu : « *Je le jure.* »

Le magistrat directeur a alors mis sous les yeux du jury, 1° le tableau contenant les offres de l'administration et la demande des parties; 2° le plan parcellaire où figure la propriété expropriée du sieur ..... (*la réquisition du propriétaire en vertu de l'article 50 d'acquérir la totalité d'un immeuble exproprié en partie*), les titres et documens produits par les parties à l'appui de leurs offres et demandes; il l'a, en outre, averti de la faculté qui lui est accordée par la loi de recourir à toutes personnes qu'il croira pouvoir l'éclairer, comme aussi de se transporter sur les lieux ou de déléguer un ou plusieurs de ses membres à cet effet, et enfin de faire visiter les lieux par *gens de l'art,* pour lui être fait rapport verbal de leurs observations (1).

Après avoir entendu les observations respectives des parties (*ou de leurs fondés de pouvoirs*), ainsi que celles des sieurs....., intéressés, qui sont venus directement demander à être entendus (2).

Nota. (*Il faut indiquer ici les mesures d'instruction auxquelles le jury croira devoir recourir : transport sur les lieux, audition de témoins, etc. S'il est requis taxe pour transport, témoignages ou autres causes, le magistrat la prononce immédiatement après l'acte qui y donne lieu, et mention en est faite au présent procès-verbal ***.*)

---

(1) Toutefois le jury ne peut recourir à ces voies d'instruction après la clôture des débats et son entrée dans la chambre des délibérations pour décider au fond, l'article 38 l'obligeant à délibérer sans désemparer; le magistrat fera sagement de l'en avertir.

(2) Si l'administration contestait en réclamant tout droit à une indemnité, ou s'il s'élevait des difficultés de particuliers à particuliers sur le fond du droit ou la qualité des réclamans, ou toutes autres difficultés étrangères à la fixation du montant de l'indemnité, le jury n'aurait point à en tenir compte; mais il serait fait mention sommaire au procès-verbal des dires respectifs des parties (articles 39 et 49) qui peuvent, dans ce cas comme dans tous autres, déposer des conclusions qui demeureront jointes au procès-verbal, et il en sera également fait mention.

La loi ne parle que d'observations sommaires, mais ces expressions ne s'appliquent qu'à la discussion de l'indemnité, et il nous paraît nécessaire de fixer par des conclusions les points sur lesquels on sera renvoyé à se pourvoir.

Le magistrat directeur du jury a prononcé la clôture de l'instruction et rappelé à MM. les jurés les divers points sur lesquels ils sont appelés à statuer.

MM. les jurés, après avoir nommé M. ...., l'un d'eux, leur président, se sont retirés dans leur chambre où ils ont délibéré sans désemparer (1) ;

Ils sont ensuite rentrés en séance publique, où le président a lu la décision du jury qu'il a remise, signée de tous ses membres, au magistrat directeur, lequel a immédiatement prononcé l'ordonnance d'exécution et l'envoi en possession prescrit par l'article 41 de la loi du 7 juillet 1833.

Fait et clos à ....., les jour, mois et an que dessus.

TARIF.

* Il est alloué au greffier 5 francs pour la rédaction du procès-verbal par chaque affaire terminée par décision du jury, rendue exécutoire, sans qu'il puisse toutefois recevoir plus de 15 francs par jour. Dans le cas où le nombre des affaires jugées en un seul jour serait supérieur à trois, la somme de 15 francs devrait être répartie également entre elles (article 11 du Tarif). Voir, sous la formule N° 19, l'observation générale relative aux droits du greffier en matière d'expropriation.

** Lorsque les assises spéciales se tiendront ailleurs que dans la ville où siège le Tribunal, le magistrat directeur du jury aura, pour tous frais de voyage, nourriture et séjour, une indemnité, savoir : de 9 fr. s'il se transporte à plus de cinq kilomètres de sa résidence, et de 12 fr. si la distance est de plus de deux myriamètres ; dans le même cas, le greffier ou son commis recevra 6 ou 8 fr., selon qu'il se sera transporté au-delà de cinq kilomètres ou de deux myriamètres (article 16 du Tarif).

La règle donnée par l'article 22 du Tarif relativement au fractionnement des myriamètres, quelque générale qu'elle soit dans ses termes, ne reçoit point d'application ici. Les indemnités dont il s'agit ne sont dues qu'autant que les cinq kilomètres ou les deux myriamètres ont été outre-passés.

Il est à observer que ces indemnités sont, dans tous les cas, à la charge de l'administration ou de la compagnie concessionnaire, et que dès lors elles ne peuvent entrer dans la taxe des dépens sur lesquels le magistrat directeur du jury est appelé à statuer (article 28 du Tarif).

*** *Indemnités dues aux personnes que le jury appelle devant lui pour l'éclairer, et aux jurés qui se transportent sur les lieux litigieux.* — Il est alloué aux personnes appelées devant le jury qui le requerront, sauf toutefois les dispositions de l'article 20 du Tarif, savoir : quand elles ne seront pas domiciliées à plus d'un myriamètre du lieu où elles doivent être entendues, pour indemnité de *comparution*, 1 fr. 50 c. ; quand elles seront domiciliées à plus d'un myriamètre, pour indemnité de *voyage*, lorsqu'elles ne seront pas sorties de leur arrondissement, 1 fr. par myriamètre parcouru en allant et revenant, allée et retour compris ; et lorsqu'elles seront sorties de leur arrondissement, 1 fr. 50 c. (article 19 du Tarif).

L'indemnité de voyage exclut toute taxe de comparution (article 19 du Tarif, § dernier).

Au-delà d'un myriamètre, les indemnités se fractionnent, conformément à l'article 22 du Tarif, et comme il est dit en la note sous la formule N° 22.

Si les personnes appelées devant le jury sont obligées de prolonger leur séjour dans le lieu où se fait l'instruction, et que ce lieu soit éloigné de plus d'un myriamètre de leur résidence, il leur sera alloué, pour chaque journée, une indemnité de 2 fr. (article 25 du Tarif).

Au cas où les personnes appelées devant le jury se trouveraient arrêtées dans le cours du voyage par force majeure, elles recevront pour indemnité, pour chaque jour de séjour forcé, 1 fr. 50 c., en justifiant, au moyen d'un certificat du juge-de-paix ou du maire de la commune où elles auront été retenues, des causes du séjour forcé (article 24 du Tarif).

Le juge devra énoncer dans sa taxe que l'indemnité a été requise (article 26 du Tarif).

---

(1) Voir, sur la nomination du président, le Traité, N° 291.

Si le jury avait recours à un expert, ce qui pourrait être d'absolue nécessité dans certains cas, par exemple, celui où il y aurait lieu de faire passer la ligne des travaux à travers une usine, quelle indemnité devra-t-on accorder à cet expert? Si l'on s'en tenait strictement aux termes de la loi et du Tarif, il ne pourrait lui être rien alloué, et cependant cette opération étant essentielle, la loi a voulu qu'elle fût possible. En interrogeant la raison et l'équité qui suppléent au silence des lois et à ce qu'elles ont d'incomplet, nous sommes amenés à répondre que le magistrat fixera selon l'usage, la somme à laquelle l'homme de l'art aura droit.

Lorsque les jurés se transporteront, pour prendre connaissance des lieux litigieux, à plus de deux kilomètres du lieu où se tiendront les assises spéciales, ils recevront, *s'ils en font la demande formelle*, une indemnité de 2 fr. 50 c. par chaque myriamètre parcouru en allant et revenant (allée et retour compris), sans qu'ils puissent rien réclamer pour aucune autre cause; sauf toutefois ce qui va être dit relativement au séjour forcé (art. 18 du Tarif).

La demande formelle exigée par le Tarif (article 26) devra être rappelée dans la taxe.

L'indemnité ci-dessus se règle par myriamètre et demi-myriamètre, conformément à l'article 22 du Tarif, et ainsi qu'il est dit sous la formule N° 22.

Dans le cas de séjour forcé les jurés recevront, sur la production du certificat dont i a été parlé dans les notes qui précèdent, une indemnité de 2 fr. 50 cent. par chaque jour de séjour forcé (article 24 du Tarif).

Il est à remarquer que les indemnités de transport et de séjour forcé sont les seules auxquelles les jurés aient droit, et qu'ils n'en peuvent prétendre aucune pour s'être transportés dans le lieu où siègent les assises, ni à raison du séjour qu'ils y auront fait.

FORMULE N° 57.

Décision du jury qui fixe l'indemnité due à chaque ayant-droit (article 39 de la loi) (1).

Le jury spécial appelé à régler les indemnités dues à raison de l'expropriation pour cause d'utilité publique de ..... (*tel immeuble*). après avoir délibéré sous la présidence de M....., décide, *à la majorité absolue des suffrages* (2), qu'elles sont fixées ainsi qu'il suit;

Savoir (3) : 1° pour MM. A..... et B....., comme nu-propriétaire et usufruitier dudit immeuble, à la somme de .....;

2° Pour M. C....., comme locataire ou fermier, à la somme de .....;

3° etc.

Fait à ....., le .....   (*Suivent les douze signatures*) (4).

NOTA. Dans le cas où, contrairement à notre opinion, la nomination du président se ferait en chambre des délibérations, elle devrait être mentionnée en tête de la division.

---

(1) Il ne nous paraît pas douteux que si le jury était arrêté par quelque difficulté qui ne touchât pas à la question qu'il est appelé à décider, et sur laquelle il a seul le droit de prononcer il pourrait appeler le magistrat directeur dans la chambre des délibérations et recourir à ses lumières. Cette faculté qui existe en matière criminelle ne saurait être déniée au jury spécial.

(2) On devra se contenter d'énoncer l'existence de cette majorité alors même qu'il y aurait unanimité; cette majorité se rencontre et doit être exprimée quand les voix sont partagées en deux fractions égales, puisque celle du président est prépondérante.

(3) Aux termes de l'article 39, le jury prononce des indemnités distinctes en faveur des parties qui les réclament à des titres différens, comme propriétaires, fermiers, locataires, usagers, etc.; dans le cas d'usufruit une seule indemnité est réglée eu égard à la valeur totale de l'immeuble.

(4) Si la décision était irrégulière, le magistrat pourrait renvoyer les jurés dans leur chambre pour la régulariser (analogie avec le jury criminel).

FORMULE N° 58.

Ordonnance du magistrat directeur qui déclare la décision du jury exécutoire, envoie l'administration en possession et statue sur les dépens.

Nous ..... (*comme ci-devant, formule* 56), assisté de ....., greffier;

Vu la décision qui précède (*cette ordonnance se met à la suite de la décision du jury*);

Vu les articles 39, 40, 41 et 49 de la loi du 7 juillet 1833;

Attendu que cette décision est régulière;

Attendu qu'il n'existe aucun obstacle au paiement des indemnités,

Ou attendu que le procès-verbal d'audience constate que l'administration a contesté que le sieur .... eût droit à une indemnité, *ou* qu'il s'est élevé des difficultés sur le droit, *ou* la qualité du sieur ..... se prétendant propriétaire (*énoncer en un mot les difficultés étrangères à la fixation du montant de l'indemnité qui pourraient s'être élevées*), *ou* attendu qu'il existe des créanciers ayant inscription à la charge de N..... sur l'immeuble dont il s'agit.

En ce qui touche les dépens:

Attendu que l'indemnité réglée par le jury est à la fois supérieure à l'offre faite par l'administration et inférieure à la demande de la partie;

Par ces motifs:

Déclarons ladite décision exécutoire; en conséquence envoyons l'administration en possession de ....., à la charge par elle de, préalablement, payer au sieur ..... la somme de .....; au sieur ..... la somme de ....., etc.,

Ou ordonnons, en ce qui concerne les indemnités allouées aux sieurs....., qu'elles seront, par l'administration, déposées à la Caisse des consignations, pour y rester jusqu'à ce que le litige soit vidé par juges compétens, devant qui nous renvoyons les parties à se pourvoir (1), *ou* (*dans le cas d'obstacles résultant d'inscriptions, ajouter à l'ordonnance du dépôt*), pour être distribués selon les règles du droit commun.

Statuant sur les dépens taxés à la somme de (2) ....., disons qu'ils seront supportés par les parties, dans la proportion de leurs offres et demandes avec la décision ci-dessus (3).

Fait et prononcé en audience publique, à ....., le .....

---

(1) Le renvoi devant qui de droit et la consignation s'appliquant au cas de contestations de particuliers à particuliers comme à celui de difficultés d'administration à particulier, la loi n'a prescrit au magistrat d'ordonner la consignation que dans le second cas, laissant le premier régi par les seules dispositions de l'article 54; mais il nous semble que, pour éviter toute discussion ultérieure sur l'application de cet article, le magistrat doit ordonner la consignation; si cette opinion n'était pas partagée, il faudrait dire *après l'envoi en possession*, A LA CHARGE DE SE CONFORMER A L'ARTICLE 54.

Quant au renvoi devant qui de droit, la loi ne semble pas le placer dans les attributions du magistrat directeur du jury; car, d'après l'économie de ses dispositions (voir les articles 39 *in fine* et 41), il aurait déjà été prononcé *et par le jury*, quand la décision est remise à ce magistrat; toutefois, nous ne doutons pas que la pensée du législateur ait été celle que nous indiquons ci-dessus; en effet, le jury n'est appelé que pour donner des appréciations touchant la valeur d'immeubles: étendre sa juridiction au cas que nous prévoyons, ce serait, en quelque sorte, le constituer juge de questions de droit.

(2) Quoique l'ordonnance doive être rendue séance tenante, on ne peut exiger que le chiffre montant de la taxe y soit porté; l'art. 12 du Tarif prouve d'ailleurs que telle n'a point été la pensée du législateur.

La taxe ne comprend que les actes faits postérieurement à l'offre de l'administration.

(3) Voir l'article 49, pour connaître la manière de faire, dans chaque cas, supporter les dépens.

FORMULE N° 59.

État, à dresser par le greffier, des dépens dans l'affaire d'expropriation de .....
(tel immeuble), poursuivie par l'État contre le sieur .....

1° Notification de l'acte contenant indication de la prétention de l'exproprié (1)............................,................ *Mémoire.*

2° Convocation des jurés................... *Mémoire.*

3° Convocation des parties.................. *Mémoire.*

4° Indemnités aux jurés qui se sont transportés sur les lieux litigieux (2)....................... *Mémoire.*

5° Indemnités aux personnes que le jury a appelées pour l'é-
clairer (3)....................... *Mémoire.*

6° Indemnité à l'expert que le jury avait chargé de visiter les
lieux litigieux (4)................... *Mémoire.*

7° Coût du procès-verbal d'audience (5)........... 5 fr. »

8° Expédition de la décision du jury et de l'ordonnance d'*exéquatur* calculée à raison de 40 cent. le rôle......... *Mémoire.*

9° Dressé du présent (10 cent. par article)........... *Mémoire.*

NOTA. Nous ne pensons pas que le timbre du répertoire puisse être réclamé
par le greffier; d'abord plusieurs Tribunaux admettent, et non sans raisons assez
puissantes, que ce répertoire est une charge des fonctions de greffier et qu'en
aucun cas, il n'en peut réclamer le timbre ; d'ailleurs la loi dont nous nous
occupons à voulu que le greffier ne pût rien prétendre au-delà des allocations
qu'elle porte en sa faveur.

FORMULE N° 60.

*Ordonnance du magistrat à l'effet d'accorder taxe, dans le cas de réquisition,
formelle, aux personnes que le jury aura appelées pour l'éclairer, ou aux jurés
eux-mêmes, lorsqu'ils se seront transportés sur les lieux litigieux.*

Nous ..... magistrat directeur du jury appelé à prononcer sur l'indemnité
due au sieur ....., à raison de l'expropriation de ..... (*tel immeuble*);

Vu la réquisition formelle à nous adressée par ..... ;

Vu (*selon les cas et en les combinant quand il y aura lieu*) les articles 19, 20
24, 25 et 26 du tarif du 18 septembre 1833;

Attendu que le requérant ne reçoit aucun traitement à raison d'un service
public;

---

(1) Cet acte ne sera à comprendre dans l'état que lorsque l'allocation par le jury aura été supérieure
à l'offre de l'administration.

(2) Voir sous la formule N° 56.

(3) Comme dessus.

(4) Comme dessus.

(5) A moins que le nombre des affaires terminées le même jour soit supérieur à trois, auquel cas il y
aurait lieu de répartir la somme de 15 francs , allouée au greffier entre toutes ces affaires, comme nous
l'avons dit précédemment sous la formule N° 56.

Fixons à ....., la somme due au requérant pour indemnité de ..... (*comparution, voyage, en exprimant la distance parcourue, séjour, etc., selon qu'on se sera trouvé dans un ou plusieurs des cas prévus par les articles ci-dessus*);

Laquelle somme sera payée, par le receveur de l'enregistrement, comme frais urgens.

Fait à ....., le .....

Nota. Ne point perdre de vue les dispositions du dernier paragraphe de l'article 19 du Tarif et celles de l'article 20 qui dominent toutes les allocations aux personnes appelées devant le jury.

S'il s'agissait de délivrer une ordonnance de taxe à un expert, il suffirait de viser la réquisition, sans que l'on dût recourir à aucune disposition du Tarif; puisque, comme nous l'avons dit sous la formule N° 56, la fixation de ce qui lui est dû se fait en vertu du principe d'équité et non par application du Tarif.

FORMULE N° 61.

État certifié par le magistrat directeur du jury, pour parvenir au recouvrement des indemnités qui lui sont dues, ainsi qu'au greffier, lorsque les assises spéciales se tiennent ailleurs que dans la ville où siège le Tribunal et qu'ils se transportent à plus de 5 kilomètres (articles 16, 17 et 27 du Tarif).

État des indemnités dues à M. ....., juge au Tribunal de ....., comme magistrat directeur du jury et au greffier qui l'a assisté, à raison de leur transport à ....., distant de (1) ..... du chef-lieu judiciaire de l'arrondissement, à l'effet d'y tenir les assises, ayant pour objet la fixation des sommes dues aux propriétaires dépossédés, pour cause d'utilité publique, par jugement du Tribunal susdit, en date du .....

Au magistrat directeur, pour ..... journées employées, tant au transport que auxdites opérations * . . . . *Mémoire.*

Au greffier ** . . . . *Mémoire.*

TOTAL. . . . .

Certifié par nous, magistrat directeur du jury, pour être le présent payé par le receveur de l'enregistrement, conformément à l'article 27 du Tarif du 13 septembre 1833.

(*Signature du magistrat.*)

Nota. Aux termes de l'article 28 du Tarif, ces indemnités restent, dans tous les cas, à la charge de l'administration.

TARIF.

* Si la distance est de plus de 5 kilomètres jusqu'à 2 myriamètres, 9 fr.; au-dessus de 2 myriamètres, 12 fr. (article 16 du Tarif).

** 6 ou 8 fr., selon que l'une ou l'autre des distances ci-dessus aura été parcourue (article 17 du Tarif).

(1) Exprimer la distance 2 supérieure à 5 kilom. ou myriam. (article 16 et 27 du Tarif).

FORMULE N° 62.

Pourvoi en cassation, à former dans la quinzaine de la prononciation, contre la décision du jury, dans les cas prévus par l'article 42 (1).

Même forme que le pourvoi contre le jugement d'expropriation, formule N° 24; voir également sous cette formule ce qui est relatif au Tarif.

FORMULE N° 63.

Notification du pourvoi.

Voir la formule N° 25 pour l'acte, ainsi que pour ce qui est relatif au coût.

FORMULE N° 64.

*Offres réelles faites au propriétaire, pour parvenir à la prise de possession, quand il ne consent pas à recevoir son indemnité, (2) * (article 53 de la loi).*

Forme ordinaire.

TARIF.

* Coût de cet acte..... (article 3, nos 1, 4 et 9 du Tarif, et 1039 du Code de pr. civ.): original, 2 fr. 25 c. ; copie, 56 c.; visa, 50 c. Ce droit serait de 1 fr. si, par suite du refus du magistrat, il avait fallu, conformément à l'article 1039 du Code de procéd. civ., recourir au procureur du Roi.

FORMULE N° 65.

*Procès-verbal de consignation, par suite d'offres réelles non acceptées, ou d'exis- tence d'obstacles qui en dispensent (3) ** (articles 53 et 54 de la loi).*

Forme ordinaire.

TARIF.

** Coût de cet acte..... (article 3, nos 2, 4 et 7 du Tarif, 1039 du Code de pr. civ.); original, 4 fr.; copie, 1 fr.; visa, 50 c., sauf à doubler ce dernier droit s'il fallait recourir au procureur du Roi.

(1) L'article 42, en reprenant l'article 40, démontre qu'il s'agit non-seulement du pourvoi contre la décision du jury, mais aussi de celui contre l'ordonnance d'*exequatur* (article 42 de la loi).

(2) L'administration a besoin de recourir à cette formalité toutes les fois que les ayans-droits refusent de recevoir, soit que l'indemnité à payer ait été fixée par contrat amiable, par acceptation des offres dont parle l'article 23, ou par le jury.

(3) Il sera nécessaire, pour l'administration, de recourir à cette formalité, lorsque les ayans-droit auront refusé de recevoir, ou qu'il existera des obstacles de nature à dispenser des offres, soit que l'in- demnité à payer ait été fixée par contrat amiable, par acceptation des offres dont parle l'article 23, ou par le jury.

FORMULE N° 66.

Sommation, par l'exproprié, au préfet, pour qu'il soit procédé à la fixation de l'indemnité * (article 55 de la loi).

L'an, etc....., à la requête de ....., en vertu de l'article 55 de la loi du 7 juillet 1833, et par suite de l'expropriation prononcée contre le requérant, suivant jugement du tribunal de ....., en date du ....., enregistré ....., de ..... (*tel immeuble*), pour cause d'utilité publique.

J'ai, etc.

Fait sommation à M. le préfet du département de ....., en sa qualité et comme représentant l'État, en l'hôtel de la préfecture, parlant à sa personne, et requérant visa qu'il nous a octroyé, de, sans retard, faire toutes les diligences pour qu'il soit procédé, dans le plus bref délai possible, à la fixation des indemnités auxquelles a droit le requérant à raison de l'expropriation relatée ci devant, déclarant à mondit sieur le préfet, que, faute de ce faire, ledit sieur ..... entend se réserver et exercer toutes actions en dommages-intérêts contre l'administration.

Et je lui ai .....

TARIF.

* Coût de cet acte..... (art. 1er, n° 10, 4 et 7 du Tarif, et 1039 du Code de pr. civ.); original, 1 fr.; copie, 25 c.; visa, 50 c., sauf à doubler ce droit si, le préfet refusant, il fallait recourir au procureur du Roi.

FORMULE N° 67.

Arrêté du préfet qui détermine les immeubles acquis pour cause d'utilité publique, que l'administration est dans le cas de revendre (articles 60, 61 et 6 de la loi du 7 juillet 1833 et ordonnance du 22 mars 1835).

Nous ....., préfet du département de .....;
Considérant que les immeubles ci-après, savoir :

1° .....,

2° .....,

3° ....., etc.,

Acquis par l'administration comme nécessaires à l'exécution de travaux d'utilité publique, ne doivent pas recevoir cette destination ;

Vu les articles 61 et 6 de la loi du 7 juillet 1833 et l'ordonnance du 22 mars 1835.

Arrêtons :

Art. 1er. Les terrains et bâtimens ci-dessus indiqués sont remis à l'administration des domaines, pour être par elle rétrocédés, s'il y a lieu, aux anciens propriétaires ou à leurs ayans-droit, et, à défaut, vendus dans la forme des aliénations des biens de l'État.

Art. 2. Avis de cette vente sera publié, affiché et inséré dans les journaux, ainsi que le prescrit l'article 6 de la loi du 7 juillet 1833 (1).

Art. 3. Le présent arrêté sera adressé à M. le directeur de l'administration des domaines pour le département, lequel est chargé d'en assurer l'exécution.

Fait à .....

FORMULE N° 68.

Acte par lequel le propriétaire dépossédé déclare qu'il est dans l'intention de réacquérir (2) un immeuble exproprié sur lui pour cause d'utilité publique, et qui n'aurait pas reçu cette destination (3) *.

L'an, etc. ....., à la requête de .....,

J'ai, ...

Soussigné, déclaré à M. le préfet du département de...., en sa qualité et comme représentant l'État, en l'hôtel de la Préfecture, parlant à sa personne, et requérant visa.

Que ..... (*tel immeuble*), dont l'administration a annoncé la revente, a été exproprié sur le requérant, par jugement du Tribunal de....., en date du ....., enregistré, *ou* que le requérant en a fait la cession amiable à l'administration, ainsi qu'il résulte de ..... (*tel acte*); que ledit sieur ..... entend user du bénéfice de l'article 60 de la loi du 7 juillet 1833; pourquoi il requiert que ledit immeuble lui soit rétrocédé immédiatement aux offres qu'il fait à l'administration, en la personne de M. le préfet, de lui payer la somme de ..... comme valeur dudit immeuble (4).

Déclarant mondit sieur ....., requérant, qu'il est prêt, si ces offres sont acceptées, à passer contrat de rachat et à payer la somme offerte ;

Et j'ai, etc.

TARIF.

* Coût de cet acte..... (article 2, n°s 8, 4 et 7 du Tarif, 1039 du Code [de pr. civ.); original, 1 fr. 59 c.; copie, 37 c.; visa, 50 c., sauf à doubler ce dernier droit si, le préfet refusant, il fallait recourir au procureur du Roi.

(1) Les maires des communes où se feront les publications et affiches devront les certifier pour servir au besoin de justification; il faudra joindre aussi au dossier un exemplaire des journaux dans lesquels l'insertion aura eu lieu (voir la formule N° 10).

(2) De l'article 60, on doit conclure que tout propriétaire qui saurait les travaux complètement achevés ou complètement abandonnés sans que le terrain dont il a été exproprié ait été employé pour l'utilité publique, pourrait en demander la remise par une sommation, sans attendre la mise en vente par l'administration.

(3) Si, sans avoir été employé aux travaux projetés, l'immeuble avait servi à l'exécution d'autres travaux d'utilité publique, il n'y aurait lieu à la rétrocession.

C'est toujours une question administrativement jugée, que celle de savoir si un terrain a ou non reçu une destination d'utilité publique.

(4) Puisqu'à défaut de fixation amiable du prix de rachat l'article 60 prescrit la fixation par le jury, il convient d'appliquer les dispositions des articles 23 et 24, avec cette différence, indiquée par la différence de position, que les offres devront être faites par celui qui veut racheter, et que c'est à l'administration à y répondre par une acceptation ou une demande plus élevée; devant le jury, ces offres et demandes serviraient de base au paiement des dépens.

FIN.

TABLE ALPHABÉTIQUE

DES MATIÈRES.

(Le premier chiffre indique le n° de l'ouvrage, et le second la page.)

D.

J.

L.

M.

Les difficultés relatives à l'exercice de ce droit sont de la compétence des tribunaux civils, 515, 214. — Du cas où la propriété appartient à un incapable, 516, 215. — Du cas d'usufruit, 517, 215.

O.

OCCUPATION Temporaire pour travaux militaires. Travail de l'expert, 496, 324 et suiv. — Durée de l'occupation temporaire. — Après trois ans le propriétaire peut exiger l'acquisition du fonds, 499, 326. — Droits du fermier et autres intéressés, 500, 326. — Comment se règle l'indemnité ; distinction à faire à cet égard, 501, 327 et 503, 328. — L'occupation est autorisée par jugement, 502, 328. — Occupation temporaire ; à propos de chemins vicinaux. *Voy.* Extraction et dépôt de matériaux.

OFFRES. Arrêtés du préfet qui fixe ces offres ; notification, 205, 146 et suiv. — A qui cette notification doit-elle être faite? 207, 147. — Les offres doivent être acceptées ou refusées dans la quinzaine de la notification ; cela ne regarde que les indemnitaires ; *Quid* des autres intéressés, 208, 148 et suiv. ; 211, 151. — Division des offres en raison des différentes causes d'indemnité, 210, 150. — Le silence des indemnitaires est considéré comme un refus, 212, 152 ; *Secus* des autres intéressés; ils ne sont pas non plus tenus de fixer leurs prétentions, 213, 152. — Du cas où les biens appartiennent à des incapables, 215, 153 et suiv.

Offres réelles préalables à la consignation, 379, 255 et suiv. — La déclaration de validité n'est pas nécessaire pour prendre possession ; pour le surplus il faut se conformer au droit commun, 383, 256 et suiv. — En cas d'obstacles au paiement, la consignation se fait directement et sans offres préalables, 385, 257.

ORDONNANCE. Cas où elle suffit pour l'autorisation de travaux, 29, 18 et suiv. — Est-elle susceptible de recours? 31, 19. — Portée de l'ordonnance, 37, 23.

ORDONNANCES. *Voyez* Lois.

P.

PAIEMENT. *Voyez* Indemnité. — Le paiement doit être préalable, 376, 254 et suiv. — Consignation, 377, 254 et suiv. — A qui les offres doivent-elles être faites? 380, 255. *Voyez* Offres.

PÉAGE, 33, 20.

PLACE de Guerre. Mode d'expropriation, 9, 5. — Défense de construire, 9, 5.

PLAN. Plan parcellaire, 41, 16. — Indications qu'il doit contenir, 41, 26. — Il peut s'éloigner des avant-projets, 42, 26. — Que faut-il entendre par *nom des propriétaires*? 44, 27. — Obligations de souffrir les travaux de levée des plans, 45, 27. — Dommage, 45, 27. — Dépôt et publications, 46, 29 et suiv. — Durée du dépôt, 49, 30. — Mode de justifier des publications, 50, 30 et suiv.

U.

V.

FIN DE LA TABLE DES MATIÈRES.

TABLE DU FORMULAIRE.

N° 64. — Offres faites réelles au propriétaire, pour parvenir à la prise de possession, quand il ne consent pas à recevoir son indemnité, 471.

N° 65. — Procès-verbal de consignation, par suite d'offres réelles non-acceptées, ou d'existence d'obstacles qui en dispensent, 471.

N° 66. — Sommation, par l'exproprié, au préfet, pour qu'il soit procédé à la fixation ne l'indemnité, 472.

N° 67. — Arrêté du préfet qui détermine les immeubles acquis pour cause d'utilité publique, que l'administration est dans le cas de revendre, 472.

N° 68. — Acte par lequel le propriétaire dépossédé déclare qu'il est dans l'intention de réacquérir un immeuble exproprié sur lui pour cause d'utilité publique, et qui n'aurait pas reçu cette destination, 473.

FIN DE LA TABLE DU FORMULAIRE.

ERRATA.

Page 262, sommaire n° 396, *au lieu de* au cas de cassation, *lisez :* au cas de concession.

Page 298, au renvoi, *lisez :* Sirey, t. 35, 1, p. 172.

Page 305, au sommaire n° 460, *au lieu de* est consacrée, *lisez :* est conservée.

Page 320, ligne 11, *au lieu de* 1631, *lisez :* 1831.

Page 320, ligne 20, *au lieu de* elle demeure, *lisez :* l'administration demeure.

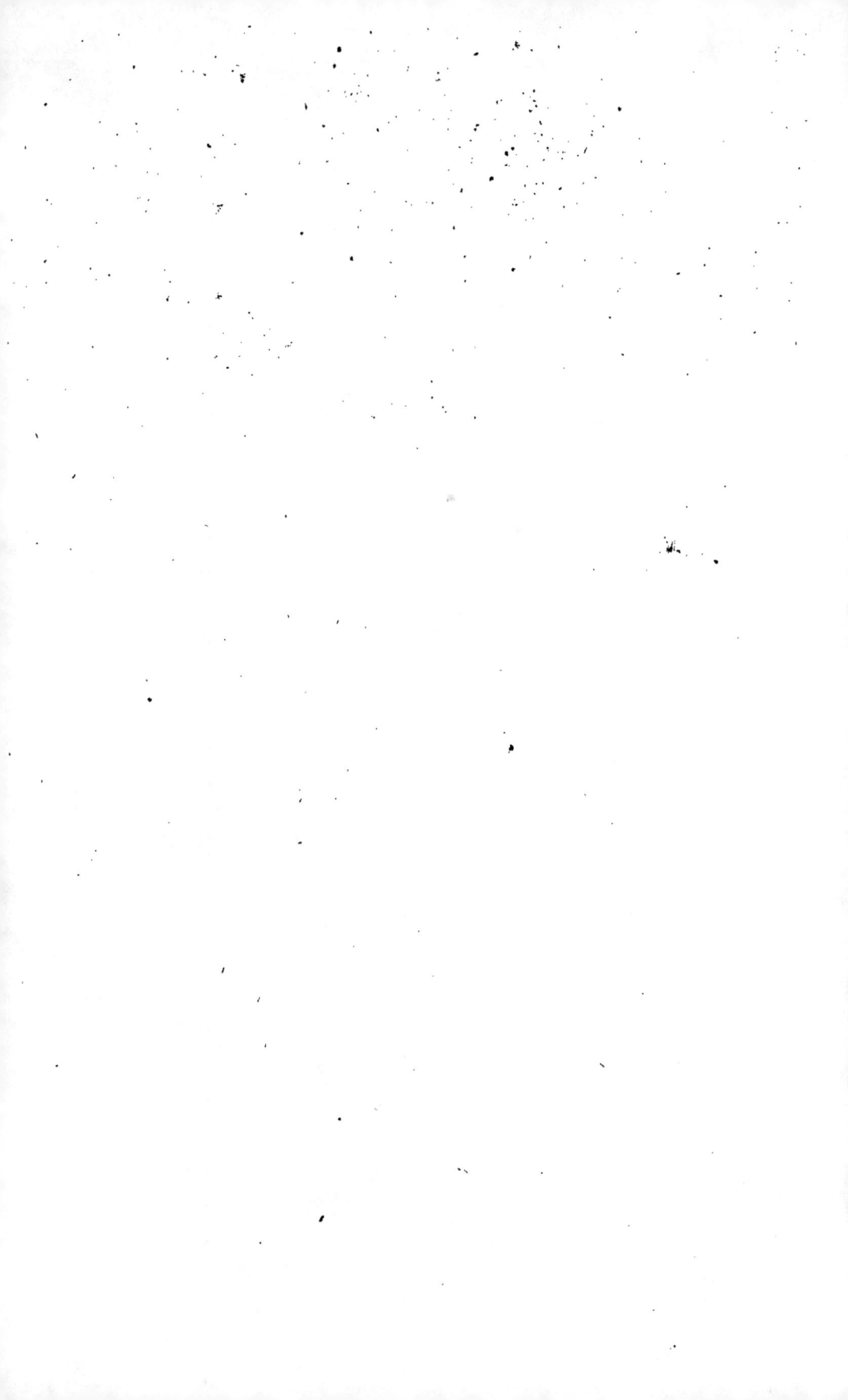

www.ingramcontent.com/pod-product-compliance
Lightning Source LLC
Chambersburg PA
CBHW031612210326
41599CB00021B/3145